根据《房屋建筑和市政基础设施项目工程总承包管理办法》修改

工程总承包(EPC/DB)诉讼实务

基于裁判文书网之大数据检索研析

上海市建纬律师事务所◎编著

主编◎朱树英

副主编◎韩如波　徐寅哲

法律出版社 LAW PRESS · CHINA

《工程总承包(EPC/DB)诉讼实务》

编　委　会

主　编：朱树英

副主编：韩如波　徐寅哲

撰稿人：朱树英　韩如波　徐寅哲　郑冠红
汪　铭　胡　丹　蒋　峰　孟庆阳
池红美　索好丽　张志国　耿　超

亟待总结的工程总承包司法实践

当下的中国建筑业，工程总承包可能是转型升级最火热的词汇之一。其实，早在上世纪八十年代初，改革开放后的中国建筑业发展伊始，工程总承包即已呈现行业的发展趋势。1982 年 8 月 8 日，当时的化学工业部印发了《关于改革现行基本建设管理体制，试行以设计为主体的工程总承包制的意见》的通知，该部按照国际通行的工程承包建设模式，结合我国国情，制定了《工程总承包制要点》。①1984 年 9 月 18 日，国务院印发了《关于改革建筑业和基本建设管理体制若干问题的暂行规定》，明确提出了工程总承包的发展要求。②

此后，囿于体制改革本身，以及市场自身的成熟程度等因素的限制，工程总承包在我国始终未能成为建筑业发展的主流模式。在传统的房建与市政基础设施领域，设计与施工相分离，严格按阶段开展各步骤的工程建设工作，已成为最常见的情形。直至 2016 年 5 月 20 日住房和城乡建设部（以下简称"住建部"）印发《关于进一步推进工程总承包发展的若干意见》，③顺应"一带一路"战略发展的需要，明确要求"充分认识推进工程总承包的意义"，"优先采用工程总承包模式。"国务院此后于 2017 年 2 月 21 日颁发《关于促进建筑业持续健康发展的意见》，④在这一事关建筑业改革发展的顶层设计中，中央政府更是明确要求"加快推行工程总承包"，"政府投资工程应完善建设管理模式，带头推行工程总承包"。

建纬所正是在这样的国家政策与行业改革发展的大背景下，基于专业地位和经验优势，积极地参与了有关工程总承包相关法规政策的制订活动。2017 年

---

① 吴奕良等编著：《纵论中国工程勘察设计咨询业的发展道路》，中国轻工业出版社 2012 年版，第 43 页。

② 国发〔1984〕123 号，现已废止。该暂行规定的第三条中明确规定："工程承包公司接受建设项目主管部门（或建设单位）的委托，或投标中标，对项目建设的可行性研究、勘察设计、设备选购、材料订货、工程施工、生产准备直到竣工投产实行全过程的总承包，或部分承包。"

③ 建市〔2016〕93 号

④ 国办发〔2017〕19 号，与建市〔2016〕93 号一道构成当前我国工程总承包发展的顶层设计文件。

7月25日,住建部市场监督管理司委托中国石油和化工勘察设计协会召开了“关于进一步推进房屋建筑、市政行业工程总承包专题研究启动会”,我本人和建纬总所主任助理韩如波应邀参会。会议确定由建纬所负责《房屋建筑和市政基础设施工程总承包管理办法》(以下简称《管理办法》)草案的起草工作,并要求9月5日前提交初稿。次日,建纬所即组建了《管理办法》的起草课题组,由我本人担任组长、副主任曹珊和主任助理韩如波任副组长,建纬总所部分高级合伙人和当时的13家分所有工程专业资格和背景的合伙人或资深律师共57人参加。2017年9月4日,由建纬所负责起草的《房屋建筑和市政基础设施工程总承包管理办法》即正式上报国务院住建部主管部门。

也正是在协助行业主管部门积极参与有关政策法规政策的制订过程中,我们意识到,国家目前大力推进工程总承包,一边是规制清晰的法律法规政策的严重缺乏,一边是已经时不我待的工程总承包项目发展热潮。在此矛盾之下,未来有关工程总承包的相关矛盾纠纷,可能将成为建筑行业与司法实践的新领域、新问题和新要求。作为工程总承包管理办法立法课题的主要起草者,我们深感有使命、有责任,尽快结合现有的司法实践,试图就这一未来可能出现众多困惑、棘手的法律问题,同步进行研究探讨。而这也正是形成本书的缘由。

本书中的绝大部分文章,出自建纬所于2018年1月2日专门设立的工程总承包业务部的律师们之手,他们在繁重的工作之余,利用一切空余时间进行写作。其中,不少文章也已经在建纬所微信公众号发表。本次集中修订、汇编出版,系由工程总承包业务部的律师们,按照本书编写时于自身能力范围所能搜集到的已有裁判文书,先进行问题梳理,而后分工撰写后再行章节编排。在写作与梳理的主线上,尽量找出工程总承包与传统施工总承包纠纷不同的诉讼争议问题,从而进行撰写汇编。当然,因为自身经验能力所限,最终所呈现出的逻辑主线、汇编格局与文章内容等,都可能存在疏漏与不足。敬请读者们能够给予批评指正。

无论怎样,都期待本书的出版能够为我国当前大力推进的工程总承包模式的规范有序发展,贡献建纬律师的微薄之力。

是为序。

朱树英

2019年10月30日于上海

目　录

Contents

第四章 工程总承包模式下的工期问题

第五章 工程总承包模式下的价款结算问题

第六章 工程总承包合同的解除问题

第七章 其他问题

附　录

第一章

工程总承包的模式问题

工程总承包商从“按图施工”向“按约施工”转型的理念问题

——滁州市环境卫生社会化服务中心与凌志环保股份有限公司建设工程施工合同纠纷*

徐寅哲**

关 键 词 按图施工 按约施工 理念

问题提出 对于许多国内的工程承包企业来讲,因为一直以来均从事的是施工承包项目,按照发包人的要求进行的按图施工,已经习惯于自身的身份为仅对施工本身质量负责的承包商角色。而一旦转型从事工程总承包业务,如若仍然将自身的身份角色定位于传统的施工承包商,则极其容易因不谙工程总承包的游戏规则,疏忽本就归属于自身的风险管控,而需额外承担巨额的经济损失风险。近年来,对于这样的工程承包企业而言,不但国内工程如此,诸多已被披露的海外工程项目也是一样。显然,在未来的工程总承包新形势下,做好自身的角色转换,尤其是转型升级好自身的风险管控理念,显得尤为重要。

裁判要旨 凌志环保股份有限公司(以下简称“凌志公司”)与滁州市环境卫生社会化服务中心(以下简称“滁州市环卫中心”)签订的EPC合同系双方当事人真实意思的表示,内容不违反法律、行政法规的强制性规定,应为合法有效,双方当事人均应按照合同的约定履行自己的义务。本案中,凌志公司的主要合同义务为,根据双方EPC合同的约定完成案涉工程的设计、采购、施工等合同内

---

* 一审:安徽省滁州市琅琊区人民法院(2015)琅民一初字第01078号;二审:安徽省滁州市中级人民法院(2016)皖11民终1150号。

** 徐寅哲,上海市建纬律师事务所合伙人、工程总承包业务部副主任。

容。凌志公司认为滁州市环卫中心提供的进水水质超标,系导致其公司所施工的EPC工程出水量未达合同约定的根本原因。经查,招标文件中所载明的NH3 - N(mg/L)≤1500系设计进水参考水质,在设计进水主要污染物指标参考水质表各项数值下方,已明确载明“投标人现场考察并预测未来渗滤液进水水质,今后运行中实际进水水质指标超过或低于本设计进水水质指标,导致处理后出水不达标的风险由投标人承担”,滁州市环卫中心在招标文件中已就进水水质对项目运行所带来的风险向凌志公司予以充分明示,凌志公司应实地考察垃圾渗滤液等各项污染物的指标数值并据此作出是否参与投标的决定,一旦其公司向滁州市环卫中心作出投标报价,即表明其已经充分理解招标文件的各项条款,其公司应受招标文件各项条款的约束。且上述招标文件的各项条款亦属于双方EPC合同的一部分,同时,凌志公司亦无其他证据证明滁州市环卫中心有故意隐瞒进水水质各项指标的情形,故凌志公司认为案涉EPC工程未能达到合同约定出水量的原因系滁州市环卫中心未能提供符合合同约定的进水水质的上诉理由不能成立。

| 案情简介

上诉人(原审被告、原审反诉原告):凌志公司

被上诉人(原审原告、原审反诉被告):滁州市环卫中心

2013年1月30日,滁州市环卫中心就滁州市生活垃圾填埋场渗滤液处理站升级改造工程EPC总承包(二次)工程对外发布招标文件。招标文件载明:“投标人现场考察并预测未来渗滤液进水水质,今后运行中实际进水水质指标超过或低于本设计进水指标,导致处理后出水不达标的风险由投标人承担”。后凌志公司中标该工程。

2013年4月28日,滁州市环卫中心作为发包人,凌志公司作为承包人,双方签订《滁州市生活垃圾填埋场渗滤液处理站升级改造工程EPC总承包工程合同书》,约定工程建设费用固定总价880万元,项目工期自2013年5月20日至8月20日,工期90日历天,工艺调试、试运行6个月,环保验收。EPC合同违约责任部分约定:1. 乙方不能按期完工,除不可抗拒因素外,乙方应向甲方支付延期违约金,每日按合同总金额的0.5‰计,最高不超过合同总金额的3%;2. 甲方不能

按时支付工程款,除不可抗拒因素外,甲方应向乙方支付延期违约金,每日按合同总金额的0.5‰计,最高不超过合同总金额的3%;3.项目在试运行6个月内完成环保验收,如不能按时完成环保验收,乙方除弥补缺陷保证达标外,还应向甲方支付工程总价5%的违约金;4.在运行或保修期内,如出现达不到处理规模或处理水质不达标的情况,乙方除弥补缺陷保证处理规模或处理水质达标外,还应向甲方支付工程总价5%的违约金;5.本项目在施工或运行过程中遇到工程建设不合格或处理规模达不到300吨/天或出水不达标(不仅限于以上情况)等无法挽回的问题或事件,或在施工和运行过程中乙方提出退出或由于乙方原因合同终止,乙方给予甲方工程总价的60%赔偿,同时扣除质量保证金。如果事情发生在运行第一年,则10%工程款也应相应扣除。

凌志公司中标该工程后进行了施工,但直至2013年6月初方完成初步设计并交由相关部门及专家评审通过,同年7月完成施工图纸设计并交由审图中心审核通过,同年8月完成分隔堤的施工,同年11月底基本完成土建及设备供货、安装、调试服务,直至2014年2月13日方经滁州市环保局批准进行试运行,试运行期延误近6个月。最终实际通过环保验收的时间为2015年3月31日。

因凌志公司延误工期及不能及时处理垃圾渗滤液,滁州市环卫中心委托滁州市中冶华天水务有限公司运输污水,2013年9月11日至2014年1月24日共支付费用131,140元,2014年8月25日至2015年11月2日共支付外运费1,089,445.9元、处理费539,199.43元。此后,滁州市环卫中心仍在委托他人处理污水外运。

过程中,滁州市环卫中心共计支付凌志公司工程款1,563,255元。而凌志公司同时向滁州市环卫中心支付了履约保证金88万元,同时因施工过程中发生2起人员伤亡事故,凌志公司为此支付人身损害赔偿款147万元。

此后因双方合作无法为继,滁州市环卫中心向人民法院起诉要求解除与凌志公司之间的EPC合同,并不再履行任何后续付款义务;凌志公司反诉,要求滁州市环卫中心支付工程款7,236,745元,返还履约保证金880,000元,赔偿损失1,470,000元,支付为解决进水水质超标增加投入2,310,804元,承担违约责任并支付违约金333,324元。

各方观点

滁州市环卫中心:

双方EPC总承包合同明确约定:“若属于乙方自身原因导致未达标排放或处理规模达不到设计要求,将视为项目存在重大缺陷,合同自动终止。造成的一切损失均由乙方承担,本项目乙方的所有设施、设备、建筑物、构筑物和项目用地等无条件交给甲方”。现因凌志公司的原因,导致总承包负责的工程项目,不能实现合同约定的履行目的,因此,滁州市环卫中心有权主张解除合同,并按照合同约定的违约责任,要求凌志公司支付各项违约金。

凌志公司:

招标文件第八章第2.2.3条设计进出水水质中载明的“投标人现场考察并预测未来渗滤液进水水质,今后运行中实际进水水质指标超过或低于本设计进水水质指标,导致处理后出水达不达标的风险由投标人承担”条款违反《环境保护法》[①]第四十一条以及《环境影响评价法》的强制性规定,该条款应当认定为无效条款,对双方均无约束力。滁州市环卫中心提供的进水水质严重超标,显属违约。因滁州市环卫中心提供的进水水质超标,凌志公司为此增加投入的2,310,804元及死亡赔偿金1,470,000元,应由滁州市环卫中心承担。

法院观点

一审法院:

1.滁州市环卫中心与凌志公司于2013年4月28日签订的EPC合同合法有效,双方应严格按约履行。凌志公司未能按合同约定完成相关项目的施工,且实际通过环保验收的时间为2015年3月31日。凌志公司的上述行为已构成违约。改造后的渗滤液处理站日处理能力未达到合同约定的相关要求,处理工艺存在缺陷,无法满足运行负荷和排放标准要求,故按合同约定应视为项目存在重大缺

① 为阅读方便起见,本书所引我国法律、法规均省去“中华人民共和国”,例如,《中华人民共和国环境本护法》本书简称为《环境保护法》,其他所引的我国法律法规均同此例。——编者注

陷，本案合同约定的终止合同的条件（解除条件）已成就，对滁州市环卫中心要求解除双方于 2013 年 4 月 28 日签订的 EPC 合同、凌志公司移交已完成的滁州市生活垃圾填埋场渗滤液处理站升级改造工程予以支持。合同解除后，滁州市环卫中心应按约定支付凌志公司剩余工程款，对滁州市环卫中心要求扣除 10% 的工程质量保修金 880,000 元不予支持。

2. 因凌志公司的违约行为致使滁州市环卫中心支付大量的渗滤液污水外运处理费用，且仍在支付后期产生的渗滤液污水外运处理费用，损失仍在继续产生，对滁州市环卫中心要求凌志公司按照工程总价的 60% 赔偿 5,280,000 元予以支持。

3. 凌志公司未能按照合同约定按时完成滁州市生活垃圾填埋场渗滤液处理站升级改造工程，工程项目亦未能在试运行 6 个月内完成环保验收，且出水无法达到《生活垃圾填埋场污染控制标准》（GB 16889－2008）相关要求，凌志公司应按合同约定承担违约责任。滁州市环卫中心要求凌志公司支付违约金 300,000 元，不违反法律规定，予以支持。

4. 2013 年 2 月 28 日凌志公司出具的《回复函》承诺完全响应招标文件和投标文件要求，并履行相应的责任与义务。本案工程执行的是合同固定价，且凌志公司提供的增加工程量和设备的相关清单系该公司单方制作，并未得到滁州市环卫中心的确认，双方在实际施工过程中未对原合同价格进行变更或调整，亦未对合同外增加的工程量达成新的补充协议，《滁州市生活垃圾填埋场渗滤液处理站升级改造工程 EPC 总承包（二次）招标文件》载明承包人应承担其违约所引起的费用增加。对凌志公司称为解决进水水质超标增加投入 2,310,804 元，要求滁州市环卫中心支付该笔款项不予支持。

5. 本案凌志公司负有先履行义务，凌志公司未能按双方合同约定按时完成滁州市生活垃圾填埋场渗滤液处理站升级改造工程，工程项目亦未能在试运行 6 个月内完成环保验收，且出水亦无法达到《生活垃圾填埋场污染控制标准》（GB 16889－2008）相关要求。先履行一方履行债务不符合约定的，后履行一方有权拒绝其相应的履行要求。对凌志公司要求滁州市环卫中心承担违约责任并支付违约金 333,324 元不予支持。

6. EPC 合同载明工程全部竣工验收（含环保验收）合格且无违约行为，一次性无息退还履约保证金。因凌志公司的违约行为导致滁州市环卫中心的合同目的无法实现,对凌志公司要求滁州市环卫中心返还履约保证金 880,000 元不予支持。

7. EPC 合同约定凌志公司承担建设工程中应承担的费用和风险。《滁州市生活垃圾填埋场渗滤液处理站升级改造工程 EPC 总承包(二次)招标文件》载明凌志公司应对其履行合同所雇用的全部人员的工伤事故承担责任,对在施工场地内及其毗邻地带造成的第三者人员伤亡和财产损失负责赔偿。本案中,有关人员死亡产生的赔偿费用,按招标文件及合同书的约定应由凌志公司承担赔偿责任,对凌志公司要求滁州市环卫中心赔偿损失 1,470,000 元不予支持。

二审法院:

因凌志公司处理规模未达双方 EPC 合同约定的处理规模,双方合同中亦约定了因该违约行为的出现凌志公司应向滁州市环卫中心所承担的多项违约责任,原审法院据此判决凌志公司赔偿滁州市环卫中心 5,280,000 元,但滁州市环卫中心并未举证证明其实际损失超过 5,280,000 元,且凌志公司亦向法院申请对违约金数额进行调整,故本院对滁州市环卫中心主张凌志公司承担 300,000 元违约金的诉讼请求不予支持,对凌志公司主张滁州市环卫中心返还 880,000 元保证金的反诉请求予以支持。其余维持原判。

问题解析

工程总承包在近两年,正如火如荼地在我们国家展开。相当一部分传统施工总承包企业为实现自身的可持续发展,目前正走在工程总承包的转型之路上。因为有参与多个工程总承包项目的相关法律服务,同时参与了建纬所承担的《房屋建筑和市政基础设施工程总承包管理办法》的立法课题,我们在近两年与多家有志于工程总承包事业,或者目前正在从事于工程总承包事业的建筑企业多有交流。而在交流过程中,我们认为传统施工总承包企业在向工程总承包企业的转型发展过程中,存在一定程度的理念障碍。而此障碍又构成了建筑企业在承揽具体的工程总承包业务活动中的最大亏损风险点。

一、本文案例所揭示的工程总承包商的风险点

本案中,一个固定总价 880 万元的 EPC 工程总承包项目,建筑企业为承揽工程还缴纳了 88 万元的履约保证金。但是,直至项目完工,承包单位总计收到的工程款仅为1,563,255元。而因过程中的项目质量问题与安全事故问题,最终非但导致遭受业主方的索赔高达528万元,同时还需对外赔偿147万元。可谓惨不忍睹!

综观本案,几乎所有的矛盾导火索都指向一个问题,即业主方在该工程总承包项目的招标文件中,已明确要求,"投标人现场考察并预测未来渗滤液进水水质,今后运行中实际进水水质指标超过或低于本设计进水指标,导致处理后出水不达标的风险由投标人承担"。而承包单位非但未予重视,反而屡次高调"承诺",将严格按约履行,殊不知,源头上即已埋下祸根。

从承包单位在诉讼过程中指责业主方提供的进水水质严重超标,由此增加的工程费用2,310,804元,并要求业主方予以承担等意见可以看出,承包单位对于工程总承包的理解仍停留在施工总承包的层面。以为凡是过程中发生了变更,即可以主张增加费用;凡是业主方提供的数据、资料、设计标准与计算不准确,由此导致的损失,应当由业主方承担。却不知,EPC总承包的特点即在于应由有经验的承包商对于现场各类数据、资料、设计标准与测算等的准确性承担完全的责任,哪怕该等数据、资料、设计标准与测算是由业主方提供的。

二、对于国际通行的FIDIC银皮书(1999年版)的横向借鉴

4.10 Site Data 现场数据

The Employer shall have made available to the Contractor for his information, prior to the Base Date, all relevant data in the Employer's possession on subsurface and hydrological conditions at the Site, including environmental aspects. The Employer shall similarly make available to the Contractor all such data which come into the Employer's possession after the Base Date.

雇主应在基准日期前,将其取得的现场地下和水文条件及环境方面的所有有关资料,提交给承包商。同样地,雇主在基准日期后得到的所有此类资料,也应提交给承包商。

The contractor shall be responsible for verifying and interpreting all such data. The Employer shall have no responsibility for the accuracy or completeness of such data, except as stated in Sub-Clause 5.1 [General Design Responsibilities].

承包商应负责核实和解释所有此类资料。除第5.1款[设计义务一般要求]提出的情况以外,雇主对这些资料的准确性、充分性和完整性不承担责任。

5.1 General Design Obligations　设计义务一般要求

The Contractor shall be deemed to have scrutinized, prior to the Base Date, the Employer's Requirements (including design criteria and calculations, if any). The Contractor shall be responsible for the design of the Works and for the accuracy of such Employers Requirements (including design criteria and calculations), except as stated below.

承包商应被视为,在基准日期前已仔细审查了雇主要求(包括设计标准和计算,如果有)。承包商应负责工程的设计,并在除下列雇主应负责的部分外,对雇主要求(包括设计标准和计算)的正确性负责。

The Employer Shall not be responsible for any error, inaccuracy or omission of any kind in the Employer's Requirements as originally included in the Contract and shall not be deemed to have given any representation of accuracy or completeness of any data or information, except as stated below. Any data or information received by the contractor, from the Employer or otherwise, shall not relieve the contractor from his responsibility for the design and execution of the Works.

除下述情况外,雇主不应对原包括在合同内的雇主要求中的任何错误、不准确,或遗漏负责,并不应被认为,对任何数据或资料给出了任何不准确性或完整性的表示。承包商从雇主或其他方面收到任何数据或资料,不应解除承包商对设计和工程施工承担的职责。

三、域外最新司法裁判案例的思考

在英国,2017 年 8 月 3 日最高法院的一起判例,也反映出了相似却近乎更为残酷的工程总承包"游戏规则"。在 MT Højgaard A/S (Respondent) v. E. ON Climate & Renewables UK Robin Rigg East Limited and another (Appellants) [2017] UKSC 59 一案中,①MT Højgaard A/S 公司于 2006 年 5 月中标了 E. ON 集团的海上风力发电厂的设计、制造、安装工程总承包项目。在招标文件中,有业主方的相关技术要求,其中针对基础部分,要求符合由一家国际等级与证明机

① 感兴趣的读者可至英国最高院的博客官网浏览,地址:http://ukscblog.com/new-judgment-mt-hojgaard-as-v-e-on-climate-renewables-uk-robin-rigg-east-ltd-anor-2017-uksc-59/,最后访问日期:2017 年 11 月 2 日。

构专为海上风力涡轮装置制定的设计标准，即所谓的 J101，但是此后发现该所谓的 J101 标准内有一项错误，并将导致基础结构存在瑕疵。MT Højgaard A/S 被选为承包商后，是严格遵照 E. ON 集团的招标文件以及其中所包括的设计标准和所谓的 J101 进行的施工，但是，因为前述的瑕疵问题，最终导致基础结构倒塌并产生维修费用高达 2625 万欧元。此后，为了该笔巨额维修费用应当由哪一方予以承担，双方开始了长达数年的诉讼。最初的判决有利于业主方，上诉后改判有利于承包方，最终经最高法院判决确定，应当由承包方承担全部的责任。英国最高法院的判决理由在于：该合同中有约定须确保该建筑物使用 20 年以上。法庭通常倾向于认为，即便业主方指定或批准了某一设计，但是最终的建筑产品仍应当符合既定的合同根本目的。一般来讲，如果承包方同意按照某一设计施工，而该设计又无法满足其已经承诺的合同根本目的实现的话，承包方应当承担相应的责任。

四、小结

国务院早在 1984 年 9 月 18 日发布的《关于改革建筑业和基本建设管理体制若干问题的暂行规定》（已失效）中就提出了工程总承包的概念，其中第三条规定："工程承包公司接受建设项目主管部门（或建设单位）的委托，或投标中标，对项目建设的可行性研究、勘察设计、设备选购、材料订货、工程施工、生产准备直到竣工投产实行全过程的总承包，或部分承包。"然而，三十多年之后的今天，也是在近两年国务院、住建部密集发文推动之后，工程总承包的转型发展之路才可以说真正开始步入高速通道。① 大家都知道，工程总承包项目的利润率一般要高于传统的施工总承包，那为何工程总承包的转型发展如此艰难？其间，传统建筑企业的思维理念的难以转变，恐怕是最关键的一道坎。

本文案例中的工程总承包企业，在该项目的履行过程中，反映了当前相当一部分建筑企业在从事有关工程总承包业务时的思维习惯问题，即仍停留在施工总承包的概念层面，而未能从施工总承包向工程总承包进行理念转型与升级。以为施工场地是业主提供的，技术标准、设计规范等都是业主批准的，有关的风

---

① 对于工程总承包而言，纲领性的文件主要是指住建部《关于进一步推进工程总承包发展的若干意见》（建市〔2016〕93 号），以及国务院办公厅《关于促进建筑业持续健康发展的意见》（国办发〔2017〕19 号）。

险就应该由业主方承担,显然,还习惯把自己放在单纯施工方的地位,而不能融入工程总承包商的角色。因此,最终做了多次承诺,兴冲冲地冲进工程总承包业务中去,非但几乎血本无归,还要倒贴上巨额的增加工程成本与人员伤亡赔偿。对此我们认为,作为有志于工程总承包事业的建筑企业,在承揽工程总承包业务之前,应做好充分的风险评估,包括针对业主方的工程招标文件做设计技术方面、造价商务方面、条款法律方面的全面审核。

另外,有必要指出的是,我们在实践中还发现,有一部分施工企业对承揽工程总承包项目有较大的畏难情绪,担心自己把握不好设计关,控制不好工程造价。面对高回报,生怕承担高风险,从而宁可选择竞争更为激烈,但可能利润相对有所保障的传统施工项目。我想,可借孙中山先生名言相对,"世界潮流、浩浩荡荡,顺之则昌、逆之则亡"。真正的工程总承包的改革大幕已经拉开,传统施工项目市场正在逐渐萎缩,"走出去"与"一带一路"项目急迫要求中国企业具备工程总承包的能力,这些世界潮流是不可能改变的。对于绝大多数的建筑企业来讲,积极而为、顺应潮流,努力从施工总承包企业转型为优秀的工程总承包企业,将是实现未来自身可持续发展的一条大道!

工程总承包模式的类型问题

——中国能源建设集团安徽电力建设第二工程有限公司与吉林协合电力工程有限公司建设工程施工合同纠纷*

池红美**

关 键 词 模式 施工+试运行 设计采购施工(EPC)/交钥匙工程

问题提出 工程总承包模式在我国法律法规层面上尚缺乏统一的规定，而在各类政策及规范性文件中，对于工程总承包的具体模式所作出的定义之间也有所差异，因此导致在实践中对工程总承包模式的概念理解，不同地区、不同主体都存在认知偏差。而对工程总承包模式的不同判断，又直接决定了承包商的资质是否与承包范围相对应、承包商法律责任认定以及承包商向下进一步分包的合法性等关键问题。

裁判要旨 吉林协合电力工程有限公司（以下简称“吉林协合公司”）与业主签订的《总包合同》实质就是一个施工合同，EPC模式只是工程总承包模式的一种，即“设计+采购+施工”，而吉林协合公司与业主签订《总包合同》时，并没有约定承包工程设计和采购。即实质为施工总承包的《总包合同》项下吉林协合公司与中国能源建设集团安徽电力建设第二工程有限公司（以下简称“安徽电建二公司”）签订的《施工合同》系转包，属于无效合同。

---

* 一审：金昌市中级人民法院(2016)甘03民初86号；二审：甘肃省高级人民法院(2017)甘民终133号。

** 池红美，上海市建纬律师事务所工程总承包业务部律师助理。

案情简介

上诉人(原审原告):安徽电建二公司

被上诉人(原审被告):吉林协合公司

2013年3月10日,永昌协合太阳能发电有限公司(以下简称"业主")与吉林协合公司签订《甘肃永昌50MW并网光伏发电项目建筑安装工程施工总承包合同》(以下简称《总包合同》),并将涉案光伏厂区建筑、安装工程及升压站建筑、设备、安装工程发包给吉林协合公司,承包范围不包括:水土保护工程、环境保护工程、电气设备、电缆及光缆采购、35KV电缆头制作及安装,合同总价款4628.37万元。

2013年4月25日,吉林协合公司与安徽电建二公司签订《甘肃永昌50MW并网光伏发电项目建筑安装工程施工合同》(以下简称《施工合同》),约定:安徽电建二公司承包修建吉林协合公司分包的"甘肃永昌50MW光伏并网发电项目升压站建筑、安装工程"项目,工程承包范围包括:光伏发电场区建筑工程(光伏区场平,检修道路、光伏支架基础、箱变基础、电缆分支箱基础等设备基础工程,电缆沟道工程,房屋建筑等光伏区相关建筑工程),安装工程(光伏组件、支架、箱式变电站、电缆分支箱、逆变器、直流柜、汇流箱、电缆线路、防雷接地等),升压站建筑、安装、站区取水工程,以上均包括相应的施工辅助、水土保持、环境保护工程等;工程承包范围不包括:全部电气设备、电力电缆、光缆的采购,高压电缆头的采购及制作安装;合同工期自2013年5月6日至10月31日;合同总价为3684万元,吉林协合公司已向安徽电建二公司支付工程款2587万元。

2013年12月30日,涉案工程项目实现并网,并于2014年3月光伏区全部并网,讼争工程现已满足工程价款的结算条件,吉林协合公司却以光伏支架基础出现质量问题为由拒绝支付剩余工程款,安徽电建二公司就吉林协合公司未支付剩余工程款为由向法院起诉。针对吉林协合公司与业主签署的《总包合同》是否属于EPC总承包合同,以及吉林协合公司与安徽电建二公司之间施工分包合同效力问题各方持不同观点。

各方观点

安徽电建二公司：

吉林协合公司是EPC总承包商，根据原建设部《关于培育发展工程总承包和工程项目管理企业的指导意见》（建市〔2003〕30号）第二条第（二）项"……工程总承包企业可依法将所承包工程中的部分工作发包给具有相应资质的分包企业……。"因安徽电建二公司具有电力工程施工承包资质，故吉林协合公司将其承包的部分工程发包给安徽电建二公司的《施工合同》合法有效。

吉林协合公司：

吉林协合公司根据其与业主签订的《总包合同》，将涉案工程转包给安徽电建二公司，并由双方签署了《施工合同》。两份合同约定的施工范围之间并无实质区别，实际是整体转包，因此并非属于安徽电建二公司所称的部分分包。将全部建筑工程转包的行为违反了我国《建筑法》的强制性规定。

法院观点

一审法院：

吉林协合公司将其承包的涉案工程转包给安徽电建二公司，违反了我国《建筑法》的强制性规定，吉林协合公司与安徽电建二公司签订的《施工合同》应属无效。最高人民法院《关于审理建设工程施工合同纠纷案件适用法律问题的解释》（法释〔2004〕14号）第二条规定："建设施工合同无效，但建设工程经竣工验收合格，承包人请求参照合同约定支付工程价款的，应予支持。"

二审法院：

关于吉林协合公司与安徽电建二公司签订的《施工合同》效力如何认定的问题。《建筑法》第二十八条规定，禁止承包人将其承包的全部建筑工程转包给他人，禁止承包人将其承包的全部建筑工程肢解后以分包的名义分别转包给他人。本案中，吉林协合公司与业主签订《总包合同》，对比《施工合同》与《总包合同》，两份合同的施工范围均为光伏发电区建筑和安装工程、升压站建筑和安装工程。同时，吉林协合公司在二审庭审中也认可讼争建设项目由安徽电建二公司全部完成,所以一审法院认定《施工合同》系转包合同,应属无效正确,予以维持。安徽电建二公司上诉提出讼争建设项目是吉林协合公司承建"施工 + 试运行"的EPC总承包项目,故其有权将施工内容分包给安徽电建二公司。本院认为,EPC模式只是工程总承包的一种方式,即"设计 + 采购 + 施工",而吉林协合公司签订《总包合同》时,并没有约定承包工程设计和采购,从合同内容看,《总包合同》的实质就是一个施工合同。

问题解析

当前国家及各地方政府正在大力推广工程总承包模式,而工程总承包模式凭借其在工程项目全过程管理中所体现出来的各项优势,正逐渐成为我国建筑业未来发展的趋势之一。就此而言,当前在我国成文法体系下,首要面临需要解决的问题是,什么是工程总承包,工程总承包具体体现为哪些模式?

虽然有关工程总承包的各类政策及规范性文件层出不穷,但目前尚缺乏国家法律法规层面上对工程总承包模式的统一规定,且前述的各类政策及规范性文件对工程总承包模式所作出的定义之间也有所差异,从而导致在实践中对工程总承包模式的概念理解存在偏差。而如本文开篇案例所示,对于工程总承包模式概念理解的偏差,可能导致司法审判实践中对有关的工程合同性质的认定差异。

在此,我们尝试结合该司法案例及我国工程总承包的现行相关规定,对工程总承包的模式问题进行阐释分析。

一、我国法律法规层面尚缺乏"工程总承包"的明确定义

目前我国《建筑法》、《合同法》以及《建设工程质量管理条例》中规定了建设工程总承包的模式,为我国工程总承包的实践提供了最为基础的法律依据,其主要内容如下:

《建筑法》第二十四条第二款规定:"建筑工程的发包单位可以将建筑工程的勘察、设计、施工、设备采购一并发包给一个工程总承包单位,也可以将建筑工程勘察、设计、施工、设备采购的一项或者多项发包给一个工程总承包单位……"

《合同法》第二百七十二条第一款规定:"发包人可以与总承包人订立建设工程合同,也可以分别与勘察人、设计人、施工人订立勘察、设计、施工承包合同。

发包人不得将应当由一个承包人完成的建设工程肢解成若干部分发包给几个承包人。”

《建设工程质量管理条例》第二十六条第三款规定：“建设工程实行总承包的，总承包单位应当对全部建设工程质量负责；建设工程勘察、设计、施工、设备采购的一项或者多项实行总承包的，总承包单位应当对其承包的建设工程或者采购的设备的质量负责。”

结合上述《建筑法》第二十四条第二款、《合同法》第二百七十二条第一款以及《建设工程质量管理条例》第二十六条第三款的规定不难看出，目前我国法律法规对工程总承包模式所作出的规定仅系原则性规定，一般笼统描述为“勘察、设计、施工、设备采购”中的一项或多项，并未明确工程总承包模式至少应包含勘察、设计、采购、施工的哪几项内容，以及如何与施工总承包模式相区分，从而导致实践中对工程总承包模式的概念理解上仍存在一定的争议。

二、政策及规范层面对工程总承包模式定义在近年来发生变动

1984 年 9 月 18 日，国务院印发《关于改革建筑业和基本建设管理体制若干问题的暂行规定》（已失效）首提工程总承包模式，但是国内工程总承包模式开始较大规模的兴起，还是近些年的事情。[①] 为了更好地适应工程总承包的发展趋势，同时更有效地规制工程总承包的各方主体以及指导工程总承包的实践，我国有关部门前后制定了大量的规范性文件及各类政策。并在《建筑法》、《合同法》和《建设工程质量管理条例》的基础上，进一步对工程总承包模式概念的界定做了细化。其中：

2003 年 2 月 13 日，原建设部发布的《关于培育发展工程总承包和工程项目管理企业的指导意见》（建市〔2003〕30 号）规定，工程总承包是指从事工程总承包的企业受业主委托，按照合同约定对工程项目的勘察、设计、采购、施工、试运行（竣工验收）等实行全过程或若干阶段的承包。工程总承包主要有设计采购施工（EPC）/交钥匙总承包、设计—施工总承包（D－B），以及根据工程项目的不同规模、类型和业主要求，工程总承包还可采用设计—采购总承包（E－P）、采购—施工总承包（P－C）等方式。

---

① 朱树英、徐寅哲：《对 73 个亡灵的沉重告慰——从江西丰城电厂“11 · 24”坍塌事故处理看工程总承包的立法缺陷及其强化法律规制》，载“建纬律师”微信公众号，最后访问日期：2019 年 5 月 26 日。

2016年5月20日,住建部发布的《关于进一步推进工程总承包发展的若干意见》(建市〔2016〕93号)规定:“工程总承包是指从事工程总承包的企业按照与建设单位签订的合同,对工程项目的设计、采购、施工等实行全过程的承包,并对工程的质量、安全、工期和造价等全面负责的承包方式。工程总承包一般采用设计—采购—施工总承包或者设计—施工总承包模式。建设单位也可以根据项目特点和实际需要,按照风险合理分担原则和承包工作内容采用其他工程总承包模式。”

自2018年1月1日起实施的《建设项目工程总承包管理规范》(GB/T 50358-2017)第2.0.29条规定:“工程总承包合同,指项目承包人与项目发包人签订的对建设项目的设计、采购、施工和试运行实行全过程或若干阶段承包的合同。”

2020年3月1日,由国家发展和改革委员会(以下简称“发改委”)和住建部联合发布的《房屋建筑和市政基础设施项目工程总承包管理办法》(建市规〔2019〕12号)(以下简称《工程总承包管理办法》)第三条规定:“本办法所称工程总承包,是指承包单位按照与建设单位签订的合同,对工程设计、采购、施工或者设计、施工等阶段实行总承包,并对工程的质量、安全、工期和造价等全面负责的工程建设组织实施方式。”

通过以上梳理可以发现:

1. 近年来,相关政策文件排除了工程总承包模式中的“勘察”工作,也即认为工程总承包模式不包含“勘察”。这一点与法律法规层面的规定有所不同。因为在工程总承包模式下,具备“小业主、大总包”的基本特征,业主对工程的管理和介入较少,同时承包商承担着较大的风险,加之工程总承包模式下一般采用“固定总价”的合同价格形式,除了合同约定的价格调整之外,合同价格不作调整。这几个特征要求承包商在工程实施前对工程现场情况、边界条件、工作范围、内容、标准、水文地质等相关内容进行详细的核查和了解,在充分评估有关风险之后作出合理的报价与实施方案,而并非未经评估大包大揽采用工程总承包模式。因此通常认为业主应完成可研、勘察等工作后,再行考虑是否适于采用工程总承包模式发包,也更有利于承包商根据业主提供的工程前期基础资料评估其自身是否有能力作为工程总承包商承担履约风险。

2. 根据上述各类政策及规范性文件对工程总承包模式的概念所作出的规定,工程总承包模式的类型,长期以来都被认为,可包括:设计—采购—施工

（EPC）、设计—采购（E－P）、设计—施工（D－B）、采购—施工（P－C）。另外，住建部发布的《关于进一步推进工程总承包发展的若干意见》（建市〔2016〕93号）规定的，建设单位也可以根据项目特点和实际需要，按照风险合理分担原则和承包工作内容采用其他工程总承包模式。

3. 发改委、住建部联合发布的《工程总承包管理办法》中将工程总承包明确界定为"设计、采购、施工"或"设计、施工"两个模式，强调工程总承包模式应同时包含"设计"与"施工"。工程总承包模式的优势之一在于缩短工程周期并能够提升工程效率，即工程总承包单位对工程项目的设计及施工等环节的集成化管理，使各环节时间的各项工作得到深度融合，在各环节相互之间的合理衔接下有效保障工程项目的连贯性，发挥工程总承包商总集成、总协调、总管控的职能，确保工程达到业主要求的工期、造价、质量、安全目标。

三、本案"施工＋试运行"的承包模式是否属于"工程总承包"模式

综观本案，吉林协合公司与业主签订的《总包合同》是否属于EPC合同、其项下吉林协合公司与安徽电建二公司签订的《施工合同》是否涉嫌转包，引发争议。其中，二审法院认为从合同内容看，吉林协合公司与业主签订的《总包合同》实质就是一个施工合同，而不属于EPC合同。EPC模式只是工程总承包模式的一种，即"设计＋采购＋施工"，而吉林协合公司与业主签订《总包合同》时，并没有约定承包工程设计和采购，即实质为施工总承包。

对此，我们认同法院的裁判观点，不是任何两个工程建设的阶段，随意组合，都能构成工程总承包，类似本案中，试运行不能仅仅只与施工构成所谓的"工程总承包"。理由如下：

1. 结合法院认定的事实，吉林协合公司与业主签订的《总包合同》不包含设计工作，总包工作范围仅为"施工＋试运行"。从我国以促进设计施工相融合的理念而推广发展工程总承包来看，该模式不宜认定为属于我国当前鼓励的工程总承包模式。虽然按照《建设项目工程总承包管理规范》（GB/T 50358－2017）第2.0.29条规定工程总承包为"设计、采购、施工和试运行实行全过程或若干阶段的承包"，看似其中的"施工和试运行"也可以作为若干阶段的工程总承包模式。但通过前述法律法规、政策及规范的层面去分析工程总承包模式的概念以及近年来国家以促进设计施工融合的着力点推行工程总承包的理念所在，我们认为不宜抛开工程总承包模式的内涵对有关规范条文进行机械性的理解,单就“施工+试运行”的组合来看,承包商的工作内容仅限于施工和试运行,设计工作由业主委托,有关设计变更、设计因可施工性导致的修改等仍是由设计单位反馈业主单位,业主通过发出设计变更的方式要求承包商实施,并将伴随着合同价格和工期的变更调整,这与传统的施工总承包模式没有本质上的差异,难以达到工程总承包模式下造价可控、效率提升的内在要求。

2. 借鉴 FIDIC 1999 年版的《设计采购施工(EPC)/交钥匙工程合同条件》(银皮书)前言部分规定:“交钥匙工程的通常情况是,由承包商进行全部设计、采购、施工(EPC),提供一个配备的设施,(‘转动钥匙’时)即可运行”,较之 FIDIC 1999 年版的《施工合同条件》(红皮书)前言部分规定:“推荐用于雇主或其他代表工程师设计的建筑或工程项目。这种合同的通常情况是,由承包商按照雇主提供的设计进行工程施工”。风险分配原则的根本差异在于设计工作是承包商承担还是业主承担,设计工作内容承担者的不同是承包模式和风险分配不同的根源。FIDIC1999 版的《施工合同条件》(红皮书)第 7.4 条【试验】、第 9 条【竣工试验】中约定了承包商对工程进行竣工试验以确定相关性能标准达到了业主的接收要求,同时,如果某些类型的工程需要在特定季节或特定情况下进行试验的,工程师也可以提出附加试验的要求,并按照第 13 条【变更和调整】的约定进行处理。可见工程相关的竣工试验及试运行等更多的与工程特性有关,如果是涉及需要检验工程持续操作中的质量、产出、副产品及相关资源使用效率的项目,那么即使采用施工总承包模式,仍然可能需要承包商进行竣工试验或配合进行竣工后试运行工作,以确保达到业主的接收标准。也即施工工作是否包含试运行,并不构成施工总承包与工程总承包模式差异。

3. 与 FIDIC 合同条件类似的,我国《建设工程施工合同(示范文本)》(GF-2017-0201)通用条款第 13.3 条工程试车中明确规定:“工程需要试车的,除专用合同条款另有约定外,试车内容应与承包人承包范围相一致,试车费用由承包人承担。”不难看出传统施工总承包模式中同样包含“试运行”工作,因此“施工+试运行”的承包模式,仍属于“施工总承包”模式的范畴,不宜认为是工程总承包模式。

因此,结合我国目前的相关规定及相关合同文件的内容可看出,试运行是附属于建设工程施工阶段的承包人义务。多数情况下根据工程特性,为了检验施工工作质量达到标准，能够确保工程顺利投产，而在竣工验收后为承包商设定的一项义务，试运行阶段通常不能独立于施工工作单独拎出来作为建设工程的一个阶段，更不能将施工工作是否包含试运行而作为判定是否属于工程总承包模式的一项标准。

四、小结

目前我国法律法规层面对于工程总承包模式尚缺乏具体规定，且各类政策及规范之间也存在差异，在大力推行工程总承包模式的当前，如基本概念不清可能导致各地司法审判认识不统一、裁判结果不统一等不利后果。因此，为了使工程总承包各方主体更好地适应我国工程总承包的发展趋势，我们建议如下。

（一）基于国家立法层面

建议从国家立法层面上应对工程总承包模式的概念加以明确，为我国工程总承包模式的有序发展提供良好的指引。在目前法律法规对工程总承包模式规定不清楚的情况下，建议国家主管部门通过制定或修订有关工程总承包的法律法规，尤其是针对当前工程总承包模式是否限定在设计—采购—施工和设计—施工两个模式、是否包含设计—采购、采购—施工等其他模式给予明确导向，同时对于不同模式下工程总承包商的准入资格、工程总承包商分包合法性给予具体标准。

（二）对工程总承包各方参与主体而言

建议工程总承包模式的各方主体尽量以设计—采购—施工或设计—施工模式实施工程总承包，并及时关注跟进有关政策的变化，避免因工程总承包模式认定上的差异而影响工程总承包的实施。《工程总承包管理办法》为了促进设计与施工工作得到深度融合，发改委和住建部在该管理办法中进一步明确了工程总承包的模式为“设计、采购、施工”或“设计、施工”。

同时，考虑到工程总承包模式认定对总承包商进行分包的合法性影响，如果非以设计—采购—施工或设计—施工模式实施的工程总承包，总承包商在分包时，建议严格依据《建筑法》《建设工程质量管理条例》中有关分包的规定，慎将全部的设计或全部的施工工作进行分包，避免因违法分包导致合同无效的风险。

EPC工程总承包建设模式与BOT、PPP等其他融资、运营模式的区别问题

——首钢京唐钢铁联合有限责任公司、大连绿诺集团有限公司建设工程施工合同纠纷*

孟庆阳**

关 键 词 EPC BOT PPP 建设模式 运营模式

问题提出 EPC是工程总承包的常见模式之一,其特点是业主与工程承包商签订单一的工程总承包合同,由承包商实施项目的设计、采购与施工,并为项目建设的质量、安全、工期、价款全面负责。承包商对项目建设全权负责,避免了建设过程中各方相互扯皮的情况,也激励承包商不断提高自身管理水平,通过系统化、集成化的科学管理创造效益。而目前建设领域的新概念、新名词众多,类似BOT、PPP等概念名词层出不穷,EPC模式和上述的概念存在何种区别和联系?EPC模式是否可以与上述模式同时存在?特别是在2017年财政部《关于规范政府和社会资本合作(PPP)综合信息平台项目库管理的通知》(财办金〔2017〕92号)颁布实施以来,大量的PPP项目整改涉及业主方期待转型套用国家现行政策鼓励的EPC模式的问题,因此有必要加以研究。

裁判要旨 关于案涉《工程总承包合同》是否应予解除的问题,从BOT承包模式的性质和本案所涉工程项目并非公共基础设施以及不存在政府部门作为合同当事人的情况看,案涉《工程总承包合同》不属于BOT承包模式。并非由承包

---

* 一审:河北省高级人民法院(2015)冀民一初字第14号;二审:最高人民法院(2017)最高法民终57号。

** 孟庆阳,上海市建纬律师事务所工程总承包业务部律师助理。

模式决定不能解除。

由于《工程总承包合同》与《委托运营合同》是相对独立的合同，因此，《委托运营合同》的内容，不能直接作为衡量其是否全面履行《工程总承包合同》所确定义务的依据。首钢京唐钢铁联合有限责任公司（以下简称“首钢京唐公司”）在2013年1月24日曾支付工程款700万元，显然其知道每年的1月份是其应当履行工程款支付义务的时间，因此有履行行为，但不完全履行，已经构成违约。一审法院依据《合同法》第九十四条之规定，判决解除双方当事人签订的《工程总承包合同》，由首钢京唐公司支付大连绿诺集团有限公司（以下简称“绿诺公司”）所欠剩余工程款及利息，事实认定清楚、适用法律正确。

| 案情简介

上诉人（原审被告）：首钢京唐公司

被上诉人（原审原告）：绿诺公司

2009年12月23日，首钢京唐公司（发包人）与绿诺公司（承包人）签订《工程总承包合同》，由绿诺公司承建首钢京唐公司$2 \times 500m^2$烧结机烟气脱硫工程。合同约定，该项目采取设计采购施工（EPC）/交钥匙的工程总承包方式。承包人按照招标文件的要求以及合同约定，承担本工程项目的设计、采购、施工、运行服务等工作，承包人对本工程的质量、安全、工期造价全面负责。工程竣工验收后，承包人负责通过政府有关部门对本工程的环保验收确保竣工后及时交付运营，最终向发包人提交一个满足使用功能、具备使用条件的工程项目。承包范围包括本工程土建（不含桩基）、机械、电气、自动化、消防等专业的设计；本工程材料设备的采购；本工程的施工、调试运行、竣工验收以及环保验收等服务工作。

合同工期为2010年1月1日到9月30日。质量标准为配合烧结主体工程达到冶金优质工程。合同价款：总承包金额231,095,235元，总价为含税价格，含十年分期支付款项利息费用。关于付款时间，合同约定：工程竣工后按发包人现行规定进行报量结算。合同价款自投产运行满一年时开始支付。每满一年支付一次，双方约定分十年付清所有工程建设款及利息。

合同又约定，自工程投入使用后，先由承包人负责运行再移交发包人。双方另行签订首钢京唐公司一期项目烧结脱硫系统委托运营合同。

由于首钢京唐公司负责施工的地下桩基项目于2010年3月未交付于绿诺公司,案涉烧结机烟气脱硫工程开工日期变更为2010年4月1日,竣工日期2010年12月31日。首钢京唐公司对工期变更情况予以确认。

2009年12月23日双方签订《首钢京唐钢铁联合有限责任公司一期项目烧结脱硫系统委托运营合同》(以下简称《委托运营合同》),合同约定:甲方(首钢京唐公司)委托乙方(绿诺公司)对烧结机烟气脱硫设施运营承包期限为10年,脱硫系统完成168小时试运行,自通过国家环保部门验收合格日开始计算第一年运营承包时间,年承包运营费56,284,492元,并约定了具体的承包运营考核指标。

2010年12月31日烧结机烟气脱硫工程建设完成,并经建设单位、监理单位、设计单位检验合格后竣工验收。2011年1月18日烧结机烟气脱硫工程移交生产。2011年7月21日烧结机烟气脱硫工程经唐山市环境监测中心站监测达到环保部门的要求。

2013年8月31日,河北省环境保护厅向首钢京唐公司作出行政处罚决定,行政处罚决定书载明:"……1号烧结机在线监测设施运行不正常,数据显示恒值……你单位的上述行为违反了《中华人民共和国大气污染防治法》第十二条第二款的规定,我厅决定对你单位处以如下行政处罚:罚款伍万元整。"

2013年3月29日,首钢京唐公司(甲方)与绿诺公司(乙方)签订关于《委托运营合同》的补充协议,补充协议约定:(1)甲乙双方同意,若具备本协议约定的条件,则从2013年4月1日起,甲方不再委托乙方对系统进行运营承包,双方于2013年3月31日24:00前完成系统运营移交工作,2013年3月31日24:00起《委托运营合同》终止。(2)双方同意,从2013年4月1日起,由甲方组织对系统进行全面大修,大修包括检修和工艺改造。具体检修项目、工艺改造方案由双方于2013年4月15日前共同研究确定。大修涉及的材料、备品备件主要由甲方负责提供,采购数量和价格由乙方进行监督和确认,甲方无法提供的由乙方负责提供。大修期间,乙方派项目负责人和主要技术人员进行配合和技术支持。大修费用分担方案由双方另行协商。(3)双方同意,对2013年4月1日前经双方确认系统存在的问题,由甲方进行维护检修及为恢复系统至设计状态而发生的费用由乙方承担,经双方确认后由甲方从工程款中扣除。因乙方单方面原因造成交接时间拖期的,本协议第一条约定的移交时间点予以顺延,在此期间处理系统存在问题发生的费用仍由乙方承担。系统全面交接完成之后，运行中新出现问题发生的费用，由甲方承担。双方对《委托运营承包合同》的解除及运营费用款项支付无争议。

2014 年 12 月 23 日，首钢京唐公司与绿诺公司签订首钢京唐公司烧结脱硫恢复使用功能、技改项目与绿诺公司项目划分意见，其中双方共同确认的费用为 5,450,135 元。首钢京唐公司主张大修费用 25,558,624 元应从工程款中扣除。绿诺公司主张双方共同确认的费用为 5,450,135 元，剩余的大修费用按补充协议约定应由双方协商确定，目前双方尚未确定。

工程竣工验收后，双方就涉案工程进行结算，确认：烧结机烟气脱硫工程共计 231,013,397 元。2012 年 1 月 30 日至 2016 年 1 月 30 日，首钢京唐公司相对合同约定的付款节点与金额，共计欠付前五期工程款 69,155,487 元。

根据本案的已查明事实，绘制本案大事记如图 1 所示。

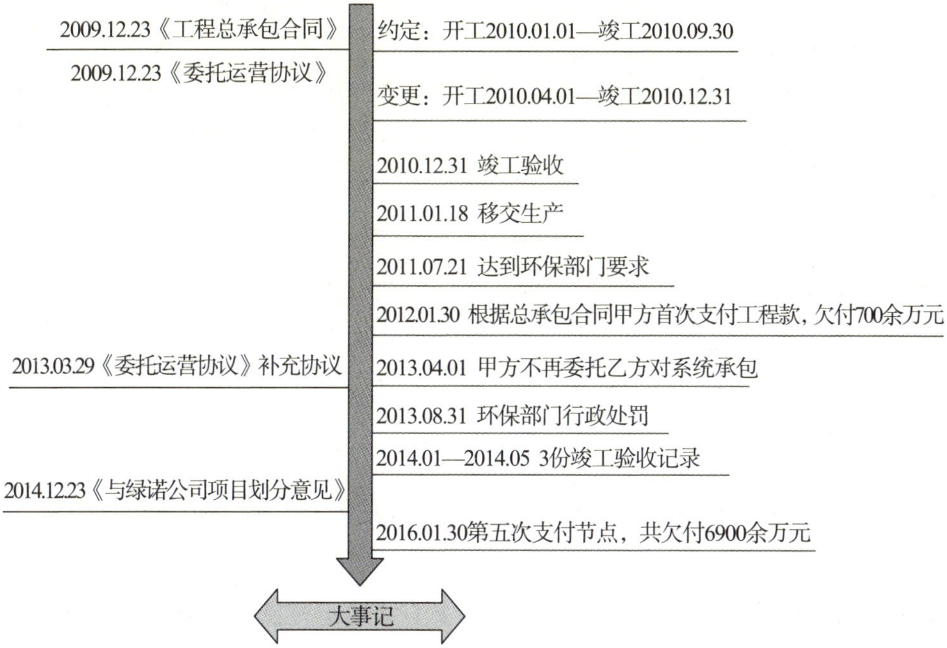

图 1　首钢京唐公司与绿诺公司大事记

各方观点

首钢京唐公司:

一审判决错误的将性质为 BOT 承包方式的案涉《工程总承包合同》的性质认定为 EPC 方式,导致认定事实未能反映双方合同关系原貌。首钢京唐公司是以 BOT 方式进行招标,招标文件第一册中的投资报价汇总表和第二册、第四册内容可以证明合同性质。案涉《工程总承包合同》与《委托运营合同》紧密相关相辅相成,共同构成 BOT 方式合同关系的全部内容。将二者割裂开来,则不能反映案涉合同全貌,会导致认定事实错误。

一审判决错误认定工程款支付时间。双方当事人在《工程总承包合同》中约定,“合同价款自投产运行满一年时开始支付……”《委托运营合同》第三条约定,“脱硫系统完成 168 小时试运行、自通过国家环保部门验收合格日开始计算第一年运营承包时间。”可见,完成 168 小时试运行及通过国家环保部门验收合格的日期就是投产运行时间的起始日期。实际上,案涉工程是于 2011 年 3 月 18 日完成 168 小时试运行试验,直到 2011 年 7 月 28 日才通过国家验收,故 2011 年 7 月 29 日是案涉项目第一年承包运营期间的起算点,若运营中无意外,则到 2012 年 7 月 28 日运行满一年,首钢京唐公司支付第一期工程款的条件才成就。一审判决将 2012 年 1 月 30 日前认定为首钢京唐公司支付第一期工程款的起算点错误。

基于 BOT 合同的性质,首钢京唐公司按照合同约定将设备大修费 25,558,624 元从工程款中抵扣并无不当。

绿诺公司:

第一,案涉工程并非 BOT 承包方式而是 EPC 承包方式,可以根据 EPC 合同的条件判断能否解除。第二,双方当事人对于工程款的支付时间及数额,在《工程总承包合同》中有明确约定,即“合同价款自投产运营满一年时开始支付。每满一年支付一次”。根据《首钢京唐钢铁联合公司一期 $500m^2$ 烧结机烟气脱硫工程 168H 性能测试报告》首页记载:“验收交接生产日期:2011 年 1 月 18 日”。首钢京唐公司向绿诺公司支付第一期、第二期工程款时间都是 1 月的事实也可以证明,双方已经在合同的实际履行中就工程款支付时间是每年 1 月达成了共识。

《委托运营合同》第三条约定的委托运营时间和期限，据此只能推出委托运营费的支付时间，而不是工程款的支付时间。

法院观点

一审法院：

关于合同是否应予以解除。根据《合同法》第九十四条第（二）项“在履行期限届满之前，当事人一方明确表示或者以自己的行为表明不履行主要债务”以及第（四）项“当事人一方迟延履行债务或者有其他违约行为致使不能实现合同目的”当事人可以解除合同。案涉建设工程经首钢京唐公司验收合格并投入使用后，首钢京唐公司未按合同约定的期限支付工程款，截至2016年1月30日，仅支付前五期工程款58,000,000元，欠付前五期工程款达69,155,487元，且无合法原因，其行为构成违约，其行为已表明不履行合同义务，致使绿诺公司无法实现合同目的，因此，绿诺公司诉请解除《工程总承包合同》，提前支付剩余工程价款符合法律规定，应予支持。

关于大修费用是否应在工程款中扣除。首钢京唐公司和绿诺公司在《委托运营合同》的补充协议中，约定对2013年4月1日前经双方确认系统存在的问题，由首钢京唐公司进行维护检修及为恢复系统至设计状态而发生的费用由绿诺公司承担，经双方确认后由首钢京唐公司从工程款中扣除。同时亦约定，具体检修项目、工艺改造方案由双方于2013年4月15日前共同研究确定。大修费用分担方案由双方另行协商确定。诉讼中，首钢京唐公司主张大修费用25,558,624元应从工程款中抵扣，但未就上述主张提出反诉，且绿诺公司对上述费用也不予认可，故首钢京唐公司可就大修费用另行主张，本案不予涉及。对于首钢京唐公司和绿诺公司已经确认的大修费用5,450,135元，根据双方签订的《委托运营合同》补充协议约定，该款应从绿诺公司的工程款中扣除。

关于欠付工程款数额的问题。工程竣工验收后，双方就涉案工程进行了结算，除建安费核减81,838元外，其余费用不变，双方确认总金额231,013,397元，故本案的工程总价款应以双方结算认定的数额为依据。关于工程款的支付方式，双方在《工程总承包合同》中约定分十年付清所有工程建设款及贷款利息，并约定了每期应付工程款的本息，根据最高人民法院《关于审理建设工程施工合同纠纷案件适用法律问题的解释》第十七条、第十八条规定,工程欠款151,765,197元应自2016年1月31日起按中国人民银行同期同类贷款计算利息,共计6,102,845.3元。

二审法院:

一、关于案涉《工程总承包合同》是否应予解除的问题

针对首钢京唐公司的上诉请求及理由,判断案涉《工程总承包合同》是否应予解除,应当从两个方面加以分析,一是案涉合同的承包方式是BOT还是EPC,合同是否因承包模式是BOT而不能解除;二是首钢京唐公司是否在支付工程款方面存在根本违约。

建设工程领域的所谓EPC承包模式,即Engineering—工程设计、Procurement—设备采购、Construction—组织施工,通称设计采购施工总承包。BOT承包模式,即Build—建设、Operate—运营、Transfer—转让,通常是指政府部门就某个基础设施项目签订特许权协议,授权签约的私企来承担该项目的投资、融资、建设和维护。在特许期限内,许可其融资建设和经营特定的公共基础设施,并通过向用户收费或出售产品以清偿贷款,回收投资并赚取利润。政府对该公共基础设施有监督权、调控权,特许期满,签约的私企将该公司基础设施无偿或有偿移交给政府部门。因此,从BOT承包模式的性质和本案所涉工程项目并非公共基础设施以及不存在政府部门作为合同当事人的情况看,案涉《工程总承包合同》不属于BOT承包模式。另外,从《工程总承包合同》第二条可以看到,承包方式为"采取设计采供施工(EPC)/交钥匙的工程总承包方式",而且根据该合同第1.17条规定:"组成合同的文件即有限解释顺序",《工程总承包合同》的解释效力高于合同所附的其他文件。因此,案涉《工程总承包合同》不是BOT承包方式,并非由承包模式决定不能解除。

二、关于首钢京唐公司是否应当向绿诺公司支付工程款及其利息以及应支付数额的问题

由于《工程总承包合同》与《委托运营合同》是相对独立的合同,因此,《委托运营合同》的内容,不能直接作为衡量其是否全面履行《工程总承包合同》所确定义务的依据。《工程总承包合同》对于首钢京唐公司支付工程款义务的约定是"合同价款自投产运行满一年时开始支付"。案涉工程通过168小时试运行后形成的《脱硫工程运行交接书》上明确记载:"达到设计要求,具备正式投产条件。"

因此,一审判决将通过168小时试运行后一年的2012年1月认定为支付工程款的起点并无不当。首钢京唐公司有履行行为,但不完全履行,已经构成违约。根据《合同法》第九十四条的规定,判决解除《工程总承包合同》,认定事实清楚,适用法律正确。

首钢京唐公司提出的计算方式及具体计算得出的数额要大于一审判决确定其应当给付绿诺公司的利息数额,且其明确表示请求二审法院要么发回重审,要么判决继续履行合同,故对于一审判决确定的工程款本金及利息数额,不作调整。

问题解析

当前政府正在大力推广工程总承包模式,尤其是在政府投资领域要求起到先行示范作用。而对于政府投资项目来讲,能源和基础设施类占的比重较大,往往还涉及建成以后的运营问题。早前,政府对于此类领域的项目较多采取BOT模式(包括BOO、BOOT等),近年来则较多PPP模式。

上述模式都涉及工程建设,又大多都是三个英文字母组成的缩写简称,在实践中较易让工程企业感觉混乱。特别是在2017年财政部《关于规范政府和社会资本合作(PPP)综合信息平台项目库管理的通知》发布以后,大量的地方政府PPP项目,需要进行整改。有不少企业基于2017年以后政府对于工程总承包建设模式的大力推广,一股脑儿的提出要进行PPP到EPC的转化。这种想法是否可行?EPC与PPP和BOT究竟是怎么样的法律关系?结合本文的主案例,我们尝试进行阐释分析。

一、工程建设模式与工程投融资、运营模式的概念简述

本章所述工程建设模式主要是指工程的发承包方式,又可以具体分为设计采购施工(EPC)/交钥匙工程总承包、设计—施工总承包(D-B)、平行发包(DBB)模式和施工管理承包(CM)等几种类型。工程建设模式主要针对工程建设的过程,合同约定的范围涵盖从前期的项目勘察、设计一直到项目试车、竣工验收和保修等相关内容,一般不涉及建设项目的融资安排与验收之后的后期运营。

工程投融资模式是指为工程项目筹措所需的资金所做的特殊合同安排。资金“瓶颈”是工程项目投资建设中面临的最大难题之一,在基础设施建设领域中更是如此。因此出现了解决项目建设融资问题的各种新模式,BOT、PPP都可以归到这一类型下。

工程项目运营模式,是涉及项目建成后,授权、运营、收费的特殊合同安排。如城市污水处理厂建成运营之后往往可以获得生产收入,城市轨道交通建成运营之后可以获得乘车收入等。一般情况下,BOT与PPP项目在前期签订时都会涉及后期特许经营的授权,包括了工程项目的运营模式的相关内容。

以上三种模式分属于建设项目从前期到后期的不同阶段。通常情况下,三个阶段彼此之间的关系见图2。

图2 三种模式关系

二、EPC与BOT、PPP之间的区别

(一)EPC模式[①]

EPC工程总承包即Engineering Procurement Construction模式,又称设计、采购、施工一体化模式,是指在项目决策阶段以后,从设计开始,经招标,委托一家工程公司对设计—采购—建造进行总承包。在这种模式下,按照承包合同规定的总价或可调总价方式,由工程公司负责对工程项目的进度、费用、质量、安全进行管理和控制,并按合同约定完成工程。EPC有很多种衍生和组合,例如EP+C、E+P+C、EPCm、EPCs、EPCa等。

EPC一般只涉及工程项目的建设本身,竣工验收并经过保修期之后,发承包双方之间的合同就履行完毕,并不涉及项目的前期融资和后期运营等其他环节的安排。

① 因为目前工程领域各类名词较为复杂,本书所说仅讨论纯粹的EPC模式,不包含F+EPC等其他涉及融资运营的EPC衍生模式。

（二）建造—运营—移交（BOT）模式

BOT即建造—运营—移交（Build-Operate-Transfer）模式。是指公共方（一般是政府）将基础设施项目一定期限的特许经营权，授予项目发起人（私人方投资者）组成的项目公司，由项目公司负责投融资、建设、营运，并在特许经营期内收取费用以回收投资成本、偿还债务、赚取合理利润，特许期结束后将项目的所有权移交给政府，原有项目公司在政府授权下可能享有优先继续经营项目的权利。①

根据世界银行的定义，通常所说的BOT亦被称为"公共工程特许权"，实际上至少包括以下三种具体的建设方式：

BOT，即建设—经营—转让。这是通常采取的方式，私人合伙人或某国际财团自己融资，建设某项基础设施，并在一段时期内经营该设施，然后将其转让给政府部门或其他公共机构。

BOOT（build-own-operate-transfer），即建设—拥有—经营—转让，与BOT方式不同点在于项目建成后，在规定的期限内，私人（合伙人）或某国际财团的拥有所有权并进行经营，期满后再转交政府。

BOO（build-own-operate），即建设—拥有—经营。这种方式是承包商根据政府赋予的特许权，建设并经营某项基础设施，但并不将此基础设施移交给公共部门。②

除此之外，BOT还有BLT、DBFO、DBOT等许多衍生模式，但其基本特点是一致的，即项目公司必须得到政府有关部门授予的特许权。BOT项目通常包含有项目确定和准备、招投标（含资格预审）、特许权合同谈判、项目融资合同的签订、项目的建设、运营和移交等阶段，该模式主要用于机场、隧道、发电厂、港口、收费公路、电信、供水和污水处理等一些投资较大、建设周期长和可以运营获利的基础设施项目。

（三）公共部门与私人企业合作模式（PPP）

Public-Private Partnerships（PPP，公私合营）是指由私营部门为基础设施项目

---

① 王守清、柯永建编著：《特许经营项目融资（BOT、PFI和PPP）》，清华大学出版社2008年版，第18页。

② 乔恒利：《基础设施项目多元投融资模式选择研究》，上海交通大学企业管理系2009年博士学位论文，第78页。

进行融资、建造并在未来的一段时间内运营项目,通过充分发挥公共部门和私人方的各自优势,以提高公共产品或服务的效率、实现资金的最佳价值。①

在2015年国务院办公厅转发《财政部、发展改革委、人民银行关于在公共服务领域推广政府和社会资本合作模式指导意见》(国办发〔2015〕42号)中将PPP称为政府和社会资本合作模式,并解释为:"政府和社会资本合作模式是公共服务供给机制的重大创新,即政府采取竞争性方式择优选择具有投资、运营管理能力的社会资本,双方按照平等协商原则订立合同,明确责权利关系,由社会资本提供公共服务,政府依据公共服务绩效评价结果向社会资本支付相应对价,保证社会资本获得合理收益。"

发展PPP模式具有诸多优势。一是可以支持我国城镇化进程,项目融资将为基础设施建设提供重要的资本和专业支持。二是提高公共产品或服务的效率。公共部门和私人方的能力各有其优缺点,通过PPP项目合作,可以实现优势互补,有效提高私人资本在公共产品或服务领域的贡献。三是符合国际金融环境、国家财政和货币政策的客观要求。当前,企业自有资本紧张、融资环境较差、政府财政支出压力加大、地方政府融资平台受限,政府扩大内需和促进经济增长,大量的基础设施投资将不得不由社会资金等渠道提供。四是随着公共部门对发展PPP项目意识的转变,越来越多的地方政府对PPP概念的理解逐步深入、实际应用也逐渐增多,从中央到地方,都在进一步鼓励民间资本以持有和运营资产的方式,来提供高效率的公共服务。②

一般而言,EPC、PPP、BOT三种模式与建设工程各个阶段的关系如图3所示。

EPC模式对应的关系最为单一,仅为工程的建设阶段。而PPP模式和BOT模式都可能包含从项目前期融资、建设和后期运营整个周期的合同安排。值得注意的是,在PPP或BOT模式中,其所包含的建设阶段也可选用工程总承包EPC的模式,形成所谓的PPP+EPC或BOT+EPC(见表1,图3)。

---

① World Bank, *Public-Private Partnerships Reference Guide*, Version 1.0. Washington DC, World Bank, 2012, p. 11.

② 盛和太:《PPP/BOT项目的资本结构选择研究》,清华大学土木工程系2013年硕士学位论文,第2页。

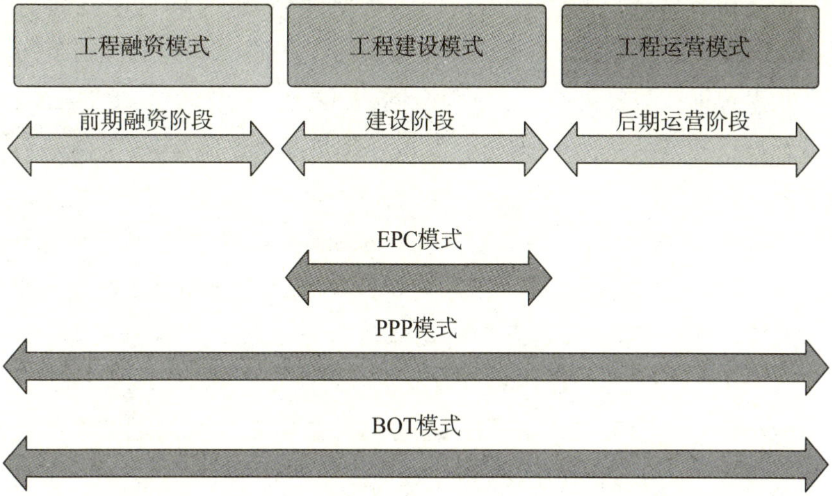

图3　EPC、PPP、BOT在融资、建设、运营阶段关系

表1　三种模式特征对比

项目	EPC 模式	BOT 模式	PPP 模式
合作内容	工程项目的建设承包	工程项目的建设、运营与所有权转移	双方建立伙伴关系，特许经营项目
合作双方	发包人与承包商	政府/私人与社会资本	政府与社会资本
回报机制	通过项目建设的承包费用获取利润	通过特许经营与后期移交获取利润	通过合作成立项目公司，进行投资建设与特许经营
合作期限	到工程项目通过竣工验收为止	合同约定：固定期限/无期限	合同约定：固定期限/无期限
建设项目所有权	属于业主	先属于承包商再转移给业主	属于成立的项目公司

三、本案所涉争议焦点问题分析

针对本案的2个主要争议焦点问题：1. 案涉工程总承包合同与委托运营合同的关系，以及工程总承包合同性质的认定，是否应予解除。2. 首钢京唐公司是否应当向绿诺公司支付工程款及其利息，以及工程款和利息的数额。第2点已经在二审法院的观点中论述非常清晰，现主要结合上文对EPC、PPP、BOT模式的论述，对第1点进行分析。

本案非常明显地反映了在当前的工程实践领域中,项目的各参与方对EPC、BOT、PPP等概念认识的模糊。本案例中的工程总承包商绿诺公司实际上与发包人首钢京唐公司签订了两份合同,一份为工程总承包EPC合同,另一份为委托授权特许经营合同,两份合同相对彼此独立存在,构成了两个不同的法律关系。

在二审中,首钢京唐公司认为:"一审判决错误的将性质为BOT承包方式的案涉《工程总承包合同》的性质认定为EPC方式,导致认定事实未能反映双方合同关系原貌。首钢京唐公司是以BOT方式进行招标,招标文件第一册中的投资报价汇总表和第二册、第四册内容可以证明合同性质。案涉《工程总承包合同》与《委托运营合同》紧密相关相辅相成,共同构成BOT方式合同关系的全部内容。"这种观点的认知基础在于,以为EPC模式和BOT模式是针对同一业务形态的不同类型,或者说将两种法律关系混为了一谈。实际上,如上所述,EPC与BOT分别针对不同的业务阶段而言,EPC是基于工程建设阶段,BOT则是关于整个项目的运作模式。两者虽不能说风马牛不相及,但却完全不是在同一个层面上的概念。实践中也大量存在BOT+EPC,两者共存于一个项目的情形。类似本案中,《工程总承包合同》约定工程建设阶段发包模式,《委托运营合同》约定后期运营的授权,两者共同构成EPC+BOT的建设模式。

相较而言,本案二审裁判虽然在一审的基础上,针对BOT与EPC的模式区别有所进一步的论述,但在根本上我们认为,二审法院对此问题的说理论述部分仍不够十分明确,还没有将两者的本质区别彻底阐述清晰。二审判决指出:"从BOT承包模式的性质和本案所涉工程项目并非公共基础设施以及不存在政府部门作为合同当事人的情况看,案涉《工程总承包合同》不属于BOT承包模式,并非由承包模式决定不能解除。"但是,案涉的《工程总承包合同》只约定了工程建设的阶段的发包方式,其并没有涉及BOT模式下关键的特许授权运营与所有权转移,所以谈不上EPC合同属不属于BOT承包模式的问题。因为判断EPC合同是否应该解除,只需根据EPC合同条款判断是否符合法定或约定解除条件即可,与采用何种运营模式也并无关系。

四、当前背景下EPC与PPP和BOT模式结合应注意的问题

(一)"PPP+EPC"模式

对于"PPP+EPC"模式,实践中有两种不同的理解,一种观点认为:"从广义

上讲，只要项目建设中应用了'PPP + EPC'的形式都属于此类模式。"另有观点认为："从采购方式上判断，'PPP + EPC'特指两者的合并采购，即通过一次采购程序同时选定 PPP 社会投资人和 EPC 总承包单位。"[①]也就是俗称的"两标并一标"，目前第二种观点在业内较为普遍，本文所说"PPP + EPC"仅指第二种理解。

具体来说，就是政府实施机构通过招标选定社会资本；政府出资方代表与中标社会资本合资成立项目公司；实施机构授权项目公司负责该项目的投资建设运营；项目的设计、采购、施工任务由具有资质的中标社会资本方来承担，不再另行招标；项目公司与社会资本签署 EPC 工程总承包合同，此处的社会资本既可以是单一的建筑施工企业，也可以是多个企业组成的联合体。[②] 近年来，受政策鼓励和市场需求双重影响，"PPP + EPC"模式在国内发展迅速。

对于"PPP + EPC"的项目来说，其合同体系复杂，参与方众多，内容往往包含了 PPP 项目合同、股东协议、EPC 合同、运营维护合同、融资合同、产品或服务购买合同、原料供应合同、咨询合同等[③]且财政部《关于进一步做好政府和社会资本合作项目示范工作的通知》（财金〔2015〕57 号）规定政府和社会资本合作期限原则上不低于 10 年，其项目周期长，在合同签订时有很多难以预见的因素，相比其他建设模式有着很强的特殊性，因篇幅有限，简述两处主要风险如下：

1. 法律及政策方面的风险

"PPP + EPC"模式作为一种新的融资和建设模式，之所以受到政府和建筑工程企业的欢迎，主要在于将公开方式选定社会资本与工程总承包招标两个环节通过一次招标同时完成，提高了效率，避免了二次招标可能会增加项目的运作周期，造成资源的浪费等不利因素。同时工程企业也将"PPP + EPC"模式视为增强自身市场竞争力，拓展市场的重要手段。

《招标投标法实施条例》第九条规定，已通过招标方式选定的特许经营项目

---

① 曹珊、李志灵：《PPP + EPC 模式在我国的研究发展与趋势》，载"建纬律师"微信公众号，最后访问日期：2019 年 7 月 28 日。

② 陆宝成：《PPP + EPC 模式的风险分析研究》，载"建纬律师"微信公众号，最后访问日期：2019 年 7 月 28 日。

③ 曹珊、王昕昕：《PPP + EPC 模式下合同管理问题研究》，载"建纬律师"微信公众号，最后访问日期：2019 年 7 月 28 日。

投资人依法能够自行建设、生产或者提供,可以不进行招标。这一条文通常被认为是"两标并一标"模式的合法性的来源,需要注意的是,此文规定的可以不进行招标的项目针对的对象是"特许经营项目",如果是非特许经营的其他 PPP 项目,那么从现有法律中不能得出可以"两标并一标"的结论。

2016 年财政部《关于在公共服务领域深入推进政府和社会资本合作工作的通知》(财金〔2016〕90 号)对"两标并一标的适用范围"进行了扩大解释。不再强调是特许经营项目,而是适用于所有工程建设的 PPP 项目。但由于该文件效力层级较低,规定的内容与《招标投标实施条例》存在冲突,在没有修改上位法的情况下,非特许经营类的 PPP 项目"两标并一标"模式仍存在一定的法律风险。

因此,社会资本方在选择"PPP + EPC"项目时,需多与当地政府沟通,了解政府部门对 PPP 模式的态度,全面遵守法律法规,制定合理的风险应对策略,并通过合同体系的架构来尽量降低与规避相关风险。

2. 建设模式导致的工程质量潜在风险

在"PPP + + EPC"模式下,社会资本方既是投资人,也是工程承包商,而监理公司是接受投资人的委托,对工程承包商进行监督,在投资人与承包商合为一体的情况下,监理人将很难保持独立性,给工程质量造成较高的潜在风险。同时在此模式下,政府方因其本身相对缺乏专业技术能力,又缺少监理作为其技术代表,对工程的把控难度增大,容易造成沟通协调过程中的低效和增加决策失误的风险。因此,需高度重视此模式下监理角色定位与职责的约定,并可以在 PPP 项目合同中明确政府聘请具有相应能力的工程师作为其代表,使项目进行的更加专业与高效。

(二)"BOT + EPC"模式

"BOT + EPC"模式是指政府向企业颁布特许,在一定时间内允许企业进行基础设施建设以及运营,并且企业在项目建设过程中应当采用 EPC 总承包模式组织施工,一般情况下,当特许期结束后,企业将该设施移交政府(见图 4)。[①]

---

① 王运涛、敬世红:《"BOT + EPC"模式下公路工程概算编制问题分析》,载《公路交通技术》2013 年第 1 期。

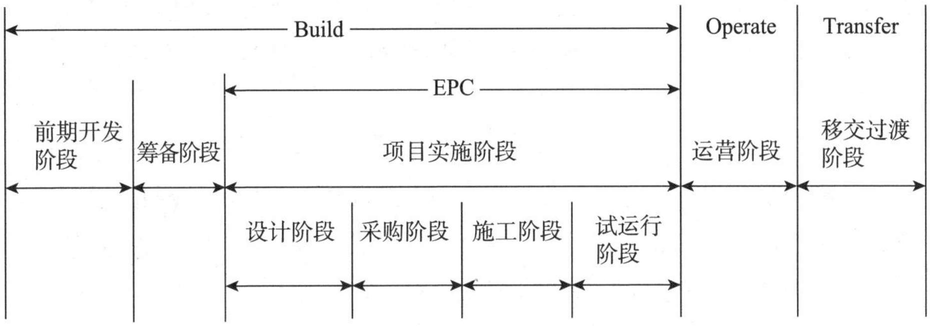

图4 "BOT+EPC"模式①

投资的不确定性是工程企业作为投资人与总承包商参与此种项目所面临的最大风险,其中包括项目成本控制、投资收益能否实现、资金安全能否得到保障等。简要列举重要风险有:

1.项目退出风险

为了获得EPC合同,工程市场中越来越多的总承包商试图通过扩展自身的服务范围来增强其竞争力,其中包括了提供前期项目融资服务等。对于BOT项目,总承包商的建设利润需要通过特许经营或转让退出的方式才能最终取得,如果因为政府财政资金困难、政策转变等种种原因,项目不能按照原定的计划顺利退出,则总承包商将面临承担严重投资损失的风险。

2.项目融资风险

在"BOT+EPC"模式下,一般BOT适用的市政公用基础设施项目前期对资金需求量都很大,而总承包商通过特许经营和转让退出获取利润往往要等到项目建成,时间点相对靠后。如果在项目建设期间总承包商遇到银行贷款提款困难,贷款利率上浮等融资突发状况,很有可能会对项目的盈利能力构成很大影响,总承包商必须要将项目的融资风险纳入整体考虑中。

3.质量安全风险

与"PPP+EPC"模式相类似,在该模式下,在项目所有权转移前,承包商同时承担了项目所有人和设计、施工方的双重角色。而从某种程度来讲,这两个角色

---

① 李丛:《"BOT+EPC"模式下高速公路项目投资控制研究》,重庆交通大学管理科学与工程系2015年硕士学位论文,第6页。

存在内在的利益冲突。例如监理公司受雇于项目所有人,代表所有人对施工单位进行监管。在“BOT + EPC”模式下,监理公司的独立性将很难得到保障,可能会给工程带来一定潜在的质量风险。

以上只是简单陈述了3个“BOT + EPC”模式下可能存在的主要风险,建议承包商谨慎挑选 BOT 的合作方与投资项目。优先选择法治环境较好、重视契约精神、经济发达地区有合法审批文件的重点 BOT 项目。同时承包商需对自身的风险承受能力、项目的资金需求、建设周期、建设难度、运营收益等进行合理的评估。此外,承包商也可以通过对合同文本的针对性修订和自身工程实施组织模式的不断优化创新,来充分发挥自身优势,降低风险。

五、小结

工程总承包模式主要针对项目的建设阶段,是对项目建设中权利义务进行分配的一种特殊的合同安排,而 PPP、BOT 等其他概念不仅包含了项目建设阶段,往往也包含了项目前期融资与建成后的运营和移交阶段。上述名词之间对应的时间和内涵的不同是彼此之间最主要的差别。只有首先厘清了概念,才能在此基础上正确地理解各自对应的法律关系,并针对项目的具体特点选择最合适的融资、建设与运营模式,以求实现工程项目建设的社会、经济效益最大化。

工程总承包合同拆分签订及此后对外分包的问题

——中冶东方工程技术有限公司秦皇岛研究设计院与辽宁建设安装集团有限公司抚顺分公司、中冶东方工程技术有限公司建设工程施工合同纠纷*

徐寅哲　耿　超**

关 键 词　合同拆分　承揽合同　违法分包

问题提出　在国际工程项目中，基于避税的原因，进行工程总承包合同拆分的情形较为常见。而在国内工程项目中，因为资质、招投标、转分包监管等原因，导致工程总承包合同被拆分后的合同性质、法律效力等发生变化，进而对合同双方当事人权利义务产生影响。除双方当事人有意为之的合同拆分外，因对于工程总承包合同的新类型法律性质存在不同认知，实践中还存在发承包双方随意性的分拆式合同签订，最后能否被认定为一个完整的工程总承包合同，从而因合同类型的变化带来性质与法律效力的变化的问题。对此，在我国当前的合同法律环境之下，都应当引起发承包双方的足够重视。

裁判要旨　抚顺新钢铁有限责任公司与中冶东方工程技术有限公司秦皇岛研究设计院（以下简称“秦皇岛设计院”）签订《建安工程施工合同》《设备供货合同》，将新钢铁石灰竖窑项目，包括设计、供货、土建、安装和电气工程等一切工作内容发包给秦皇岛设计院，两份合同构成建筑工程总承包合同，秦皇岛设计院是

* 一审：抚顺市望花区人民法院（2016）辽0404民初2331号；二审：抚顺市中级人民法院（2017）辽04民终834号。

** 徐寅哲，上海市建纬律师事务所合伙人、工程总承包业务部副主任；耿超，原上海市建纬律师事务所工程总承包业务部律师助理。

工程总承包人。秦皇岛设计院将其中施工合同分包给辽宁建设安装集团有限公司抚顺分公司(以下简称“建安抚顺公司”),双方形成的法律关系是建设工程施工合同关系。《建筑法》第二十九条、《建设工程质量管理条例》第七十八条以及《合同法》第二百七十二条均规定,总承包人进行分包的,应当事先征得发包人的同意。本案中,秦皇岛设计院在与抚顺新钢铁有限责任公司签订的总承包合同中未约定分包施工业务,也未提交经建设单位抚顺新钢铁有限责任公司同意分包施工合同的书面材料,因此秦皇岛设计院将工程总承包项目中的施工业务分包给建安抚顺公司属于违法分包,双方签订的《建安工程施工合同》无效。

| 案情简介

上诉人(原审被告):秦皇岛设计院

被上诉人(原审原告):建安抚顺公司

原审被告:中冶东方工程技术有限公司(以下简称“中冶东方公司”)

秦皇岛设计院系中冶东方公司的下属机构。2015 年 2 月 6 日秦皇岛设计院与抚顺新钢铁有限责任公司(以下简称“抚顺新钢铁公司”)签订一份《建安工程施工合同》,承包内容为:抚顺新钢铁有限责任公司新建石灰竖窑建安工程(土建、安装、电气工程)等涉及的全部工作内容,承包方式为包工包料,计价方式为总价包干。

2015 年 3 月 6 日,秦皇岛设计院与建安抚顺公司签订了一份《建安工程施工合同》,秦皇岛设计院将抚顺新钢铁有限责任公司新建石灰竖窑建安工程中的土建、安装等工程分包给建安抚顺公司,承包方式为:承包人包工包料,计价方式为总价包干。各项指标达产考核合格后,建安抚顺公司提供完整的竣工资料和竣工验收报告,工程结算核对完毕,经抚顺新钢铁有限责任公司审计部门审计定案后,支付剩余结算款(扣除钢筋材料款)。相应合同内付款均在抚顺新钢铁有限责任公司实际付款后,按其付款的比例等比例支付。合同签订后建安抚顺公司入场施工。

2016 年 5 月 7 日,建安抚顺公司将案涉工程竣工材料交付秦皇岛设计院。2016 年 6 月 30 日,建安抚顺公司向秦皇岛设计院出具了一份《关于抚顺新钢铁有限公司新建石灰竖窑建安工程结算的申请函》,内容为:由辽宁建设安装集团有限公司抚顺分公司施工的抚顺新钢铁有限公司新建石灰竖窑建安工程(土建、安装工程),按合同约定工期按时完成,竣工资料已全部上交贵设计院,现申请给予我单位进行工程结算,请批准及大力协助为盼。

2016年7月5日,秦皇岛设计院给建安抚顺公司回函,内容为:“今收到贵公司关于抚顺新钢铁有限责任公司新建石灰窑建安工程的结算申请,由于中冶集团对我院进行整编重组,各部门职能未确定,待恢复正常工作后,我院开始审查贵公司提交的竣工资料,审查合格后,开展工程结算工作,望谅解。”后双方产生纠纷,建安抚顺公司向法院起诉,要求秦皇岛设计院支付拖欠的工程款及利息,中冶东方公司对上述债务承担连带责任。本案经一审判决后,秦皇岛设计院不服并提出上诉,同时还在二审中提交了新的证据:(1)抚顺新钢铁有限责任公司卫星平面位置及现场照片、技术协议,拟证明案涉项目石灰窑属于工业设备的一种,秦皇岛设计院承揽的范围包括石灰窑从设计、采购、安装、调试全工程工作。而不限于建设工程,符合承揽合同的法律特征,并非建设工程合同。(2)秦皇岛设计院及中冶东方公司承包资质、2015年2月16日《新建石灰竖窑设备供货合同》,拟证明秦皇岛设计院及中冶东方公司拥有建筑工程总承包资质,秦皇岛设计院是涉案工程的总承包人。(3)新建石灰竖窑设计图纸、2016年3月13日《新建石灰竖窑设备供货合同》,拟证明秦皇岛设计院自行完成总承包合同项下的设计工作,将总承包合同项下的施工工作分包给建安抚顺公司。(4)工作联系函两份(抚顺新钢铁有限责任公司致中冶2015年7月15日、2015年8月14日)、建安抚顺公司提交验收材料目录与竣工资料要求的比对,拟证明案涉工程是生产性建设项目,试生产是生产性建设项目交付验收前的法定程序。建安抚顺公司没有完成整改工作,导致工程无法验收,建安抚顺公司单方提交的竣工资料不属于提出验收申请,且不符合要求。

各方观点

秦皇岛设计院:

1. 本案属于承揽合同纠纷,而非一审法院所认定的建设工程施工合同纠纷,而承揽合同本身不存在分包效力问题。

2. 即使案涉合同定性为建设工程合同,在秦皇岛设计院与抚顺新钢铁之间也是建筑工程总承包合同,秦皇岛设计院将施工任务分包给建安抚顺公司也是符合法律规定的。秦皇岛设计院作为总包单位,承担此项工程包括设计、设备供货、土建钢结构及设备安装调试等全部业务,本身只是将其中的土建、钢结构及部分安装工程分包给建安抚顺公司施工,建设单位对此完全知情并且同意。双方合同合法有效,合同约定的付款条件应严格遵守,在约定的付款条件未成就的情况下,无须履行付款义务。

建安抚顺公司:

1. 法院认定本案为建设工程施工合同纠纷定性正确。根据《合同法》第二百六十九条、《建设工程质量管理条例》第二条的规定,本案双方签订的《抚顺新钢铁有限责任公司新建石灰竖窑建安工程(土建、安装工程)》(以下简称"石灰竖窑工程"),依法属于建设工程施工合同。秦皇岛设计院将"石灰竖窑工程"的土建、安装工程发包给建安抚顺公司施工,并不符合承揽合同要件,故秦皇岛设计院提出本案为承揽纠纷,没有事实和法律依据。

2. 作为涉案工程总承包人的秦皇岛设计院,将该工程主体结构的施工发包给了建安抚顺公司,其行为违反了建筑法的规定,原审法院认定合同无效,符合法律的规定。秦皇岛设计院以 1233 万元承包了抚顺新钢铁有限公司新建石灰竖窑建安工程的土建、安装和电器工程,秦皇岛设计院即该工程的总承包人。秦皇岛设计院在以 1233 万元承包了"石灰竖窑工程"土建、安装和电器工程后,便转手以 1040 万元将该工程中主体结构的土建及安装工程转包给了建安抚顺公司,系违法转包行为。

法院观点

一审法院:

根据法律规定,建设工程施工合同的承包人不得将其承包的全部建设工程转包给第三人或者将其承包的全部建设工程肢解以后以分包的名义分别转包给第三人。建设工程主体结构的施工必须由承包人自行完成。承包人非法转包、违法分包与他人签订建设工程施工合同的行为无效。本案中秦皇岛设计院从抚顺新钢铁有限责任公司承包"抚顺新钢铁有限责任公司新建石灰竖窑建安工程(土建、安装、电器工程)。"该建安工程的主体结构部分必须由秦皇岛设计院自行完成。秦皇岛设计院将该工程的主体土建及安装分包给建安抚顺公司施工，属于违法分包，故秦皇岛设计院与建安抚顺公司于 2016 年 6 月 30 日签订的《建安工程施工合同》应当认定无效（见图 1）。

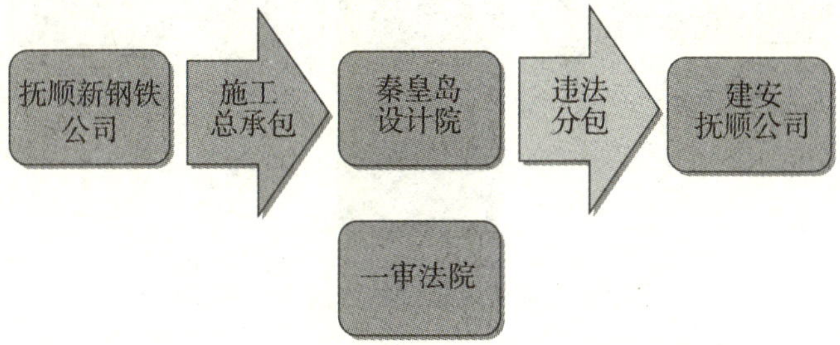

图 1　一审法院认定的合同主体关系

二审法院：

1. 关于本案是建设工程施工合同纠纷还是普通承揽合同纠纷。建设工程合同是承揽合同的一种特殊类型，建设工程合同在合同主体及合同标的物上区别于一般承揽合同。本案，从抚顺新钢铁有限责任公司与秦皇岛设计院签订合同名称、主体及承建内容看，均适用《建筑法》等法律法规的调整，并非普通主体所能承揽。抚顺新钢铁有限责任公司与秦皇岛设计院签订《建安工程施工合同》《设备供货合同》，将新钢铁石灰竖窑项目，包括设计、供货、土建、安装和电气工程等一切工作内容发包给秦皇岛设计院，两份合同构成建筑工程总承包合同，秦皇岛设计院是工程总承包人。秦皇岛设计院将其中施工合同分包给建安抚顺公司，双方形成的法律关系是建设工程施工合同关系。

2. 合同效力问题。《建筑法》第二十九条规定，"建筑工程总承包单位可以将承包工程中的部分工程发包给具有相应资质条件的分包单位；但是，除总承包合同中约定的分包外，必须经建设单位认可。"《建设工程质量管理条例》第七十八条第二款规定，违法分包行为第（二）项："建设工程总承包合同中未有约定，又未经建设单位认可，承包单位将其承包的部分建设工程交由其他单位完成的。"《合同法》第二百七十二条同样作出上述规定。本案中，秦皇岛设计院在与抚顺新钢铁有限责任公司签订的总承包合同中未约定分包施工业务，也未提交经建设单位抚顺新钢铁有限责任公司同意分包施工合同的书面材料，因此一审判决认为秦皇岛设计院将工程总承包项目中的施工业务分包给建安抚顺公司属于违法分包,双方签订的《建安工程施工合同》无效,并无不当(见图2)。

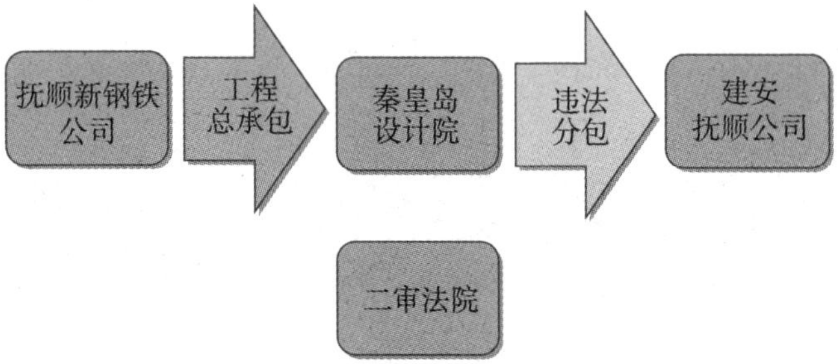

图2　二审法院认定的合同主体关系

问题解析

工程总承包模式下由于存在超出以往施工总承包模式的多项内容(如设计、采购、设备安装、调试),这导致工程总承包合同本身可能包含了多个完全不同的法律关系。而工程总承包单位往往可能基于某些具体实践中的原因(如避税),而针对不同的类型选择与建设单位签订不同的合同。在本案中,建设单位就是将一个完整的工程总承包项目中的建设、设备安装等施工任务,与秦皇岛设计院签订了一份《建安工程施工合同》,而将设计与设备采购签订到另一份《新建石灰竖窑设备供货合同》之中。结合本案的具体情形,针对工程总承包合同的拆分与此后的有关分包,存在以下有关法律问题值得探讨。

一、本案的建设单位与秦皇岛设计院之间,是建设工程施工合同关系还是工程总承包合同关系

本案一审、二审虽然均将秦皇岛设计院与建安抚顺公司之间的施工合同关系定性为违法分包,但是前后两审的判决依据却在实质上完全不同。一审中,法院仅依据建设单位与秦皇岛设计院之间签订的《建安工程施工合同》,将建设单位与秦皇岛设计院之间界定为建设工程施工合同关系;二审则是将《建安工程施工合同》与《设备供货合同》合并认定为一个整体的工程总承包合同,再以此为基础评判秦皇岛设计院的施工分包行为是否违法。由此引发的问题是,当发承包双方将一个完整的工程总承包合同,事先拆分为多个单独的、不同的合同,则该如何进行相互之间合同关系的认定?

首先，需要指出的是，在国际工程总承包项目中，主要为了避免项目所在国与总承包商所在国的双重征税，进行合法税务筹划的目的，而将一份完整的EPC合同拆分为多份“设计、采购、施工、调试服务”等相互独立的子合同，是较为常见的操作情形，且工程总承包商与拆分后的有关子合同的供应商并非同一单位，后者往往是海外平台公司。但是，因业主方与工程总承包商以及子合同供应商之间的框架性“桥接协议”（注：指衔接拆分后的各子合同之间关系的总体协议）的事先安排与签订，其最终并不会影响整个工程总承包合同的完整性。

在国内，因民商事合同特殊的政府监管因素，情况往往会变得复杂得多。因为一方面，国内有较为严格的招投标管理体系。特别是《招标投标法》和发改委《必须招标的工程项目规定》（发改委令第16号，2018年）明确规定了有关必须招标的工程建设项目的具体范围和规模标准。基本上绝大多数的工程总承包项目被拆分后，各有关环节都会触碰到必须招标的问题。本来一次招标可以确定一个工程总承包项目，而若合同被拆分之后各环节均须进行招标投标的话，几乎无法确定工程总承包商的唯一性。

另一方面，以设计与施工两环节的拆分来讲，限于当前的有关部门规章的规定，承包商在取得设计合同的情况下，并没有参与后续施工投标的资格。《工程建设项目施工招标投标办法》（七部委30号令）第三十五条规定：“……为招标项目的前期准备或者监理工作提供设计、咨询服务的任何法人及其任何附属机构（单位），都无资格参加该招标项目的投标。”

其次，就具体的合同关系的判定来讲，当前司法审判实践中，存在截然不同的两种观点。例如，本案的一审与二审，两级法院针对当事人之间的合同关系，即从不同的角度出发，得出了完全相反的结论。再如，在“北京航空航天大学与新冶高科技集团有限公司合同纠纷”一案中，案号为（2016）京民终176号，北京市高级人民法院针对“《技术服务合同》与《商务合同》的关联性对合同性质的影响”问题，一方面认为，“合同法中遵循合同自由原则，对于合同当事人基于意思自治的形成的合约应当予以尊重”；另一方面认为，两份合同的“主要合同标的不同，且一项庞大复杂的工业化示范项目根据不同的任务分工细化拆分为不同的合同亦不违背商业惯例，故无法因两份合同具有关联性而认定其为一份建设工程合同。”

最后，我们认为，工程总承包合同拆分后，当事人之间的多份合同关系认定，

应基于不同状况予以不同区分:

1. 如双方当事人之间没有签订总体框架性“桥接协议”,则不同的合同之间应做区别对待,应根据各份合同的具体要素做具体判断。我国《合同法》分则所规定的十五类有名合同,如拆分后的子合同能够对得上号的,则应做具体有名合同的具体判定,不应随意做事后性的整合理解。

2. 如双方当事人之间签订有总体框架性“桥接协议”,不论受国内招投标体系的监管是否对拆分后的子合同法律效力带来瑕疵性判断,双方当事人之间的总体合同关系认定仍应当得到支持。虽然如前所述,有关的部门规章内存在一定的限制情形,但是现行法律并不禁止发承包双方将一个完整的工程总承包合同进行分开约定。《标准设计施工总承包招标文件(2012 年版)》(发改法规〔2011〕3018 号)第二章“投标人须知”第 1.4.3 条中也规定,投标人不得存在为本标段前期准备提供设计或咨询服务的情形,但是,“设计施工总承包的除外。”

二、工程总承包合同属于《合同法》第十五章规定的承揽合同,还是属于《合同法》第十六章规定的建设工程合同

这是秦皇岛设计院在二审上诉中引发的直接争议。由于一审法院认定秦皇岛设计院与建设单位之间构成了施工总承包关系,而秦皇岛设计院又将其承包项目中的主体工程对外分包,构成了违法分包。故而,以此为依据支持了一审原告建安抚顺公司的主张。而秦皇岛设计院则坚持认为自身的分包行为合法,理当受到遵守,故而意图为自己的分包行为寻求正当性基础,于是承揽合同便成为了其上诉的主要理由之一。

事实上,当前的司法审判实践中,工程总承包合同本身是承揽合同还是建设工程合同仍然存在较多争议,既有判例也存在不同的认定倾向。相较而言,我们认为工程总承包合同应归属于《合同法》第十六章规定的“建设工程合同”,理由如下:

1. 虽然《合同法》第十六章“建设工程合同”第二百八十七条规定:“本章没有规定的,适用承揽合同的有关规定。”然而,适用相关规定,不代表有关的合同性质就能依此认定。《合同法》目前共有 15 个“有名合同”,其中,“建设工程合同”与“承揽合同”是做明确区分的。哪怕两者之间的确存在关联,甚或说,从广义上来讲,“建设工程合同”也属于“承揽合同”的一种。但是,正如本案二审法院的判决所言“建设工程合同是承揽合同的一种特殊类型,建设工程合同在合同主体及合同标的物上区别于一般承揽合同。”根据法理学中特别规定与一般规定的相互关系，工程总承包合同应适用《合同法》“建设工程合同”章的特别规定。

2. 我国《合同法》第二百六十八条规定：“定作人可以随时解除承揽合同，造成承揽人损失的，应当赔偿损失。”该条是承揽合同中极具特色的规定，即承揽合同中的定作人拥有法定的任意解除权，如果认可工程总承包合同为承揽合同，这就意味着如果当事人未在合同中对合同解除条款进行针对性规定，那么《合同法》第二百六十条就会自动适用，由此就会赋予建设单位任意解除工程总承包合同的权利，显然这与工程总承包的客观实践严重不符，且工程总承包合同往往涉嫌巨额投资，如果定作人（建设单位）拥有任意解除权也极易造成社会资源的巨大浪费。

3. 我国《合同法》第二百五十三条规定：“承揽人将其承揽的主要工作交由第三人完成的，应当就该第三人完成的工作成果向定作人负责；未经定作人同意的，定作人也可以解除合同。”本条虽然规定了定作人的合同解除权，但亦意味着如果定作人不解除合同，则承揽人未经定作人许可进行转包或分包的行为并不导致合同无效的强制后果，相反在某种程度上认可了承揽人的自行转分包行为，这不但与工程总承包的客观实践严重不符，且与我国建设工程领域存在大量的法律、法规，以及部门规章与其他规范性文件对转包、违法分包等行为进行规制的情形相冲突。故而，如果认可工程总承包合同系承揽合同将势必导致严重的法律冲突。

事实上，这也是本案中秦皇岛设计院二审诉求的核心，如果将其与建设单位之间的关系认定为承揽合同关系，那么承揽合同下，即使秦皇岛设计院的分包行为未事先取得建设单位的许可，但是只要建设单位不解除该合同，秦皇岛设计院的分包便具备合法效力。

4. 有意见认为，《合同法》第二百六十九条规定：“建设工程合同包括工程勘察、设计、施工合同。”其中，并不包括采购、设备调试等环节。既然如此，则不应将工程总承包纳入“建设工程合同”中，而应归类为一般性的“承揽合同”范畴内。在最高人民法院（2015）民申字第185号一案中，再审被申请人包头希铝公司即认为该案所涉合同的标的物除了辅助工程属于建设工程以外，其核心工程如机械设备系统、电气系统、仪表控制等均不属于建设工程合同的标的物。而且，无论是从结算方式、监理制度、标的物质量标准及标的物保修等方面均足以认定该案所涉合同系承揽合同而非建设工程合同。对此,最高人民法院在再审裁定中虽未完全正面回应,但亦指出“合同约定内容不限于建设工程”,不应以再审申请人河南申川公司履行的部分内容概括全案的法律关系。对于此类意见,我们认为,工程总承包合同中的采购、设备调试均不能独立于勘察、设计、施工等环节之外,而是完全依附于勘察、设计、施工等建设工程活动本身的。工程总承包合同的核心仍在于工程,虽然其内在环节存在丰富多样性,但是其合同本质不应据此被割裂看待。

三、工程总承包单位承揽工程总承包项目后对外进行分包应注意什么

由于工程总承包这一模式将传统的设计、施工、采购、设备安装与调试(如有)合为一体,而目前国内的工程总承包商实际上大多仅仅具有单一的设计经验或施工经验。在目前乃至今后相当长的一个时期里,工程总承包单位承接项目之后需要将其中的施工部分(设计单位作为工程总承包的情形)或设计部分(施工单位作为工程总承包商的情形)对外进行分包。由此需要注意的问题即在于,如此分包是否存在违法并导致合同效力瑕疵的法律风险。

1. 根据现行法律与相关政策的规定,施工总承包商就有关的施工部分无法再行主体结构的对外分包,而工程总承包商则可以就其中的设计部分(施工单位作为工程总承包商的情形)或施工部分(设计单位作为工程总承包的情形)对外进行合法分包。

例如,《建筑法》第二十九条规定:“建筑工程总承包单位可以将承包工程中的部分工程发包给具有相应资质条件的分包单位;但是,除总承包合同中约定的分包外,必须经建设单位认可。施工总承包的,建筑工程主体结构的施工必须由总承包单位自行完成。”

住建部《关于进一步推进工程总承包发展的若干意见》(建市〔2016〕93 号)指出:“工程总承包企业可以在其资质证书许可的工程项目范围内自行实施设计和施工,也可以根据合同约定或者经建设单位同意,直接将工程项目的设计或者施工业务择优分包给具有相应资质的企业。”

2. 工程总承包单位进行相关的设计部分或施工部分的对外分包时,应当意识到,如果工程总承包合同中没有相关约定,且未能得到建设单位的书面确认,则有关的分包存在违法风险。类似本案,虽然一审法院基于建设单位与秦皇岛设计院之间的施工合同关系认定,而认为秦皇岛设计院将主体结构部分的施工对外分包的行为构成违法分包的判决,在二审中遭到了二审法院的否定。但是,违法分包本身的认定结果仍然得到了二审法院的维持。其原因正在于,二审法院审理查明认为,“秦皇岛设计院在与抚顺新钢铁有限责任公司签订的总承包合同中未约定分包施工业务,也未提交经建设单位抚顺新钢铁有限责任公司同意分包施工合同的书面材料。”

四、小结

1. 工程总承包单位应注重完善合同管理,针对工程实践和自身的实际需求制定相应的合同文本。例如,对于工程总承包的合同体系加以描述,在确需拆分的合同文本中,加入整体项目的描述性条款,指出本合同系某工程总承包合同体系中的某一环节。避免类似本案的纠纷出现后,无法证明全案事实。

2. 工程总承包单位应设立合理有效的公司内部管理体系,注重与项目一线人员的交流。对于工程总承包项目是否确需分包、如何分包等问题进行事先调研,将相应的需求明确写入与建设单位签署的合同之中,或者在确定分包单位时应取得建设单位针对有关分包的许可确认。

3. 工程总承包单位应加强与建设单位的交流,内部制定明确的沟通规范,设立文档备案制度,以便发生纠纷后能够予以查证。空口则无凭,类似本案中秦皇岛设计院仅在庭审中口头陈述分包合法,却不能提供任何相关证据,显然无法得到法院的判决支持。

4. 对于工程总承包合同的拆分,实践中有一部分单位是为了实现避税的目的。而在“营改增”以后,这涉及混合销售与兼营的问题。如果能够将工程总承包模式认定为兼营行为,则工程总承包单位只需按照国家要求做到分开核算,即可按区分税率纳税,而无须仅为此目的进行合同拆分。但是由于各地标准实际不一,有些地区(如深圳)会设立统一的工程总承包税收征收标准,故而建议在确定合同形式前应当先行联系当地税务部门,掌握当地的具体税收政策,避免盲目拆分。

第二章

工程总承包模式下的合同性质与法律效力问题

工程总承包的合同性质与法院管辖问题

——国电恒华乌拉特后旗新能源有限公司与江苏达海新能源科技有限公司等建设工程施工合同纠纷*

徐寅哲**

关 键 词 级别管辖 专属管辖 管辖权异议

问题提出 工程总承包合同因为涵盖了设计、采购、施工等多个环节，实践中有关其合同性质的认知往往不一，有的被认为属于承揽合同，有的被认为属于建设工程施工合同，还有的甚至因为合同名称中有采购的字眼，而被认为属于买卖合同。因不同的合同性质认定，将直接影响法院管辖的最终确定。考虑到中国各地司法审判仍然具有裁判尺度不一的问题，较多的时候，法院管辖的不同也将构成对当事人利益保护的不同。因此，时常会成为当事人双方争议的焦点问题。当下，在尚无准确界定的情况之下，如何准确地界定工程总承包的合同性质，进而确定好管辖法院，是一个非常有意义的问题。

裁判要旨 从承包范围上看，案涉工程总承包合同约定的项目范围及于电站整体，属于电力基础设施建设。从合同标的物来看，EPC 工程承包合同采取设计、采购、施工一体化的模式，承包方式已经远远超出了一般的设备承揽，而是包括了大规模的施工建设。从合同价格上看，案涉工程总承包合同总价与建设规模巨大，且包含大量土建项目，不符合普通承揽合同的特征。从工程质量管理与

---

* 本案有关管辖问题先经北京市第二中级人民法院与北京市高级人民法院就被告国电公司提出的级别管辖问题进行了两级人民法院的审理，其中，一审：北京市第二中级人民法院(2016)京 02 民初 78 号；二审：北京市高级人民法院(2016)京民辖终 47 号。此后，又经过了北京市第二中级人民法院针对地域管辖问题进行的审查，案号仍为(2016)京 02 民初 78 号。

** 徐寅哲，上海市建纬律师事务所合伙人、工程总承包业务部副主任。

竣工验收来看,案涉工程总承包合同明确约定工程质量管理与竣工验收均按照国家有关建设工程施工的法律规范和技术规范进行,涉案项目应属于建设工程。相比而言,因建设工程施工合同的特殊性明显胜于承揽合同的一般性,本案法律关系认定为建设工程施工合同更为妥当,应适用专属管辖的相关规定。

案情简介

上诉人(原审被告):国电恒华乌拉特后旗新能源有限公司(以下简称"国电公司")

被上诉人(原审原告):江苏达海新能源科技有限公司(以下简称"达海公司")

2014年9月30日,国电公司(发包方)与达海公司、南通四建集团有限公司(承包方)签订《国电乌拉特后旗40MW光伏发电项目工程总包合同》(以下简称《总包合同》)。2014年10月20日,国电公司(发包方)与达海公司、南通四建集团有限公司(承包方)签订《国电乌拉特后旗40MW光伏发电项目工程总包合同补充协议》(以下简称《补充协议》)。因双方对工程款支付产生争议,达海公司向北京市第二中级人民法院提起诉讼,被告国电公司在答辩期间仅就级别管辖问题向北京市第二中级人民法院提出管辖权异议,但未就地域管辖问题对管辖权提出异议。北京市第二中级人民法院经审查驳回国电公司就级别管辖问题对本案管辖权提出的异议,并经北京市高级人民法院审查后维持原裁定。被告国电公司在提交答辩状期间未对管辖权提出异议。此后,北京市第二中级人民法院在受理后,又经审查并再就本案管辖问题作出裁定。

各方观点

国电公司:

工程《总包合同》第18条约定,双方发生争议应提交合同签订地法院进行诉讼;该合同第19条约定合同签订地为北京市东城区;因此,本案应当由北京市东城区人民法院管辖,一审法院无管辖权。综上所述,本案应由北京市东城区人民法院管辖,故本案应当依法移送北京市东城区人民法院管辖。

达海公司：

工程总承包合同属于承揽合同。根据最高人民法院《关于调整高级人民法院和中级人民法院管辖第一审民商事案件标准的通知》(法发〔2015〕7 号)规定："二、当事人一方住所地不在受理法院所处省级行政辖区的第一审民商事案件：北京、上海、江苏、浙江、广东高级人民法院，管辖诉讼标的额 3 亿元以上一审民商事案件，所辖中级人民法院管辖诉讼标的额 5000 万元以上一审民商事案件。"本案诉讼标的额已超过 5000 万元，应当由北京市第二中级人民法院管辖。

法院观点

首先，从承包范围上看，《总包合同》第 1.28 条款规定："承包人为本工程自工程设计，至光伏发电系统投入商业运行、通过国家相关部门验收且质量保证期满为止合同范围内的光伏发电系统所需要的全部工作，包括但不限于工程辅助设计(光伏电站从光伏组件到电站 35KV 出线内的总图、土建、设备、电气、通讯等所有设计)；设备、主材供货……土建(包括但不限于光伏电站站区的土石方、道路围墙、设备基础、房屋建筑、给排水及电缆沟槽等土建工程)……"该合同约定的项目范围及于电站整体，属于电力基础设施建设。

其次，从合同标的物来看，《总包合同》第 2.1 条款约定："本合同标的是甲方同意乙方承包本工程 40MWp 地面光伏电站，承包范围包括汇流站出线侧以内所有工程。"可见，项目直接建设于地面之上，建设成果属于土地之上的不动产。

再次，从承包方式上看，《总包合同》第 10.1.1 条款约定"本项目工程为 EPC 工程承包合同"；EPC 工程承包合同采取设计、采购、施工一体化的模式，承包方式已经远远超出了一般的设备承揽，而是包括了大规模的施工建设。

复次，从合同价格上看，合同总价近 3 亿元，工程规模巨大；《总包合同》第 4.1 条款约定"……土建施工建筑价格包括光伏电站内所有相关土建工程施工费用，包括但不限于人工费、材料费、施工机械使用费等以及承包方认为土建施工建筑工程应计取所有必要的各项费用……"可见，合同总价与建设规模巨大且包含大量土建项目，不符合普通承揽合同的特征。

最后,从工程质量管理与竣工验收来看,《总包合同》第 3.5.4 条款约定:“……乙方必须按照设计完成工程施工,按照施工图纸和合同要求完成承包方内部三级验收,并配合和接受甲方及监理工程师进行的监督检查和四级验收……”该条款还约定了涉案工程各分项工程施工质量检查程序和隐蔽工程的检查和复查,以及返工及施工期延误的处理方式。尤其是,《总包合同》第 10.4.2 条款约定:“乙方应按国家现行的《建设工程质量管理条例》(2000 年)的有关规定建设,项目的竣工验收应按《建设项目(工程)竣工验收办法》(2016 年失效)和相关专业现行的工程验收规范和本合同要求的标准及电力建设施工验收、技术规范、约定采用的标准、设计的要求,由监理依据合同签发的指令进行施工、安装……”显然可见,合同明确约定工程质量管理与竣工验收均按照国家有关建设工程施工的法律规范和技术规范进行,涉案项目应属于建设工程。

综上所述,《合同法》第二百八十七条规定:“本章没有规定的,适用承揽合同的有关规定。”根据该条规定及相关法理,承揽合同与建设工程施工合同并非截然不同的两种合同法律关系,而是一般与特殊的关系。虽然涉案合同也体现了一些承揽合同的一般特征,但是承包范围、合同标的物、承包方式、合同价格、工程质量管理与竣工验收等方面均表现出建设工程特有的特征。相比而言,建设工程施工合同的特殊性明显胜于承揽合同的一般性,本案法律关系认定为建设工程施工合同更为妥当。

《民事诉讼法》(2012 年)第三十三条规定:“下列案件,由本条规定的人民法院专属管辖:(一)因不动产纠纷提起的诉讼,由不动产所在地人民法院管辖……”关于不动产纠纷,最高人民法院《关于适用〈中华人民共和国民事诉讼法〉的解释》(法释〔2015〕5 号)第二十八条规定:“民事诉讼法第三十三条第一项规定的不动产纠纷是指因不动产的权利确认、分割、相邻关系等引起的物权纠纷。农村土地承包经营合同纠纷、房屋租赁合同纠纷、建设工程施工合同纠纷、政策性房屋买卖合同纠纷,按照不动产纠纷确定管辖。不动产已登记的,以不动产登记簿记载的所在地为不动产所在地;不动产未登记的,以不动产实际所在地为不动产所在地。”因专属管辖具有优先性、排他性、强制性,故本案应当由工程所在地人民法院管辖,本院对本案无管辖权。《民事诉讼法》(2012 年)第三十四条规定:“合同或者其他财产权益纠纷的当事人可以书面协议选择被告住所地、合同履行地、合同签订地、原告住所地、标的物所在地等与争议有实际联系的地点的人民法院管辖，但不得违反本法对级别管辖和专属管辖的规定。”虽然《总包合同》第十八条约定双方同意将争议提交合同签订地人民法院诉讼解决，但该约定因违反专属管辖的规定而不能适用。

最高人民法院《关于调整高级人民法院和中级人民法院管辖第一审民商事案件标准的通知》规定：“二、当事人一方住所地不在受理法院所处省级行政辖区的第一审民商事案件：……天津、河北、山西、内蒙古、辽宁……高级人民法院，管辖诉讼标的额1亿元以上一审民商事案件，所辖中级人民法院管辖诉讼标的额2000万元以上一审民商事案件。”本案诉讼标的额已超过1亿元，应当由内蒙古自治区高级人民法院管辖。

问题解析

工程总承包是我们当前工程领域的热点话题，近年来政府部门都在力推工程总承包模式。2017年2月24日国务院办公厅《关于促进建筑业持续健康发展的意见》（国办发〔2017〕19号）中，即明确要求“加快推行工程总承包”。与传统勘察、设计、采购、施工等环节各自为政的单一发承包模式有别，工程总承包强调多环节的统筹，将本属于各承包商单独负责的部分有机统一，以提高承包效率。仅就承包模式本身的技术性变革来讲，相对容易理解。可是如若结合法律问题来加以分析，则会带来困惑。

以勘察、设计、采购、施工这四个环节为例，若分开来由发承包各方单独建立合同关系，则完全属于互不相干的各自合同类型。当发生诉讼纠纷时，也皆有相应的案由可以对照，分别为，建设工程勘察合同纠纷、建设工程设计合同纠纷、买卖合同纠纷、建设工程施工合同纠纷。而当统一起来形成一份工程总承包合同，仅建立于发包人与一个总承包人之间时，该当如何理解其合同性质？若发生诉讼纠纷时，具体该当适用哪类民事案由以及法院管辖如何确定？这些问题显然有些让人无所适从。

一、当前司法审判实践中，对于工程总承包合同性质的不同裁判

（一）建设工程合同

在山东力诺太阳能电力工程有限公司与山东丽鹏股份有限公司、山东鸿啸

电力工程有限公司纠纷案[①]中(以下简称“山东力诺案”),丽鹏公司在二审上诉时补充提出,原审将涉案合同认定为建设工程施工合同属于适用法律错误。涉案合同不单纯属于施工合同,还包含工程设计、设备采购等,应属于建设工程合同或承揽合同,不应适用最高人民法院《关于审理建设工程施工合同纠纷案件适用法律问题的解释》。

二审山东省高级人民法院认为:从案涉合同约定的内容看,工程设计、工程施工等均属于鸿啸公司承包范围。《合同法》第二百六十九条规定:“建设工程合同是承包人进行工程建设,发包人支付价款的合同。建设工程合同包括工程勘察、设计、施工合同。”据此,本案所涉合同应为建设工程合同。原审法院将本案的案由确定为建设工程合同纠纷是正确的。由于涉案合同的主要内容为设备采购与安装。因此,原审适用最高人民法院《关于审理建设工程施工合同纠纷案件适用法律问题的解释》相关规定处理本案并无不当。

(二)建设工程施工合同[②]

1. 在国电光伏有限公司与青海宏润新能源投资有限公司、宏润建设集团股份有限公司纠纷案[③]中(以下简称“青海宏润案”),一审江苏省宜兴市人民法院认为:国电公司与宏润投资公司签订《商务合同》,从其合同内容来看,系建设工程施工合同而非纯粹的买卖合同,虽然双方当事人约定了“原告住所地法院管辖”,但该约定违背了民事诉讼法关于专属管辖的规定,应当由不动产所在地法院进行管辖。对此,二审江苏省无锡市中级人民法院予以了维持。

2. 在中利腾晖光伏科技有限公司与青海世纪能源科技发展有限公司纠纷案[④]中(以下简称“中利腾晖案”),一审青海省高级人民法院认为:本案世纪能源公司作为发包方与中利腾晖公司作为承包方签订的《光伏发电项目总承包合同》,约定总承包范围为共和30MWP光伏发电项目工程的设计、建筑工程、安装

---

① 一审:山东省济南市中级人民法院(2014)济民五初字第20号;二审:山东省高级人民法院(2015)鲁民一终字第119号。

② 除本文主案例的司法裁判,我们经裁判文书网检索,另找寻到三例人民法院认为工程总承包合同属于建设工程施工合同,并适用专属管辖的案例。

③ 一审:江苏省宜兴市人民法院(2016)苏0282民初941号;二审:江苏省无锡市中级人民法院(2016)苏02民辖终317号。

④ 一审:青海省高级人民法院(2014)青民二初字第36号;二审:最高人民法院(2015)民一终字第144号。

工程等全过程的总承包，属于合同法所规定的承包人进行工程建设，发包人支付价款的建设工程合同性质，双方约定了该光伏发电项目工程的设计、建筑工程、安装工程等 EPC 总承包，且合同最终目的是要实现该光伏发电项目竣工并网发电，因此，本案应为建设工程施工合同纠纷而非加工承揽合同纠纷。对此判决二审最高人民法院予以了维持。

3. 在新疆大黄山鸿基焦化有限责任公司、新疆大黄山鸿基焦化有限责任公司阜康焦化分公司与北京蓝图工程设计有限公司纠纷案①中（以下简称“新疆大黄山案”），上诉人新疆大黄山鸿基焦化有限责任公司上诉称，本案既不属于建设工程合同纠纷，也不属于建设工程施工合同纠纷，不应当适用不动产纠纷专属管辖的规定。

对此，二审新疆维吾尔自治区高级人民法院认为：建设工程合同是承包人进行工程建设，发包人支付价款的合同。建设工程施工合同纠纷，是指当事人就达成的为完成建设工程的建筑、安装等行为，双方明确相互权利义务的合同而产生的权利义务纠纷。本案系被上诉人北京蓝图工程设计有限公司依据《新疆大黄山鸿基焦化有限责任公司煤气综合利用项目填平补齐技术改造工程总承包合同》，为索要位于新疆昌吉回族自治州阜康市重化工业园区内的煤气综合利用项目填平补齐技术改造工程的工程款而提起的诉讼，符合建设工程施工合同纠纷案件的特征。

（三）承揽合同

在国电光伏有限公司与朝阳天华阳光新能源投资有限公司、辽宁新大新能源投资有限公司纠纷案②中（以下简称“朝阳天华案”），一审江苏省宜兴市人民法院认为：最高人民法院《关于经济合同的名称与内容不一致时如何确定管辖权问题的批复》（法复〔1996〕16 号）规定，当事人签订的经济合同虽具有明确、规范的名称，但合同约定的权利义务内容与名称不一致的，应当以该合同约定的权利义务内容确定合同的性质。本案中，国电光伏公司与天华阳光公司订立的《辽宁朝阳 10MWp 项目光伏电站 EPC 工程总包商务合同》，合同约定的履行内容、总

---

① 一审：新疆维吾尔自治区昌吉回族自治州中级人民法院（2016）新 23 民初 179 号；二审：新疆维吾尔自治区高级人民法院（2017）新民辖终 13 号。

② 一审：宜兴市人民法院（2016）苏 0282 民初 5076 号；二审：无锡市中级人民法院（2017）苏 02 民辖终 101 号。

价构成等明确显示,国电光伏公司的主要义务是10MWp光伏电站的详勘设计、制造、设备材料采购供应、设备材料进场抽检、运输及储存、建筑、安装、调试试验及检查、竣工、试运行、消缺等,符合承揽合同的法律特征,天华阳光公司认为本案合同性质上属于建设工程施工合同、应当由不动产所在地管辖的主张本院不予采纳。

但是,以上一审观点在二审阶段被予以改判,二审江苏省无锡市中级人民法院认为:本案中,国电光伏公司与天华阳光公司订立了《辽宁朝阳10MWp项目光伏电站EPC工程总包商务合同》,该合同从名称及内容看,属工程承包合同,包括建筑工程、土建工程、安装工程施工等,结合工程开工报审表、工程监理、工程质量验收及评定项目划分报审表等证据,可以认定本案纠纷的性质属于建设工程施工合同纠纷。建设工程施工合同纠纷按照不动产纠纷确定管辖。

(四)买卖合同纠纷

在哈密广开元能源有限公司、四川竹根锅炉股份有限公司买卖合同纠纷案中(以下简称"哈密广开元案"),哈密广开元公司在二审上诉时认为:(1)从合同的履约程序来看,竹根锅炉公司的履约程序是EPC合同(工程总承包)的履约程序,竹根锅炉公司是按照设计、采购、制作、运输、安装的程序施工,并不是简单的货物买卖。(2)从竹根锅炉公司合同义务来看,竹根锅炉公司主要合同义务包括设计出图、各项设备(系统、装置)制作、运输、安装和调试、培训、试运行。(3)从合同条款内容来看,合同中明确约定签订此合同的目的在于,哈密广开元公司工业硅项目工厂余热锅炉设备采购及安装所需。(4)现行法律法规对各类不动产以明显的整体性与不可拆分性为界定标准。本案中,余热锅炉是作为硅厂的附属设施,其具有不可拆分性。(5)从事建设工程的合同主体具有法定资质的要求是参照建设工程的重要考量因素。本案中,无论是锅炉的设计、制作和安装均需要相应的主体资质,且合同中也明确约定,竹根锅炉公司对安装工程分包必须要分包给相应安装资质的施工企业。因此,一审法院认为本案为买卖合同纠纷,属案由确定错误。本案应确定为建设工程施工合同纠纷,应当适用专属管辖。

然而,对此二审四川省乐山市中级人民法院仍然坚持认为:竹根锅炉公司与哈密广开元能源公司签订的《采购合同》及双方于2018年7月3日针对《采购合同》第5.4.1条款关于预付款事宜达成的《补充协议》均为双方真实意思表示,不违反法律规定,双方应当按照约定履行相应义务。在《补充协议》中,双方约定

“若2018年8月17日前甲方未支付预付款,由甲方承担本协议项下的违约责任,双方均可向各自所在地法院起诉。”现竹根锅炉公司向一审法院起诉请求哈密广开元能源公司支付设备预付款和履约保证金利息,应当按照双方《补充协议》中确定的预付款事项约定管辖条款来确定管辖法院,哈密广开元能源公司认为本案应当确定为建设工程施工合同并据此确定管辖法院的主张不符合双方约定,本院不予支持。

二、关于工程总承包合同性质与管辖问题的简要梳理

1. 普遍来讲,当前法院在处理工程总承包合同纠纷时,仍主要将其作为建设工程施工合同纠纷案件来进行处理。理由则主要是从合同内容、合同目的、诉请主张等角度出发来进行阐释,例如,青海宏润案中,法院认为从其合同内容来看,系建设工程施工合同而非纯粹的买卖合同;中利腾晖案中,法院认为合同最终目的是要实现该光伏发电项目竣工并网发电,因此,本案应为建设工程施工合同纠纷而非加工承揽合同纠纷;新疆大黄山案中,法院认为诉请目的是为工程款而提起的诉讼,符合建设工程施工合同纠纷案件的特征。而在江苏达海案中,法院则更是从承包范围、合同标的物、承包方式、合同价格工程质量管理与竣工验收等多角度出发,论证了其属于建设工程施工合同,有别于一般承揽合同的特殊性。

2. 个案中,虽有法院将工程总承包合同归类为更广层面的建设工程合同,但是最终处理时仍以建设工程施工合同的定性为基础。例如,山东力诺案中,在案由定性时,因涉案合同的主要内容为设备采购与安装,而将其进一步确定为建设工程合同纠纷,并据此判定应当适用最高人民法院《关于审理建设工程施工合同纠纷案件适用法律问题的解释》。

3. 实践中,虽也有法院认为工程总承包合同属于承揽合同,但较难获得认可。例如,朝阳天华案中,虽然一审法院认为工程总承包合同符合承揽合同的法律特征,但是二审法院仍然从合同名称及内容角度出发,将工程总承包合同改判定性为建设工程施工合同纠纷。

4. 另外,因实践中普通当事人自身对于合同名称与性质的认知差异,较易使用较为常见的买卖、采购与商务等表述,从而在表象上让人直观地认为属于买卖合同法律关系,进而适用一般的买卖合同的案由管辖原则,并影响此后的合同效力评判与双方当事人的实体权利义务。例如,在哈密广开元案中,尽管上诉人哈密广开元公司从合同的履约程序、权利义务、条款内容、现行法律规定以及合同主体等多角度进行了相对有力的论述,但是,一审、二审法院均从采购合同本身的名称表述角度,驳回了哈密广开元公司的主张。

三、小结

处理工程总承包案件,我们应当认识到:

1. 虽工程总承包合同应归属于何种具体的合同类型尚未有定论,但是,若主要纠纷集中在施工领域,如为追讨工程款引发诉讼,则应当善于引用最高人民法院《关于审理建设工程施工合同纠纷案件适用法律问题的解释》中对己方有利的观点进行主张或抗辩。

2. 在法院管辖的问题上,最高人民法院《关于适用〈中华人民共和国民事诉讼法〉的解释》第二十八条第二款规定:“农村土地承包经营合同纠纷、房屋租赁合同纠纷、建设工程施工合同纠纷、政策性房屋买卖合同纠纷,按照不动产纠纷确定管辖。”因此,若对案件的专属管辖有所诉求,则应尽力将案件往四级案由“建设工程施工合同纠纷”种类上靠。若自身理解表述为三级案由“建设工程合同纠纷”,则对预期的法院管辖目的之实现恐带来障碍。

3. 在实践中,经济合同的名称与内容不一致的情形较为常见。一方面,作为律师在协助当事人起草、修订有关的经济合同文本时,应当对此予以高度关注,避免因自身的疏忽而在未来对当事人的实体权益造成不适当的影响;另一方面,当出现经济合同的名称与自身所判断的实质性内容不相一致的情形时,可借鉴最高人民法院《关于经济合同的名称与内容不一致时如何确定管辖权问题的批复》的相关规定,向人民法院提出应“以该合同约定的权利义务内容确定合同的性质,从而确定合同的履行地和法院的管辖权。”

工程总承包企业的资质问题

——上海环境工程设计研究院有限公司与山东巨润建材有限公司建设工程施工合同纠纷*

徐寅哲**

关 键 词 施工总承包 设计资质 设计施工一体化

问题提出 资质是我国工程承包企业从事工程建设活动的必须门槛。实践中,仅就设计、施工的单一环节来讲,我们都较为熟知其具体的资质类型与等级。但是,对于集设计、施工于一体的工程总承包模式来讲,是否也需要具备相应的工程总承包资质。在实践中,无论是发承包单位自身,还是人民法院,因对行业自身的不了解,以及行业本身的政策、法规的缺乏,往往都会对此存在一定的认知争议。而就资质问题,在工程承包合同领域,又是一个会影响合同效力,进而影响发承包双方权利义务的重要问题。因此,有必要就此问题进行分析。

裁判要旨 现行工程设计资质证书显示的业务范围,包括可从事资质证书范围内的相应工程总承包、工程项目管理和相关的技术与管理服务。工程设计企业在其资质证书许可的范围内,承建相关的工程总承包业务,符合法律法规的规定,工程总承包合同合法有效。

---

* 一审:菏泽市中级人民法院(2013)菏民三初字第53号;二审:山东省高级人民法院(2015)鲁民一终字第115号;再审:最高人民法院(2015)民申字第3653号。

** 徐寅哲,上海市建纬律师事务所合伙人、工程总承包业务部副主任。

案情简介

再审申请人(一审被告、反诉原告、二审上诉人):山东巨润建材有限公司(以下简称"山东巨润公司")

再审被申请人(一审原告、反诉被告、二审被上诉人):上海环境工程设计研究院有限公司(以下简称"上海环境工程公司")

一审法院经审理查明:原告(反诉被告)的工程设计资质证书显示其业务范围为:环境工程(水污染防治工程、大气污染防治工程、固体废物处理处置工程)专项甲级,可以从事资质证书许可范围内的建设工程总承包业务以及项目管理和相关的技术与管理服务。

2010年7月7日,双方当事人签订《山东巨润建材有限公司浮法一、二、三、四线玻璃熔窑烟气改良氧化镁法脱硫除尘系统商务合同》(以下简称《商务合同》)一份,合同约定:(1)工程范围:甲方(山东巨润公司)浮法一二三四线玻璃熔窑烟气脱硫除尘项目采用乙方(上海环境公司)的"改良氧化镁法脱硫除尘"工艺技术;工程范围为甲方负责原有设施必要的拆除和本项目的土建工程的施工,提供土地勘察报告,乙方负责系统设计及全套设备(合同中另有约定的除外)和钢结构、非钢结构供货以及安装、调试直到达标,通过甲方的环保验收;乙方对工程的性能达到合同要求负责,并应当地环保部门要求提供相应的技术资料等,配合甲方通过当地政府环保验收。(2)工期:本工程工期110天,详细计划见合同附件一第九条,附件一即为双方签订的《技术协议》,该协议第九条约定工程进度要求为自乙方收到甲方预付款及相关土建资料之日起105~110天内具备调试条件。施工过程中不得停工,如需停工由双方协商解决。(3)合同价款及支付方式:本合同总价为1730万元,其中设备材料费1106万元,安装费共624万元。本合同的总价是除土建施工外的所有系统的实施直至该工程的质保期结束所需的一切费用及其他所有因履行合同条件的要求所发生的费用,合同总价为固定价,不随市场因素变化,设备分项报价表详见合同附件二。付款方式为合同签订后的15日内支付合同总价的10%计人民币173万元,工程主体设计完成并经甲方审核后15日内支付合同总价的20%计人民币346万元,工程主体设备(降温塔、脱硫塔)进场之日起15日内支付合同总价的10%计人民币173万元,工程安装完毕之日起15日内支付合同总价的10%计人民币173万元,系统调试正常稳定运行且全部工程整体性能验收(168小时运行性能考核验收)合格后15日支付合同总价的20%计人民币346万元,工程经当地环保局验收合格和甲方工程整体验收合格且经甲方审计决算后15日内支付至合同决算总额的90%,余合同决算总额的10%作为工程的质保金,经当地环保局和甲方工程整体验收合格后正常运行18个月后的15日内支付,该款项的支付须扣除相关违约金及应赔偿甲方损失的费用。甲方在支付第3.1.3条款规定款项的5日前,乙方须向甲方提供合同总额40%的增值税发票。甲方在支付上述款项的5日前,乙方须开具对应款项等额的发票给甲方,否则,甲方有权拒付相应款项。(4)关于乙方所提供的全部设备、材料及装置,经由双方对照供货清单共同检验确认后方可用于本工程,且未经甲方同意,乙方不得随意更改材料、设备等的生产厂家。(5)关于性能考核、最终验收和工程移交。乙方负责系统单体调试和系统调试,20天的调试期内未达到合同附件一第二条规定的技术性能保证指标时,甲方应给予乙方40天整改期(整改期不能认定为工期延期),以便通过环保验收,20天调试期+40天整改期经历由乙方原因造成的二次以上调试失败中断,从第三次开始甲方使用的脱硫剂、水、电消耗费用的50%由乙方承担。在工程全负荷持续稳定运转并通过当地政府环保部门环评验收后,甲方应尽快安排进行性能考核,周期为168小时。由双方商定对设备进行其他性能试验的方案,以检验设备的其他可操作性能,在性能考核期间顺利达到指标,则双方应在达标后三天内签署工程整体性能考核验收合格文件一式两份,双方各执一份,此时认为工程整体性能已被验收合格。如确因乙方原因,且经过40天整改期后脱硫部分无法达到合同指标要求(以当地环保局检测数据为准),导致甲方必须拆除该设备,甲方可单独解除合同并要求乙方赔偿,包括退还甲方已付款项;如果尘的排放浓度在100mg/Nm3以上时,视为不可协商解决范围,即便脱硫部分达标,甲方也可单独解除合同并要求乙方赔偿,包括退还甲方已支付款项。(6)技术培训,在工程调试前,乙方应完成对甲方有关人员的技术培训,培训时间不少于10个工作日。(7)争议解决方式,发生争执协商解决,协商不成向甲方所在地人民法院起诉,诉讼期间双方的损失、诉讼费及律师费均由败诉方承担。

2010年7月21日,原告(反诉被告)向被告(反诉原告)出具开工报告,显示案涉工程计划开、竣工时间为2010年8月20日、2011年5月8日。被告(反诉原告)对开工报告有异议,但没有提供反驳证据,也没有提供证据证实开工时间。

2010年8月20日案涉工程开工。2010年12月13日,原告(反诉被告)向被告(反诉原告)所属江苏华尔润集团有限公司传真告知案涉工程已进入调试阶段,一二线清水调试已接近尾声,计划12月20日开始负荷联动试车,请求按约定支付进入调试阶段的款项即合同总额的10%。被告(反诉原告)虽对原告(反诉被告)所提交上述传真有异议,但双方就案涉工程的协商、款项支付等均由被告(反诉原告)所属集团公司协调,且传真符合双方平时的沟通交流方式。

2011年1月14日,原告(反诉被告)再次向被告(反诉原告)所属集团公司传真,告知其案涉工程一二线的清水调试工作完成,即将进行联动调试,请求尽快支付调试款。

2011年1月16日原告(反诉被告)提交被告(反诉原告)的调试申请经被告(反诉原告)工作人员签字确认,此时案涉工程安装工作已结束,并经过了单体调试和清水调试,并具备进行负荷联动调试(168小时性能调试)条件,申请进行负荷联动试车。

2011年1月28日,原告(反诉被告)出具《关于巨润一二线带负荷调试情况说明》一份,载明2011年1月27日一二线开始带负荷调试,因被告(反诉原告)采用包装袋及卫生清洁等原因造成喷淋管道堵塞、断裂。

2011年3月14日,原告(反诉被告)与被告(反诉原告)所属集团公司就案涉工程及集团公司另外三项工程进度情况磋商,会议纪要约定就案涉工程的调试款应在会议后3日内支付。

2011年3月22日、23日,原告(反诉被告)两次向与被告(反诉原告)同属江苏华尔润集团有限公司的江苏华汇玻璃设计院有限公司【之前都是该公司向原告(反诉被告)支付案涉工程款】传真,因三四线存在问题,请求将案涉工程一二线进入调试期后的工程款支付,并开始带负荷调试(联动调试)。

2011年3月25日,原告(反诉被告)与被告(反诉原告)所属集团公司再次就案涉工程的调试期款项及双方合作的其他三项工程进行协商,再次要求支付进入调试期的工程款项。

2011年6月8日,原告(反诉被告)与被告(反诉原告)所属集团公司签订协议书,约定对案涉工程的验收标准及付款进度需明确细化。后因工程支付问题产生争议,双方引发诉讼。

各方观点

山东巨润公司：

山东巨润公司与上海环境工程公司签订的商务合同除有关环境保护设计方面的内容之外，主要内容系无效合同（合同部分无效），因此除51.9万元设计费之外，上海环境工程公司无权依据无效合同向山东巨润公司主张建设工程施工部分的相关权利。上海环境工程公司仅是一家环境工程专业的设计单位，并无环保工程施工总承包或环保工程专业承包企业资质，不具备建筑企业资质，其对外承包环保工程施工的行为违反了相关法律法规，合同中除有关脱硫除尘项目的设计之外，其他内容应为无效。

上海环境工程公司：

上海环境工程公司的资质是由国家住房和城乡建设部颁发的，并在网上公示，根本无须再向国家住房和城乡建设部以外的所谓权威部门征询，且广东、大连、江苏各地法院都已经以生效判决书的形式，认定上海环境工程公司具备建设工程总承包业务资质，并支持上海环境工程公司讨回了剩余工程款。

法院观点

一审法院：

原告（反诉被告）、被告（反诉原告）自愿、平等签订案涉商务合同、技术合同，且原告（反诉被告）具备环境工程专项甲级资质，故被告（反诉原告）关于原告（反诉被告）不具备环境工程施工资质、双方所签订合同部分无效的抗辩理由不成立。原、被告双方签订的商务合同、技术协议系其真实意思表示，且没有违反相关法律规定，应属有效，对双方均有约束力，应严格履行。

二审法院：

关于原审判决认定涉案合同有效是否正确的问题。上海环境公司与山东巨润公司签订的涉案商务合同、技术合同系双方当事人的真实意思表示，不违反法律、行政法规的强制性规定，上海环境公司具备相应的环境工程建设总承包资质，原审判决认定上述合同合法、有效是正确的。

再审法院:

关于山东巨润公司主张案涉合同无效的理由能否成立的问题。首先,上海环境公司的工程设计资质证书显示其业务范围为:环境工程(水污染防治工程、大气污染防治工程、固体废物处理处置工程)专项甲级,可从事资质证书范围内的相应工程总承包、工程项目管理和相关的技术与管理服务。案涉工程为大气污染防治工程,属于上海环境公司资质证书规定的业务范围。原审法院认定上海环境公司"可以从事资质证书许可范围内的建设工程总承包业务以及项目管理和相关的技术与管理服务"正确。

问题解析

工程总承包在当前《建筑法》中的规定十分有限,主要规定在第二十四条与第二十九条。其中,前者规定了"建筑工程的发包单位可以将建筑工程的勘察、设计、施工、设备采购一并发包给一个工程总承包单位",后者规定了"禁止总承包单位将工程分包给不具备相应资质条件的单位"。令人心生疑惑的是,工程总承包单位往下的分包是需要分包给有相应资质条件的单位,那么工程总承包单位自身呢?是否也需要具备相应的资质条件?因工程总承包仍属于新型建设承包模式,实践中仍存在一定的认知争议。

一、建设工程在我国仍属于有资质门槛的强监管领域

《建筑法》第二条虽仅规定:"本法所称建筑活动,是指各类房屋建筑及其附属设施的建造和与其配套的线路、管道、设备的安装活动。"其中,并不包括更广阔意义上的其他建设活动,例如,化工、能源、电力、水利、交通等。但是,《建筑法》第八十一条同时明确:"本法关于施工许可、建筑施工企业资质审查和建筑工程发包、承包、禁止转包,以及建筑工程监理、建筑工程安全和质量管理的规定,适用于其他专业建筑工程的建筑活动,具体办法由国务院规定。"

针对工程总承包所可能涉及的相关环节,当前分别有《工程勘察资质标准》、《工程设计资质标准》(建市〔2007〕86号,部分被废止)和《建筑业企业资质标准》(建市〔2014〕159号)等不同资质标准予以管控。以最新的《建筑业企业资质标准》(建市〔2014〕159号)为例,共分为12个施工总承包资质、36个专业承包资质和1个施工劳务资质。

二、工程总承包资质管理的变化过程

(一)工程总承包资质的创立

1992年4月3日,原建设部发布了《工程总承包企业资质管理暂行规定》(试行)(建施字第189号文),根据该规定,工程总承包企业按照资质条件分为三级。同时,该规定第二条明确:“本规定所称的工程总承包企业,是指对工程从立项到交付使用全过程承包的企业,不包括以设计院为主体的设计工程公司。”结合该规定的制定依据是原建设部1989年6月28日发布的《施工企业资质管理规定》(建设部令第二号,1995年失效),表明该规定所针对的主要是施工单位作为工程总承包企业的情形。

1992年11月17日,原建设部发布了《设计单位进行工程总承包资格管理的有关规定》(建设字第805号,2003年失效),该规定第一条规定:“设计单位进行工程总承包,必须先提出申请,经有关勘察设计管理部门审查批准并取得《工程总承包资格证书》后,方可承担批准范围内的总承包任务。”第二条规定:“《工程总承包资格证书》与工程设计资格等级相一致,分甲、乙、丙、丁四级,由建设部统一印制。”显然,与《工程总承包企业资质管理暂行规定》(试行)相对应,本规定是专门针对设计单位作为工程总承包企业而言。

(二)工程总承包资质的废止

2002年11月1日,国务院《关于取消第一批行政审批项目的决定》(国发〔2002〕24号)第239项,取消了“工程总承包资格核准”。根据该决定的规定显示,当初该项资格核准的设立依据即是原建设部《设计单位进行工程总承包资格管理的有关规定》(建设〔1992〕805号)。

2003年2月13日,原建设部《关于培育发展工程总承包和工程项目管理企业的指导意见》(建市〔2003〕30号)第四条第(一)项规定,鼓励具有工程勘察、设计或施工总承包资质的勘察、设计和施工企业,通过改造和重组,建立与工程总承包业务相适应的组织机构、项目管理体系,充实项目管理专业人员,提高融资能力,发展成为具有设计、采购、施工(施工管理)综合功能的工程公司,在其勘察、设计或施工总承包资质等级许可的工程项目范围内开展工程总承包业务。第(九)项进一步明确:“1992年11月17日建设部颁布的《设计单位进行工程总承包资格管理的有关规定》(建设〔1992〕805号)同时废止。”

(三)设计施工一体化资质的创立与废止

2006年3月6日,原建设部《关于印发〈建筑智能化工程设计与施工资质标准〉等四个设计与施工资质标准的通知》(建市〔2006〕40号,2015年失效),目的是"推进专业工程总承包发展,加强对建筑市场的监管。"根据该通知,共有四个设计与施工一体化资质被创立,分别为:建筑智能化工程设计与施工资质标准、消防设施工程设计与施工资质标准、建筑装饰装修工程设计与施工资质标准、建筑幕墙工程设计与施工资质标准。

2006年9月4日,原建设部办公厅《〈建筑智能化工程设计与施工资质标准〉等四个设计与施工资质标准的实施办法》(建办市〔2006〕68号,2015年失效),就有关资质的申请与审批事项进一步进行了明确规定。

2016年2月18日,"为深入推进'放管服'改革,确保各项改革措施有效落实,加快建设法治政府",住房和城乡建设部《关于宣布失效一批住房城乡建设部文件的公告》(住房和城乡建设部公告第1041号),决定"建市〔2006〕40号文"与"建办市〔2006〕68号文"失效。

简言之,当前各有关工程总承包资质设立的相关规定,除原建设部《工程总承包企业资质管理暂行规定》(试行)以外,其余均已被明确废止失效。而《工程总承包企业资质管理暂行规定》(试行)本身,因制定所依据的《施工企业资质管理规定》(1989年)已被此后的《建筑业企业资质管理规定》(1995年)废止,实际也已失效。

三、小结

1. 从事工程总承包活动的企业,不再有专门的工程总承包企业资质或设计施工一体化资质的要求。

2. 目前,工程总承包企业并非没有任何前提门槛。住建部在2016年5月20日发布的《关于进一步推进工程总承包发展的若干意见》(建市〔2016〕93号)规定:"工程总承包企业应当具有与工程规模相适应的工程设计资质或者施工资质。"[①]也就是说持有设计或施工单一资质的企业,均可直接作为工程总承包单位承揽工程总承包项目。该规定也与《建设工程勘察设计资质管理规定》(建设部

① 《关于进一步推进工程总承包发展的若干意见》第二条第(七)款。

第160号令)[①]中针对勘察、设计企业从事工程总承包业务,以及《建筑业企业资质标准》(建市〔2014〕159号)[②]中针对施工企业从事工程总承包业务的规定相一致。

3.但是,住建部与发改委联合颁布并已于2020年3月1日起正式施行的《工程总承包管理办法》中又明确规定:“工程总承包单位应当同时具有与工程规模相适应的工程设计资质和施工资质,或者由具有相应资质的设计单位和施工单位组成联合体。”[③]也就是说,自该办法施行之日起,在房屋建筑和市政基础设施项目领域,从事工程总承包业务将仅限于同时具备设计与施工资质的“双资质”企业,或者是设计企业与施工企业的联合体。而这也与交通运输部于2015年颁布的《公路工程设计施工总承包管理办法》(交通运输部令2015年第10号)[④]中的规定一致。

4.此前,在房屋建筑和市政基础设施项目领域,因为没有明确的禁止性规定,虽然或有地方审判实践对单资质企业签订的工程总承包合同法律效力作出过否定性评价,但是在本文所分析的案例中,最高人民法院也根据当时有效的相关资质类的政策与规定,作出了肯定性的裁判。而眼下,住建部与发改委的《工程总承包管理办法》已经正式施行,未来的司法审判实践中,就有关的单资质企业签订的工程总承包合同的法律效力或还将经受进一步的个案检验[⑤]。

---

① 《建设工程勘察设计资质管理规定》(建设部第160号令)第三十九条规定:“取得工程勘察、工程设计资质证书的企业,可以从事资质证书许可范围内相应的建设工程总承包业务,可以从事工程项目管理和相关的技术与管理服务。”

② 《建筑业企业资质标准》(建市〔2014〕159号)“总则”中规定:“取得施工总承包资质的企业,可以从事资质证书许可范围内的相应工程总承包、工程项目管理等业务。”

③ 《房屋建筑和市政基础设施项目工程总承包管理办法》第十条。

④ 《公路工程设计施工总承包管理办法》(交通运输部令2015年第10号)第六条规定:“总承包单位应当具备以下要求:(一)同时具备与招标工程相适应的勘察设计和施工资质,或者由具备相应资质的勘察设计和施工单位组成联合体……”

⑤ 针对《房屋建筑和市政基础设施项目工程总承包管理办法》可能对单资质企业签订的工程总承包合同的法律效力产生怎样的影响,目前在实践中有截然相反的两派观点,一种观点认为不会影响合同效力,另一种观点则认为势必会影响合同效力。限于本文的题目主旨与篇幅,笔者在此不再展开。但是感兴趣的读者,可以从可能影响合同法律效力的事由(例如:资质背后的国家行政监管秩序与质量安全价值考量,当前双资质规定的立法层级等)角度出发,再加思考。

未取得建设工程规划许可证情形下的工程总承包合同效力问题

——上海宝冶集团有限公司与泰州振昌工业废渣综合利用有限责任公司、上海振昌金属资源集团有限公司建设工程合同纠纷*

郑冠红**

关 键 词 EPC 建设工程规划许可证 建设工程合同 合同效力

问题提出 最高人民法院《关于审理建设工程施工合同纠纷案件适用法律问题的解释(二)》(法释〔2018〕20号)明确规定未取得建设工程规划许可证的建设工程施工合同无效,这一规定是否同样适用于EPC工程总承包合同?如果未取得建设工程规划许可证,EPC工程总承包合同是否会因此无效?

裁判要旨 EPC总承包合同与建设工程施工合同相比,增加了设计、采购等内容,有其特点,但现行法律并无有关EPC总承包合同效力认定的特别规定,对EPC总承包合同效力的认定,应当以《合同法》《城乡规划法》作为依据,就尚未取得建设工程规划许可审批手续的工程,发包人与承包人签订的EPC总承包合同应认定为无效。

---

* 一审:江苏省泰州市中级人民法院(2015)泰中民初字第00066号;二审:江苏省高级人民法院(2017)苏民终371号。

** 郑冠红,上海市建纬律师事务所工程总承包业务部专职律师。

案情简介

上诉人(原审原告、反诉被告):上海宝冶集团有限公司(以下简称“上海宝冶公司”)

被上诉人(原审被告、反诉原告):泰州振昌工业废渣综合利用有限责任公司(以下简称“泰州振昌公司”)、上海振昌金属资源集团有限公司(以下简称“上海振昌金公司”)

2010年6月泰州振昌公司与上海宝冶公司签订《65万吨金属铁深加工生产线工程EPC总承包合同》,该合同因故未能履行。2013年1月,双方再次签订《泰州振昌65万吨金属铁深加工生产线工程EPC总承包合同》,约定泰州振昌公司将65万吨金属铁深加工生产线工程交由上海宝冶公司组织实施。合同价格:该工程采取总价包干形式。EPC工程合同总造价计为人民币31,000万元(其中设备费15,663万元,建安费15,337万元),扣除业主费用勘察费和监理费。业主(泰州振昌公司)负责60%,即18,600万元,另40%,即12,400万元由总承包商(上海宝冶公司)垫付。

合同签订后,上海宝冶公司于2013年3月16日开始组织施工,工程于2013年12月30日竣工并经泰州振昌公司、上海宝冶公司和监理公司验收。

经审查,该建设工程未取得建设用地规划许可或建设工程规划许可,且在一审辩论终结前未补办手续。

后双方因工程款给付发生争议而诉至法庭,在法院审理期间,各方当事人对EPC合同的效力各执一词。

各方观点

上海宝冶公司:

涉案EPC总承包合同合法有效。本案EPC合同是建设工程合同,不是建设工程施工合同,两者适用的法律不一样。首先,法律、行政法规没有规定签订建设工程合同必须取得用地规划许可;其次,EPC总承包合同的承包内容包括设计、采购、施工,合同签订后才能出设计图纸、办理工程规划许可证,以取得规划许可判断施工合同效力的规定不适用于EPC总承包合同。合同相关项目已经当地政府专题讨论,立项备案,安评和环评也审批通过,且即使这些手续未办理也不影响合同效力,合同效力在签订时就已有了,故本案EPC总承包合同有效,EPC总承包合同效力不受建设工程规划许可证影响。

泰州振昌公司、上海振昌公司:

涉案EPC总承包合同无效。该工程项目至今未取得建设用地规划许可、建设工程规划许可及建设工程施工许可,违反了《城乡规划法》第三十八条、第四十条等法律的强制性规定,涉案EPC合同应认定为无效。

法院观点

一审法院:

任何民事活动都应依法进行。《合同法》第二百六十九条规定,"建设工程合同是承包人进行工程建设,发包人支付价款的合同。建设工程合同包括工程勘察、设计、施工合同。"第二百七十二条第一款规定,"发包人可以与总承包人订立建设工程合同,也可以分别与勘察人、设计人、施工人订立勘察、设计、施工承包合同。发包人不得将应当由一个承包人完成的建设工程肢解成若干部分发包给几个承包人。"双方签订的《泰州振昌65万吨金属铁深加工生产线工程EPC总承包合同》内容包括设计、采购、施工,为建设工程合同,应当受《民法通则》、《合同法》、《城乡规划法》、《建筑法》、《招标投标法》、最高人民法院《关于审理建设工程施工合同纠纷案件适用法律问题的解释》等法律、行政法规、司法解释的调整。因本案建设工程合同约定的建设工程未取得任何用地、建设方面的规划手续,具有违法性,故应当为无效。上海宝冶公司有关建设工程合同不适用建设工程施工合同效力性方面的法律规定、所涉工程无须办理报建审批手续、合同效力在签订时就已确立的观点没有法律依据,不能成立,不予采纳。

二审法院:

上海宝冶公司主张EPC总承包合同效力不受是否取得用地规划许可、建设工程规划许可的影响,涉案EPC总承包合同合法有效。对此,本院认为,该合同系泰州振昌公司将65万吨金属铁深加工生产线工程设计、采购、施工整体发包给上海宝冶公司的总承包合同,性质上属于建设工程合同。EPC总承包合同与建设工程施工合同相比,增加了设计、采购等内容,有其特点,但现行法律并无有关 EPC 总承包合同效力认定的特别规定,对 EPC 总承包合同效力的认定,应当以《合同法》《城乡规划法》作为依据。《城乡规划法》第四十条规定,在城市、镇规划区内进行建筑物、构筑物、道路、管线和其他工程建设的,建设单位或者个人应当向城市、县人民政府城乡规划主管部门申请办理建设工程规划许可证。就尚未取得建设工程规划许可审批手续的工程,发包人与承包人签订的建设工程施工合同应属无效。涉案工程未取得用地规划许可、建设工程规划许可,且在一审法庭辩论终结前也未取得相应审批手续或者经主管部门批准,涉案 EPC 总承包合同应认定为无效。上海宝冶公司主张该 EPC 总承包合同有效,缺乏事实和法律依据,本院不予支持。

问题解析

城乡规划管理是政府行政管理职权的重要内容之一,城乡规划管理能够科学地协调城乡空间布局,改善人文居住环境,有序规范各项城乡建设活动,促进城乡经济社会的全面协调发展,《城乡规划法》中设立的建设工程规划许可制度体现的是政府进行城乡规划管理的重要手段之一,尚未取得建设工程规划许可证或者未按照建设工程规划许可证的规定进行建设的,将由县级以上地方人民政府城乡规划主管部门责令停止建设、限期改正、处以罚款等行政处罚措施;另外,未取得建设工程规划许可证对民事主体之间签订的建设工程施工合同影响重大。2019 年,最高人民法院通过司法解释的形式明确《城乡规划法》第四十条规定的建设工程规划许可证制度属于效力性强制性规定,按照《合同法》及相关司法解释的规定,违反该规定签订的工程总承包合同属于无效合同。最高人民法院《关于审理建设工程施工合同纠纷案件适用法律问题的解释(二)》面世实施,从国家司法层面进一步确认:“当事人以发包人未取得建设工程规划许可证等规划审批手续为由,请求确认建设工程施工合同无效的,人民法院应予支持,但发包人在起诉前取得建设工程规划许可证等规划审批手续的除外。”

在此之前,北京、浙江、安徽、江苏等省市关于审理建设工程合同纠纷的指导意见中也不乏类似规定,均认为发包人未取得建设工程规划许可证,与承包人签订的建设工程施工合同无效。

不难看出,主流观点认为未取得建设工程规划许可证的建设行为存在较大的违法性,可能危害到国家和社会公共利益,《城乡规划法》第四十条规定:“在城市、镇规划区内进行建筑物、构筑物、道路、管线和其他工程建设的,建设单位或者个人应当向城市、县人民政府城乡规划主管部门或者省、自治区、直辖市人民政府确定的镇人民政府申请办理建设工程规划许可证。”属于效力性强制性规定,违反该条款规定的,按照最高人民法院《关于适用〈中华人民共和国合同法〉若干问题的解释(二)》(法释〔2009〕5号)第十四条[①]及《合同法》第五十二条[②]规定,合同无效。

本文开篇案例中一审、二审法院判决合同无效的关键依据也在于此,但值得讨论的是,EPC工程总承包的内容本身包含工程设计,也就是说EPC工程发包时尚未完成全部的设计工作,而申请办理建设工程规划许可证需要先行完成部分或全部的设计工作,这是目前工程总承包项目发包和申请办理建设工程规划许可证的规定上存在的天然矛盾。那么工程总承包项目发包时是否需要办理建设工程规划许可证?以及工程总承包项目客观上是否具备办理建设工程规划许可证的条件?工程总承包合同是否因无法办理建设工程规划许可证而无效?本文从建设工程规划许可证的办理流程所对应的工程总承包项目发包阶段进行梳理,以分析未取得建设工程规划许可证时工程总承包合同的效力。

一、按照《城乡规划法》的规定,申请办理建设工程规划许可证,应当提交建设工程设计方案等基本资料,但对“设计方案”的具体内涵并无明确规定。

结合建设工程设计阶段、设计深度及国家和地方有关办理建设工程规划许可证的规范性文件,“设计方案”可能包括经审定的方案设计、初步设计方案或者施工图设计文件,对“设计方案”的不同解释,将导致工程总承包合同效力无法一概而论。

按照《城乡规划法》第四十条第二款的规定:“申请办理建设工程规划许可证,应当提交使用土地的有关证明文件、建设工程设计方案等材料……”

住建部2016年11月17日发布的《建筑工程设计文件编制深度规定(2016年版)》(建质函〔2016〕247号)的规定:建筑工程一般应分为方案设计、初步设计

---

① 最高人民法院《关于适用〈中华人民共和国合同法〉若干问题的解释(二)》第十四条规定:“合同法第五十二条第(五)项规定的‘强制性规定’,是指效力性强制性规定。”

② 《合同法》第五十二条规定:“有下列情形之一的,合同无效:……(五)违反法律、行政法规的强制性规定。”

和施工图设计三个阶段；对于技术要求相对简单的民用建筑工程，当有关主管部门在初步设计阶段没有审查要求，且合同中没有做初步设计的约定时，可在方案设计审批后直接进入施工图设计。

《城乡规划法》并未对“设计方案”“修建性详细规划”等文件所对应的具体内容作出进一步详细规定，也未明确有关文件所对应的建设工程设计阶段和设计深度，鉴于工程总承包项目的发包与设计阶段直接相关，为了明确建设工程规划许可证办理条件与设计阶段之间的关联从而探究 EPC 工程发包时是否具备办理建设工程规划许可证的可能性，我们进一步查阅了相关规范性文件：

原建设部《关于统一实行建设用地规划许可证和建设工程规划许可证的通知》[①]（该文件生效期为 1990 年 2 月 23 日，现行有效）规定：“（一）申请建设工程规划许可证的一般程序：1. 凡在城市规划区内新建、扩建和改建建筑物、构筑物、道路、管线和其他工程设施的单位与个人，必须持有关批准文件向城市规划行政主管部门提出建设申请；2. 城市规划行政主管部门根据城市规划提出建设工程规划设计要求；3. 城市规划行政主管部门征求并综合协调有关行政主管部门对建设工程设计方案的意见，审定建设工程初步设计方案；4. 城市规划行政主管部门审核建设单位或个人提供的工程施工图后，核发建设工程规划许可证。”

此外，江苏省、浙江省、江西省、深圳市也均有类似规定，例如：

《江苏省城乡规划条例》第三十九条规定：“申请办理建设工程规划许可证应当提交下列材料：……（三）建设工程设计方案；（四）符合国家设计规范的建设工程施工图设计文件；……”

《浙江省城乡规划条例》第三十六条规定：“申请核发建设工程规划许可证，应当提交使用土地的有关证明文件和建设工程设计方案（房屋建筑工程的建设工程设计方案是指建筑施工图）等材料。”

《江西省城乡规划条例》第四十四条规定：“申请办理建设工程规划许可证，建设单位或者个人应当提交以下材料：……（一）建设工程设计方案及总平面图、施工图……”

《深圳市城市规划条例》第五十一条规定：“办理《建设工程规划许可证》的程序：

---

① 载威科先行法律信息库：https://law.wkinfo.com.cn，最后访问日期：2019 年 8 月 1 日。

“(一)申请者持申请书、当年建设工程投资计划批文、土地使用权出让合同书或用地方案图、《建设用地规划许可证》、有关专业主管部门的设计方案审查意见,向市规划主管部门或其派出机构报送设计方案。设计方案经审批同意后,方可进行扩初设计。

“(二)申请者持申请书、设计文件、有关专业主管部门对方案设计审查意见书向市规划主管部门或其派出机构申请扩初设计审批。经审批同意后,方可进行施工图设计。

“(三)申请者持申请书、土地使用权出让合同书、设计文件、有关专业主管部门对施工图的审查意见书,向市规划主管部门或其派出机构申请施工图设计审查。经审查同意后,核发《建设工程规划许可证》。”

但也有部分地方延续了上位法的表述,仅提到申请办理建设工程规划许可证应当提交“设计方案”等材料,未对该“设计方案”所包含的设计文件类型和设计阶段做出明确规定。例如,《北京市城乡规划条例》第三十九条规定:“建设单位进行城镇建设工程建设的,应当持以下材料向规划行政主管部门申请建设工程规划许可证:……(三)建设工程设计方案等材料,重大城乡基础设施项目应当提交经过审查的建设工程扩大初步设计方案,需要建设单位编制修建性详细规划的建设项目,还应当提交修建性详细规划……”并未提到施工图设计文件。《甘肃省城乡规划条例》第二十六条规定:“在规划区内进行建筑物、构筑物、道路、管线和其他工程建设的,建设单位或者个人向城市、县人民政府城乡规划主管部门申请建设工程规划许可证时,应当提交建设用地规划许可证、建设工程设计方案等资料;符合条件的,核发建设工程规划许可证。”《广东省城乡规划条例》(2012 年)第四十一条规定:“建设单位或者个人申领建设工程规划许可证,应当持使用土地的证明文件、建设工程设计方案和法律、法规规定的其他材料,向城市、县人民政府城乡规划主管部门或者省人民政府指定的镇人民政府提出申请”等。

根据地方出台的城乡规划条例及有关实施细则,结合和本文讨论的主题,《城乡规划法》中规定申请办理建设工程规划许可证应当提交的“设计方案”在实践中大致分为以下两类情况:

情况一:《城乡规划法》中规定的“设计方案”对应《建筑工程设计文件编制深

度规定(2016 年版)》规定的"方案设计"[①](重大项目可能需要详细至初步设计[②]),在工程设计方案经审定后,可以申领建设工程规划许可证,然后按照经审定的设计方案进行施工图设计,[③]未经取得建设工程规划许可证,不得进行施工图设计(如北京市、广西壮族自治区)。

情况二:《城乡规划法》中规定的"设计方案"包括施工图设计,施工图设计完成经审定是申领建设工程规划许可证的必要前提条件(如江苏省、浙江省、深圳市、南宁市)。

考虑到地方行政管理实践上可能存在的差异以及笔者查询范围有限,尚不足以论定申请办理建设工程规划许可证在实践中是否存在其他特殊情形,为便于研究,我们仅从上述有限的梳理情形下讨论建设工程规划许可证对工程总承包合同的效力。

二、按照前述"情况一",如将《城乡规划法》中的"设计方案"解释为方案设计或初步设计文件的,那么在施工图设计开始之前就应当申请办理建设工程规划许可证,没有办理建设工程规划许可证的应不得进行施工图设计,此时工程总承包合同的效力较为复杂,应当区分工程总承包项目的发包阶段分别考虑:

1. EPC 工程发包时的设计工作已经完成至具备办理建设工程规划许可证的条件,发包的工程总承包工作内容中仅包含施工图设计和建筑安装施工等内容,此时应当取得建设工程规划许可证而未取得的,违反法律法规的强制性规定,工

---

① 《上海市建设工程设计方案规划审批改革实施办法》(沪规土资建规〔2015〕822 号,该办法自 2015 年 12 月 1 日起施行,有效期至 2017 年 11 月 30 日)第六条规定:"建设单位应按照建设部发布的《建筑工程设计文件编制深度规定(2008 年版)》中'方案设计'的要求,编制建筑设计方案。"

② 《北京市城乡规划条例》第三十九条规定:"建设单位进行城镇建设工程建设的,应当持以下材料向规划行政主管部门申请建设工程规划许可证:……(三)建设工程设计方案等材料,重大城乡基础设施项目应当提交经过审查的建设工程扩大初步设计方案,需要建设单位编制修建性详细规划的建设项目,还应当提交修建性详细规划……"

③ 《广西壮族自治区实施〈中华人民共和国城乡规划法〉办法》第四十五条规定:"建设工程勘察、设计、施工、监理等单位,必须按照规划许可证的规定进行勘察、设计、施工和监理。建设工程施工图应当符合建设工程规划许可证或者乡村建设规划许可证的批准内容。设计单位不得为没有取得建设工程规划许可证、乡村建设规划许可证、临时建设规划许可证的建设工程提供施工图设计文件,或者不按照建设工程规划许可证、乡村建设规划许可证、临时建设规划许可证提供施工图设计文件。施工单位不得为没有取得或者违反建设工程规划许可证、乡村建设规划许可证、临时建设规划许可证的建设工程施工。"(但是《南宁市城市规划管理条例》却规定在施工图设计完成后申领建设工程规划许可证,两者存在矛盾)

《北京市城乡规划条例》第二十九条规定:"……建设工程施工图应当符合建设工程规划许可证或者乡村建设规划许可证的批准内容。"

程总承包合同可能涉嫌无效。同时,这一违法建设行为还将受到《城乡规划法》第六十四条规定的行政处罚:“未取得建设工程规划许可证或者未按照建设工程规划许可证的规定进行建设的,由县级以上地方人民政府城乡规划主管部门责令停止建设;尚可采取改正措施消除对规划实施的影响的,限期改正,处建设工程造价百分之五以上百分之十以下的罚款;无法采取改正措施消除影响的,限期拆除,不能拆除的,没收实物或者违法收入,可以并处建设工程造价百分之十以下的罚款。”

2. 工程总承包项目在可行性研究完成后发包,工程总承包工作内容中涵盖了方案设计、初步设计和施工图设计,此时工程总承包项目发包时不具备办理建设工程规划许可证的条件,需工程总承包商依约完成方案设计或初步设计后,才能依法依规办理建设工程规划许可手续,因此并不能认定此情形下的工程总承包项目的发包行为违反《城乡规划法》第四十条的规定,也不能据此认定发包时不具备建设工程规划许可证而工程总承包合同无效。

但这并不意味着法律法规就此不能规制工程总承包项目的违法建设行为。笔者认为,如果设计单位作为工程总承包商,将工程施工工作分包的,那么该施工分包合同应当以工程取得建设工程规划许可证为前提,否则按照最高人民法院《关于审理建设工程施工合同纠纷案件适用法律问题的解释(二)》第二条的规定,该施工分包合同无效;与设计单位作为工程总承包不同的是,如果施工单位作为工程总承包商自行实施施工的,在施工阶段未取得建设工程规划许可证,虽然按照《城乡规划法》的规定毫无疑问属于违法建设,但如前所述,工程总承包合同已经成立生效,后续的违法行为不能溯及改变已经生效的合同效力,而只能通过其他行政处罚例如责令停止建设、罚款等手段予以纠正。

三、按照前述“情况二”,如将《城乡规划法》中的“设计方案”解释为施工图设计文件的,也即在施工图设计完成后才能申请办理建设工程规划许可证,则工程总承包项目无论在哪个阶段发包,都不具备申请办理建设工程规划许可证的客观条件,工程总承包合同效力不受建设工程规划许可证的影响。

工程总承包项目的特性之一在于同时包含设计和施工工作,促进设计与施工深度融合,按照住建部《关于进一步推进工程总承包发展的若干意见》(建市〔2016〕93 号)的规定:“建设单位可以根据项目特点,在可行性研究、方案设计或者初步设计完成后,按照确定的建设规模、建设标准、投资限额、工程质量和进度要求等进行工程总承包项目发包。”根据住建部的相关政策规定，工程总承包项目在立项可研批复阶段、方案设计或初步设计审批后均可能具备发包条件。也即工程总承包项目的发包至少包含施工图设计阶段，在此情况下，如果申请办理建设工程规划许可证需要在施工图设计完成后，那么工程总承包项目无论在哪个阶段发包都将不具备申请办理建设工程规划许可证的客观条件，从另一角度也可以理解为，在施工图设计完成之后，法律法规和行政监管机关才为建设主体设定了申领建设工程规划许可证的义务，在施工图设计完成之前进行发包的，法律法规不要求建设主体取得建设工程规划许可证，此时工程总承包项目的发包和合同的签约不违反法律的规定，按照《合同法》第四十四条的规定：“依法成立的合同，自成立时生效”，当事人如无特别约定，工程总承包合同应自成立时生效。

四、关于本案 EPC 合同的效力

通过以上梳理与分析，虽然《城乡规划法》中规定的办理建设工程规划许可证所需要的“方案设计”在实践中的具体体现有所差异，但现阶段这一情况对工程总承包合同效力有关键影响，从维护交易秩序、统一裁判尺度的角度而言，应考虑当前工程总承包项目发包的特殊情形，对在工程总承包项目发承包过程中应取得建设工程规划许可证的时间节点及所需设计文件的要求做出明确、统一的规定，避免各地方因行政管理措施的差异而导致民事主体合同效力不明，进而对建筑市场发展和工程总承包模式的推行产生不利影响。

具体到本案，仅通过法院公开裁判文书所查明的案件事实，案涉项目并没有明确 EPC 合同所包含的设计阶段，法院也未经查明案涉工程发包时是否具备办理建设工程规划许可证的客观条件，根据案涉工程所在地《上海市城乡规划条例》第三十五条第二款规定：“建设单位或者个人应当根据经审定的建设工程设计方案编制建设项目施工图设计文件，并在建设工程设计方案审定后六个月内，将施工图设计文件的规划部分提交规划行政管理部门。符合经审定的建设工程设计方案的，规划行政管理部门应当在收到施工图设计文件规划部分后的二十个工作日内，核发建设工程规划许可证。”可知，上海市办理建设工程规划许可证应当提交符合设计方案的施工图设计文件规划部分，如此一来，结合前面的分析，案涉工程总承包项目发包时，项目建设流程尚未到办理建设工程规划许可审批手续的阶段，此时不应以合同履行过程应办理的建设工程规划许可审批手续来认定之前依法依规发包的行为违法,不应认定之前发包行为签订的工程总承包合同无效。如工程总承包合同的效力判定完全按照施工合同的裁判规则,因未取得规划许可证而无效,将导致当前阶段国家推行的工程总承包模式发包的合同大量无效,这显然背离了国务院促进建筑业持续健康发展的顶层设计,将极大程度地阻碍工程总承包模式的发展,也令工程总承包各参建方的权利义务无法得到应有的保障。

五、小结

鉴于目前法律行政法规层面对于工程总承包模式、工程总承包合同与施工合同关系等尚缺乏具体规定,最高人民法院的建筑工程施工合同纠纷案件审理的相关司法解释是否适用于工程总承包合同也未明确,现阶段工程总承包合同受建设工程规划许可证的影响,仍将可能存在较大的效力风险,并可能出现各地司法审判认识不统一、裁判结果不统一。从积极响应国务院办公厅《关于促进建筑业持续健康发展的意见》提出的“加快推行工程总承包”,就保护市场交易主体的权利义务和市场秩序稳定角度而言,笔者建议:

1. 国家主管部门应从立法层面对建设工程规划许可审批手续的办理阶段、“设计方案”具体指向如何认定等进行明确规定,营造公开、公平的良好交易环境,保障交易秩序,增强建设工程市场主体的信心与积极性。

2. 司法审判机关应对建筑工程施工合同纠纷案件审理的相关司法解释是否适用于工程总承包合同纠纷的案件审理予以释明,并对建设工程规划许可证办理与工程总承包合同效力的关系做出规定,建议明确:在依法尚不需办理建设工程规划许可审批手续阶段发包工程总承包项目的,不应以发包时未办理建设工程规划许可审批手续或合同履行过程中未依法办理建设工程规划许可审批手续来认定之前发包行为签订的工程总承包合同无效。

3. 当前阶段在规定不明确的情况下,发包人在依法尚不需办理建设工程规划许可审批手续阶段发包工程总承包项目的,应同时将招标文件或发包行为向建设工程规划许可审批部门报备,避免后期受到发包合同签订时未取得建设工程规划许可证的不利影响。

4. 对工程总承包项目发包时依照法律及地方相应规定应当办理建设工程规划许可审批手续或者工程总承包合同履行过程中应当办理规划许可审批手续而未办理的,应当及时采取整改措施,积极补办。

5. 工程总承包商在进行施工分包时，施工分包的合同效力受《城乡规划法》和最高人民法院审理建设工程施工合同纠纷案件相关司法解释的约束，无论是业主、总包还是施工分包，都应在签约前关注建设工程规划许可证的办理情况，避免施工分包合同无效及相应法律后果和责任。

工程总承包单位对于主体部分进行分包的合法性问题

——山东一建建设有限公司与山东电力工程咨询院有限公司建设工程合同纠纷*

郑冠红　蒋　峰**

关 键 词　违法分包　转包　施工主体分包　合同效力

问题提出　根据我国《合同法》《建筑法》的相关规定，建设工程的主体结构的施工须由总承包单位自行完成，即相关法律禁止将施工主体进行分包。但该等规定仅局限在传统施工总承包模式下，而对于工程总承包项下的涉及主体部位的施工能否进行分包，实践中存在一定的争议。因此，在当前法律规定不明确的情形下，有必要对此类问题进行探讨。

裁判要旨　本案中的工程总承包单位具有工程设计综合甲级资质，可从事资质证书许可范围内相应的建设工程总承包业务。工程总承包单位接受业主委托，总承包案涉工程全部勘测、设计、设备材料采购、施工、工程质量保修等服务，有权就部分工程进行分包，且该分包经过了建设单位的同意。因此，本案中的工程总承包单位将施工主体进行分包，符合法律规定，是合法的分包关系。

---

* 一审：济南市历下区人民法院（2013）历民初字第 758 号；二审：山东省济南市中级人民法院（2017）鲁 01 民终 1783 号。

** 郑冠红，上海市建纬律师事务所工程总承包业务部专职律师；蒋峰，上海市建纬律师事务所工程总承包业务部专职律师。

案情简介

上诉人(一审被告):山东一建建设有限公司(以下简称"山东一建")

被上诉人(一审原告):山东电力工程咨询院有限公司(以下简称"山东电力咨询院")

2009年,山东电力咨询院与业主签订《新疆哈密大南湖电厂一期2×300MW工程EPC工程总承包合同》。

2010年5月,山东电力咨询院就新疆哈密大南湖电厂一期工程部分工程进行招标,山东一建投标并中标。2010年5月29日,山东电力咨询院作为发包方,山东一建作为承包方,签订《新疆哈密大南湖电厂一期2×300MW工程厂前区食堂活动中心、招待所、公寓主体土建工程施工合同》(以下简称《工程施工合同》),约定:工程范围包括新疆哈密大南湖电厂工程厂前区食堂活动中心、招待所、公寓主体土建工程施工、项目管理、调试、验收、工程质量保修期限的整个服务过程,合同固定总价11,832,895元。《工程施工合同》附件一中约定工程的施工范围包括:"土方工程、地基处理、基础工程、主体结构、墙体砌筑……等"。

《工程施工合同》签订后,山东一建进行了施工。除上述合同内的工程外,山东一建还施工了厂区南侧围墙、制氢站外墙及外墙抹灰、净水站外墙砌筑及外墙抹灰、主厂房部分砌筑及设备基础等六项工程。

自2010年7月开始,山东一建每月按照施工进度向山东电力咨询院报工程进度款申请,山东电力咨询院审核后向山东一建支付工程进度款。2010年11月16日,山东电力咨询院向山东一建的大南湖电厂工程施工队长支付部分工程款后,山东一建的大南湖电厂工程施工队长脱离涉案工地。

2010年11月22日,山东电力咨询院向山东一建送达《关于尽快解决农民工扰工事宜的函》,载明:截至2010年11月1日,完成产值881.77万元及委托脚手架租赁费36.36万元,垫付材料费28.7万元,按合同条款扣除相应款项并代扣税款后,应付766.16万元,至2010年11月15日,实际支付766.16万元,山东电力咨询院已完全履行合同。2010年11月26日,山东电力咨询院报案,哈密市公安局认为属于民事纠纷。因山东一建大南湖电厂工程拖欠农民工工资,在哈密地区政法委、公安局、劳动和社会保障局共同协调和见证下,山东电力咨询院于

2010年11月底和2010年12月初代山东一建垫付了农民工工资2,352,424元。

2011年1月5日,山东电力咨询院向山东一建发函,要求解除《工程施工合同》。2011年1月8日,山东电力咨询院向山东一建邮寄了《解除〈工程施工合同〉的通知》。2011年1月11日,山东一建收到该通知。

后山东电力咨询院就上述垫付款项向法院起诉。诉讼过程中,双方对《工程施工合同》的效力产生争议。

各方观点

山东一建:

山东电力咨询院将施工的主体分包构成违法分包,合同应当无效,且山东省高级人民法院在(2015)鲁民一终字第199号判决书中也将《工程施工合同》认定为无效合同。因山东电力咨询院违法分包导致合同无效,合同无效和解除合同的主要责任应由山东电力咨询院承担。

山东电力咨询院:

原建设部《关于培育发展工程总承包和工程项目管理企业的指导意见》第二条第一项明确规定:"工程总承包是指从事工程总承包的企业(以下简称工程总承包企业)受业主委托,按照合同约定对工程项目的勘察、设计、采购、施工、试运行(竣工验收)等实行全过程或若干阶段的承包"。施工总承包是指建筑工程发包方(业主)将施工任务发包给具有相应资质条件的施工总承包单位,即施工总承包只是工程总承包中的施工部分。

《新疆哈密大南湖电厂一期2×300MW工程EPC工程总承包合同》显示,山东电力咨询院与业主之间的合同属于EPC总承包合同。山东电力咨询院所从事的是哈密大南湖电厂一期2×300MW工程的全部勘察、设计、设备和材料采购、建筑安装工程施工、项目管理、设备建造、调试、验收、培训性能质量保证、工程质量保修等全部工程总承包义务,因而山东电力咨询院是工程总承包方,而非施工总承包方。

《建筑法》第二十九条规定"建筑工程总承包单位可以将承包工程中的部分工程发包给具有相应资质条件的分包单位……"因此,建筑工程总承包的,工程总承包单位可以将承包工程中的部分工程发包给具有相应资质条件的分包单位

(且不限定是否是主体工程)。只有在“施工总承包”情况下,建筑工程主体结构的施工必须由总承包单位自行完成。

山东电力咨询院作为工程总承包方,有权将承包工程中的部分工程发包给具有相应资质条件的分包单位,即便是将施工主体分包也是合法合规,不应将“工程总承包”与“施工总承包”混同。因此与山东一建之间签署的《工程施工合同》系合法分包合同,不构成违法分包或肢解转包。

法院观点

一审法院:

山东电力咨询院系涉案工程的总承包方,山东电力咨询院与山东一建签订涉案《工程施工合同》,将涉案工程中的厂前区食堂活动中心、招待所、公寓的主体土建工程发包给山东一建施工,施工范围包括“土方工程、地基处理、基础工程、主体结构、墙体砌筑……等”,即山东电力咨询院发包给山东一建施工的涉案工程是独立的单体工程,施工范围包括地基基础工程和主体工程。根据原建设部《房屋建筑和市政基础设施工程施工分包管理办法》第四条规定:“本办法所称施工分包,是指建筑业企业将其所承包的房屋建筑和市政基础设施工程中的专业工程或者劳务作业发包给其他建筑业企业完成的活动。”山东电力咨询院虽具有工程总承包资质,但涉案工程中的地基基础工程和主体工程不属于可以分包的工程范围,山东电力咨询院将该部分工程发包给山东一建施工,违反了法律的禁止性规定,合同应当无效。

二审法院:

山东电力咨询院具有工程设计综合资质甲级资质,可承接各行业各等级的建设工程设计业务,可从事资质证书许可范围内相应的建设工程总承包业务,以及项目管理和相关的技术与管理服务。

本案中,山东电力咨询院接受业主委托,总承包涉案工程全部勘测、设计、设备和材料采购、建筑安装工程施工、项目管理、设备监造、调试、验收、培训、移交生产、性能质量保证、工程质量保修期限的服务过程,有权就涉案工程的部分工程进行分包,且该分包经过了业主单位的同意。因此,山东电力咨询院作为工程总承包方,将涉案工程分包给山东一建公司符合法律规定,是合法的有效的分包关系。一审法院认定涉案合同系无效合同有误,本院予以纠正。

问题解析

工程总承包项目的实施过程中,各分包商工作界面的交叉配合对项目实施至关重要,对于工程总承包单位而言,核心工作就是要组织、指导、协调、管理各分包商,监督分包商按照业主要求和工程总承包单位制定的进度、质量、安全、成本目标来完成各自相应的工程内容。不同于施工总承包的发承包模式,工程总承包单位的分包,指的是业主将工程总承包项目(同时包含设计和施工)发包给工程总承包单位后,再由工程总承包单位将其中的设计或施工进行分包的行为,具体关系如下图1所示。

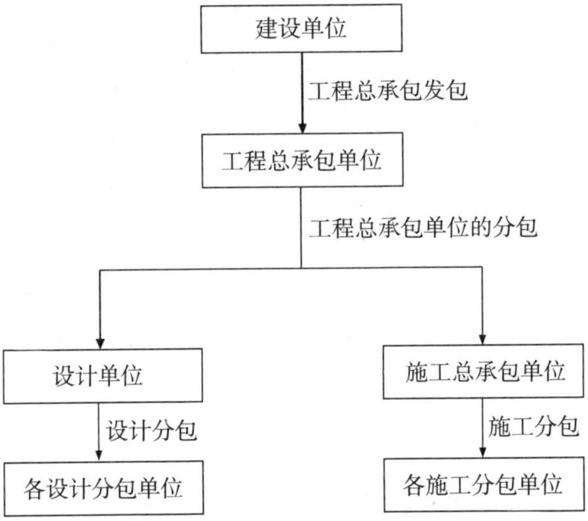

图1　工程总承包单位的分包

而在传统发承包模式下,业主通常将设计和施工分别发包给设计单位和施工总承包单位,再由设计单位或施工总承包单位对各自的设计或施工进行分包。因此,对于工程总承包单位违法分包、转包的认定,显然应当区别于传统发承包模式下设计单位和施工总承包单位的分包,否则工程总承包模式的实施和推广都将面临法律上无法逾越的障碍。结合本案,本文对设计企业作为工程总承包单位将施工主体进行分包的合法性进行分析,对工程总承包商分包主体工作所涉法律问题进行梳理。

一、法律、法规等关于违法分包的相关规定

在法律法规层面，关于工程总承包分包的相关条款比较有限，主要集中在《建筑法》和《建设工程质量管理条例》，并且对于工程总承包以概念阐述与原则性规定为主，而对于施工总承包有关违法分包的规定较为详细，我们把目前相关法律法规规定的与分包主体结构施工相关的违法分包主要条款梳理如下：

《合同法》第二百七十二条规定："总承包人或者勘察、设计、施工承包人经发包人同意，可以将自己承包的部分工作交由第三人完成……承包人不得将其承包的全部建设工程转包给第三人或者将其承包的全部建设工程肢解以后以分包的名义分别转包给第三人……建设工程主体结构的施工必须由承包人自行完成。"

《建筑法》第二十九条规定："建筑工程总承包单位可以将承包工程中的部分工程发包给具有相应资质条件的分包单位；但是，除总承包合同中约定的分包外，必须经建设单位认可。施工总承包的，建筑工程主体结构的施工必须由总承包单位自行完成……禁止总承包单位将工程分包给不具备相应资质条件的单位。禁止分包单位将其承包的工程再分包。"

《招标投标法》第四十八条规定："中标人按照合同约定或者经招标人同意，可以将中标项目的部分非主体、非关键性工作分包给他人完成"；第五十八条规定："中标人将中标项目转让给他人的，将中标项目肢解后分别转让给他人的，违反本法规定将中标项目的部分主体、关键性工作分包给他人的，或者分包人再次分包的，转让、分包无效，处转让、分包项目金额千分之五以上千分之十以下的罚款……"

《建设工程质量管理条例》第七十八条规定："本条例所称违法分包，是指下列行为：……（二）建设工程总承包合同中未有约定，又未经建设单位认可，承包单位将其承包的部分建设工程交由其他单位完成的；（三）施工总承包单位将建设工程主体结构的施工分包给其他单位的。"

住建部《建筑工程施工发包与承包违法行为认定查处管理办法》（建市规〔2019〕1 号）第十二条规定："存在下列情形之一的，属于违法分包：……（三）施工总承包单位将施工总承包合同范围内工程主体结构的施工分包给其他单位的，钢结构工程除外……"

以上条款中,《建筑法》《建设工程质量管理条例》《建筑工程施工发包与承包违法行为认定查处管理办法》均提到,在施工总承包模式下,主体结构应当由施工总承包单位自己施工完成,将主体结构分包的构成违法分包,但在工程总承包模式下,对于工程总承包单位将施工主体分包的行为是否构成违法分包并没有明确。且值得关注并思考的是,《合同法》第二百七十二条虽然提到建筑主体的施工必须由“承包人”自行完成,但没有明确指出这里的“承包人”是工程总承包模式下的“工程总承包人”还是施工发承包模式下的“施工总承包人”,鉴于《合同法》中并没有特定的工程总承包的概念,这里的“承包人”应当是与“设计承包人”“勘察承包人”“施工承包人”相并列的概念,因此对于《合同法》第二百七十二条中的“承包人”不应作扩大解释,不能将其理解为工程总承包人不得将施工主体分包。但是《招标投标法》明确禁止将中标项目的主体、关键工作分包给他人,如果工程总承包项目经过招投标程序进行发包的,毫无疑问将适用招标投标相关法律法规的规定,工程总承包商中标后将其承包范围内的施工主体进行分包,直观来讲则将可能违反《招标投标法》禁止分包项目主体、关键工作的规定。

因此,如就工程总承包模式的推广和发展的角度而言,《合同法》《建筑法》《建设工程质量管理条例》等关于禁止将施工主体进行分包的规定,可以解释为针对施工总承包的模式,所以工程总承包商将施工主体进行分包的行为尚余合法性解释空间,但是法律的解释由于解释主体、解释目的的不同,所得出的解释意见将可能产生较大的差异,加之从招投标的角度来看,如果经过招投标程序后,中标人工程总承包商再将主体、关键工作进行分包的,将可能涉嫌违反招标投标法。所以,在当前法律体系下,工程总承包单位将施工主体进行分包的仍存在一定的合法性风险,当法律的解释和使用出现较大差异时,这种合法性风险对发展工程总承包模式的阻碍可能是致命的。

值得庆幸的是,行政管理机关从政策层面针对工程总承包模式的分包管理专门出台文件规定,以期对法律法规的原则性和滞后性进行补充以规范实践,例如:

住建部《关于进一步推进工程总承包发展的若干意见》(建市〔2016〕93 号)指出:“(十)工程总承包项目严禁转包和违法分包。工程总承包企业应当加强对分包的管理,不得将工程总承包项目转包,也不得将工程总承包项目中设计和施工业务一并或者分别分包给其他单位。工程总承包企业自行实施设计的,不得将工程总承包项目工程主体部分的设计业务分包给其他单位。工程总承包企业自行实施施工的,不得将工程总承包项目工程主体结构的施工业务分包给其他单位。”从该文件来看,工程总承包项下的违法分包,应当是将设计和施工一并分包,或者说将设计和施工的主体一并分包。简言之,在工程总承包模式下,工程总承包单位至少自行完成设计或施工的主体部分。

广西壮族自治区住房和城乡建设厅《关于进一步加强房屋建筑和市政基础设施工程总承包管理的通知》(桂建发〔2018〕9 号)中规定:“二、完善工程总承包项目实施阶段的管理……工程总承包单位同时具有相应的设计和施工资质的,可以将工程的设计或者施工业务分包给具备相应资质的单位,但不得将工程总承包项目中设计和施工全部业务一并或者分别分包给其他单位。工程总承包单位自行实施施工的,不得将工程主体结构的施工分包给其他单位;自行实施设计的,不得将工程主体部分的设计分包给其他单位。工程总承包单位仅具有相应设计资质的,应当将工程总承包项目中的全部施工业务分包给具有相应施工资质的单位,不得将主体部分的设计分包给其他单位。工程总承包单位仅具有相应施工资质的,应当将工程总承包项目中的全部设计业务分包给具有相应设计资质的单位,不得将工程主体结构的施工分包给其他单位。”目前广西对于工程总承包分包的规定比较明确和详细,当工程总承包单位仅具有单一资质时,由于受到资质管理的约束,其必须将不具备资质的部分全部分包,而对于具备资质的部分的主体工作必须由其自己完成。同时,对于工程总承包单位仅实施设计或施工的,不得将设计或施工的主体进行分包。而当工程总承包单位具有双资质时,可以将设计或施工业务进行分包,但不能将设计和施工业务一并分包,仅进行采购或总承包管理;如果工程总承包单位自行实施设计和施工的,可以将设计或施工的主体进行分包,但不能同时将设计和施工的主体一并分包。

但需要注意的是,2020 年 3 月 1 日生效的《工程总承包管理办法》第十条规定:“工程总承包单位应当同时具有与工程规模相适应的工程设计资质和施工资质,或者由具有相应资质的设计单位和施工单位组成联合体。”即,当前国家对于工程总承包单位承接工程总承包项目的资质提出了更高的要求,此前的地方性政策以及国家层面的相关政策一般仅要求工程总承包单位具备设计或施工资质,但本次《工程总承包管理办法》正式出台后,要求工程总承包单位具备设计和施工双资质,其本意在于鼓励工程总承包单位自行实施设计和施工工作,强化设计和施工的深度融合。有鉴于此,如具备双资质的工程总承包单位将设计或施工的主体部分分包的,则根据最新的规定可能存在合法、合规性风险。

二、关于本案山东电力咨询院作为总承包单位,能否将施工主体全部进行分包?

本案中,山东电力咨询院属于设计单位,其不具备施工资质,当设计单位作为工程总承包单位时,将施工主体进行分包的行为是否合法,一审法院和二审法院观点不同。对此,我们倾向于二审法院观点。

1. 工程总承包发承包模式在我国存在已久,《建筑法》《建设工程质量管理条例》均有提到工程总承包模式。而近几年,国务院、住建部开始进一步推动工程总承包模式的落地与发展。现有的法律、法规、行政规章或其他规范性文件中,均没有禁止设计单位作为工程总承包方;相反,原建设部《建设工程勘察设计资质管理规定》第三十九条明确指出:"取得工程勘察、工程设计资质证书的企业,可以从事资质证书许可范围内相应的建设工程总承包业务",同时原建设部《关于工程总承包市场准入问题说明的函》(建市函〔2003〕161 号,已失效)、原建设部《关于工程总承包市场准入问题的复函》(建办市函〔2003〕573 号)也都明确指出设计企业可以开展工程总承包业务。而在《工程总承包管理办法》生效前,设计单位作为工程总承包方时,因不具备施工资质,如果不将施工全部分包或者施工主体进行分包,反而属于超越资质承揽工程的违法违规行为。

2. 如前所述,现有的法律体系并未对工程总承包企业将施工主体进行分包作出明确的禁止性规定。《建筑法》第二十九条和《建设工程质量管理条例》第七十八条规定的违法分包,均是指施工总承包单位将施工主体进行分包,如果将"施工总承包"或"施工总承包单位"扩大解释为"工程总承包"或"工程总承包单位",显然有违立法本意。同时,"施工主体"和"承包的主体或关键工作"属于两个概念,工程总承包模式下,设计、采购、施工、试运行等均可属于工程总承包单位的承包范围,因而施工仅是其承包的一部分,在部分以工业设备的采购安装试运行为主的能源类项目中,施工可能仅为"部分工作"而不必然是整个工程总承包项目的主体工作。此时在《工程总承包管理办法》生效前,总承包单位,尤其是设计企业作为工程总承包单位将施工主体或全部施工进行分包,应当认为符合《建筑法》第二十九条所述的"建筑工程总承包单位可以将承包工程中的部分工程发包给具有相应资质条件的分包单位",且并不必然违反《招标投标法》第五十八条所述的不得将中标项目的部分主体、关键工作分包。

3. 按照住房和城乡建设部《关于进一步推进工程总承包发展的若干意见》（建市〔2016〕93 号）的规定："工程总承包项目严禁转包和违法分包。工程总承包企业应当加强对分包的管理，不得将工程总承包项目转包，也不得将工程总承包项目中设计和施工业务一并或者分别分包给其他单位。工程总承包企业自行实施设计的，不得将工程总承包项目工程主体部分的设计业务分包给其他单位。工程总承包企业自行实施施工的，不得将工程总承包项目工程主体结构的施工业务分包给其他单位"。结合此前各地推行工程总承包模式的实践，以及在《工程总承包管理办法》正式生效之前，单一资质的设计单位作为工程总承包商的情况普遍存在，在此情形下，其可以将施工进行分包，但不得将设计的主体工作进行分包，也不得将设计与施工一并进行分包。

因此，本案山东电力咨询院作为工程总承包单位，其经过建设单位的同意将施工主体分包给山东一建，并未违反法律规定，应当认定为有效。但如前所述，如在《工程总承包管理办法》生效之后，双资质的企业作为工程总承包单位时，如将设计或施工主体进行分包的，则存在合法合规性风险。

三、小结

由于法律法规层面对工程总承包的规定不够细致和全面，导致工程总承包单位是否可以就主体部分进行分包存在较大争议。但在《工程总承包管理办法》正式出台之后，由于要工程总承包单位须具备双资质，结合前述《建筑法》《合同法》《招标投标法》等有关规定，目前理论界和实务界的主流观点认为工程总承包单位只能将设计和施工的非主体工作进行分包，否则可能构成违法分包。

虽然《工程总承包管理办法》属于规范性法律文件，其效力层级较低，但目前国内对于工程总承包的规定缺乏效力层级较高的法律法规的规定，法院在审理类似案件时仍会参照《工程总承包管理办法》的规定。同时，对于工程总承包单位将设计或施工的主体进行分包，目前因没有明确的上位法依据，且与《工程总承包管理办法》关于双资质的规定相冲突，因此法院在审理时会倾向于将该等做法认定为违法分包。鉴于此，针对此类问题，结合《工程总承包管理办法》的最新规定，工程总承包单位应当注意以下问题：

1. 按照《建筑法》《建设工程质量管理条例》等相关规定以及国家主管部门资质监管的要求，分包单位应当具备与分包工程相适应的设计或施工资质，因此工程总承包单位在分包时,应注意审查分包单位的资质是否满足分包内容,不得分包给个人或不具备相应资质的单位,否则会构成违法分包。

2. 工程总承包单位进行分包时,应当符合总承包合同的约定或取得建设单位同意,否则可能违反《建筑法》和《合同法》的规定。

3. 工程总承包单位进行分包时,不得将设计或施工的主体进行分包,否则可能构成违法分包,同时也不利于工程总承包单位深入参与工程总承包项目实施,难以发挥工程总承包模式下设计和施工的深度融合。

4. 单一资质的企业在承接工程总承包项目时,应与另一企业组成联合体,联合体成员分别具备设计和施工不同的资质,从而组成联合体后的资质即可覆盖工程总承包所需的设计和施工资质,联合体成员应在联合体分工协议中明确双方负责的内容以及权力义务。联合体在对外分包时,应注意不得将各自的施工或设计的主体部分进行分包,否则同样涉嫌违法分包。

工程总承包项下施工分包单位专业分包的合法性问题

——中石化工建设有限公司与江苏鑫鹏钢结构工程有限公司、新疆石油工程设计有限公司建设工程施工合同纠纷*

朱树英　韩如波**

关 键 词　施工分包　专业分包　违法分包

问题提出　随着建筑业深化改革的不断推进，尤其是国务院办公厅和住房和城乡建设部关于加快工程总承包模式推进的政策性文件的落地，工程总承包模式正在快速开展。同时，因为目前尚无一部具体规范和管理工程总承包项目的法律法规，由此导致工程总承包在项目发包、投标人资格、发包方式、工程总承包的分包、联合体、计量体系、合同价格形式、施工许可办理、质量安全责任承担合同、备案等方面，各地规定和实务操作之间存在一定的差异甚至矛盾。最为基本的，工程总承包与施工总承包模式是否有区别？有什么区别？在工程总承包项下，建筑施工分包单位进行专业分包是否受《建筑法》第二十九条的“二次分包”禁止性规定的约束？其行为是否属于违法分包？这些问题在实践中仍时常引发争议。

裁判要旨　因《建筑法》第二十九条第三款明确禁止分包单位将其承包的工

---

* 一审：克拉玛依市克拉玛依区人民法院(2016)新0203民初1468号；二审：新疆维吾尔自治区克拉玛依市中级人民法院(2017)新02民终291号。另，根据裁判文书网可查询到本案经新疆维吾尔自治区高级人民法院(2017)新民申2166号裁定指令新疆维吾尔自治区克拉玛依市中级人民法院再审本案，而有关的后续裁定再审后的案件处理至本文最终截稿之时(2019年8月18日)尚未能查询到。

** 朱树英，上海市建纬律师事务所主任；韩如波，上海市建纬律师事务所高级合伙人、工程总承包业务部主任。

程再分包,上诉人中石化工建设有限公司(以下简称"中石化建公司")作为具备相应资质条件的分包方将其承包的工程再分包,违反了法律的强制性规定,故依据《合同法》第五十二条第(五)项之规定,上诉人中石化建公司与被上诉人江苏鑫鹏公司徐州分公司之间签订的《工程承包合同》无效。

案情简介

上诉人(一审被告):中石化建公司

被上诉人(一审原告):江苏鑫鹏公司

一审被告:新疆石油工程设计有限公司(以下简称"石油工程设计公司")

石油工程设计公司以工程总承包(设计、采购、施工的EPC模式)方式依法承建了克拉玛依工程教育基地采油实训工程厂房项目,其将工程施工部分一至五标段公开招标,中石化建公司参与竞标并中标第二标段,即采油实训厂房二、三、四工程,建设规模为上述厂房范围内的建筑安装、室内系统配套等的施工、试运行等。中标工程工期为342天日历日,承包方式为施工承包、包工包料、采取固定价计价。中标后石油工程设计公司和中石化建公司于2012年11月21日签订《建设工程施工合同》,就上述工程具体施工内容进行了约定,合同暂定总金额为56,830,000元。

中石化建公司取得上述工程后,中石化工建设有限公司新疆分公司(以下简称"中石化建新疆分公司")于2013年6月13日与江苏鑫鹏公司签订了《克拉玛依工程教育基地采油实训场工程采油实训厂房三、四栋网架工程工程承包合同》(以下简称《工程承包合同》),约定工程范围为:按照工程项目部、中石化建公司及设计单位确认的施工图纸,负责网架结构加工制作、运输、安装、防腐、防火涂料及屋面龙骨的制作安装、屋面单层彩板铺设(不含保温层及保温层以上工程部分)等工作,包工包料,总价包干;合同现场安装工期为40天,自具备安装条件之日起计算;合同造价3,744,000元。江苏鑫鹏公司经营范围包括钢结构、网架、屋面设计、加工、制造、安装、销售;内外建筑装饰工程设计、施工;钢结构工程施工等内容。

合同签订后,江苏鑫鹏公司按照合同约定履行施工义务,涉案工程于2014年10月10日竣工验收后已投入使用。之后,因《网架工程承包合同》工程款结算和支付发生争议,江苏鑫鹏公司起诉施工总包单位中石化建公司和EPC总包单位石油工程设计公司,诉请要求中石化建公司支付工程欠款和逾期付款利息,并主张石油工程设计公司对上述款项承担连带责任。

各方观点

江苏鑫鹏公司:

根据相关司法解释规定,发包方应当在未付工程款范围内承担连带付款责任。

中石化建公司:

涉案网架工程承包合同属于专业分包而非工程再分包,应属有效合同。

石油工程设计公司:

一是其和原告之间并无合同关系,原、被告之间存在合同关系,不应突破合同相对性;二是原告主张根据最高人民法院《关于审理建设工程施工合同纠纷案件适用法律问题的解释》第二十六条的规定,但该条解释是为了保护农民工的合法权益制定的,应是农民工工资,而原告诉请的工程款大部分是材料款而非农民工工资,且原告并非本案的实际施工人;三是涉案工程系其作为总承包,将工程中的部分内容分包给被告中石化建公司,分包合同已在建设局进行了备案,分包合同合法有效,不存在非法转包和违法分包的情况,同样不适用最高人民法院《关于审理建设工程施工合同纠纷案件适用法律问题的解释》的规定。

法院观点

一审法院:

二被告之间的《建设工程施工合同》,系被告石油工程设计公司将部分标段的工程通过招投标的合法方式分包给被告中石化建公司施工,合同内容及形式均符合法律、行政法规的规定,应当认定合同法有效,不存在违法分包或者非法转包的情形。但中石化建新疆分公司就被告承揽的部分工程与原告签订《工程承包合同》,系属将其承揽的工程再分包的行为,根据国务院下发的《建设工程质量管理条例》(2000年)第七十八条第一款第(四)项之规定,分包单位将其承包的建设工程再分包的,属于该条例所称的违法分包。又因根据最高人民法院《关于审理建设工程施工合同纠纷案件适用法律问题的解释》第四条之规定,承包人非法转包、违法分包建设工程的行为无效。故被告中石化建公司作为承包人将涉案工程再分包给原告的行为,因违反上述行政法规的禁止性规定,根据《合同法》第五十二条第(五)项之规定,应当认定原告与被告中石化建新疆分公司之间订立的《工程承包合同》无效。

二审法院:

因《建筑法》第二十九条第三款明确禁止分包单位将其承包的工程再分包,上诉人中石化建公司作为具备相应资质条件的分包方将其承包的工程再分包,违反了法律的强制性规定,故依据《合同法》第五十二条第(五)项之规定,上诉人中石化建公司与被上诉人江苏鑫鹏公司徐州分公司之间签订的《工程承包合同》无效。

问题解析

本案引发出一个工程实践中普遍关注的问题:工程总承包模式下的施工分包单位进行专业分包是否属于《建筑法》第二十九条第三款禁止的"二次分包"?据笔者检索,司法实践中有不少法院对工程总承包项下施工分包的合法性认定,在案件裁量过程中均持类似的观点。但类似本案这样的判决,恐不符合法律的立法本意和法理基础,不符合当前国家正在大力推进工程总承包模式的改革方针,也不符合市场运作实际。

一、应准确理解法律法规及政策性文件对工程总承包项下分包规制的有关规定

国家法律规定建设工程总承包有两种模式——工程总承包和施工总承包。两种总承包模式承包范围有大小,工程总承包承包范围包括设计、采购、施工三部分,是"三合一"的合同;而施工总承包其承包范围仅承包工程施工,是"单打一"的合同。

(一)工程总承包的承包范围包括设计、采购、施工三方面,是"三合一"的合同

根据《建筑法》第二十四条的规定:"提倡对建筑工程实行总承包,禁止将建筑工程肢解发包。建筑工程的发包单位可以将建筑工程的勘察、设计、施工、设备采购一并发包给一个工程总承包单位,也可以将建筑工程勘察、设计、施工、设

备采购的一项或者多项发包给一个工程总承包单位；但是，不得将应当由一个承包单位完成的建筑工程肢解成若干部分发包给几个承包单位。”国务院的《建设工程质量管理条例》《合同法》《招标投标法》等法律法规都规定，工程项目的建设模式可以分为工程总承包和施工总承包。因为国内建设工程传统上多采取设计、施工相分离，分阶段实施的施工总承包模式。随着建筑业深化改革，国家鼓励和推行设计、施工、采购深度融合的工程总承包模式的力度越来越大。2016 年 2 月 6 日中共中央、国务院印发了《关于进一步加强城市规划建设管理工作的若干意见》，提出城市建设要推广工程总承包制。住建部于 2016 年 5 月 20 日发布了《关于进一步推进工程总承包发展的若干意见》，提出了推动工程总承包的二十条具体措施。2017 年 2 月 21 日国务院办公厅下发的《关于促进建筑业持续健康发展的意见》再次提出“加快推行工程总承包”。这两年各地方关于工程总承包的管理规范性文件也随之密集出台。国内工程总承包模式目前主要有设计—采购—施工（EPC）、设计—施工（DB）模式。根据《中国采购与招标网》数据统计，2016 年全国采用工程总承包模式的项目共计约 4277 个，其中建筑项目约 2420 个占比 56.6%，建筑项目工程总承包模式中 EPC 承包方式占 18%、DB 模式占 80%、F + EPC 占 2%。

（二）法律规定承包人不得转包工程仅针对施工总承包人

《建筑法》第二十九第一款规定：“建筑工程总承包单位可以将承包工程中的部分工程发包给具有相应资质条件的分包单位；但是，除总承包合同中约定的分包外，必须经建设单位认可。施工总承包的，建筑工程主体结构的施工必须由总承包单位自行完成。”第三款规定：“禁止总承包单位将工程分包给不具备相应资质条件的单位。禁止分包单位将其承包的工程再分包。”虽然，从该条第三款规定看，其条文中的“总承包”结合第一款规定理解，似乎包括“工程总承包”和“施工总承包”两种，而第三款中的“禁止分包单位将其承包的工程再分包”未能明确仅是针对“施工总承包”模式还是包括了“工程总承包”模式。《合同法》第二百七十二条也有相同的规定。但是，该条第一款却是明确规定，总承包单位必须自行完成主体结构工程，明确指向的是施工总承包单位。

（三）司法实践中对这个问题的处理见仁见智，认识不一

采取工程总承包模式，仅具备设计资质的设计单位作为牵头总承包商，按住建设部的《关于进一步推进工程总承包发展的若干意见》及各地方法规、政策规

定,其应当将不具备资质的施工部分委托给有相应资质的施工单位(同理,仅具备施工资质的单位作为工程牵头总承包商时也应将设计工作委托给有相应设计资质的单位实施),这种情形下当工程总承包人将施工委托给一个施工总承包单位时,此时施工总承包人相对工程总承包人而言,其是工程总承包项下的施工分包单位,根据《建筑法》第二十九条第三款的规定,其再进行专业分包就涉嫌法律禁止的"二次分包",本文案例中两级法院都是持这个观点。而在山东飞乐城市建设有限公司与中机新能源开发有限公司、北京国电龙源环保工程有限公司等建设工程施工合同纠纷案件中,①一审人民法院也对内蒙古岱海发电有限责任公司二期EPC工程中SCR烟气脱硝改造工程的专业分包根据《建筑法》该规定认定为违法分包。

司法实践中另一种裁量处理的思路与上述案件相反。相对施工部分的专业工程承包商而言,工程总承包项下的施工总包单位同时又是施工部分总承包人,施工总承包单位进行专业分包受《建筑法》第二十九条第一款保护。在酒泉昊阳建筑工程有限公司与中铁十五局集团有限公司、玉门市第二建筑安装工程公司、国电电力酒泉发展有限公司建设工程施工合同纠纷案件中,②人民法院认为"国电电力酒泉热电厂(2×330MW)新建工程(F标段)铁路专用线工程EPC项目",建设单位国电公司与EPC总承包方中铁十五局集团的EPC总包合同、中铁十五局将EPC项目的酒泉站改造工程分包给玉门二建的分包合同、玉门二建与昊阳建筑公司再次签订的分包合同,系双方当事人真实意思的表示,该合同并不违反相关法律、行政法规的强制性规定,为有效合同。

因为法律对于工程总承包规定过于原则,尤其是《建筑法》第二十九条第三款规定不尽清晰,导致工程总承包模式下对于这个问题,会有上述两种不同的观点和处理方式。

---

① 案号:一审内蒙古自治区凉城县人民法院(2016)内0925民初158号案件。另外,根据内蒙古自治区凉城县人民法院(2017)内0925民初456号民事判决书显示,内蒙古自治区乌兰察布市中级人民法院曾于2017年9月29日就(2016)内0925民初158号案件作出(2017)内09民终681号终审判决,但是至本文最终截稿之日2019年8月18日,尚未能通过裁判文书网查询到该二审判决。

② 案号:一审甘肃省酒泉市肃州区人民法院(2014)酒肃法民二初字178号。另外,根据甘肃省高级人民法院(2015)甘民申字第432号民事裁定书显示,甘肃省酒泉市中级人民法院曾就本案作出过(2014)酒民一终字第402号终审判决,但是至本文最终截稿之日2019年8月18日,尚未能通过裁判文书网查询到该二审判决。

（四）已有地方规定工程总承包项下允许施工总承包人进行分包

目前，已经有些省市开始在工程总承包的试点文件中明确规定，允许工程总承包模式下的施工总承包单位可以进行专业分包。比如：《上海市建设工程招标投标管理办法》第九条规定："工程总承包单位依法将其承接的勘察、设计或者施工依法再发包给具有相应资质企业的，可以采用招标发包或者直接发包；相应的设计、施工总承包企业可以依法将部分专业工程分包。"《上海市工程总承包试点项目管理办法》第十七条规定："工程总承包企业和再发包承包单位应当自行完成承包工程范围内的主体工作，但可根据合同约定依法将其承包工程范围内的非主体工作分包给具有相应资质的分包单位。"再如，《关于深化建设工程实施方式改革积极推进工程总承包发展的指导意见》规定："经工程总承包企业同意，设计、施工企业可以将合同范围内非主体、非关键性工作分包给其他具有相应资质的专业企业完成。"

二、国务院典型事故原因认定反映国家对此问题的态度

近年来国务院直接对一系列重大安全质量事故进行调查，事故调查报告对工程总承包和施工总承包的分包作出明晰的不同处理，这应该能够成为考量这个法律问题的有力依据。

（一）施工总承包模式下，国家主管部门认为施工项目整体转包或专业分包后又二次分包的，构成转包或违法分包

典型案例1：

2008年11月15日，浙江省杭州市地铁1号线湘湖站工段施工工地（露天开挖作业）发生地面塌陷事故，造成长约100米、宽约50米的正在施工区域塌陷。事故造成21人死亡，24人受伤的惨痛结果，成为"中国地铁建设史上最严重的事故"。

该项目施工总承包单位为中国铁路工程总公司（以下简称"中铁工"）。中铁工首先将该项目整体转包给中铁四局集团有限公司（以下简称"中铁四局"），而后中铁四局又将该工程整体转包给其全资子公司中铁四局第六工程集团有限公司（以下简称"六公司"），再后六公司又在现场分包给不同的分包商。

由于层层转包、分包，致使项目资质管理、安全管理、技术管理严重缺失。施工过程中存在大量违规施工、冒险作业、无理赶工的行为；基坑严重超挖，支撑体系存在严重缺陷，且钢管支撑架设不及时，垫层未及时浇筑，加之基坑检测失效，

当发现地表沉降及墙体侧向位移均超过设计报警值,以及发现临近施工现场的市政道路风情大道下陷、开裂等严重安全隐患后,仍没有及时采取停工整改等防范事故的措施。最终导致21人死亡,24人受伤的惨剧。

事后,国务院安委会、安监总局、浙江省安监局、浙江省建设厅等相关主管部门迅速组织调查,并在调查报告、事故通报、新闻发言中指出:中铁工、中铁四局、六公司等施工企业存在层层转包、分包的违法事实,致使工程施工管理、安全管理严重缺失,是该项目发生事故的主要原因之一。

典型案例2:

2010年11月15日,上海市静安区胶州路728号公寓大楼发生一起因企业违规造成的特别重大火灾事故,造成58人死亡、71人受伤,建筑物过火面积12,000平方米,直接经济损失1.58亿元。

事发项目为上海市静安区胶州路728号公寓大楼所在的胶州路教师公寓小区节能综合改造项目,建设单位为上海市静安区建设和交通委员会,施工总承包单位为上海市静安区建设总公司。

上海市静安区建设总公司中标并承接该工程后,将工程转包给其子公司上海佳艺建筑装饰工程公司(以下简称"佳艺公司"),佳艺公司又将工程拆分成建筑保温、窗户改建、脚手架搭建、拆除窗户、外墙整修和门厅粉刷、线管整理等,分包给7家施工单位。其中上海亮迪化工科技有限公司出借资质给个体人员张利分包外墙保温工程,上海迪姆物业管理有限公司(以下简称"迪姆公司")出借资质给个体人员支上邦和沈建丰合伙分包脚手架搭建工程。支上邦和沈建丰合伙借用迪姆公司资质承接脚手架搭建工程后,又进行了内部分工,其中支上邦负责胶州路728号公寓大楼的脚手架搭建,同时支上邦与沈建丰又将胶州路教师公寓小区三栋大楼脚手架搭建的电焊作业分包给个体人员沈建新。

佳艺公司项目经理没有经验,在有156户440个居民居住的存量房屋外墙改建施工中,应当知道保温材料系易燃材料的前提下未考虑居民楼施工的防火要求,提出并实施边拆外墙钢窗、边做喷涂外墙保温材料的立体交叉施工方案,最终酿成特别重大的火灾事故。

国务院安委会办公室在《关于上海市静安区胶州路公寓大楼"11·15"特别重大火灾事故调查处理结果的通报》中指出,建设单位、投标企业、招标代理机构相互串通、虚假招标和转包、违法分包和工程项目施工组织管理混乱是最主要的原因,并在该通报中明确提出严厉查处将工程肢解发包、非法转包、违法分包以及降低施工质量和安全要求的行为。

(二)工程总承包模式(EPC)下,国家主管部门认为总承包商将不具备资质的施工部分总体分包的,或虽然同时具备设计和施工资质,自行实施设计后将施工部分总体分包的,不构成转包

典型案例:

2016年11月24日,江西丰城发电厂三期扩建工程发生冷却塔施工平台坍塌特别重大事故,造成73人死亡、2人受伤,直接经济损失10,197.2万元。

该项目采用的是工程总承包模式,工程总承包商为中南电力设计院有限公司(以下简称"中南公司")。该公司中标该项目后,将项目中的建设工程施工工作整体分包给河北亿能烟塔工程有限公司(以下简称"亿能公司")。亿能公司将其中劳务工作专业分包给魏县奉信劳务公司,并向国电丰城鼎力新型建材有限公司采购商品混凝土。

项目施工过程中魏县奉信劳务公司为加快工程进度,不顾客观规律,野蛮施工,在混凝土强度未满足设计强度的情况下,违规拆除第50节筒壁模板,并开始第53节筒壁模板、钢筋绑扎及浇筑。过程中,第50节筒壁由于强度不足,失去模板保护,不足以承受上部荷载,导致第50节以上筒壁混凝土和模架体系连续倾塌坠落。坠落物冲击与筒壁内侧相连的平桥附着拉索,导致平台也整体倒塌。最终造成73人死亡、2人受伤的惨重后果。

事后,国务院立即组织江西丰城发电厂"11·24"冷却塔施工平台坍塌特别重大事故调查组,对该事故进行调查,并最终形成《江西丰城发电厂"11·24"冷却塔施工平台坍塌特别重大事故调查报告》。

报告中对工程总承包方中南公司的责任认定是:(1)管理层安全生产意识薄弱,安全管理生产管理机制不健全;(2)对分包施工单位缺乏有效管控;(3)项目现场管理制度流于形式;(4)部分管理人员无证上岗,不履行岗位职责。

报告中对施工总承包方亿能公司的责任认定是:(1)安全生产管理机制不健全;(2)对项目部管理不力;(3)现场施工管理混乱;(4)安全技术措施存在严重漏洞;(5)拆模等关键工序失控。

上述责任认定中,并未将中南公司把建设项目包括主体结构施工工作整体

分包给亿能公司认定为转包。

综上所述,从上述三个案例中可以看出,国家主管部门认为施工总承包模式下,施工工作的整体分包和专业工程的二次分包分别构成转包或违法分包;但在工程总承包模式下,工程总承包单位将施工工作整体分包给施工总承包单位,并不认定为是违法行为。

三、小结

1.《建筑法》虽然根据其适用范围,尤其是第二十四条规定明确提及了工程总承包和施工总承包两种模式,但纵观《建筑法》全文,更多的是针对施工总承包模式的具体规定。工程实践中行政管理机关和司法机关对工程总承包项目及模式的管理及司法认定,应当结合工程总承包模式的特点及其与施工总承包的区别,灵活掌握和运用《建筑法》的相关规定,不能在工程总承包模式下机械理解与适用《建筑法》第二十九条第三款。

2. 从工程总承包模式的法律关系来看,虽然该模式下相对于工程总承包商而言,施工总承包单位属于分包商,但从工程总承包的施工角度或环节而言,施工总承包商也是名正言顺的施工总包单位,允许施工总承包商进行专业分包,并未扰乱建筑市场秩序和管理,不违反建筑管理法律法规的立法本意和法律价值。尤其是结合《建筑法》第二十四条和第二十九条第一款的规定,建设项目采取工程总承包时,具备设计资质的工程总承包企业将施工分包给施工总承包单位,施工总承包单位只要不将主体结构进行分包,就不违反法律规定。

3. 允许工程总承包项下施工总承包单位进行专业分包符合工程总承包项目特征和实际需求。工程总承包项目通常投资大、建设周期长、专业复杂,尤其是涉及大型系统、设备的石油、化工、电站类的 EPC 工程,其中的专业工程较多、较为复杂;即便是建筑工程也涉及建筑、结构、给排水、暖通、强弱电、内外装修、总平和景观绿化等多个专业,如果施工总包单位并无相应专业资质,又不能进行专业分包,这将明显不利于保证项目建设的质量、安全和进度,不利于业主工程总承包项目功能、标准等需求的实现,并且严重影响到工程总承包模式的“加快推进”和健康发展。允许工程总承包模式下施工总包单位进行专业分包,还可以让施工总承包单位将更多力量投入到项目管理、质量、安全管控方面。实践中,有些地方行政主管机关或司法审判机关因为机械适用《建筑法》第二十九条第三款,导致工程总承包商不得不采取联合体方式投标、设计单位中标工程总承包项目后将施工部分主体和专业工程拆分分别分包的方式规避可能产生的“二次分包”违法的风险；但联合体模式极易导致联合体双方权责不清、互相推诿、工程总承包负总责的理念不清等问题，工程总承包商将施工拆分分包的方式，导致工程总承包商进行多头管理，不利于项目质量安全管控，所以这些方式往往影响到了工程总承包市场的培育和健康发展。

4. 基于目前上位法的规定不清晰，可以尝试借鉴《上海市建设工程招标投标管理办法》《上海市工程总承包试点项目管理办法》的规定，将工程总承包商发包施工部分给施工总承包单位这一环节定性为“工程总承包商的分包”，分包商施工总承包单位的专业分包定性为《建筑法》等法律法规保护的“施工总承包单位的分包”，不必过于机械理解适用《建筑法》第二十九条第三款的规定，而是通过市场资源配置、通过建立和完善各主体间的合同关系进行规范合同主体间的权利义务，保证建设工程的质量安全，推进工程总承包在国内的健康、有序发展。笔者参与起草的《工程总承包管理办法》也沿着这个思路来规范工程总承包项目的分包市场，希望国家有关立法机关能通过制定效力层级更高的工程总承包的法律行政法规，或最高人民法院发布工程总承包纠纷案件审理的司法解释，规范和保护工程总承包项目中施工总承包单位专业分包的合法性，统一司法审判的裁判尺度，通过司法审判维护工程总承包项目中施工总承包单位专业分包合同的合法有效性，促进和保护工程总承包的有序推进。让市场主体、行政管理机关、司法审判机关清晰了解工程总承包与施工总承包模式的区别，准确理解和适用建筑法及相关法律的规定。

5. 在目前法律对工程总承包模式规定不清楚的情况下，建议行政主管部门通过制定或修订相关工程总承包、工程总承包项下施工分包、设计分包、设备采购合同示范文本，鼓励通过合同约定的方式，允许 EPC 项下施工总承包单位进行专业分包，激活 EPC 的专业分包市场，比如美国工程制度规定，一个工程至少应由五家承包商承包建造，即总承包商（土建）、电气、给排水、暖通、装饰五个专业承包商，目的之一就是提高工程质量。专业工程交给专业单位实施，这符合建筑市场健康发展和 EPC 项目本质特征的需要，利于 EPC 模式下业主建设标准、功能等要求的实现。

工程总承包单位标前分工合作协议的性质与效力问题

——山西太钢工程技术有限公司与上海三友宝发环保技术公司、宁夏三友环保制造有限公司合同纠纷*

胡　丹**

关 键 词　标前协议　预约合同　合同效力

问题提出　为承接工程总承包项目，设计单位、设备制造与安装单位以及其他施工单位之间，往往会在洽商和进行有关的具体工程项目投标之前，通过签订合作协议的方式，事先就未来中标承揽工程项目后各自的分工与实际承包负责范围进行约定。但是如果工程总承包商在承接工程后，最终并未能与其他事先约定的合作单位签订相应的合同，导致有关的合作单位发生可期待利益损失的，则此种情形之下的标前分工合作协议的法律效力应当如何确定？特别是中标的工程总承包商因为非自身过错导致无法履行标前分工合作协议的，是否构成违约并需要向对方承担损失赔偿？

裁判要旨　《合同法》第二百七十二条第二款规定："总承包人或者勘察、设计、施工承包人经发包人同意，可以将自己承包的部分工作交由第三人完成。第三人就其完成的工作成果与总承包人或者勘察、设计、施工承包人向发包人承担连带责任。承包人不得将其承包的全部建设工程转包给第三人或者将其承包的全部建设工程肢解以后以分包的名义分别转包给第三人。"上述法律明确禁止了

---

*　一审：宁夏回族自治区石嘴山市中级人民法院(2014)石民商初字第56号；二审：宁夏回族自治区高级人民法院(2015)宁民商终字第31号；再审：最高人民法院(2015)民申字第2955号。

**　胡丹，上海市建纬律师事务所工程总承包业务部专职律师。

承包人将其承包的建设工程转包给第三人的行为。而根据《合同法》第五十二条“违反法律、行政法规的强制性规定”合同无效之规定,建设工程转包合同无效。订立建设工程转包合同的预约与转包合同一样,是为了最终实施承包人将其承包的建设工程转包给第三人的行为,而该种行为为法律所禁止,订立转包合同的预约也同样因违反法律强制性规定而无效。合同履行中形成的《建设单位会议纪要》中记载了山西太钢工程技术有限公司(以下简称“太钢公司”)征求了中泰公司意见,中泰公司不同意将所有设备交由宁夏三友环保设备制造有限公司(以下简称“宁夏三友公司”)供货,同意将石灰窑除尘设备交由宁夏三友公司制作。太钢公司进行了缔约磋商的努力,但由于宁夏三友公司、上海三友宝发环保工程技术有限公司(以下简称“上海三友公司”)以及太钢公司意志以外的因素,导致转让协议没有达成,不属于不履行订立合同义务的情况,太钢公司没有违约。

| 案情简介

再审申请人(一审原告、二审被上诉人):上海三友公司

再审申请人(一审原告、二审被上诉人):宁夏三友公司

再审被申请人(一审被告,二审上诉人):太钢公司

2010年8月17日,太钢公司与宁夏三友公司、上海三友公司就石灰窑项目进行长期合作事宜签订协议书一份,约定:甲乙双方为发挥各自公司的优势形成优势互补,在石灰窑项目上进行长期合作。双方对合作范围、合作内容及取费办法进行了探讨并最终达成如下意向:(1)由太钢公司负责与发包方签订工程总承包合同;(2)工程总承包合同的执行由太钢公司承包给上海三友公司、宁夏三友公司全部设备进行完成。执行期限至该项目竣工验收结束。太钢公司负责项目的设计与工程管理过程的监督及调试启动;(3)上海三友公司、宁夏三友公司在工程总承包合同的执行过程中,必须严格执行国家相关法律法规,施工、安装、安全、监理等上岗人员必须具备相应的资质且要无条件服从太钢公司的监管;(4)太钢公司的设计与监管费及挂靠为发包方合同总额的4%由上海三友公司、宁夏三友公司分批支付给太钢公司;(5)双方有合作条约的发包方有后期石灰窑工程,太钢公司承包后必须承包给上海三友公司、宁夏三友公司;(6)双方有合作

条约的项目中标后,全部承包给上海三友公司、宁夏三友公司;(7)上海三友公司、宁夏三友公司与太钢公司所有签订的协议条约全部按本协议履行;(8)双方如有一方违约,赔付对方按发包方合同总额的8%……

2011年6月1日,太钢公司与上海三友公司、宁夏三友公司为共同参加新疆中泰矿冶有限公司60万吨/年石灰窑项目成套设备BT工程项目投标,双方签订联合体协议书一份。

2011年7月17日,太钢公司与上海三友公司、宁夏三友公司就新疆中泰矿冶有限公司60万吨/年电石项目石灰窑装置项目签订合作协议书一份,载明“甲乙双方为发挥各自公司优势形成优势互补,意欲在‘新疆中泰矿业有限公司60万吨/年电石项目石灰窑装置’项目上进行合作。双方对合作范围、合作内容及取费办法进行了探讨并最终达成如下意向”,由太钢公司负责与发包方签订工程总承包合同。工程总承包合同的执行,由太钢公司委托承包给上海三友公司、宁夏三友公司全部设备进行完成,执行期限至该项目竣工验收结束。太钢公司负责项目的设计与工程管理过程的监管调试启动。太钢公司的设计与监管费用为合同总额的4%由上海三友公司、宁夏三友公司分批支付。

后太钢公司单独投标,新疆招标有限公司于2011年8月22日发出中标通知书,告知太钢公司在新疆中泰矿冶有限公司60万吨/年电石项目石灰窑装置EPC总承包合同(招标编号:0634-2011002000062)中标。

2011年9月,太钢公司与新疆中泰矿冶有限公司签订60万吨/年电石项目石灰窑装置EPC总承包工程合同(见图1)。

2011年10月15日,建设单位召开会议,纪要记载“同意将石灰窑除尘设备交由宁夏三友制作,不同意将所有设备交由宁夏三友供货。”太钢公司将总承包项目中的分包项目和设备供应交由其他公司完成。宁夏三友公司于2011年11月9日向太钢公司支付设计与监管费10万元。之后,太钢公司仅将合同价款9,256,000元石灰窑除尘设备交由宁夏三友公司购置。其余设备交由其他单位购置。上海三友公司、宁夏三友公司认为太钢公司违背协议书约定,只将部分除尘设备交给其完成,依照协议书第8条的约定,即双方如有一方违约赔付对方按发包方合同总额的8%,新疆中泰矿冶有限公司60万吨/年电石项目石灰窑装置EPC总承包工程合同金额为179,850,000元,其中包括建筑工程费、安装工程费63,736,076元,设备购置费102,541,849元,工程勘查、设计、工程管理、设备监造、检验、调试等其他费用13,572,076元。

其后,太钢公司分别将设备采购交由不同公司进行采购,仅将采购部分中的除尘系统交由上海三友公司、宁夏三友公司供应。

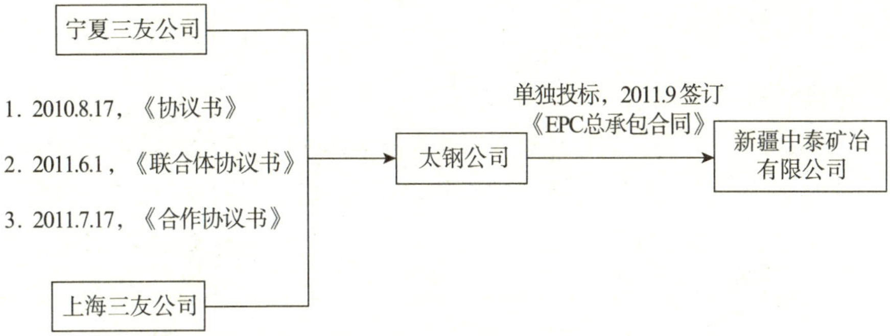

图1　各主体间合同关系

各方观点

太钢公司:

双方是工程项目上的非法合作关系而非设备买卖关系;《协议书》《合作协议书》系意向性文件,不具备合同成立要件,不具有约束力;《联合体协议》是对《协议书》的进一步落实,如果《联合体协议》无效,则《协议书》《合作协议书》同样无效。太钢公司严格履行与新疆中泰矿冶有限公司签订的总承包合同,遵守业主要求,不存在违约。

宁夏三友公司、上海三友公司:

双方当事人签订的《协议书》《合作协议书》《技术合作协议》系双方当事人就新疆中泰矿冶有限公司60万吨/年电石石灰窑成套设备BT工程投标事宜达成的合作协议,并对投标该项目进行了职责分工,发包单位将BT工程更改为EPC工程,太钢公司中标。上述协议是当事人真实意思表示,内容不违反法律、行政法规的禁止性规定,为合法有效协议,双方应全面履行各自义务。虽然《联合体协议书》没有实际履行,但宁夏三友公司、上海三友公司以合作一方主体的形式投标,中标后新疆中泰矿冶有限公司对这两家单位的合作身份是明知的,《建设单位会议纪要》中也载明了宁夏三友公司、上海三友公司的合作成员身份。

《协议书》《合作协议书》为有效协议应当履行,并非损害第三人和社会公共利益,太钢公司应当承担违约责任。

法院观点

一审法院:

《协议书》《合作协议书》是双方真实意思表示,个别条款的效力不影响协议合法的效力,应当认定《协议书》与《合作协议书》成立并有效,对双方均具有约束力。双方签订的《联合体协议》违反法律强制性规定,属无效协议,且并未实际履行。太钢公司并未按照《协议书》《合作协议书》的约定,将新疆中泰矿冶有限公司 60 万吨/年电石项目石灰窑装置 EPC 总承包合同中的全部设备交由上海三友公司、宁夏三友公司购置,构成根本性违约,上海三友公司、宁夏三友公司存在预期利益损失,由此,太钢公司应按照协议的约定承担相应的违约责任。

二审法院:

从《协议书》《合作协议书》的内容来看,各方当事人对于合作的具体内容、履行方式、权利义务以及具体的违约行为没有明确约定,而是约定为发挥各自优势"意欲"在石灰窑项目上进行合作达成"意向",上述两份协议应是各方就石灰窑项目合作所进行的磋商及合意,协议应认定为各方当事人为保证在石灰窑项目上的合作而签订的预约合同,虽为预约合同但系各方真实意思表示,不违反法律、法规的禁止性规定,其真实性与合法性应予以确认。

太钢公司是否违反《协议书》《合作协议书》,是否承担违约责任,应考虑协议约定及履行的实际情况,综合予以认定。本案中,各方当事人就石灰窑项目合作形成协议后,太钢公司中标新疆中泰矿冶有限公司 60 万吨/年电石项目石灰窑装置 EPC 项目,并与该公司签订总承包工程合同。EPC 总承包合同约定承包商不得将工程整体转包,在设备采购方面不得分包,确定设备供应商应经业主批准。合同履行中形成《建设单位会议纪要》不同意将所有设备交由宁夏三友公司供货,同意将石灰窑除尘设备交由宁夏三友公司制作。之后,太钢公司分别与数家公司签订《买卖合同》,购买热电阻、耐火材料、低压开关柜、罗茨风机等设备材料,上述供应商均具有相应经营范围和质量认证资格,宁夏三友公司与上海三友公司的经营范围无上述设备,也不具备相应质量认证,虽协议约定"甲方承包给乙方全部设备进行完成”，但是同时约定“乙方在工程总承包合同的执行过程中，必须严格执行国家相关法律法规，施工、安装、安全、监理等上岗人员必须具备相应的资质且要无条件服从甲方的监管”。因此，宁夏三友公司、上海三友公司应当在经营范围内从事经营活动。在EPC总承包合同有明确约定、发包商有明确要求以及宁夏三友公司、上海三友公司不具备相关设备经营许可和质量认证的情况下，太钢公司有理由拒绝将EPC总承包项目的全部设备交宁夏三友公司、上海三友公司完成，而是将其具有相应经营范围和认证资质的设备交由其完成，太钢公司并没有违约行为，不应承担违约责任。

最高人民法院：

1. 关于《协议书》《合作协议书》性质与效力的问题

关于《协议书》《合作协议书》的性质。两份协议记载了双方当事人就石灰窑项目合作所进行的磋商及合意，以签订意向书的方式约定将来在石灰窑项目上签订相关合同，进行合作，虽然对于合作的具体内容、履行方式、权利义务以及具体的违约行为没有明确约定，但约定了合同主要条款，表明了将来缔约的义务，性质为预约合同。

关于《协议书》《合作协议书》的效力。订立建设工程转包合同的预约与转包合同一样，是为了最终实施承包人将其承包的建设工程转包给第三人的行为，而该种行为为法律所禁止，订立转包合同的预约也同样因违反法律强制性规定而无效。因此，本案争议的《协议书》第五条、第六条约定无效。《合同法》第五十六条规定：“无效的合同或者被撤销的合同自始没有法律约束力。合同部分无效，不影响其他部分效力的，其他部分仍然有效。”《协议书》第五条、第六条约定无效，不影响合同其他部分的效力。《协议书》《合作协议书》系各方当事人真实意思表示，《协议书》除第五条、第六条外，其余部分不违反法律、行政法规的强制性规定，《合作协议书》内容不违反法律、行政法规的强制性规定，应为有效。双方需要受合同约束。

2. 关于太钢公司是否违约的问题

合同履行中形成的《建设单位会议纪要》中记载了太钢公司征求了中泰公司意见，中泰公司不同意将所有设备交由宁夏三友公司供货，同意将石灰窑除尘设备交由宁夏三友公司制作。太钢公司进行了缔约磋商的努力，但由于宁夏三友公司、上海三友公司以及太钢公司意志以外的因素，导致转让协议没有达成，不属于不履行订立合同义务的情况,太钢公司没有违约。

问题解析

工程总承包项目的复杂性决定了一个工程总承包企业可能不具备实施该项目所要求的设计、采购和施工的每一个环节的各项工作能力。要获得工程总承包项目并顺利完成合同,需要借助外部的资源和力量。因此,确定工程总承包商的分包是十分必要的。在工程实践中,订立标前协议往往是工程总承包商选择优秀分包商的一种方式,也即工程总承包商在工程总承包项目中标前或者投标前,工程总承包商与潜在分包合作方经过协商达成合作意向并待中标后,双方再依据中标前订立的协商意向和条件订立分包合同。但在具体的实践中,工程总承包商与未来可能的分包单位之间的标前协议的内容和方式均受到相应限制。例如我国《建筑法》第二十九条第一款规定:“建筑工程总承包单位可以将承包工程中的部分工程发包给具有相应资质条件的分包单位;但是,除总承包合同中约定的分包外,必须经建设单位认可。……”

本案中,太钢公司与新疆中泰矿冶有限公司签订的EPC合同存在如“承包商在确定分包商时,应根据业主和监理工程师的意见进行决定”“承包商负责审查供货商及外购设备和主要材料供货商名单,并报监理工程师审查,业主审批”,也即在合同中明确约定了太钢公司对于分包商的确定具有审核批准的权利。而该等约定又跟太钢公司与上海三友公司、宁夏三友公司之间签订的标前协议存在冲突矛盾。对此,我国法律法规及相应司法解释对此类标前协议的效力是如何规定的?太钢公司违反标前协议是否违约?下文将对此进行分析,并尝试为工程总承包的标前协议的合法性及可行性提供建议。

一、关于标前协议的法律效力

我们认为,本案中所谓标前协议的性质及效力问题,实质上是工程总承包项目招投标前总承包商与潜在分包商关于工程分包达成事前协议,但并未将该约定与发包人进行协商,也并未将该事前协议纳入投标文件中,则在该种情形下,标前协议的效力如何认定。

值得关注的是,2019年1月3日住建部公布《建筑工程施工发包与承包违法行为认定查处管理办法》(建市规〔2019〕1号),将民事违约行为排除出违法分包的情形。结合《合同法》、《建筑法》以及《工程总承包管理办法》中关于转包、违法分包及合同效力的等相关规定我们可以总结得出，工程总承包商将总承包合同中的业务合法分包一般需满足以下相应的前提条件：

1. 工程总承包商设计/施工资质范围内的主体部分不得分包；

2. 分包商具有相应资质；

3. 采用暂估价且属于应当招标范围的，应依法招标，否则可由工程总承包商直接发包。

因此，本文中所讨论的标前协议中如果涉嫌违反《合同法》《建筑法》等强制性法律规定则合同无效。在本案中，双方签订的《协议书》《合作协议书》中部分条款存在上述违反法律的情形，因而最终被法院认定该部分条款无效。

二、本案中《协议书》与《合作协议书》的效力及有关的违约责任承担

（一）对于《协议书》《合作协议书》的效力问题，我们认同最高人民法院的观点，相关协议存在部分无效的情况

首先，关于《协议书》与《合作协议书》的性质问题。《协议书》载明“甲乙双方为发挥各自公司的优势形成优势互补，石灰窑项目上进行长期合作……达成如下意向。”《合作协议书》同样载明“优势互补，意欲在‘新疆中泰矿冶有限公司60万吨/年电石项目石灰窑装置’项目上进行合作……达成如下意向。”这两份协议是双方就石灰窑项目合作达成的意向，协议内容“上海三友公司、宁夏三友公司与太钢公司所有签订的协议条约全部按照本协议履行”，明确了双方未来进行缔约的义务，因此，其性质为预约合同。

我国《合同法》对预约合同并没有做出明确规定，基于合同自由原则，预约合同可由当事人自由约定。但预约合同本质上也是合同，其法律效力应当适用《合同法》的相关规定。《协议书》第五条约定：“双方有合作条约的发包方有后期石灰窑工程甲方承包后必须承包给乙方”；第六条约定：“双方有合作条约的项目中标后全部承包给乙方。”上述两个条款结合《协议书》第一条“由甲方负责与发包方签订总承包合同”之约定，实为双方对于将来订立建设工程转分包合同之约定。《合同法》第二百七十二条第二款规定：“总承包人或者勘察、设计、施工承包人经发包人同意，可以将自己承包的部分工作交由第三人完成。”《建筑法》第二十八条规定：“禁止承包单位将其承包的全部建筑工程转包给他人，禁止承包单位将其承包的全部建筑工程肢解以后以分包的名义分别转包给他人。”再结合

《合同法》第五十二条关于合同效力的规定,《协议书》第五条、第六条因违反法律效力性强制性规定无效,但合同部分无效不影响其他部分效力,《协议书》其余部分及《合作协议书》属于双方真实意思表示,合法有效。

(二)太钢公司是否构成违约的问题,如按照最高人民法院最终认定的合同效力,则太钢公司可能构成违约

本案中,《协议书》第二条约定:"工程总承包合同的执行由太钢公司承包给上海三友公司、宁夏三友公司全部设备进行完成……。"由于该约定较为模糊,最高人民法院结合太钢公司与宁夏三友公司、上海三友公司之间的约定,推定双方当事人的真实意思为:太钢公司签订 EPC 总承包合同后,应当将总承包合同中确定的设备购置款全部交给上海三友公司、宁夏三友公司,由其负责工程所需全部设备的采购、安装等事项。但是太钢公司中标后订立的 EPC 总承包合同却明确约定"承包商负责审查供货商及外购设备和主要材料供货商名单,并报监理工程师审查,业主审批。"太钢公司在履行 EPC 总承包合同中形成的《建设单位会议纪要》载明发包人不同意将所有设备交由宁夏三友公司供货,只同意将石灰窑除尘设备交由宁夏三友公司供货。基于发包人意见,太钢公司未按照《协议书》的内容进行履约。最高人民法院因此认为,虽然双方当事人有相关的约定,但是出于双方意志以外的因素,导致无法实现协议目的,不构成违约。对此认定,或有进一步推敲的必要。

《合同法》第一百零七条规定:"当事人一方不履行合同义务或者履行合同义务不符合约定的,应当承担继续履行、采取补救措施或者赔偿损失等违约责任。"我国《合同法》对违约采取的是严格责任,梁慧星教授对该条评述:"这里的逻辑是,只要违约就应当承担违约责任,责任的构成仅以不履行为要件,被告对于不履行是否有过错,与责任无关。被告免责的可能性在于证明有免责事由。"[①]从本案案情中可以看出,太钢公司既然与上海三友公司、宁夏三友公司签订有"将总承包合同中确定的设备购置款全部交给上海三友公司、宁夏三友公司"的标前协议,那么在与建设单位签订总承包合同时,就应当履行其合同义务。虽然太钢公司在后续分包商的确定中进行了磋商的努力,但其并没有履行《协议书》的约定,

---

① 梁慧星:《从过错责任到严格责任》,载《民商法论丛》(第8卷),法律出版社1997年版,第5页。

也不存在《合同法》第一百一十七条[①]规定的法定免责事由,从《合同法》严格责任的角度上看,太钢公司可能构成违约,而这也恰恰是其作为此后的工程总承包商在针对工程总承包项目寻求标前合作分包单位时,应当予以高度关注的。

当然,同时需要予以说明的是,本案中太钢公司构成违约的前提是最高人民法院未否认《协议书》第二条的效力,也正是因为太钢公司未履行该条款的约定而认定太钢公司违约,但如果太钢公司所违反的条款属于无效条款,则当然不存在相应的违约责任,协议相对方无法通过无效条款要求太钢公司承担违约责任。

三、小结

工程总承包项目需要对工程的设计、采购、施工,以及试行等全过程或者若干阶段的承包,相较于传统的施工总承包来看体量大,且工程总承包商需要协调处理的分包关系也更为复杂,如何制定完善的分包策略来提升工程效率是工程总承包商需要重点统筹的工作之一。在投标前通过标前协议的方式确定优质的分包商是一种高效率的分包方式。本案中,太钢公司与上海三友公司、宁夏三友公司为充分发挥公司优势以形成优势互补的想法是值得认可的,但是其订立的标前协议内容与工程总承包合同约定以及发包人意见相违背且违反强制性法律规定,标前协议无法履行以致对簿公堂。

为此,结合我国法律法规和工程总承包相关经验,我们提出以下建议供参考:

(一)招标文件允许联合体投标的,可组成联合体进行投标

我国法律允许具备承担招标项目相应能力的单位组成联合体进行投标,《招标投标法》第三十一条规定:“两个以上法人或者其他组织可以组成一个联合体,以一个投标人的身份共同投标。联合体各方均应当具备承担招标项目的相应能力……。”在招标文件允许联合体投标的情形下,联合体各方应当充分考虑联合体分工,并按照招标文件的规定签订投标阶段的联合体投标协议,按照联合体协议的分工分别编制投标文件,并定期开会协调投标文件的整合以及衔接问题,确保投标文件的完整性。中标后,联合体各方均应当作为工程总承包商整体与发

① 《合同法》第一百一十七条规定:“因不可抗力不能履行合同的,根据不可抗力的影响,部分或者全部免除责任,但法律另有规定的除外。当事人迟延履行后发生不可抗力的,不能免除责任。本法所称不可抗力,是指不能预见、不能避免并不能克服的客观情况。”

包人签订工程总承包合同(见图2)。

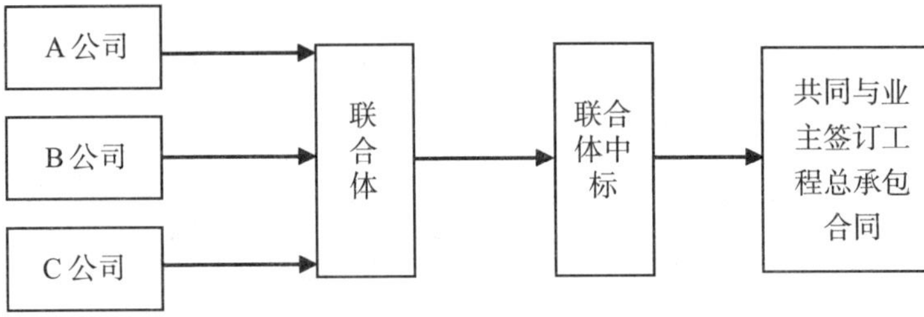

图2　联合体工程总承包合同签订

(二)联合体共同投标的情形下,应注意规避转包相关的法律风险

根据住建部《建筑工程施工发包与承包违法行为认定查处管理办法》(建市规〔2019〕1号)第八条第二款的规定:"两个以上的单位组成联合体承包工程,在联合体分工协议中约定或者在项目实际实施过程中,联合体一方不进行施工也未对施工活动进行组织管理的,并且向联合体其他方收取管理费或者其他类似费用的,视为联合体一方将承包的工程转包给联合体其他方。"该规定中的"联合体分工协议"笔者认为应当从广义的角度理解,是联合体各方对于承包的工程分工所达成的所有合意,而并不仅仅指工程承包合同签订后的联合体分工协议,标前协议也包含在内。从这一角度出发,联合体标前协议中不能约定所有施工及组织管理等均由联合体中的其他单位来完成和履行,如果联合体一方既不进行施工也不对施工活动进行组织管理,并且还收取联合体其他单位的管理费或其他类似费用,这种情形在实质上是以联合体为名的承包单位之间实施的变相转包行为,扰乱了建筑市场招投标和项目管理秩序,损害了招标人和其他投标人利益,因此联合体在承接工程总承包项目中应当重视规避该风险。

(三)招标文件不允许联合体投标,工程总承包商想通过订立标前协议的方式确定分包商的,则在订立标前协议时需要注意:

1. 避免在标前协议书中对可能出现的履行不能行为作出违约赔偿承诺

由于中标后签订的工程总承包合同的相对方为工程发包人,其内容不是标前协议一方所能决定的,具有不确定性,标前协议的内容也应避免做出"中标后将××部分全部承包给乙方"此类承诺。可以在标前协议中约定在同等条件下该分包商的优先合作权,以保留工程总承包商中标后仍可以进一步优化选择分包商的权利；或者由分包商单方承诺的方式就报价、合作条件等作出承诺。

2. 应注意在标前协议中约定风险分担条款

在协议中应就双方当前的合作背景进行交代，明确中标后影响标前协议履行的相关风险的承担，如明确“若本协议内容与发包人要求或工程总承包合同相违背的，应以发包人要求或工程总承包合同为准”。

工程总承包合同下业主“介入权”的法律性质与效力问题

——中机新能源开发有限公司、华西能源工业股份有限公司信用证欺诈纠纷*

郑冠红　蒋　峰**

关 键 词　介入权　合同转让　法律性质

问题提出　工程总承包项下,业主的“介入权”是在总承包单位发生违约或其他约定情形时,为避免工程陷入停滞,业主紧急介入代替总承包单位并承担总承包合同或分包合同的转让事宜。但目前国内对于“介入权”尚没有清晰的概念,本文旨在探讨“介入权”的法律性质及其合法性等问题。

裁判要旨　业主、工程总承包单位和分包单位在三方协议中约定了业主的“介入权”,且对分包商而言,明确了是否触发业主的“介入权”以业主发出通知为准。在此情形下,总承包单位以对业主不存在违约为由来对抗分包单位接受业主的介入,没有法律和合同依据。

案情简介

上诉人(原审第三人):中机新能源开发有限公司(以下简称“中机公司”)

---

* 一审:四川省自贡市中级人民法院(2015)自民二初字第87号;二审:四川省高级人民法院(2017)川民终72号。

** 郑冠红,上海市建纬律师事务所工程总承包业务部专职律师;蒋峰,上海市建纬律师事务所工程总承包业务部专职律师。

被上诉人(原审原告):华西能源工业股份有限公司(以下简称"华西能源")

被上诉人(原审被告):中国建设银行股份有限公司自贡分行(以下简称"建行自贡分行")

中机公司作为总承包商承建了业主JEG的危地马拉电站项目。2008年11月27日,华西能源公司作为分包商与中机公司签订《锅炉供货和服务合同》,约定由华西能源公司向中机公司提供危地马拉JAGUAR2×150MW电站项目所需的480t/h循环流化床锅炉设备、技术资料和技术服务等,合同总价1.8亿元。

2010年2月8日,业主JEG、承包商中机公司、分包商华西能源公司签订《分包商承诺协议》,其中约定,按照EPC合同如承包商违约造成业主终止EPC合同,包括但不限于在分包合同下,承包商重大违约造成分包商终止合同,则业主有权介入分包合同代替承包商和转让分包合同;一旦发出介入通知,分包商应全力执行,应对业主或其指定人负责以替代对承包商负责。

2010年6月2日,华西能源公司向建行自贡分行出具《保函(备用信用证)申请书》,请求建行自贡分行为华西能源公司危地马拉JAGUAR2×150MW电站项目480t/h循环流化床锅炉供货和服务合同提供履约保函。2010年6月9日,华西能源公司与建行自贡分行签订《出具保函协议》,约定由建行自贡分行为华西能源公司出具以中机公司为受益人、币种为人民币、保证金额为2565万元整的保函。同日,建行自贡分行向中机公司出具《履约保函》,保函称:鉴于华西能源公司(以下简称被担保人)于2008年11月25日与中机公司签订了第CMNC-GU-JAG-0811-P003号危地马拉JAGUAR2×150MW电站项目480t/h循环流化床锅炉供货和服务合同,根据合同,被担保人应出具履约保函。应被担保人华西能源公司的申请,开立以中机公司为受益人、金额为人民币2565万元的见索即付的独立保函。

中机公司在向建行自贡分行发出索赔通知前,曾于2013年10月16日、2013年12月17日向华西能源公司发送传真,要求华西能源公司在案涉《履约保函》失效前提供新的保函,如到期仍未收到华西能源公司续开的保函,中机公司将按合同约定执行履约保函的剩余合同金额。

2013年11月29日,业主JEG向华西能源公司发出业主行使介入权通知,称承包商中机公司做了违约行为导致业主可以根据EPC合同行使解除权、业主介入成为承包商并且承担分包合同转让的权利现在已经生效,业主特此选择行使解除权,介入成为承包商并且承担分包合同转让,分包合同继续有效,华西能源公司应当向业主承担责任以代替向承包商的责任。

2013年11月30日、12月1日及12月6日,中机公司通过传真、邮件方式向华西能源公司发送通知,提出业主JEG的介入是无效的,要求华西能源公司不能与业主进行合作,否则视同违约,中机公司将按合同约定进行索赔。

2013年12月27日,建行自贡分行收到中机公司发出的索赔通知,称因华西能源公司未能完全履行CMNC-GU-JAG-0811-P003号合同约定,要求建行自贡分行收此索赔通知后在五个银行工作日向中机公司指定的账户通过电汇方式支付人民币2565万元。

华西能源公司按照《锅炉供货和服务合同》约定,根据业主JEG向其发出的业主行使介入权通知,已向业主JEG交付全部货物并提供了技术资料和技术服务,合同项下业主JEG应支付给华西能源公司的货款已全部付清。鉴于中机公司向建行自贡分行发出索赔通知要求付款的行为,华西新能源公司提起诉讼请求法院认定中机公司存在保函欺诈行为而判决终止建行自贡分行付款。

对于中机公司的索赔是否存在保函欺诈,关键在于中机公司是否明知没有付款请求权仍滥用该权利,也即华西新能源公司是否应当按照业主行使“介入权”的要求将原本应向EPC总承包商中机公司履行的合同义务直接向业主履行。

各方观点

中机公司:

华西能源公司的有关业主介入及合同权利转移的主张,是以中机公司的所谓违约为基础的。在业主JEG向华西能源公司发出介入函后,中机公司已明确告知华西能源公司,业主的所谓介入是无效的;中机公司告知华西能源公司应遵守双方签订的保密协议,在未得到中机公司授权的情况下,不得就本项目与包括业主在内的第三方进行联系或开展相关工作,否则视同违约;在2013年12月初,华西能源公司已与业主进行联络和磋商;在华西能源公司明知中机公司对业主的所谓介入存在争议,且在中机公司就此问题多次向其发出通知的情况下,仍然选择与业主进行直接合作,明显缺乏诚信,构成违约。

华西公司：

华西能源公司对中机公司与业主之间因 EPC 合同的谁是谁非以及对业主行使介入权的正当性无审查义务，案涉《包商承诺协议》及《转让协议》的签订，是为了避免业主、承包商（中机公司）、分包商（华西能源公司）之间因违约争执久拖不决影响项目的推进而达成的业主先介入继续履行合同，后解决争端的一种机制。中机公司要求华西能源公司必须证明中机公司的确违反 EPC 合同才能选择业主，完全不符合《分包商承诺协议》的约定，基础合同根本无法履行。引发中机公司索赔的原因是业主介入，对于华西能源公司而言，无论向中机公司还是向业主履行，都是基础合同项下的义务。

法院观点

一审法院：

业主 JEG、中机公司、华西能源公司三方签订的《分包商承诺协议》约定，承包商违约造成业主终止 EPC 合同，则业主有权介入分包合同代替承包商，一旦发出介入通知，分包商应全力执行，对业主或其指定人负责以代替对承包商负责。2013 年 11 月 29 日，华西能源公司接业主 JEG 发出的《业主行使介入权通知》，称中机公司违约行为导致业主可以根据 EPC 合同行使解除权，业主介入成为承包商并且承担分包合同转让的权利已经生效；分包合同项下的所有权利和利益由业主作为分包合同的一方享有。至此，《锅炉供货和服务合同》的一方权利主体变更为业主 JEG，华西能源公司应向业主 JEG 履行合同义务。《履约保函》作为从合同的担保目的是让华西能源公司按照合同约定履行《锅炉供货和服务合同》，华西能源公司在该合同中的义务是设计、制造锅炉设备和提供有关的技术资料、技术服务。至此，华西能源公司已经按照合同要求交付锅炉设备并提供技术资料、技术服务，业主 JEG 亦接受货物及服务并支付货款，《锅炉供货和服务合同》已履行完毕，担保目的已实现，《履约保函》的合同权利和合同义务终止。因此判决：建行自贡分行终止向中机公司支付（2010）保函 52 号《履约保函》项下款项 2565 万元。

二审法院：

二审法院纠正了一审法院认为本案《履约保函》属于《锅炉供货和服务合

同》的从合同属性,认定《履约保函》属于独立保函,但仍认为华西新能源公司应根据业主的介入向业主履行合同义务,中机公司存在保函欺诈行为,判决维持一审判决。

问题解析

在EPC工程总承包模式下,业主与EPC总承包商签订EPC合同,将工程的设计、采购、施工、试运行等工程建设的各个阶段一并发包给总承包商。一方面,这减轻了业主的管理负担,只需对EPC总承包商进行管理;另一方面,却加大了EPC总承包商的管理责任。与施工承包模式不同的是,EPC总承包商可能需要对外签订施工分包、设计分包合同、采购合同、项目管理咨询合同等,其合同体系较为复杂,合同管理难度加大。如果业主与EPC总承包商发生纠纷,导致EPC合同被解除,那么总包可能需要对各分包商承担违约责任,从而面临多方纠纷,同时业主也会面临工期延误、停滞,从而使投资回收存在巨大的不确定性。

基于此,业主通过与EPC总承包商和分包商事先约定业主的"介入权",从而当EPC总承包商和业主的纠纷导致EPC合同解除时,业主可以对总分包之间的合同履行情况进行评估,从而决定是否介入总分包合同中接替总包继续履行分包合同,以尽量降低对分包合同履行的影响,从而不会导致分包合同无法继续履行,总包也无须与分包商解除分包合同。但同时这也会带来新的争议,例如本案中,业主与EPC总承包商、分包商签订了三方协议,约定若总承包商违约导致EPC合同解除,则业主有权介入分包合同,由分包商直接向业主履行分包合同的义务。我们认为,该约定的争议焦点主要有两个:(1)三方协议约定的"业主介入权"是否合法有效?(2)工程总承包商的分包商接受业主的介入权是否以总承包商违约为前提,也即分包商是否可以无条件接受业主的介入?

本文尝试从以上两个争议焦点入手,针对本案进行简要分析:

一、什么是业主的介入权?

虽然在我国现行的法律体系中,无法直接找到有关业主"介入权"的规定。但,业主的"介入权"类似于政府和社会资本合作模式(PPP)中政府的"介入权"。

南非2004年版的《标准PPP规定》第72条[①]将政府的“介入权”定义为：“为了转移对于公共利益的严重威胁或者履行法令性义务，对于服务，政府部门拥有采取紧急行动的权利”，同时英国《PFI(Private Finance Initiative)合同标准》第二十八条将“介入权”定义为：“如果存在与健康、安全(个人或者资产)有关的严重风险，政府部门认为有必要去减轻或阻止这种风险或者为了履行法令性的责任，对与服务有关的事情，政府自己采取行动。政府的这种权利经常被称为介入权”，由此可见，当私人部门发生违约或有损于公共利益时，政府享有直接介入的权利。

具体到建设工程领域中，尤其是针对建设工程领域民事主体之间如何约定或行使“介入权”，我国相关法律法规中并没有直接的规定，行业实践中也较少涉及，参考“Building Law Encyclopaedia”[②]一书中有关介入权的表述为“Step in rights A clause often included in a warranty (qv), and sometimes in other contracts, that gives a named party the right to step in and replace one of the parties to the agreement.”也即“介入权”是指通常在担保或者其他合同中给予一方当事人介入并取代合同另一方地位的权利。并进一步举例提道：当建筑师与委托人签订合同提供建筑服务时，建筑师还需要为该工程项目的投资人提供一项担保，这项担保通常有一个条款赋予了投资人在特定情况下替代合同中委托人主体地位的权利，这个特定情况通常发生在建筑师有权终止合同或者被视为有权拒绝履行合同时。条款中通常有一条规定，即建筑师以任何理由将要终止合同时应当通知投资人，投资人在特定的时间内有权决定是否要接管合同……如果投资人决定介入的，建筑师必须要像接受委托人指示一样接受投资人的指令，从而将委托人排除在合同之外。也就是说，实质上委托人必须是这项担保中的当事人之一，以明确委托人同意投资人的介入且同意建筑师可以将投资人视为委托人。通常会有另一个条款规定来保障建筑师不会因投资人的介入而受到不利影响，且投资人应当为欠付的费用提供保证。

---

① 朱蕾、袁竞峰、杜静：《基于PPP合同行政属性的政府介入权研究》，载《建筑经济》2007年第10期。

② David Chappell, Michael Cowlin and Michael Dunn, *Building Law Encyclopaedia*, United Kingdom, Wiley-Blackwell, 2009, p. 511.

二、本案三方当事人签订的《分包商承诺协议》中有关业主“介入权”的约定是否有效?

(一)本案的三方协议均为各方真实的意思表示,且不违反法律强制性规定,应当认定有效

结合前述有关介入权的性质,政府的介入权带有民事和行政双重属性,对于政府的行政行为按照“法无授权即禁止的原则”,需要法律进行授权或规定。而对于工程总承包合同下业主的“介入权”则纯属民事范畴,只要民事主体各方之间约定了“介入权”,且不违反法律法规的效力性强制性规定,那么应当是有效的。因此,本案的三方协议均不具备法定无效的情形,但具体到“介入权”的行使,应当是附有特定条件的,只有约定的特定条件成就时,业主才能行使“介入权”。具体到本案中,也即只有发生了 EPC 总承包商的违约行为导致业主具备合同解除权的情况下(或者 EPC 总承包商违约导致分包合同解除时),业主才有权介入分包合同,如果 EPC 总承包商没有违约,或者 EPC 总承包商的违约行为不足以使得业主获得合同解除权的,那么业主将无权行使“介入权”。

(二)三方协议约定了业主的介入权,法律本质上其属于约定的合同转让情形

《合同法》第八十八条规定:“当事人一方经对方同意,可以将自己在合同中的权利和义务一并转让给第三人。”该规定属于合同权利和义务一并转让的情形,又被称为合同的概括转让,即合同一方当事人将其权利和义务一并转移给第三人,由第三人全部承受这些权利和义务。《合同法》第八十四条规定:“债务人将合同的义务全部转移给第三人的,应当经债权人同意。”一般来讲,合同的转让还需要具备以下条件:(1)合同受让人应具备主体资格,即合同受让人应具备与合同内容相适应的权利能力和行为能力。(2)合同转让人与受让人以及合同相对方三方当事人须就合同转让达成一致协议,且关于转让合同的意思表示真实。(3)当事人转让合同不得违反法律规定和违背社会公共利益。(4)被转让的合同本身应属合法有效。(5)合同转让不得损害相对方和第三人的利益。

本案中,业主、EPC 总承包商中机公司和分包商华西能源约定:如 EPC 总承包商违约造成业主终止 EPC 合同,包括但不限于在分包合同下,EPC 总承包商重大违约造成分包商终止合同,则业主有权介入分包合同代替 EPC 总承包商和转让分包合同。如果将该条款产生的作用理解为合同的转让或者合同权利义务的

概括转移,那么其核心问题就是合同的可转让性,即分包合同中总包权利义务的可转让性。本案三方协议的法律后果在于:一旦承包商发生违约导致业主解除EPC合同,EPC总承包商需要将分包合同下的权利义务全部转移由业主承担,而分包商需要向业主履行原本应当向EPC总承包商履行的全部义务,即EPC总承包商将分包合同转让给业主,并且三方协议均为当事人真实的意思表示,因此分包合同对方当事人中机公司也同意合同转让。同时,此处分包合同的转让并不同于违法分包或转包的问题,违法分包或转包指的是承包商将自己承接的工程另行转包或违法分包给其他承包商施工,而本案中所谓的"合同转让"并不涉及分包商再次分包的问题,只是分包商履行合同义务的对象变了,由原先向中机公司履行分包合同中约定的义务转而向业主或业主另行选定的EPC承包商履行,因此我们认为本案中约定的"介入权"并不违反法律规定。

三、本案中业主介入权的行使是否以总包的违约为前提?

1. 就合同权利义务转让的法律角度而言,合同权利义务的转让前提首先以合同当事人之间的约定为准,法律并未规定合同权利义务转让必须要以一方违约为前提,但是结合"介入权"设立初衷和常规应用情景,一方行使"介入权"通常发生在被替代的一方不能继续履行合同的前提下,也就是说,一般情况下,民事主体应当按照合同约定履行各自的合同义务,保障交易的顺利进行,除非发生特定情况,不能通过"介入权"随意突破合同约定破坏交易秩序,否则不仅违反了各方约定的"介入权"行使条件,按照我国《合同法》有关合同权利义务转让的规定,还将可能无法发生相应的法律效果。

2. 本案的《锅炉供货和服务合同》系中机公司与华西能源公司之间的基础合同关系,但中机公司、华西能源公司与业主共同签订的《分包商承诺协议》系针对《锅炉供货和服务合同》的履行而签订,并对业主的介入权作出了特别约定,故华西能源公司、中机公司在履行该《锅炉供货和服务合同》时,均受该《分包商承诺协议》的约束。

3.《分包商承诺协议》中并未约定分包商华西能源公司接受业主介入的条件,也未约定华西能源公司接受业主的介入必须以EPC承包商中机公司对业主违约成立为前提。《分包商承诺协议》明确约定了:"一旦发出介入通知,分包商应全力执行,应对业主或其指定人负责以替代对承包商负责"。也就是说,分包商是否接受业主的介入,取决于业主是否发出了介入通知,与业主和EPC总承包商之间是否存在总承包商违约等情形无关。换言之,分包商华西能源公司基于《分包商承诺协议》的约定,对业主的介入是否具有正当性不具有审查义务,也没有权利审查业主的介入权是否正当。但是,《分包商承诺协议》同样约定了“承包商违约造成业主终止 EPC 合同,则业主有权介入分包合同代替承包商”,也即“介入权”的权利形成是要以“承包商违约造成业主终止 EPC 合同”为前提的,如果这个前提没有成就,就意味着业主向分包商华西新能源公司发出的介入通知缺乏权利基础,这一问题的难点在于,华西新能源公司作为分包商,如何来评判“承包商违约造成业主终止 EPC 合同”这一条件是否成就?如果分包商对这一条件的审查存在偏差而拒绝业主介入,是否又意味着分包商对业主违约?

我们认为在本案情形下,即便是三方签署的《分包商承诺协议》,仍然存在合同权利义务的相对性,对于分包商来说,EPC 总承包商与业主之间的纠纷,或者业主解除合同的理由等是否成立,均不影响分包商接受业主介入权的行使。业主一旦向分包商华西能源公司发出介入通知,则触发了《分包商承诺协议》中关于“业主介入权”的三方约定,华西能源公司完全基于该约定而接受业主的介入,直接向业主履行《锅炉供货和服务合同》项下的义务,符合合同和协议的约定。即使业主 JEG 行使介入权不恰当,或中机公司对业主不存在违约的问题,也属于业主与中机公司之间的争议,中机公司可通过诉讼或其他途径来维护 EPC 总承包商自身的权益,要求业主承担因其不当介入的行为导致总承包商的损失,但不能以此为由来对抗分包商接受业主的介入。

而针对分包商而言,这种情形下,基于分包商的主体地位决定了其不可能完全知晓并了解业主与总承包商之间的履约情况,也不具备判定总承包商的违约行为是否导致业主具备 EPC 合同解除权的客观条件,因此不应当加之以审查“介入权”条件是否成就的实体义务,但是从三方签署的《分包商承诺协议》约定和我国《合同法》有关规定来看,分包商接受业主介入的前提显然是“介入权”条件成就,所以理论上分包商应当至少承担表面审查义务,例如审查业主是否已经向 EPC 总承包商主张违约并通知解除合同。但实践中可能面临更为复杂的情形,比如虽然业主发出了解除合同的通知,但 EPC 总承包商对此存在异议,或者业主和 EPC 承包商因违约、合同解除等相关事宜正处于争议解决程序中,这种情况下,分包商是否要接受业主的介入还将结合具体实践而定。

四、小结

通过对本案的分析，工程总承包合同体系下业主的“介入权”本质上是业主的一种权利救济方式，即在总承包发生违约或其他合同约定的情形时，为避免工程陷入停滞或延期，业主紧急介入代替总承包商并承担总承包合同或分包合同的转让事宜。为避免引起额外的纠纷，对于业主的“介入权”的行使条件、程序等应进行明确约定，具体来说主要有以下几个方面：

1. 明确约定业主行使“介入权”的触发条件。如约定当 EPC 总承包商发生违约（设计、施工、采购进度严重滞后、工程质量出现重大缺陷等）的情形时，即可触发业主行使“介入权”。

2. 规范业主行使“介入权”的程序。如事先约定业主在正式发出介入通知前，先向总承包商发出介入通知的警告书并通知分包商，同时给予总承包商一定的纠正期限，如总包未及时整改的，则业主再发出正式介入的通知。

3. 为避免纠纷，明确约定当业主正式行使介入时，分包商须无条件执行，承包商不得以任何理由对抗或拒绝分包商接受业主的介入。如果业主的介入须以总包和业主双方之间的纠纷确立为前提，通常可能要经历较长时间的诉讼或仲裁，期间会导致工程进度停滞，业主行使“介入权”接管工程的根本目的就无法达到。因此，事先约定明确有助于为业主行使介入权扫清障碍，如果业主与总承包商之间事后通过诉讼或仲裁确实证明业主的介入权行使不符合条件或不成立的，那么总承包商可通过索赔来维护自身的权益。这对于业主、总承包商或分包商来说，都是相对合理的方式。

4. 但是需要注意的是，基于国内的工程实施监管体系，从可履行性的角度而言，如总包合同解除后由发包人基于“介入权”直接面向分包商实施工程，则施工许可手续直至最终的竣工验收手续的办理都可能存在一定障碍，且发包人实质上也往往缺乏对分包商的管理经验。也就是说，此种情形下，发包人介入分包合同在实践中不意味着直接替代总包的角色，而更类似于一种“临时接管”行为，此时“介入权”设定的更大意义在于未来新的总承包商选定后，因违约解除合同的总承包商有义务保证其分包商以原总分包合同条件继续向新的总包履行义务，此时对发包人而言可以确保工程实施的连续性和成本的可控性，但这一系列合同主体的变更，以及新的法律关系的建立、衔接和权利、义务、风险的分配都面临更为复杂的情形，还需根据特定项目设置交易架构和风险防范机制。

第三章

工程总承包模式下的联合体问题

工程总承包单位之间的联合体合作承包协议的法律性质问题

——中国电力工程顾问集团华东电力设计院有限公司与上海盛合新能源科技有限公司建设工程分包合同纠纷*

郑冠红　蒋　峰**

关 键 词　联合体　标前联合体协议　共同承包

问题提出　由于工程总承包项目涉及设计、采购、施工等全过程或若干阶段的承包,建设单位对于工程总承包单位的能力和资质通常要求较高。基于此,为更好地履行合同,实践中承包单位(例如:设计单位和施工单位)通常以联合体的形式进行共同承揽。为此,存在大量的工程总承包标前联合体协议,导致产生是否构成联合共同承包的争议。

裁判要旨　本案中,双方签订的联合体协议目的在于结合双方在各自领域的优势并对外加强竞争力。该协议虽然约定了双方合作的模式,但无法得出一方与第三人签订工程总承包合同,如另一方参与,必然构成联合共同承包的结论。

案情简介

原告:中国电力工程顾问集团华东电力设计院有限公司(以下简称"华东电力院")

---

* 一审:上海市长宁区人民法院(2015)长民三(民)初字第551号。

** 郑冠红,上海市建纬律师事务所工程总承包业务部专职律师;蒋峰,上海市建纬律师事务所工程总承包业务部专职律师。

被告:上海盛合新能源科技有限公司(以下简称"盛合新能源")

2009年9月16日,华东电力院与盛合新能源签订《联合体协议》,协议约定:双方作为新能源及节能环保领域的核心技术、工程勘测设计、工程管理和设备制造的大型企业,在产业结构上具有互补性;任何一方在开发国内外新能源和节能环保项目需要使用社会资源时,应优先考虑使用本联合体成员的资源;由盛合新能源组织实施并承担总承包商的职责,华东电力院作为技术支持方承担工程项目的方案设计、可行性研究报告编制、工程勘测、初步设计、技术规范书编制、施工图及竣工图设计、现场技术服务等方面的相关工作;双方应签订相关合同,合同费用根据国家有关规定协商确定;由双方就某个具体工程项目共同组建联合体完成工程总承包工作,具体分工及操作方式等就具体项目情况另行协商确定。

2011年6月30日,盛合新能源与贵州兴义西南水泥有限公司(业主)签订一份《3200t/d水泥熟料生产线余热电站设计采购施工(EPC)/交钥匙工程总承包合同》(以下简称《EPC工程总承包合同》)合同协议书,协议书约定:合同总价4500万元;本工程为3200t/d水泥熟料生产线余热电站,发电功率考核值为7000kW,即7MW;本工程应在2012年12月投入商业运行;承包商承诺以交钥匙总承包的方式承担本工程承包商工作范围内的有关设施的勘测、制造、采购、运输、交货、土建、安装、监造、调试、72小时试运行、培训、性能试验、技术服务、72小时试运行后的365天质保期及完成修补其由承包商责任造成的任何缺陷;下列文件作为合同的组成部分,同时为了解释的目的,文件的优先次序为2.1合同协议书、2.2合同附件、2.3合同规范书、2.4合同条件。上述合同附件有1~9,分别为:(1)工作范围及接口;(2)供货范围及备件清单;(3)工程进度;(4)质量要求和验收;(5)分包商和主要设备供应名单及其选定方式;(6)标准与规范;(7)许可和批复;(8)培训;(9)安全文明施工管理办法。上述合同条件约定:工程款的支付应以固定总额合同价格为基础,按照合同规定进行的调整,另行结算;土建出地面付合同金额的30%扣除600万元预付款;主设备(余热锅炉和汽轮发电机组)交付现场付款合同金额的30%;机组通过72小时试运行付款合同金额的30%;质保金后付合同金额的10%。

2012年5月,盛合新能源(甲方)与华东电力院(乙方)签订一份《EPC工程服务合同》,合同约定:鉴于甲方和业主已签署3200t/d水泥熟料生产线余热电站《EPC工程总承包合同》,双方本着互利互惠的原则,经友好协商达成以下协议:

双方共同合作完成本项目 EPC 全过程工作,甲方为本项目总负责单位,乙方为本项目全面参与单位和勘测设计单位,乙方在甲方的统一协调下开展分工范围内的 EPC 服务工作;甲方负责项目性能设计、土建工程、余热锅炉设计和采购、汽轮发电机选型、项目管理及总体协调工作;乙方负责安装工程、设备采购(汽轮发电机、电气系统、热力控制系统、循环水系统、化学水处理系统、烟气热风系统、吹灰和排灰系统)、勘测设计、参与项目管理;双方负责范围内的采购、评审、签署、支付应相互通报,并将采购合同副本和支付情况表及时告知对方;乙方承包范围内的总费用,以初设概算为依据,暂定为 2800 万元,最终费用,经补充协议为准;工程实施过程中费用支付按主合同同比例的原则执行;最终支付,工程竣工验收、移交业主方后,双方结算确定最终合同额,并签署补充协议,根据协议和前期支付,进行结算支付;双方共同遵守、执行《EPC 工程总承包合同》等规定的各项要求;除本合同中明确所作修改的条款外,上述主合同的其余条款作为本合同的条款应完全有效。

2012 年 11 月 19 日,盛合新能源收到华东电力院的施工图。2013 年 2 月 6 日,业主向盛合新能源发出律师函,认为其迟延履行义务,要求承担损失。2013 年 6 月 5 日,盛合新能源与华东电力院签有余热锅炉系统安装的工程交接验收证书,证书记载:符合设计要求,安装质量合格。2014 年 4 月 30 日,盛合新能源收到竣工图纸。2014 年 12 月,贵州省特种设备检验检测院对电站锅炉安装质量出具检验报告,经检验,符合《锅炉安装监督检验规则》的规定。2014 年 12 月 16 日,72 小时连续运行测试。2014 年 5 月 15 日,盛合新能源以工程总承包项目部名义发函,称余热发电机组已在 2014 年 3 月 15 日并网成功。2016 年 4 月 7 日,业主向盛合新能源发函称:贵公司承建的余热电站机组应于 2012 年 12 月投入商业运营,但直至 2013 年 6 月 25 日才并网试运行;并网发电以来,所带负荷长期在 3MW 左右,运行发电量始终达不到合同约定 7MW。业主在函中要求盛合新能源在收函后十日内提出切实可行的改造方案和施工组织计划,否则将自行委托其他第三方进行改造。

合同履行过程中,双方就《EPC 工程服务合同》价款支付发生争议,盛合新能源陆续支付华东电力院 1100 万元;2015 年 4 月华东电力院向法院起诉,要求盛合新能源支付剩余 1700 万元款项及利息。诉讼过程中,就双方签订的《联合体协议》是否构成联合体共同承包,盛合新能源是否应当向华东电力院支付工程款,各方存在争议。

而在2016年4月18日,盛合新能源还向华东电力院发函,称:该项目余热发电机组已通过72小时试运行,并自2013年6月起实施并网发电,项目已完全具备验收条件,希望华东电力院能与盛合新能源一同齐心协力,通过与业主协调的方式,尽快完成该项目的验收决算工作。

各方观点

华东电力院:

《EPC工程服务合同》属于分包合同,盛合新能源作为工程总承包单位,将案涉工程的安装、设备采购和勘察设计等工作分包给华东电力院,华东电力院已按分包合同的约定向设备供应商采购了余热发电项目所需的设备并交付项目现场,也依约交付了设计工作成果,同时案涉工程的全部安装工作均已完成。因此华东电力院已完成分包合同约定的所有服务内容,但盛合新能源只陆续支付了1100万元,尚欠1700万元未支付。

盛合新能源:

双方曾于2009年签订《联合体协议》,同意成立新能源项目联合体参与新能源及节能环保项目,涉讼项目是双方以联合体参与的项目之一,双方同为合同承包方,因此本案约定的支付方式与主合同一致。同时双方约定的2800万元仅为初步设计后的暂定金额,最终合同金额尚需待工程竣工移交给业主方后双方另行结算,并体现在补充协议中。因本项目机组在2014年12月16日进行的最后一次测试中与《EPC工程总承包合同》约定的7MW相去甚远,目前仍处于调试整改阶段,工程尚未竣工移交给第三人。

因此华东电力院作为联合承包方,在案涉工程中的权利义务应与盛合新能源一致,在项目未通过72小时试运行,业主未向盛合新能源支付全部工程款前提下,华东电力院要求支付剩余款项,既不符合合同约定,也缺乏事实依据。

法院观点

双方之间签订有《联合体协议》,该协议的目的在于结合双方在各自领域的优势并对外加强竞争力。协议虽然约定了双方合作的方式,但无法得出一方与第三人签订工程总承包合同,如另一方参与,必然构成联合共同承包的结论。盛合新能源以《EPC工程总承包合同》在《联合体协议》后签订为由,认为双方构成联合共同承包,并对案涉项目向业主承担连带责任没有法律依据。

问题解析

联合共同承包源于《建筑法》第二十七条"大型建筑工程或者结构复杂的建筑工程,可以由两个以上的承包单位联合共同承包",而工程总承包项目通常属于大型建设工程,具备规模大、项目操作难度高等特点。因此,单一承包商难以抵御过大的项目操作风险,尤其是轻资产经营的设计单位作为工程总承包单位时其抗风险能力较低;同时部分业主也会要求承包商具备多方面的技能、资源、业绩等,单一承包商难以满足业主的要求,因而联合体共同承包在工程总承包项目中较为普遍。通过组建工程总承包联合体进行项目承包的最大优势是通过对各成员方的优质资源进行整合,利用各自的比较优势使得项目的效益最大化、风险最低化。然而,在项目执行过程中,联合体各方通常会因变更、工作范围漏项、工作界面和责任划分不清晰等各种因素发生争议,当双方无法达成一致时,项目也会出现僵局。

尽管《建筑法》提到了联合共同承包,但对于构成共同承包的情形并未作说明或解释,也未对"联合共同承包"的定义或构成要件进行规定。就本案而言,产生争议的根源在于案涉《联合体协议》是否属于"联合共同承包",是否构成法律意义上的联合体。基于此,首先需要明确联合体的定义或者构成条件。

一、国际上关于联合体有关的概念辨析

《基本法律词典》(The Essential Law Dictionary)①中"Consortium"较贴近对联合体的定义,具体为:An association of several companies that join together to pursue a common object for a specified period of time, in which the members do not assume liability for one another's actions。(在一个特定的时期内,几个公司为某

---

① See Amy Hackney Blackwell, *The Essential Law Dictionary*, Naperville (Illinois), SPHINX ® PUBLISHING(Sourcebooks, Inc. ®), 2008, pp. 99 & 270.

一个共同的目标而组成的一个临时组织,组织内的成员间不对其他任何成员的行为承担责任)而其将“Joint venture”解释为:A commercial enterprise similar to a partnership,in which two or more parties join together for the purpose of carrying out a single commercial enterprise,for which they share assets,liability,and control。(“Joint venture”是类似于合伙的企业实体,该企业由两个及以上的实体为同一个商业目的而成立,他们共同控制企业并共享企业的资产、共同承担责任)因此,从文义上来讲,“Consortium”更贴近联合体的定义,其性质是一个非法人、非企业组织,而“Joint Venture”则是属于企业法人的性质,译为“合资企业”比较贴切。但根据笔者检索外文有关文献,在国际工程中大多使用“Joint Venture”,而有关“Consortium”的形式少有提及,如:

有学者①认为“Joint Venture”是一种能有限使用不同企业、组织(包括竞争对手)之间资源的手段;“Joint Venture”内的成员无须投入固定资产就可获得相应的内部资源(Joint venture are means of accessing resources held by other organizations,including competitors,on a limited basis; organizations are able to avoid committing substantial capital in development or acquisition of those resources)。

也有学者②认为“Joint Venture”是一种特殊的战略联盟组织,该组织形式提供了独一无二的机会,使联盟内部不同能力的企业能形成资源共享、优势互补。(Joint venture, a special type of strategic alliance, offer a unique opportunity to combine the distinctive competencies and the complementary resources of participating firms)该学者同时指出,“International Joint vernture(IJV)”是由两个以上的企业(其中至少一个合作企业的总部在东道国之外)共同拿出各自的资产和资源组成的半自治型独立法人实体。(An international joint venture(IJV)is defined as a joint venture that involves at least two organizations that contribute equity and resources to a semi-autonomous legally separate entity with at least one partner headquartered outside the JV's country of operation)

---

① See Mehdi Ravanshadnia et al.,“Selecting engineering partner for EPC projects using a fuzzy AHP approach”,*International Journal of Management Science and Engineering Management* 5(4),2010,pp. 278 - 284.

② See Beliz Ozorhon et al.,“Effect of host country and project conditions in international construction joint ventures”,*International Journal of Project Management* 25,2007,pp. 799 - 806.

而有学者使用了“Consturction Joint Ventures(CJVs)”①的概念,指的是针对某一特定的项目,不同的承包商通过共享资金、能力和资源来达成的一种合作。CJVs是在大型或国际项目中被广泛采用的工程组织方式。(Construction joint ventures(CJVs) usually refer to the collaboration that enables contractors to share money, abilities, and resources in the duration of a single project. In the construction industry, CJVs have become one of the major organizational forms utilized in large-scale or international projects)

从以上学者的有关观点来看,当前国际工程中一般将联合体统称为“Joint Venture”,一般为非法人组织;而对于由不同国家的企业组成的联合体,出于管理的需要,一般会由各成员出资成立企业法人实体。虽然从文义上来看,“Consortium”更贴近联合体非企业法人的特性,但“Joint Venture”在国际工程领域特指建筑行业的联合体,而非一般意义上的合资企业。在1999年版FIDIC银皮书通用条件第1.14条中,FIDIC同时用了“joint venture”“consortium”和“unincorporated grouping of two or more persons”三个词组来涵盖联合体的不同种类或形式,但在2017年版本中第1.13条删除了原“consortium”和“unincorporated grouping of two or more persons”的表述,仅用“Joint Venture”来表示联合体,这与国际上的相关研究论文也相一致。

二、我国法律关于联合体的规定

我国目前的法律体系中,法律层面有关联合体的具体规定,主要集中在《招标投标法》《招标投标法实施条例》《政府采购法》,我们将有关联合体的规定梳理如下:

1.《招标投标法》第三十一条规定:“两个以上法人或者其他组织可以组成一个联合体,以一个投标人的身份共同投标……联合体各方应当签订共同投标协议,明确约定各方拟承担的工作和责任,并将共同投标协议连同投标文件一并提交招标人。联合体中标的,联合体各方应当共同与招标人签订合同,就中标项目向招标人承担连带责任。”

2.《招标投标法实施条例》第三十七条规定:“招标人应当在资格预审公告、

---

① See Yi-Hsin Lin1 and S. Ping Ho, “Impacts of Governance Structure Strategies on the Performance of Construction Joint Ventures”, *Journal of Construction Engineering and Management*139, 2013, pp. 304 – 311.

招标公告或者投标邀请书中载明是否接受联合体投标。

“招标人接受联合体投标并进行资格预审的,联合体应当在提交资格预审申请文件前组成。资格预审后联合体增减、更换成员的,其投标无效。

“联合体各方在同一招标项目中以自己名义单独投标或者参加其他联合体投标的,相关投标均无效。”

第五十一条规定:“有下列情形之一的,评标委员会应当否决其投标:

……(二)投标联合体没有提交共同投标协议……”

3.《政府采购法》(2014 年修正)第二十四条第一款规定:“两个以上的自然人、法人或者其他组织可以组成一个联合体,以一个供应商的身份共同参加政府采购。

“以联合体形式进行政府采购的,参加联合体的供应商均应当具备本法第二十二条规定的条件,并应当向采购人提交联合协议,载明联合体各方承担的工作和义务。联合体各方应当共同与采购人签订采购合同,就采购合同约定的事项对采购人承担连带责任。”

结合以上法律、行政法规的规定,目前建筑业中所谓的联合共同承包,以及构成法律意义上的联合体,需要满足以下几个条件:第一,联合体在招投标阶段(直接发包的项目在合同谈判阶段)形成,联合体成立的前提是发包人接受联合体形式,即联合承包工程必须经发包人同意;第二,联合体之间应当签订联合体共同投标协议或联合体分工协议提交发包人,明确各方的工作职责和责任划分,没有联合体协议,或虽签订了联合体协议但以一人名义投标的,均不属于联合体;第三,联合体中标或签约之后,联合体成员应共同与发包人签订工程总承包合同,或在共同投标协议中约定、授权由联合体牵头人与发包人签订合同且发包人对此认可。以上三个属于必要条件,只有同时满足才可能构成联合体,属于《建筑法》中“联合共同承包”的情形。

三、关于本案双方是否属于联合共同承包的情形?

1. 双方签订的《联合体协议》不符合《招标投标法》等相关规定,不属于《建筑法》中的“联合共同承包”。

首先,本案《联合体协议》签订于 2009 年,而《EPC 工程总承包合同》于 2011 年签订,该协议并非在项目发承包阶段签订;虽然协议中约定了由盛合新能源承担总承包职责、华东电力院负责设计等相关工作,但双方在具体承包事宜上仅作出了概括约定:“任何一方在开发国内外新能源和节能环保项目需要使用社会资源时,应优先考虑使用本联合体成员的资源”,也即双方的协议并非针对特定的工程项目,而《招标投标法》所述的“共同投标协议”是针对具体的某个投标项目。其次,本案总承包合同由盛合新能源单独与业主签订,再由盛合新能源与华东电力院签订《EPC 工程服务合同》,且盛合新能源与华东电力院之间并未体现出联合体内部的授权签约行为,这与《招标投标法》中规定的“联合体各方应当共同与招标人签订合同”相违背。

最高人民法院曾在《关于经济合同的名称与内容不一致时如何确定管辖权问题的批复》中明确:“合同约定的权利义务内容与名称不一致的,应当以该合同约定的权利义务内容确定合同的性质”。本案的《联合体协议》虽名为联合体,但从内容来看,双方并未就案涉项目签订共同投标协议以及与招标人共同签订总承包合同等相关实质性内容进行约定。因此双方的合作模式并不属于《建筑法》《招标投标法》等相关法律法规规定的联合体模式,该协议的目的只是在于加强双方的竞争优势,不属于联合共同承包。参照本书另一篇文章的有关观点,[①]该协议应认定为预约合同,即双方就未来联合承揽工程项目达成的预约。

2. 双方签订的《EPC 工程服务合同》,本质上属于分包合同,因此双方属于工程总承包项下的分包法律关系,而非联合体关系。总分包关系下,总承包商应当对分包行为向业主承担连带责任,但无特别约定的情况下无权要求分包商对总承包合同的履行向业主承担连带责任。

双方在《联合体协议》中就合作模式作过约定:“双方应签订相关合同;由双方就某个具体工程项目共同组建联合体完成工程总承包工作,具体分工及操作方式等就具体项目情况另行协商确定。”该协议虽然约定了双方共同组建联合体完成工程总承包工作,但针对某个具体合作项目的操作模式、具体分工须“另行协商确定”。如前所述,该协议仅是框架性协议,并未对将来实施的项目的操作模式、是否采取联合体、是否共同投标、共同与业主签订合同等实质性内容作出明确约定,因而无法得出针对某一特定项目双方必然会采取联合体共同承包的情形。相反,双方在《EPC 工程服务合同》中约定盛合新能源为案涉项目的工程

---

① 关于预约合同的有关分析,参见本书胡丹律师的《工程总承包单位标前分工合作协议的性质与效力问题》。

总承包单位,而华东电力院为勘测设计单位;同时结合盛合新能源与业主签订的《EPC 工程总承包合同》中的“分包商和主要设备供应名单及选定方式”,显然可以得出华东电力院属于工程总承包项下的设计分包单位,也即双方通过签订《EPC 工程服务合同》对《联合体协议》中未进行明确约定的项目操作方式进行了进一步约定。

综上所述,双方在案涉项目中的法律关系为分包关系,而非联合体共同承包的法律关系。盛合新能源在签订分包合同后,又以名不符实的《联合体协议》主张双方构成联合体共同承包,并要求华东电力院就案涉项目向业主承担连带责任没有法律与合同依据。

四、小结

(一)关于标前联合体协议签订的有关风险管理建议

一般来讲,联合体各方针对特定的项目签订联合体协议,并将协议一并提交给招标人,而中标之后各方一同与招标人签订工程总承包合同。但在当前国家大力发展和推进工程总承包的形势下,越来越多的设计和施工单位为了抢占工程总承包市场而签订类似于前文所述的标前联合体协议,以达成优势互补、资源共享、共同开拓工程总承包市场的愿景。设计和施工单位签订标前联合体协议后,根据不同项目的情况,后续双方合作的流程如下图所示:

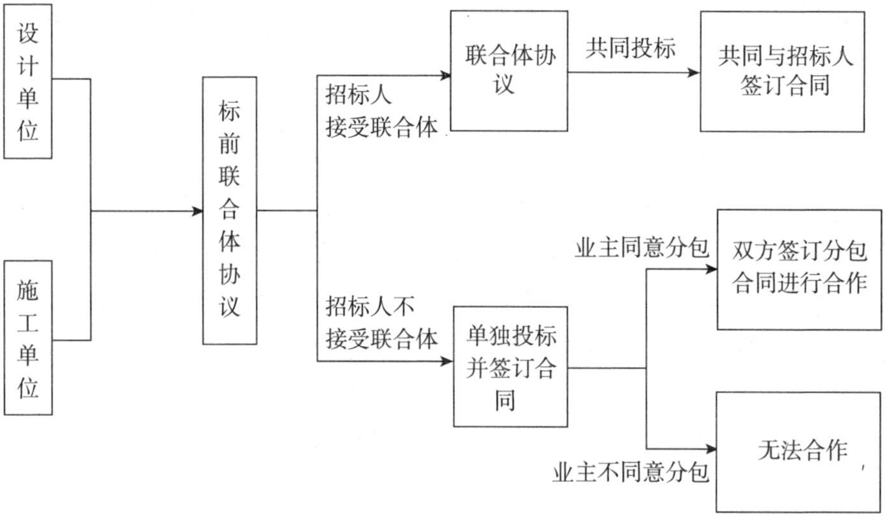

图 标前联合体协议签订后双方合作流程

此类协议由于并非针对特定的项目,实际履行中会遇到各种问题,尤其是招标人不接受联合体投标时,双方无法组成联合体承包该项目;而当业主同意将部分工作分包给另一方时,双方可采取分包的形式进行合作,但也会产生类似于前文所述案件是否构成联合共同承包的争议。因此,对于此类标前联合体协议的签订,为避免不必要的纠纷,需要特别注意以下情况:

1. 协议的名称尽量避免使用“联合体协议”。工程实践中的联合体具有特定的内涵,只有满足特定的条件才可算作法定联合体,构成联合体共同承包。虽然合同性质仍将以其实质性约定而定,但为了避免产生歧义,仍建议此类协议的名称尽量采用“合作协议”等形式。

2. 尽可能明确标前联合体协议仅是框架性协议,不作为双方最终组建联合体共同承揽项目的依据;针对具体项目的合作方式,以双方另行签订的联合体协议为准。同时,在协议中保留各方均有权选择其他单位组建联合体的权利。

3. 从工程总承包商的角度,在标前合作协议中应注意约定违约、责任赔偿等条款的例外情形。通常情况下,标前合作协议的核心内容和主要目的在于从未来特定中标项目中分得一杯羹,而如果通过分包的形式操作,则分包应满足的首要条件就是分包应当按照总承包合同的约定或者经业主同意,如果当某个项目的业主既不接受联合体也不接受协议中的任何一方作为分包人时,协议各方无法在该项目中达成合作,标前合作协议陷入履行不能,否则会涉嫌违法分包。因而在协议中应当注意约定“一方中标,应将设计(施工)分包给另一方”的例外情形,以免因履行不能而陷入争议。例如,可以在标前联合体协议中约定在同等条件、同等价格的基础上优先选择另一方作为合作单位,但保留工程总承包单位另行寻找第三方作为分包单位或合作单位的权利,同时明确分包行为应当符合法律法规的规定,如因业主不同意分包的情形下,不视为工程总承包商违约。

4. 协议各方若针对特定项目采取联合共同承包时,应当另行就该项目签订联合体协议,并在投标或议标时一并提交招标人,共同与业主签订工程总承包合同。

(二)关于联合体协议合法性问题

除了标前联合体协议的签订要点之外,各种形式的联合体协议常会涉及违法分包、转包的问题。例如[①] 2016 年 2 月,某建设局就某公路工程发布招标文件,并明确表示拒绝联合体;2016 年 4 月某交通建设集团与某公路工程公司签订联合体协议,约定由交通集团投标,若中标则将中标工程的 49% 交由公路工程公司实施,公路工程公司应向交通建设集团缴纳 1% 的管理费;后双方就联合体协议产生争议诉至法院,法院认定协议书构成违法分包而无效。实践中存在大量类似的案例,在招标阶段发包人明确不接受联合体,而投标人通过标前联合体协议的形式,约定一人投标且中标后交由另一方实施,则违反了《招标投标法实施条例》第三十七条的规定,[②]涉嫌违法分包。

此外,住建部印发的《建筑工程施工发包与承包违法行为认定查处管理办法》(建市规〔2019〕1 号)第八条明确规定:“两个以上的单位组成联合体承包工程,在联合体分工协议中约定或者在项目实际实施过程中,联合体一方不进行施工也未对施工活动进行组织管理的,并且向联合体其他方收取管理费或者其他类似费用的,视为联合体一方将承包的工程转包给联合体其他方。”即如果由联合体承包工程总承包项目,而在实际实施过程中,联合体一方不进行设计或施工,则涉嫌名为联合体实则构成违法转包。

基于此,工程总承包联合承包须从以下角度防范合法性风险:

1. 如招投标阶段招标文件中明确不接受联合体的,应当避免签订标前联合体协议的形式,约定由一方投标且中标后再由另一方实施的行为。实际执行过程中,可采用中标后经发包人同意后分包给另一方的方式,以防止违法分包、转包的风险。

2. 对于工程总承包项目的联合体承包行为,应当注意按照联合体分工协议的约定,联合体各方分别对各自负责的设计或施工实施和管理,若未按约定实施,或一方仅收取相应的管理费,则可能构成违法转包。

---

① 参见白如银、崔晓荣:《“一人投标、联合施工”涉嫌恶意串通、违法分包》,载《招标与投标》2017 年第 11 期。

② 《招标投标法实施条例》第三十七条规定:“招标人应当在资格预审公告、招标公告或者投标邀请书中载明是否接受联合体投标。”

工程总承包联合体对外的责任承担问题

——贵州省冶金建设公司、四川省冶金设计研究院建设工程施工合同纠纷*

徐寅哲**

关 键 词 联合体 联营 连带责任

问题提出 由于工程总承包项目涵盖设计、采购、施工等多环节，且往往工程量较大，实践中，工程总承包项目由多家承包单位组成联合体的形式进行承揽的情形较为普遍。而目前国内有关工程总承包联合体的法律、政策规定，尚不完善。工程总承包联合体的概念、性质、对内对外与对上对下的责任承担问题，尚不十分明晰。因此时常会引发外部第三人，以及联合体自身内部之间的权利义务争议。为此，有必要就工程总承包联合体的概念、性质，尤其是责任承担问题，基于实务进行研究分析。

裁判要旨 本联合体协议载明，联合体将严格按照招标文件的各项要求，递交投标文件，履行合同，并对外承担连带责任。同时《联合体协议书》第四条中也明确约定作为"联合体"牵头人的四川华硅冶金设备有限公司（以下简称"华硅公司"）"总体负责项目的合同签订、工程实施、工程管理及投产试生产等所有总承包工作"。结合该条对其他"联合体"成员内部职责分工的约定，四川省冶金设计研究院（以下简称"川冶设计院"）负责"现场技术服务"，贵州省冶金建设公司（以下简称"贵冶公司"）负责"项目的建筑、结构施工及机电设备安装调试"。可

---

* 一审：四川省凉山彝族自治州中级人民法院（2014）川凉中民初字第156号；二审：四川省高级人民法院（2015）川民终字第664号；再审：最高人民法院（2018）最高法民申2076号。

** 徐寅哲，上海市建纬律师事务所合伙人、工程总承包业务部副主任。

见,《联合体协议书》第四条是对"联合体"成员在工程具体实施过程中职责分工的约定,故华硅公司有权在涉案工程施工过程中代表"联合体"对外签订合同。华硅公司与德昌铁合金(集团)有限责任公司(以下简称"德铁公司")签订合同的行为系代表联营体的行为,川冶设计院、贵冶公司应对华硅公司负责工程施工、工程管理工作范围内的行为承担连带责任。因联合体协议并未约定对外承担连带责任的范围,故川冶设计院、贵冶公司"该约定仅限于协议各方当事人"的抗辩不能成立。

案情简介

再审申请人(一审被告、二审上诉人):川冶设计院

再审申请人(一审被告、二审上诉人):贵冶公司

再审被申请人(一审原告、二审被上诉人):唐勇

再审被申请人(一审原告、二审被上诉人):王善池

再审被申请人(一审被告、二审被上诉人):华硅公司

再审被申请人(一审第三人、二审被上诉人):德铁公司

2008年3月3日,德铁公司与川冶设计院签订《建设工程设计合同(二)》,约定:发包人德铁公司委托设计人川冶设计院承担德铁公司环保技改搬迁工程设计。合同签订后,川冶设计院完成了部分设计任务,德铁公司支付了部分设计费。

2010年12月9日,华硅公司、贵冶公司、川冶设计院签订《联合体协议书》,约定:贵冶公司与华硅公司自愿组成德铁公司环保技改搬迁项目一标段施工投标,华硅公司为德铁公司环保技改搬迁项目(一期标段)的牵头人,合法代表联合体各成员负责本招标项目投标文件编制和合同谈判活动,并代表联合体提交和接受相关的资料、信息及指导,并处理与之有关的一切事务,负责合同实施阶段的主办、组织和协调工作。联合体将严格按照招标文件的各项要求,递交投标文件,履行合同,并对外承担连带责任。华硅公司在协议书"牵头人"处加盖公章,贵冶公司在"成员一名称"处加盖公章,川冶设计院在"成员二名称"处加盖公章。

2011年1月23日,华硅公司、川冶设计院、贵冶公司三方又签订《联合体协议书》,约定:华硅公司、川冶设计院、贵冶公司自愿组成德铁公司环保技改搬迁

项目总承包联合体,共同参加德铁公司环保技改搬迁一期工程标段施工投标。华硅公司为德铁公司环保技改搬迁项目(一期标段)投标联合体的牵头人,合法代表联合体各成员负责本招标项目投标文件编制和合同谈判活动,代表联合体提交和接受相关的资料、信息及指导,并处理与之有关的一切事务,负责合同实施阶段的主办、组织和协调工作。联合体将严格按照招标文件的各项要求,递交投标文件,履行合同,并对外承担连带责任。联合体各成员单位内部的职责分工如下:(1)华硅公司总体负责项目的合同签订、工程施工、工程管理及投产试生产等所有总承包工作;(2)川冶设计院负责项目的施工图设计及现场设计服务工作;(3)贵冶公司负责项目的建筑、结构施工及机电设备安装调试工作。华硅公司在协议书"牵头人"处加盖公章,川冶设计院在"成员一名称"处加盖公章,贵冶公司在"成员二名称"处加盖公章。

2011年1月25日,德铁公司与华硅公司签订案涉《总承包合同》约定:本工程采用设计、采购、施工(EPC)/交钥匙工程总承包方式。设计、施工及施工管理方采用联合体的方式投标,联合体的权利、义务、分工和组织形式在联合体协议中约定,但无论怎样约定,联合体成员之一或全部必须按照国家法律对发包人承担连带责任。承包人不得将本工程向投标联合体以外的第三人分包或转包(含肢解后的转包),外委制造加工项目除外。合同总价为54,348,100元,由以下各项费用组成:(1)设计费1,400,000元;(2)新建2×9000kVA矿热炉及厂房22,011,000元;(3)搬迁2×12,500kVA矿热炉及新建主厂房13,491,100元;(4)附属生产配套设施8,549,100元;(5)非生产附属配套设施4,650,100元;(6)动力电力工程施工4,246,800元。要求:新建2×9000kVA矿热炉于2011年7月10日投产,搬迁2×12,500kVA矿热炉于2011年9月10日前投产。合同附件1:《德铁公司环保技改搬迁一期工程设计施工总承包范围》。附件2:《德铁公司环保技改搬迁一期工程技术要求》。

2011年3月10日,华硅公司(甲方)与唐勇、王善池(乙方)签订《土建工程施工承包合同》,就德铁公司项目技改、搬迁一期工程协议如下:工程承包范围包括办公室及食堂车间办公室,围墙、大门、道路、地面硬化、循环水池、所有钢结构厂房地面基础、厕所、浴室、电炉二层楼现浇板、设备基础、沉淀池、水泵房。案涉工程边设计边施工,估约工程造价1,200,000元,以实际结算为准,乙方上缴施工管理费8%。2011年7月12日,华硅公司在合同上盖章。

案涉《土建工程施工承包合同》签订后,唐勇、王善池进场施工,并于2011年11月完成工程施工。2012年8月29日,唐勇、王善池与华硅公司进行结算,形成了《竣工结算确认书》,结算金额为14,200,000元(已按合同下浮及扣减管理费8%)。双方确认该结算金额扣除税金511,200元后,应付工程款为13,688,800元,已付工程款为10,563,863元,欠付工程款为3,124,937元,暂扣质保金426,000元(3%),本次应付2,698,937元。唐勇、王善池施工工程已于2012年12月交付投产使用。

一审审理中,川冶设计院申请调取德铁公司"环保技改搬迁项目一期标段"工程招投标资料及相应的中标通知,德铁公司提交了该公司2011年1月24日出具的《中标通知书》。该通知书载明:"华硅公司(牵头人)、川冶设计院(成员单位)以及贵冶公司(成员单位)组成的联合体:你方于2011年1月23日所递交的德铁公司环保技改搬迁项目一期工程标段施工投标文件已被我方接受,被确定为中标人。中标价54,358,100元;开工时间2011年2月10日,其中新建2×9000kVA矿热炉于2011年7月10日前投产,搬迁2×12,500kVA矿热炉于2011年9月10日前投产;工期212天(日历日);工程质量达到国家施工验收规范优良标准。请你方在接到本通知书后的三日内,按《联合体协议书》之要求到我公司签订《德昌铁合金(集团)有限责任公司环保技改搬迁一期工程总承包合同》,在此之前向我方提交履约担保。"

2014年,唐勇、王善池向一审法院起诉立案,要求四川省冶金设计研究院、贵州省冶金建设公司与四川华硅冶金设备有限公司作为案涉工程总承包项目的联合体承包商,承担连带支付分包工程款的义务。本案此后历经四川省凉山彝族自治州中级人民法院一审,四川省高级人民法院二审,以及最高人民法院再审。

各方观点

唐勇、王善池:

1.在整个联合体中,贵冶公司和川冶设计院作为国有企业参与招投标,对华硅公司和德铁公司签订合同是知晓的,《德铁集团环保技改搬迁工程竣工结算工作进程安排》可以证明其知晓案涉工程合同履行情况。

2.《联合体协议书》是贵冶公司、川冶设计院、华硅公司三方当事人真实意思表示，对合同当事人均具有法律约束。

3. 唐勇、王善池与华硅公司签订分包协议因违反法律强制规定，该合同无效，但该合同涉及的工程已经进行了交付，根据最高人民法院的司法解释，按照合同约定支付唐勇、王善池工程款是受法律保护的。

华硅公司：

《总承包合同》合法有效，德铁公司是民营企业，参照招投标法进行招标，和政府采购及国有企业适用招投标法是有区别的。案涉工程已实际履行完毕并交付德铁公司使用。因此，案涉《总承包合同》是有效的。至于华硅公司和唐勇、王善池签订的《土建工程施工承包合同》，因该工程已经交付使用，根据最高人民法院的司法解释，唐勇、王善池请求按照合同约定支付工程款是受法律保护的，应当由工程实际发包人华硅公司及工程受益人德铁公司承担工程款的支付责任。

德铁公司：

1. 唐勇、王善池未请求德铁公司承担支付工程款的责任，德铁公司是被追加为第三人进入诉讼的，基于民事诉讼"不告不理"原则，德铁公司不应在本案中承担支付责任。

2. 本案《土建工程施工承包合同》《联合体协议书》《总承包合同》是不同主体之间、不同合同之间的不同法律关系，不属于主从关系，故《总承包合同》的效力与唐勇、王善池主张本案工程款无关。

3. 案涉《联合体协议书》有效。本案联合体属于合伙性连营，且约定对外承担连带责任，该协议书"对外"的对象没有作明确指定和约定，其范围不仅包括发包人德铁公司，也包括实际施工人唐勇、王善池。实际施工人如要求发包人德铁公司承担责任，也仅限于德铁公司在欠付工程款范围内承担责任，而德铁公司与联合体之间的工程合同纠纷已另案起诉尚未审结，是否欠付工程款仍存争议，因此德铁公司在本案担责无法律依据。

贵冶公司：

1. 案涉《联合体协议书》不具有真实性与合法性，案涉招投标活动属于违法招投标。2010 年 12 月 9 日，德铁公司要求贵冶公司和华硅公司组成联合体投标案涉工程。华硅公司不具备承揽建设工程的法定资质，不具备加入联合体共同投标的主体资格条件。同时，德铁公司要求川冶设计院必须加入联合体，遂有了 2011 年 1 月 23 日的三方《联合体协议书》。德铁公司的行为显然违反了《招标投标法》第二十六条、第三十一条,以及《四川省工程建设项目招标投标管理若干规定》(川府发〔2001〕9号,已失效)中关于投标人资质及招标人不得强制投标人组成联合体共同投标的规定。

2. 案涉招投标及中标无效。德铁公司未按《招标投标法》第十九条、第三十一条的规定,其要求华硅公司加入联合体,允许其投标,且案涉工程无合法开标评标程序、无中标通知送达等招标法定程序,整个招标投标都是违法的。

3.《总承包合同》为无效合同,本案"联合体"投标不具有合法性,依据"中标"所签订的《总承包合同》也不具有合法性。

4. 案涉工程是唐勇和王善池、华硅公司、德铁公司三方之间工程发承包关系。《总承包合同》是华硅公司独自与德铁公司签订的,案涉工程施工的运作是唐勇和王善池、华硅公司、德铁公司三方协商实施,工程完工后唐勇和王善池直接向德铁公司交付已完工程。贵冶公司既未参加《总承包合同》的签订,也未参加其实施,该《总承包合同》既无贵冶公司盖章,也未经贵冶公司追认,对贵冶公司不产生法律约束力。

5. 华硅公司与唐勇、王善池签订的《土建工程施工承包合同》与贵冶公司无关。华硅公司将案涉项目肢解分包给唐勇、王善池是一种非法行为,更何况《总承包合同》明确约定"承包人不得将本工程向投标联合体以外的第三人分包或转包(含肢解的转包),外委制造加工项目除外",华硅公司擅自将"中标"工程肢解转包给唐勇、王善池,根据建筑法的规定,该《土建工程施工承包合同》是无效合同,合同的相对人德铁公司和华硅公司应连带承担工程款支付责任。

6. 华硅公司与唐勇、王善池所制作的结算清单不符合工程合法性结算的要求,其真实性不能确认。

川冶设计院:

(一)案涉《总承包合同》无效,且未实际履行

1. 案涉工程项目招投标程序违法

(1)早在2008年3月3日德铁公司就该项目与川冶设计院签订了工程设计合同,并已部分履行。后德铁公司拟将该项目变更为EPC(设计、采购、施工)总承包,故终止与川冶设计院的合同。德铁公司为避免承担违约责任,在招标时就明确该项目的设计任务无论谁中标均交由川冶设计院实施。华硅公司与贵冶公司组成联合体的投标文件《扩容、技改、搬迁方案》中明确"选择川冶设计院对钢

结构厂房进行设计”,即在招标时德铁公司已明确项目的设计人,因此,案涉工程实际上不是EPC总承包性质。

(2)该项目的投标和中标情况是:川冶设计院与成都市工业设备安装公司组成联合体进行投标,华硅公司与贵冶公司组成联合体进行投标,华硅公司与贵冶公司组成的联合体中标。在华硅公司、贵冶公司联合投标中标后,为了响应发包人德铁公司对设计人必须是川冶设计院的要求,华硅公司、贵冶公司和川冶设计院补签了《联合体协议书》。而且,补签的《联合体协议书》有两份,先是直接在2010年12月9日华硅公司与贵冶公司的《联合体协议书》上面加盖川冶设计院的公章(法定代表人的签名也是由华硅公司人员所签)。因该《联合体协议书》内容完全与川冶设计院无关,才在《总承包合同》签订之前的2011年1月23日由华硅公司、贵冶公司和川冶设计院重新又签了一份《联合体协议书》。这一切行为均是在德铁公司授意的情况下,在项目中标后实施的。国务院《招标投标法实施条例》(2011年)第三十七条第三款规定:“联合体各方在同一招标项目中以自己名义单独投标或者参加其他联合体投标的,相关投标均无效”,因此案涉项目的中标应属无效。

(3)案涉项目并未正式下达过《中标通知书》。德铁公司提交的《中标通知书》是伪造的,也未送达给川冶设计院。该《中标通知书》载明“联合体”于2011年1月23日向德铁公司提交投标文件,第二天即2011年1月24日下达中标通知书,且没有任何中标人的签收,这些时间安排只是为了与2011年1月25日签订《总承包合同》相吻合。该项目的投标截止时间是2010年12月25日10点之前,开标时间是2010年12月25日10点,而三方《联合体协议书》的签订时间2011年1月23日竟然晚于开标时间。因此,案涉项目的整个招投标程序严重违法。

2. 案涉项目所谓的中标联合体的“牵头人”华硅公司并不具备实施该项目的相应资质。该项目对投标人资质要求是:设计单位具有冶金工程设计乙级及以上设计资质和相应的建筑设计资质;设备制造安装单位具有机电设备安装工程专业承包乙级及以上资质;建筑施工单位应具有建筑施工二级及以上资质。而“牵头人”华硅公司并不具备承揽该项目的上述相应资质,明显违反了《招标投标法》(1999年)第三十一条的规定。

3. 案涉《总承包合同》系由德铁公司与“牵头人”华硅公司单方面签订,违反《招标投标法》(1999年)第三十一条“联合体中标的,联合体各方应当共同与招标人签订合同"的规定。

4.《总承包合同》并未实际履行。川冶设计院和贵冶公司并不知晓《总承包合同》的签订,也未参与履行。川冶设计院除按照之前与德铁公司的约定,与华硅公司重新签订该项目建设工程设计合同继续履行原设计任务外,并未参与该项目的其他承包人事宜。

(二)《联合体协议书》无效,且对实际施工人不发生法律效力

1.《联合体协议书》是《总承包合同》的配套文件,属从合同,总承包合同无效,其配套从合同的《联合体协议书》亦无效。

2.两份《联合体协议书》的形成均违反招投标的法定程序,是招标人和投标人在项目中标后串通形成的虚假文件。

3.按照《招标投标法》(1999年)第三十一条的规定,联合体中标后,联合体各方应当共同与招标人签订合同,就中标项目向招标人承担连带责任。因此,《联合体协议书》对招标人以外的第三人(包括本案实际施工人)并无任何法律效力。

(三)唐勇、王善池与华硅公司签订的《土建工程施工承包合同》无效,因该项目工程已移交业主方德铁公司实际使用,德铁公司应当承担相应责任

1.唐勇、王善池与华硅公司签订的《土建工程施工承包合同》是基于《总承包合同》项下的附属合同,《总承包合同》无效,则附属合同亦无效。

2.该附属合同系工程分包合同,承包方并不具备签订合同的资格。本案所涉分包工程是将总承包工程进行肢解的违法分包工程合同,应属无效。

3.川冶设计院并不知道该分包合同的签订及履行,该合同所涉工程的协商、签订、履行、移交等工作,川冶设计院自始至终并不知晓也未参与。

4.本案所涉工程早已完工并已移交德铁公司使用,由于分包合同无效,因此工程分包人华硅公司及工程受益人德铁公司是《总承包合同》的相对人,应承担工程款的支付责任。

(四)根据《招标投标法》第三十一条的规定,华硅公司不具有承担案涉工程项目的相应资质和能力,无论其与谁组成联合投标体均是规避法律的行为。川冶设计院更是其行为的受害者,至今仍然有部分设计费未能收到。华硅公司与唐勇、王善池签订的《土建工程施工施工承包合同》既违反法律禁止性规定,也违反《总承包合同》不得转包分包的约定,且与川冶设计院无关

法院观点

一审法院：

唐勇、王善池与华硅公司签订的《土建工程施工承包合同》载明唐勇、王善池施工的工程承包范围为“办公室及食堂车间办公室，围墙、大门、道路、地面硬化、循环水池、所有钢结构厂房地面基础、厕所、浴室、电炉二层楼现浇板、设备基础、沉淀池、水泵房”。合同签订后，唐勇、王善池完成了该合同约定承建的上述工程。一审诉讼中，华硅公司对唐勇、王善池主张其保质保量完成了《土建工程施工承包合同》全部施工的诉称无异议，故唐勇、王善池系上述工程的实际施工人。德铁公司主张该合同系劳务分包合同的答辩，与本案事实不符。因唐勇、王善池系自然人，无承包建筑工程的资质证书，依据《建筑法》(2011 年)第二十六条“承包建筑工程的单位应当持有依法取得的资质证书，并在其资质等级许可的业务范围内承揽工程”、最高人民法院《关于审理建设工程施工合同纠纷案件适用法律问题的解释》第一条关于承包人未取得建筑施工企业资质或者超越资质等级的合同无效的规定，唐勇、王善池与华硅公司签订的《土建工程施工承包合同》为无效合同。

对于贵冶公司“唐勇、王善池承建工程未经验收”的抗辩，因该工程已经交付德铁公司使用，德铁公司并未就该工程质量提出异议，故贵冶公司的该抗辩理由不成立。因华硅公司对与唐勇、王善池于 2012 年 8 月 29 日结算及唐勇、王善池主张的“按竣工结算确认金额支付欠付工程款 3, 124, 937 元”的诉请无异议，虽然其辩称唐勇、王善池诉请 3, 124, 937 元款项中有 980, 000 元水泥款已由德铁公司直接支付给第三方，但其未提供相应证据，德铁公司也不予认可，故唐勇、王善池要求支付尚欠工程款 3, 124, 937 元及拖欠工程款期间的资金利息的诉讼请求，予以支持，因双方于 2012 年 8 月 29 日才进行结算，故其利息应从 2012 年 8 月 29 日开始计算。

对于华硅公司“德铁公司尚欠其工程款，施工中与其开设共管账户，所有款项均要经德铁公司认可才能支付，其并未截留工程款项，且施工中有些款项是德铁公司直接支付给唐勇、王善池的，故唐勇、王善池诉请的剩余未付工程款应由德铁公司支付给唐勇、王善池”的抗辩，因一审诉讼中查明唐勇、王善池未与德铁公司签订合同,华硅公司也未提供证据证明其与唐勇、王善池签订的《土建工程施工承包合同》系经德铁公司认可,其提交的付款清单载明的均为“代付”,故华硅公司的该抗辩无事实依据,不予采信。

川冶设计院对2010年12月9日的《联合体协议书》真实性有异议,但对2011年1月23日的《联合体协议书》真实性无异议。虽然其辩称上述协议因违反相关法律规定,为无效合同。但因该协议中载明“华硅公司、川冶设计院、贵冶公司自愿组成德铁公司环保技改搬迁项目总承包联合体,共同参加德铁公司环保技改搬迁一期工程标段施工投标。联合体将严格按照招标文件的各项要求,递交投标文件,履行合同,并对外承担连带责任。联合体各成员单位内部的职责分工如下:华硅公司总体负责项目的合同签订、工程施工、工程管理及投产试生产等所有总承包工作的内容系各方当事人真实意思表示,表明华硅公司、川冶设计院、贵冶公司自愿组成联合体,由华硅公司总体负责项目的合同签订、工程施工、工程管理及投产试生产等所有总承包工作,并承诺对外承担连带责任。故华硅公司与德铁公司签订合同的行为系代表联营体的行为,川冶设计院、贵冶公司应对华硅公司负责工程施工、工程管理工作范围内的行为承担连带责任。因该协议并未约定对外承担连带责任的范围,故川冶设计院、贵冶公司“该约定仅限于协议各方当事人”的抗辩不能成立。依据《民法通则》第五十三条“企业之间或者企业、事业单位之间联营,按照合同的约定各自独立经营的,它的权利和义务由合同约定,各自承担民事责任”的规定,唐勇、王善池要求华硅公司、川冶设计院、贵冶公司依据约定连带承担支付尚欠工程款3,124,937元及利息给付责任的诉请,予以支持。

二审法院:

一、关于《联合体协议书》效力问题。鉴于贵冶公司在本案诉讼期间,向四川省成都市武侯区人民法院提起确认本案所涉2011年1月23日的《联合体协议书》无效的民事诉讼,该案经四川省成都市武侯区人民法院审理确认《联合体协议书》有效。四川省成都市中级人民法院对贵冶公司提起的上诉作出了(2016)川01民终4144号终审判决,驳回上诉,维持原判。故发生法律效力的裁判已经确认华硅公司、贵冶公司、川冶设计院三方签订的《联合体协议书》有效,因此对贵冶公司、川冶设计院上诉主张该《联合体协议书》无效,本院不予支持。

二、关于“联合体”投标、中标效力问题。基于本案事实，德铁公司就案涉工程既然选择了招标投标方式，就应当严格按照《招标投标法》的规定运作。虽然《联合体协议书》有效，是华硅公司、川冶设计院、贵冶公司自愿组成“联合体”就本案工程进行联合投标的真实意思表示，但能否合法中标非“联合体”成员意志能够决定，因此，由于华硅公司不符合参与本案工程联合投标的主体资格，招标人德铁公司在审查“联合体”成员资格时应当知晓这一事实。根据德铁公司终止与川冶设计院已经签订并部分履行的案涉工程的设计合同，要求其参与“联合体”重新“投标”，以及要求华硅公司、贵冶公司组成的联合投标必须委托川冶设计院进行设计等实际运作事实，案涉工程的投标、中标均违反《招标投标法》(1999 年)的禁止性规定。根据《招标投标法》(1999 年)第三十一条第二款“联合体各方均应当具备承担招标项目的相应能力；国家有关规定或者招标文件对投标人资格条件有规定的，联合体各方均应当具备规定的相应资格条件。由同一专业的单位组成的联合体，按照资质等级较低的单位确定资质等级”的规定，华硅公司、贵冶公司、川冶设计院组成的联合体属于不具有案涉工程项目联合投标资格的“联合体”。从本案招投标过程看，本案招投标行为也不符合《招标投标法》的规定，根据《招标投标法》(1999 年)第三十一条第三款规定：“联合体各方应当签订共同投标协议，明确约定各方拟承担的工作和责任，并将共同投标协议连同投标文件一并提交招标人。联合体中标的，联合体各方应当共同与招标人签订合同，就中标项目向招标人承担连带责任。”而本案招标人德铁公司在已经与川冶设计院签订案涉工程设计合同，并已履行了部分设计义务后，要求采用联合招标方式再将设计工作纳入联合招标内容，并且要求川冶设计院加入“联合体”。同时，在德铁公司认可“联合体”主体资格的情况下，确认“联合体”中标，但仅与“联合体”的牵头人华硅公司签订《总承包合同》。而华硅公司既不具有建筑施工资质，也不具有参与本案工程组成联合体的主体资格。对于华硅公司的主体资质，以及招投标法对联合体投标方式的具体规定，作为招标人德铁公司应当是明知的。故贵冶公司、川冶设计院上诉主张案涉工程的投标、中标违反《招标投标法》第三十一条的规定的理由成立，本案“联合体”投标、中标均违反了《招标投标法》的规定，其投标、中标行为当属无效。

三、关于案涉《总承包合同》对“联合体”三方当事人是否具有约束力问题。基于案涉《联合体协议书》已经被生效裁判认定为有效合同，而该协议明确载明：

"1. 四川华硅冶金设备有限公司为德铁公司环保技改搬迁项目总承包联合体的牵头人。2. 联合体牵头人合法代表联合体各成员负责本招标项目投标文件编制和合同谈判活动,并代表联合体提交和接收相关资料、信息及指示,并处理与之有关的一切事务,负责合同实施阶段的主办、组织和协调工作。3. 联合体将严格按照招标文件的各项要求,递交投标文件,履行合同,并对外承担连带责任。4. 联合体各成员单位内部职责分工如下:(1)华硅公司总体负责项目的合同签订、工程实施、工程管理及投产试生产等所有总承包工作。(2)川冶设计院负责项目的施工图设计及现场技术服务工作。(3)贵冶公司负责项目的建筑、结构施工及机电设备安装调试工作。(4)本协议自签署之日起生效,合同履行完毕后自动失效。因此,虽然案涉工程投标、中标无效,但华硅公司根据《联合投标协议书》的授权与德铁公司签订的《总承包合同》,其代表的是"联合体"的共同意思表示,贵冶公司、川冶设计院作为参与"联合体"的主体单位,在向德铁公司提交投标文件及《联合体协议书》后,即表示接受对华硅公司因案涉工程对外签订合同等履行投标内容的行为承担法律责任。因此,尽管本案投标、中标行为无效,由华硅公司单方与招标人德铁公司签订的《总承包合同》无效,但依据《联合体协议书》的约定,《总承包合同》的承包方应当是华硅公司、川冶设计院、贵冶公司三方当事人。故《总承包合同》的法律后果应当由华硅公司、川冶设计院、贵冶公司三方承担。

四、关于华硅公司与唐勇、王善池签订的《土建工程施工承包合同》是否约束贵冶公司、川冶设计院的问题。同样基于《联合体协议书》的约定,华硅公司与唐勇、王善池签订案涉工程施工合同,其代表的仍然是由华硅公司、川冶设计院、贵冶公司所组成的"联合体",其法律后果理应由"联合体"承担。贵冶公司、川冶设计院上诉主张,华硅公司与唐勇、王善池签订的合同违反《总承包合同》禁止分包的约定,不属于履行"联合体"成员的授权行为,贵冶公司、川冶设计院不应承担其相应法律后果。因《总承包合同》约束华硅公司、川冶设计院、贵冶公司,因此华硅公司是否违反《总承包合同》的约定对外签订案涉工程施工合同,并不能排斥其代表"联合体"的对外行为,贵冶公司、川冶设计院所主张的该内容仅为其法律后果内部承担的责任划分依据。故基于《联合体协议书》的授权,华硅公司与唐勇、王善池签订的案涉《土建工程施工承包合同》对贵冶公司、川冶设计院具有约束力。"联合体"作为案涉建工关系的承包人,一审判决"联合体成员"华硅公司、川冶设计院、贵冶公司共同对唐勇、王善池承担支付工程的责任并无不当。因承包人"联合体"尚未与发包人德铁公司进行结算,实际施工人唐勇、王善池也未提出向发包人德铁公司主张支付工程的请求,故德铁公司是否欠付"联合体"工程款本案不予审理,双方若有争议,可另案解决。

再审法院:

一、关于原判认定的基本事实是否缺乏证据证明的问题。华硅公司、川冶设计院和贵冶公司于 2011 年 1 月 23 日签订的《联合体协议书》已经人民法院生效判决确认有效,根据该协议第 2 条的约定,华硅公司作为"联合体"牵头人"代表联合体各成员负责本招标项目投标文件编制和合同谈判活动,并代表联合体提交和接收相关资料、信息及指示,并处理与之有关的一切事务,负责合同实施阶段的主办、组织和协调工作"。在此约定的基础上,华硅公司通过招投标程序与德铁公司签订《工程总承包合同》,是代表"联合体"进行投标、缔约的行为。同时,结合德铁公司于 2011 年 1 月 24 日向"华硅公司(牵头人)、川冶设计院(成员单位)、贵冶公司(成员单位)组成的联合体"出具《中标通知书》的事实,表明作为合同相对方的德铁公司对华硅公司投标、缔约系代表"联合体"的事实也是知晓的。因此,原判认定《工程总承包合同》的承包方是华硅公司、川冶设计院和贵冶公司,并无不当。

同时,《联合体协议书》第 4 条约定作为"联合体"牵头人的华硅公司"总体负责项目的合同签订、工程实施、工程管理及投产试生产等所有总承包工作"。结合该条对其他"联合体"成员内部职责分工的约定,川冶设计院负责"现场技术服务",贵冶公司负责"项目的建筑、结构施工及机电设备安装调试"。可见,《联合体协议书》第四条是对"联合体"成员在工程具体实施过程中职责分工的约定,故华硅公司有权在涉案工程施工过程中代表"联合体"对外签订合同。原判认定华硅公司与唐勇、王善池签订的《土建工程施工承包合同》应约束川冶设计院和贵冶公司,并无不当。

川冶设计院和贵冶公司申请再审主张《联合体协议书》并未实际履行。首先,华硅公司代表"联合体"投标、与德铁公司签订《联合体协议书》并实际实施工程,以及在工程建设过程中与唐勇、王善池签订的《土建工程施工承包合同》等行为均系其履行协议的行为,也是根据协议约定代表"联合体"实施的行为。其次,贵冶公司在 2010 年 12 月 9 日签订《联合体协议书》后,于 2010 年 12 月 25 日与华硅公司向德铁公司提交《投标函》《投标保证金》函,结合德铁公司于2011年1月24日向“华硅公司(牵头人)、川冶设计院(成员单位)、贵冶公司(成员单位)组成的联合体”出具《中标通知书》等事实,可以认定贵冶公司也是实际参与了涉案工程的招投标程序的,其对《联合体协议书》也有实际的履行行为。最后,根据《联合体协议书》的约定,川冶设计院在“联合体”成员内部的分工是“负责项目的施工图设计及现场技术服务工作”,川冶设计院亦认可其履行了设计义务。至于川冶设计院履行设计义务的行为是基于《联合体协议书》中“联合体”成员单位的分工,还是基于其与华硅公司于2011年2月18日签订的《建设工程设计合同(二)》的合同义务,属于“联合体”内部对成员权利义务具体实现方式的安排。因此,川冶设计院和贵冶公司主张《联合体协议书》并未实际履行的理由不成立;其申请再审主张原判认定的基本事实缺乏证据证明,理由不成立。

二、关于原判是否适用法律错误的问题。川冶设计院和贵冶公司申请再审主张华硅公司无权代表“联合体”对外签订合同,原判适用法律错误。但依据《联合体协议书》第二条、第四条的约定,华硅公司有权在招投标程序以及工程具体施工过程中代表“联合体”对外签订合同,华硅公司的代理具备合同依据,不属于无权代理。虽然本案中“联合体”投标、中标的行为因违反《招标投标法》(1999年)第三十一条的规定属无效,华硅公司单方与德铁公司签订的《工程总承包合同》以及华硅公司与唐勇、王善池签订的《土建工程施工承包合同》均属无效,但不影响川冶设计院和贵冶公司依据《联合体协议书》就“联合体”的对外行为承担责任。

川冶设计院和贵冶公司申请再审主张《联合体协议书》效力仅及于招投标法律关系,“联合体”之间的连带责任不适用于“联合体”与唐勇、王善池之间,原审适用连带责任错误。《联合体协议书》第三条约定“联合体将严格按照招标文件的各项要求,递交投标文件,履行合同,并对外承担连带责任”,而实施工程的行为属于履行总承包合同的行为。结合《联合体协议书》第四条对“联合体”成员在工程具体实施过程中职责分工的约定,可见,《联合体协议书》并非仅是对招投标程序的约定。川冶设计院和贵冶公司主张《联合体协议书》效力仅及于招投标法律关系,缺乏事实依据,理由不成立。

问题解析

联合体是工程总承包无法回避的一个问题。因现阶段的工程总承包企业往往并不同时具备设计、施工的全资质，且不具备设计、施工一体化的综合承包建设能力，因此，大型的工程总承包项目往往是通过联合体的方式来进行承揽。而因联合体承包，同时涉及联合体内部法律关系，以及联合体对外的法律关系，更涉及联合体内部的约定是否因此而导致联合体需对外承担连带责任的法律问题，因此，往往较为复杂。本篇尝试就工程总承包联合体的概念、资质、对外权益主张与责任承担问题进行分析。

一、联合体的概念简述

（一）国内

根据住建部《建设项目工程总承包合同示范文本（试行）》（GF－2011－0216）第1.1.7项的定义："联合体，指经发包人同意由两个或两个以上法人或者其他组织组成的，作为工程承包人的临时机构。"至于该种临时机构的法律属性，国内司法审判实践中，有观点认为属于原《民法通则》第三章"法人"第四节所规定的"联营"。例如，在贵州省冶金建设公司、四川华硅冶金设备有限公司确认合同效力纠纷案中，法院认为各工程总承包单位之间的《联合体协议》的性质属于联营协议，是对联合体内部各方权利义务的约定。①

再如，在南京龙源环保有限公司与温州市张强标牌有限公司、中国石油天然气股份有限公司玉门油田分公司、南京利郎科技有限公司承揽合同纠纷案中，法院同样是援引《民法通则》第五十二条有关联营的相关规定，二审改判两被告对于原告承担共同付款责任。②

具体到《民法通则》中所谓的联营来讲，又依当时的规定可区分为"法人型联营""合伙型联营""协作型联营"三种。只是，应当注意到的是，我国《民法通则》

---

① 案件信息：一审：四川省成都市武侯区人民法院（2015）武侯民初字第7351号；二审：四川省成都市中级人民法院（2016）川01民终4144号；再审：四川省高级人民法院（2017）川民申2262号（判决日期：2017年7月31日）。

② 案件信息：一审：甘肃省酒泉市肃州区人民法院（2015）酒肃民二初字第473号；二审：甘肃省酒泉市中级人民法院（2016）甘09民终763号（判决日期：2016年12月23日）。

颁布的时间是在1986年。此后,1993年《公司法》颁布、1997年《合伙企业法》颁布、1999年《合同法》颁布、2017年《民法总则》颁布。而在最新的《民法总则》中未见到有关联营的相关规定。

(二)国外

1. 在1999年版FIDIC银皮书EPC合同通用条件1.14款中,FIDIC同时使用了“joint venture”、“consortium”和“unincorporated grouping of two or more persons”三个词组。而在中国工程咨询协议的编译版本中,使用的对应表述分别为“联营体”、“联合体”和“未立案的组合”。除所谓“未立案的组合”的翻译略嫌生硬以外,整体上来理解,FIDIC在1999年版银皮书EPC合同条件中针对中国语境中的联合体,可同时表述为“joint venture”或“consortium”,意指未公司化的两方或多方组成的组织。

应当关注到的变化是,在最新的2017年版FIDIC银皮书EPC合同通用条件第1.13款,FIDIC仅使用了“Joint Venture”一词,相较此前1999年版有所简化。

2. 在国际商会(ICC)最新版的联合体协议范本(ICC MODEL CONSORTIUM AGREEMENT)中,国际商会(ICC)就联合体(Consortium)的定义为“联合体成员为追求基于联合体协议第2.1款所约定的目的而成立的临时性组织”。[①]

在引言(Introduction)部分,国际商会(ICC)还就“Joint Venture”与“Consortium”的异同进行了区分。认为“Joint Venture”内部成员之间的联合要相比“Consortium”更为紧密,“Consortium”的内部成员仅就自身所占部分承担相应的责任,各自负责的范围相对容易划分。[②]

二、当前我国关于是否允许工程总承包联合体的政策规定

1. 在有关工程总承包的政府文件中,有关“联合体”的规定也是比比皆是。

例如,原建设部《关于培育发展工程总承包和工程项目管理企业的指导意见》(建市〔2003〕30号)中规定:“工程勘察、设计、施工企业也可以组成联合体对工程项目进行联合总承包。”

住建部《“十三五”装配式建筑行动方案》中规定:“设计、施工、开发、生产企

---

① 详见ICC MODEL CONSORTIUM AGREEMENT定义部分“Consortium means the temporary association of the Consortium Members established under the Agreement pursuing the objective described in Article 2.1”。

② 具体详见ICC MODEL CONSORTIUM AGREEMENT引言(Introduction)部分。

业可单独或组成联合体承接装配式建筑工程总承包项目。”

2. 早前，虽然在中央部委层面，对联合体承揽工程总承包持开放态度，但是，在各地的政策中，曾存在截然相反的两种观点。

(1)绝大多数地方允许联合体承揽工程总承包项目。

例如，湖北省住房和城乡建设厅《关于推进房屋建筑和市政公用工程总承包发展的实施意见(试行)》(鄂建〔2016〕9 号)中规定：“工程总承包单位应当具有与工程规模相适应的工程设计资质或者施工资质，具有相应的财务、风险承担能力，同时具有相应的组织机构、项目管理体系、项目管理专业人员和工程业绩。鼓励设计、施工以及材料、设备企业组建联合体参与工程总承包项目，建设单位在项目发包过程中，可优先选择联合体单位。”

天津市城乡建设委员会《天津市建设项目推行工程总承包试点工作有关事项的通知》(津建筑〔2017〕477 号)中规定：“工程总承包企业应同时具有与工程相适应的工程设计资质和施工资质，或具有与工程相适应资质的设计企业与施工企业组成的联合体。”

(2)有些地方则明确禁止联合体承揽工程总承包项目。

例如，吉林省住房和城乡建设厅《关于进一步明确工程总承包管理有关事项的通知》(吉建办〔2017〕50 号)中规定：“我省工程总承包项目应由符合条件的设计或施工总承包企业中的一家承揽，不得采用联合体方式承揽。”

广西壮族自治区住房和城乡建设厅《关于征求进一步完善房屋建筑和市政基础设施工程总承包管理的通知(第二次征求意见稿)意见的函》(桂建便函〔2017〕747 号)中规定：“为严格落实工程总承包单位在工程质量安全、进度控制、成本管理等方面的责任，切实做到由工程总承包单位负总责，工程总承包项目应由符合条件的设计或施工总承包企业中的一家承揽，不得采用联合体方式承揽。”

3. 当前，在《工程总承包管理办法》已经颁布生效的形势下，有关联合体参与工程总承包项目建设活动的政策口径已经统一。《工程总承包管理办法》第十条明确规定：“工程总承包单位应当同时具有与工程规模相适应的工程设计资质和施工资质，或者由具有相应资质的设计单位和施工单位组成联合体。"①

三、工程总承包联合体的资质问题

(一)哪些单位可以组成工程总承包的联合体?

早些时候在2003年,原建设部《关于培育发展工程总承包和工程项目管理企业的指导意见》(建市〔2003〕30号)中规定:"工程勘察、设计、施工企业也可以组成联合体对工程项目进行联合总承包。"这也是我们理解的,一般情况下工程总承包单位的组成情况,可由具备或勘察或设计或施工的三类型企业组成联合体。

而到了2016年,住建部《关于进一步推进工程总承包发展的若干意见》(建市〔2016〕93号)中规定:"工程总承包企业应当具有与工程规模相适应的工程设计资质或者施工资质。"也就是说,如果是联合体承揽工程总承包项目的,则应当是设计企业或施工企业。勘察资质企业已经被排除在了工程总承包联合体之外。

与此同时,鉴于装配式建筑独特的工程总承包需求,2017年,住建部在《"十三五"装配式建筑行动方案》明确规定:"设计、施工、开发、生产企业可单独或组成联合体承接装配式建筑工程总承包项目,实施具体的设计、施工任务时应由有相应资质的单位承担。"也就是说,除了设计资质与施工资质单位可以组成工程总承包联合体以外,开发与生产企业也可以参与组成工程总承包联合体,一并承揽装配式建筑的工程总承包项目。当然,负责设计与施工任务的企业,须具有相应的资质。

(二)资质不同应如何确定联合体的资质等级

1997年《建筑法》第二十七条规定:"两个以上不同资质等级的单位实行联合共同承包的,应当按照资质等级低的单位的业务许可范围承揽工程。"对此,有的同志认为,如果单纯的设计资质企业与单纯的施工资质企业组成联合体的话,因为两家企业资质完全不在一个等级序列里面,是否会因为单纯的设计资质企

---

① 自发改委与住建部的《工程总承包管理办法》于2020年3月1日生效实施以来,全国多地省级住建部门(例如:甘肃、吉林、四川等地)也都已经颁布了相关的地方性政策。其中对于联合体承建工程总承包项目的规定,均与两部委的管理办法保持一致。其中值得一提的是,吉林省住房和城乡建设厅在2020年4月14日颁布的《关于规范房屋建筑和市政基础设施项目工程总承包管理的通知》(吉建办〔2020〕34号)中也明确规定:"从事工程总承包的单位应当同时具有与工程规模相适应的工程设计资质和施工资质,或者由具有相应资质的设计单位和施工单位组成联合体。"此项规定显然对其自身的早前相反性政策规定进行了调整,从而以符合上级规范。

业没有施工资质，以及单纯的施工资质企业没有设计资质，反而导致两者组成的联合体就不具有任何资质了呢？答案显然是否定的。《建筑法》规定的不同资质等级组成联合体就低不就高的意思，也应当是针对同一类型，或者说，同一专业来讲的。而不是说不同专业的企业组成联合体也要那样理解。

对此，在 1999 年的《招标投标法》中，有更为准确的相关规定。该法第三十一条规定："由同一专业的单位组成的联合体，按照资质等级较低的单位确定资质等级。"有关"同一专业"的前提规定，可以较好地避免对《建筑法》的误解。

（三）多资质企业组成联合体又该怎么看

提出这个问题，来源于实践中对一个案例的思考。说"A 公司只有建筑甲级，找了景观甲级的 B 公司组成联合体去投标，并约定了 A 公司承担建筑设计工作，B 公司承担景观设计工作。投标过程中发现，B 公司提供的资质证书上不仅有景观甲级，还有建筑乙级资质。最终评标专家以同样资质按照最低为由，认定该联合体仅具有建筑乙级资质，不符合资格条件，废标了。"①

令人深思的是，B 公司若无建筑乙级则还好，有了反而"坏事"？根据现行法律规定，显然无法得出如此"简单粗暴"的结论，否则，几乎是在机械而教条的理解法律的相关规定。作为联合体而言，根据联合体协议一定是有相关的协作分工的，以该案例为例，A 公司是负责建筑甲级、B 公司是负责景观甲级，A 公司之所以跟 B 公司组成联合体，也正是要发挥双方之间的各自优势。不能因为 B 公司同时有建筑乙级，却实际上在该项目其根本不会从事有关的建筑设计工作，而否定 A 公司与 B 公司组成的联合体投标。

以《政府采购法实施条例》第二十二条的规定为例："联合体中有同类资质的供应商按照联合体分工承担相同工作的，应当按照资质等级较低的供应商确定资质等级。"按较低资质确定资质等级的前提是说，联合体中有同类资质且按照联合体分工承担相同工作。反过来也就是说，如果按照联合体分工并不承担相同工作的，联合体一方的其他资质不应影响到对联合体整体的资质等级认定。

四、工程总承包联合体对发包方的权益主张

（一）国内

我国《招标投标法》第三十一条第三款规定："联合体各方应当签订共同投标协

---

① 案例来源详见微信公众号"工程总承包之家"2018 年 4 月 4 日的推文《一起联合体废标事件引发的思考》，本文中的观点与该文基本相同。

议,明确约定各方拟承担的工作和责任,并将共同投标协议连同投标文件一并提交招标人。联合体中标的,联合体各方应当共同与招标人签订合同,就中标项目向招标人承担连带责任。"据此,在工程总承包联合体各方与发包方共同签订合同的情况下,若联合体各方均一致行动,则自然不存在权益主张的障碍。问题在于,若仅其中一方针对其负责范围之内的事项与业主方产生争议而欲提起权益主张,特别是通过诉讼或仲裁的方式,而其他方并不认可且不支持一致行动的,该如何处理?简单地讲,在此情形下,有意见的一方可以单独提起诉讼或仲裁吗?

对此问题,在笔者有限的学识范围之内,未发现我国有关的实体法内有相关的规定。而在有关的程序法内,却找到了一些依据。

例如,我国最高人民法院《关于适用〈中华人民共和国民事诉讼法〉的解释》第七十二条规定:"共有财产权受到他人侵害,部分共有权人起诉的,其他共有权人为共同诉讼人。"再根据第七十三条的相关规定,①联合体的一方显然有权利在自认为自身权益受损的情况下,单独提起诉讼。

(二)国外②

《瑞士债法典》第544条第1款规定:"货权、物权、债权转移于合伙组织或者合伙组织接受后,依照合伙合同规定即为合伙人之共有财产。"③

在瑞士最高法院的一起有关联合体承包商的工程案件中,瑞士最高法院即支持了这样一起下级法院的判例,指出联合体的一方不得单独提起诉讼,除非得到了所有联合体成员的共同准许。④ 应当注意的是,联合体一方对外提起诉讼的权利或许受限,但是第三方,特别是业主方起诉联合体一方,要求其承担全部合同责任的情形,倒并无障碍。

---

① 最高人民法院《关于适用〈中华人民共和国民事诉讼法〉的解释》第七十三条规定:"必须共同进行诉讼的当事人没有参加诉讼的,人民法院应当依照民事诉讼法第一百三十二条的规定,通知其参加;当事人也可以向人民法院申请追加。人民法院对当事人提出的申请,应当进行审查,申请理由不成立的,裁定驳回;申请理由成立的,书面通知被追加的当事人参加诉讼。"

② 限于个人学识能力,笔者同样未能就此问题广泛的查核到各个国家的有关规定。在本文中,仅针对与我国国内规定相反的个别国家的法律规定与司法判例进行列举。

③ 吴兆祥、石佳友、孙淑妍编译:《瑞士债法典》,法律出版社2002年版,第164~165页。

④ Decision 4C. 352/2006 of January 25 2007. See Matthias Scherer & Joachim Knoll, *Standing of Consortium Members in Consortium Disputes with Third Parties*, Accessed July 13, 2018. https://www.internationallawoffice. com/Newsletters/Construction/Switzerland/LALIVE-/Standing-of-Consortium-Members-in-Consortium-Disputes-with-Third-Parties? redir = 1.

五、工程总承包联合体对发包方的责任承担

综观国内外各类法律规定与合同示范文本的约定，有关联合体承包商对发包方应承担的法律责任，一般都为连带责任。例如：

（一）国内

《招标投标法》第三十一条规定："联合体中标的，联合体各方应当共同与招标人签订合同，就中标项目向招标人承担连带责任。"

《政府采购法》第二十四条规定："联合体各方应当共同与采购人签订采购合同，就采购合同约定的事项对采购人承担连带责任。"

《建设项目工程总承包合同示范文本（试行）》（GF－2011－0216）第1.1.7项载明："联合体各方向发包人承担连带责任。"

《标准设计施工总承包招标文件》（2012年版）（以下简称《标准招标文件》）第四章"合同条款及格式""第一节通用合同条款"第4.4.1项载明："联合体各方应共同与发包人签订合同。联合体各方应为履行合同承担连带责任。"

（二）国外

《瑞士债法典》第544条第3款规定："合伙人共同或者通过代理人对第三人承担债务的，除非另有约定，应当对第三人承担连带责任。"①

2017年版FIDIC银皮书EPC合同条件第1.13（a）项载明："联合体成员应就基于本合同中的承包商义务而进行的履约行为，向雇主承担连带责任。"②

国际商会（ICC）联合体协议范本（ICC MODEL CONSORTIUM AGREEMENT）第13.1款载明："根据合同的约定或法律的规定，联合体成员应就合同的履约行为承担连带责任。"③

六、工程总承包联合体对其他第三方的权益主张与责任承担

联合体承包商对发包方的权益主张和责任承担，国内外的相关规定与处理方式有所差异，因此上文在具体论述时对此进行了分类。而针对联合体承包商

① 吴兆祥、石佳友、孙淑妍编译：《瑞士债法典》，法律出版社2002年版，第165页。

② 因2017年版FIDIC银皮书合同条件尚未有中文翻译版本，此处对应的中文译文系笔者自行翻译。英文版原文为"（a）the members of the JV shall be jointly and severally liable to the Employer for the performance of the Contractor's obligations under the Contract"。

③ 此处对应的中文译文系笔者自行翻译。英文版原文为"To the extent provided for in the Contract or in the law governing the Contract the Consortium Members shall be jointly and severally liable to the Employer for performance of the Contract"。

对其他第三方[①]的权益主张与责任承担一般都是基于合同相对性原则,由与第三方签订合同的联合体中的一方,单独向第三方主张权益或承担责任。例如,国际商会(ICC)联合体协议范本(ICC MODEL CONSORTIUM AGREEMENT)第13.1款载明:“在涉第三方索赔的情况下,联合体成员应就引发索赔的具体事件承担单独的责任。”[②]

我国司法审判实践中,也有类似观点。例如,在大悟县振源电力设备有限公司与深圳市安芯数字发展有限公司、合肥未来计算机技术开发有限公司等建设工程施工合同纠纷案件中,湖北省孝感市中级人民法院即认为:“按照合同的相对性原则,合肥未来公司和中国移动大悟公司不是施工合同的当事人,不享有合同权利亦不承担合同义务。联合体协议书约定深圳安芯公司、合肥未来公司、中国移动大悟公司在法律上承担连带责任是深圳安芯公司、合肥未来公司、中国移动大悟公司对其权利义务的内部约定,振源公司并非联合体协议的签约当事人,不能将振源公司不是当事人的有关合同约定适用于振源公司。”[③]

但是由于欠缺明确的法律规定,以及具体实践的纷繁复杂性,在我国的司法审判实践中,也同样存在要求联合体承包商共同向其他第三方承担责任的案例。本篇主案例即是如此,案件审理前后历经三级人民法院,最终直至最高人民法院,共历时四年时间。但是,无论哪一级人民法院,均是依据工程总承包联合体内部之间的协议约定,要求联合体共同对外,向仅与联合体一方签订分包协议的实际施工人承担连带的付款责任。同样的,此等审判思维在最为新近的有关司法裁判案例中仍然可以找寻到。在中城投集团第六工程局有限公司与江苏天宇建设集团有限公司、中商福润投资控股集团有限公司建设工程施工合同纠纷一案中,历经三级人民法院审理,江苏省高级人民法院最终在2020年3月24日作出的(2018)苏民申6189号民事裁定书中,维持了二审无锡市中级人民法院认为联营各方应共同对外承担连带责任,“而不能理解为有选择性的对某一方承担连

① 这里的其他第三方一般是指有关的分包商、材料商等。

② 此处对应的中文译文系笔者自行翻译。英文版原文为“In the case of third-party claims, the Consortium Member(s) responsible for the event causing the claim shall be solely liable”。

③ 案件信息:【一审案号】湖北省大悟县人民法院(2016)鄂0922民初433号;【二审案号】湖北省孝感市中级人民法院(2016)鄂09民终1114号(判决日期:2016年12月30日)。

带责任”的观点。[①]

比较有意思的是，根据波兰在2013年12月24日生效的政府采购法修正案的相关规定，如果在联合体一方签订的分包合同中，该联合体方未能直接向分包商及时足额支付分包款项的，则政府缔约方有权直接在总包合同价款的限额内向有关的分包商直接付款，并在此后要求联合体各方承担连带责任。[②] 如此等于间接的规定了，联合体各方应当向其他第三方承担连带责任。

七、小结

（一）有关联合体的概念

1. 工程领域，有关联合体的概念，在国内通常较易与《民法通则》中所规定的联营相关联。虽然最新的《民法总则》中未再具体就联营进行规定，但是，考虑到《民法总则》的颁布并不代表《民法通则》的废止，因此，实践中在理解有关的联合体概念时，仍应当对照《民法通则》中有关联营的规定。

2. 在国际工程中，使用联合体的表述之时，应重视有关对应语言文字的使用。如上所述，2017年版FIDIC文本中使用的是“Joint Venture”，但是国际商会（ICC）最新版的联合体协议范本中使用的却是“Consortium”，并就此两者之间的概念差异进行了阐释。因此，在具体的正式制订的合同交易文件中，为避免不同语言背景之下的概念理解差异，十分有必要在合同文本中就联合体的概念，在具体的交易背景下进行专门的定义与解释。

（二）有关工程总承包联合体对外的权益主张和责任承担

1. 联合体承包商对发包方的权益主张，国内外可能存在不同的法律规定与司法判例。在我国，依据程序法中的共同之诉制度，联合体一方尚存在权利空间，但在国外，应结合该国的具体规定加以判断。与此相对，联合体承包商对发包方的责任承担，则国内外基本一致，均为连带责任。

2. 除发包方以外，联合体承包商对于第三方的权益主张和责任承担，国内外

---

① 案件信息：【一审案号】无锡市惠山区人民法院（2015）惠民初字第02096号；【二审案号】江苏省无锡市中级人民法院（2017）苏02民终3470号。感兴趣的读者，我们推荐可细读本案的二审判决，并就二审法院的判决理由进行思考。

② See Małgorzata Cyrul-Karpińska, “The entire consortium is liable for payments to subcontractors”, Accessed July 13, 2018. http://www.codozasady.pl/en/the-entire-consortium-is-liable-for-payments-to-subcontractors.

一般也都应遵循最为基本的合同相对性原则。但是,都不排除在法律没有明确规定的情况下,基于复杂的具体实践情形,会出现要求联合体承包商共同对于第三方承担责任的特殊情形。

总而言之,联合体的问题涉及复杂的合伙、代理等法律制度,目前在国内外工程领域均尚没有十分明确、具体、统一的法律规定或合约范本指引。对于国内工程总承包企业而言,在与其他企业组成联合体之前,均应基于未来的法律责任承担之视角,审慎分析好自身可能对外需承担的连带责任之法律风险,设计好各类有关的对内、对外协议文本,避免不必要的经济损失。

第四章

工程总承包模式下的工期问题

工程总承包模式下的项目竣工日期问题

——武汉国机岩土工程有限责任公司与湖北省电力建设第一工程公司建设工程合同纠纷*

郑冠红　蒋　峰**

关 键 词　竣工日期　验收流程　质保期　质保金

问题提出　工程总承包模式下项目的验收与移交流程与传统施工总承包存在较大差异,从而导致对项目的实际竣工日期、质保期的起算时点等产生争议,进一步影响质保金的支付时间节点。

裁判要旨　根据国际惯例,初步接收证书是业主向承包商签发的,仅表明承包商按要求完成工程,业主初步接收这一行为,初步接收证书获得之后就进入质保期。而本案双方合同中关于质保期及责任的相关约定,整体工程或其分项、分部等工程均从初步接收证书开具之日起算质保期,且质保期为一年。而案涉工程的初步接收证书开具已满一年,质保期已结束,发包人应支付质保金。

案情简介

上诉人(一审被告):湖北省电力建设第一工程公司(以下简称“省电一公司”)

---

* 一审:湖北省武汉市武昌区人民法院(2016)鄂0106民初742号;二审:湖北省武汉市中级人民法院(2016)鄂01民终5452号。

** 郑冠红,上海市建纬律师事务所工程总承包业务部专职律师;蒋峰,上海市建纬律师事务所工程总承包业务部专职律师。

被上诉人(一审原告):武汉国机岩土工程有限责任公司(以下简称“国机公司”)

2010年1月8日,省电一公司与国机公司签订了《伊拉克华事德(WASSIT)4×330MW亚临界燃油(气)机组工程试桩、工程桩工程施工分包合同》。合同约定,伊拉克华事德(WASSIT)4×330MW亚临界燃油(气)机组辅助及附属生产工程桩基工程,省电一公司以¥8143万元的合同价承包给国机公司,承包方式为固定总价承包,此合同价格为国机公司完成本合同项下全部工作的合同价款。国机公司应在工程移交后1个月内向省电一公司提交完整的竣工资料,省电一公司在收到竣工验收报告后14日内应组织验收。整体工程或其中分单项、单位、分项、分部验收交付的工程,均从PAC接收证书开具之日起计算质保期,本工程的质保期为12个月。工程质保期延长的时间等于由于缺陷或损坏而引起的工程不能使用的时间。质保金的数额为竣工结算金额的10%。质保金的支付方式,省电一公司取得业主颁发的本合同所有机组的最终移交证书(Final Acceptance)后,由省电一公司在28日内向国机公司支付完国机公司的全部质保金。本合同受中华人民共和国法律约束,在伊拉克当地执行与本合同有关的活动必须遵守伊拉克相关法律。

2010年1月18日,双方还签订了《工程试桩、工程桩工程补充协议》,协议中对钻机设备、桩径变化、钢筋材料、大型机械设备、固定费用部分及桩的空孔费用进行了约定。

伊拉克华事德4×330MW燃油电站工程,1、2、3、4机组分别于2013年6月4日、2012年12月23日、2013年11月10日、2014年3月7日完成并网发电。

据北极星电力网新闻中心于2014年4月21日发布消息,2014年4月16日,伊拉克当地时间0:04分,由上海电力承担运行的华事德电厂4号机组完成为期30天可靠性运行试验(RTR)。至此,伊拉克华事德项目一期工程的4台330MW发电机组正式全部进入商业运行,为该国经济建设的发展注入了源源不断的电力保障。

2015年7月27日,省电一公司与国机公司双方盖章确认的《工程试桩工程桩工程结算总表》载明,工程结算25,869,199元,核减已付款、税费调整18,343,942元,未付的工程款为7,525,257元,其中质保金为6,821,573元。后双方就质保金返还和工程款支付发生纠纷,为此国机公司将省电一公司诉至法院，针对案涉工程缺陷责任期是否届满以及省电一公司是否应当将质保金支付给国机公司，双方产生争议。

与本案有关的发承包关系如下图所示：

图　本案发承包关系

各方观点

省电一公司：

国机公司在本案中诉请的7,525,257元，该部分为全部工程尾款，按照合同约定，质保金为竣工结算金额的10%，合同暂定结算额为68,215,730元，应扣留质保金6,821,573元。

双方签订的施工分包合同第二章第37条约定了质保期的起算时间点，即均从PAC（初步移交证书）接收证书开具之日起算，质保期为12个月。对此，一审并未查明涉案工程1、2、3、4四个机组的PAC接收证书的准确时间，四个机组的质保期限并不明确。同时，根据施工分包合同第二章第48条约定，质保金的支付条件为省电一公司取得业主颁发的本合同所有机组的最终移交证书（Final Acceptance）后，由省电一公司在28日内向国机公司支付完全部质保金，这是本案中唯一与质保金的支付有关联的条款内容，也是省电一公司支付质保金的唯一依据。而本项目省电一公司至今仍没有取得上海电气集团关于涉案工程的所有机组的最终移交证书（FAC），因此，国机公司要求支付质保金的请求尚没有满足合同约定的支付条件，其关于支付质保金的请求应予以驳回。

国机公司：

1. 施工分包合同签订后，国机公司按合同约定履行了合同义务。2015年7月27日，经双方总结算及对账确认，省电一公司尚欠国机公司该项目桩基工程款人民币（下同）7,525,257元。涉案工程的质保期已先于双方最终结算日的2015年7月27日之前就已到期，省电一公司应按约定支付质保金。

2. 省电一公司以其尚没有取得“最终移交证书”，暂不能支付质保金的上诉理由不能成立:(1)省电一公司不具有获得业主颁发最终移交证书(FAC)的合同主体资格;(2)施工分包合同关于“省电一公司取得业主颁发最终移交证书,作为支付质保金的条件”的约定,依法属于无效的约定,且国机公司对该无效约定不存在过错;(3)没有证据证明涉案工程的业主需向省电一公司颁发最终移交证书(FAC)。

法院观点

本案所涉伊拉克华事德(WASSIT)4×330MW亚临界燃油(气)机组工程属于EPC合同,根据国际惯例,PAC是业主向承包商签发的,仅表明承包商按要求完成工程,业主初步接收这一行为。PAC获得之后就是质保期,承包商有义务对期间发生的问题在划分明确权责的前提下保证工程的顺利运行,并解决出现的问题。质保期结束之后,在充分履行合同义务的情况下,业主向承包商签发FAC。

中国火力发电网发布的新闻报道了2013年8月9日伊拉克电力部正式签署了华事德1号机组的初步移交证书(PAC),由此推断初步移交证书(PAC)的签发时间应在2013年8月左右。根据双方合同中关于质保期及责任的约定,整体工程或其中分单项、单位、分项、分部验收交付的工程,均从PAC接收证书开具之日起计算质保期,本工程的质保期为12个月,工程质保期延长的时间等于由于缺陷或损坏而引起的工程不能使用的时间。而本案中无涉及工程由于缺陷或损坏而不能使用的相关证据,应视2014年8月为其质保期结束的时间。

问题解析

本案的争议焦点实际上在于双方对质保期起算点的分歧,按照《建设工程质量管理条例》第四十条的规定“建设工程的保修期,自竣工验收合格之日起计算”。EPC工程总承包模式下,确定竣工验收合格日期的特殊之处在于,EPC工程总承包指对工程负责设计、设备采购与安装调试、运输、保险、土建施工、试运行性能考核等,最后将工程移交给业主并投入商业运营的整个过程,相比传统施工模式涉及的范围更广,其工程的移交流程及相关流程文件也与施工承包模式存在的一定的差异。尤其是对于石油、化工、电力工程等涉及生产运营的EPC项目，业主通常要求在竣工验收前须进行试运行或竣工试验，部分项目在竣工验收后可能还会涉及竣工后试验，由此会引申出实际竣工日期如何确定的问题，进而影响到保修期和缺陷责任期的起算时点以及质量保证金的支付。本文尝试从国内有关法律法规出发，结合国际EPC项目移交阶段的相关流程和通行做法，对此类问题作出相关解析。

一、国内法律法规有关竣工日期的规定

最高人民法院《关于审理建设工程施工合同纠纷案件适用法律问题的解释》第十四条规定，当事人对建设工程实际竣工日期有争议的，按照以下情形分别处理：(1)建设工程经竣工验收合格的，以竣工验收合格之日为竣工日期；(2)承包人已经提交竣工验收报告，发包人拖延验收的，以承包人提交验收报告之日为竣工日期；(3)建设工程未经竣工验收，发包人擅自使用的，以转移占有建设工程之日为竣工日期。

对该条的理解，首先应明确一个前提，即“当事人双方只有在对建设工程实际竣工日期有争议的情况下才会适用”。所以，如果当事人双方在施工合同内有针对竣工日期的明确约定，或者在竣工验收手续的办理过程中，针对竣工日期有了明确的约定，则意味着当事人对建设工程实际竣工日期无争议，也不触发上述施工合同司法解释第十四条的适用。例如，目前国内的示范文本中，①如竣工验收合格的，则一般以承包人提交竣工报告的日期作为竣工日期。所以在合同双方对竣工日期未约定或者约定不明的情况下，竣工验收流程和相关时间节点就显得尤为重要，如验收合格的时间、承包人提交竣工验收报告的时间、发包人擅自使用的时间等，都将可能成为实际竣工日期，从而影响到后续质保金的回收时间。

如参照上述司法解释第一项的规定，也是实践中最普遍适用的规定，竣工验收合格之日为竣工日期，那么随之而来的问题在于，针对EPC工程，究竟如何算竣工验收合格？

对于国内工程项目的竣工验收及相关流程，通常由国家及行业相关规范进

① 《标准设计施工总承包招标文件(2012年版)》18.3.5条规定：“除专用合同条款另有约定外，经验收合格工程的实际竣工日期，以提交竣工验收申请报告的日期为准，并在工程接收证书中写明。”

行指导并约束,如住建部《房屋建筑和市政基础设施工程竣工验收规定》中就规定了房建和市政项目的验收流程和手续;但对国际 EPC 项目,如东南亚、中东、非洲等区域的国家,对于工程的移交及验收方面并没有国家、行业层面的相关规定,而由业主与承包商根据交易习惯等在合同中进行约定,此时如果合同中约定不够细致,可能会导致工程的最终竣工日期难以确定。

就本案来说,属于典型的电力工程项目,《火力发电建设工程启动试运及验收规程(DLT5437—2009)》将电力项目验收流程分为:分部试运(包括单机试运、分系统试运)和整套启动试运(包括空负荷试运、带负荷试运、满负荷试运)、机组交接验收、考核期(不超过半年)、最终验收。其中该规范 5.0.1 条:“凡新建、扩建、改建的火力发电工程,已按批准的设计文件所规定的全部内容建成,在本期工程的最后一台机组考核期结束,完成行政部门组织的各专项验收且竣工决算审定后,由建设单位按规定申请组织工程竣工验收。”因此,我国的电力项目在竣工验收之前,除了需要进行试运行之外,还需要一段时间的考核期才能正式办理竣工验收,因此竣工试验、试运行、工程接收、竣工后试验等相关流程与确定实际竣工日期密不可分。

二、EPC 项目竣工验收流程及相关节点文件

国内工程项目的竣工验收是法律、规范等要求必须完成的工作,总承包方及各分包商须根据相关规定,组织工程竣工文件的编制并报监理及其他有关部门批准。而对于国外的 EPC 项目,一般没有法律或规范去严格界定竣工验收的流程,通常在合同中予以明确。目前,针对国际 EPC 项目,应用较多的就是 FIDIC(1999 年版),结合银皮书的规定,对国际 EPC 项目的移交流程、竣工验收等作简要分析:

(一)FIDCI 银皮书(1999 年版)关于竣工验收的相关规定

银皮书第 8.2 条将工程的竣工时间规定为:

“承包商应在工程或分项工程的竣工时间内,完成整个工程和每个分项工程,包括:(a)竣工试验获得通过;(b)完成合同提出的、工程和分项工程按照第 10.1 款[工程和分项工程的接受]规定的接受要求竣工所需要的全部工作。”

即银皮书所规定的竣工时间须满足两个要求:竣工试验通过和合同规定的工作完成。而银皮书中的竣工试验包括 3 个阶段:(1)启动前试验,针对的是每项生产设备的试验,类似于电力验收规范中的单机试运行工作,表明单位设备已经完工。(2)启动试验,针对的是单位工程,类似于电力验收规范中的空负荷试运、带负荷试运,表明工程投料试运合格。(3)试运行,针对的是整个工程,包括性能测试。试运行的时间具体由 EPC 总承包商与业主在合同中约定,可达几个月或几年。试运行类似电力验收规范中的考核期,试运行通过表明工程的性能合格,达到合同约定的要求。

结合以上分析可以知道,竣工时间不等同于工程完工时间,只有当竣工试验通过(包括试运行)且完成合同中规定的工作后,竣工时间才可以确定,此时依据银皮书 10.1 条规定,业主向承包商颁发工程接收证书,并注明竣工时间,缺陷责任期从竣工时间起算。同时,银皮书 11.9 条规定了履约证书的颁发时间:"履约证书应由雇主在最后一个缺陷通知期限期满日期后 28 天内颁发,或在承包商提供所有承包商文件、完成了所有工程的施工和试验",因此履约证书的颁发意味着承包商的合同义务已履行完毕。

由于部分工程需要进行竣工后试验,依据银皮书 12.1 条规定:"竣工后试验应在工程或分项工程被雇主接收后的合理可行的时间内尽快进行"、12.2 条规定:"如果工程或任何分项工程的竣工后试验,未能在缺陷通知期限(或双方商定的任何其他期限)内完成,且原因不在承包商方面,工程或分项工程应被视为已通过了竣工后试验",可以判断竣工后试验通常在雇主接收工程后进行且应当在缺陷责任期届满前完成,如工程通过了竣工后试验,且缺陷责任期届满后,业主应颁发履约证书。

(二)EPC 项目移交阶段流程

根据国际惯例,EPC 工程需要经历以下几个步骤:EPC 承包商提交最终完工报告→试运行(性能测试报告的递交与签署)→移交报告的提交(Hand-over Report)→初步接受证书(PAC:Preliminary Acceptance Certificate)的签发→缺陷责任期(warranty)→最终接受证书(FAC:Final Acceptance Certificate)的签发。

其中,移交报告(Hand-over Report)通常是在工程试运行或性能测试通过后,由承包商向业主提交的报告;而初步接受证书(PAC)是业主接到承包商提交的移交报告后,向承包商签发的初步接受的证明性文件,相当于银皮书 10.1 条提到的"接收证书"。移交报告和初步接受证书其实是一个时间节点的两面,当 EPC 项目在竣工试验中各项指标及质量要求均符合合同约定,如电力项目的发电量达到合同要求、水泥等相关生产线的产量符合合同约定等,则由承包商向业主提交移交报告,业主确认无误即向承包商签发初步接受证书,标志着工程由业主接管并开始投入正式的商业运营,同时业主开始承担工程的损坏、安全等相关风险并监督生产,即实际上是工程产权、风险和相关责任的移交。因此,PAC 的颁发是国际 EPC 项目的一个重要里程碑节点。

PAC 签发之后,工程正式通过竣工验收,进入了缺陷责任期,即一般情况下,PAC 上注明的竣工时间即为缺陷责任期的起算时点,也是工程的实际竣工日期。在此期间,承包商有义务对发生的问题在划分明确权责的前提下保证项目按 EPC 合同的要求顺利运行,并解决出现的问题。缺陷责任期届满之后,在充分履行合同义务的情况下,业主向承包商签发最终接受证书(FAC),同时质保金会在扣除相关维修费用后返还给承包商。至此,所有工程款项全部结清,整个 EPC 项目才算全部完结。因此,FAC 证书并不是工程验收的阶段,而是整个 EPC 项目的终点,相当于银皮书 11.9 条提到的履约证书。

三、关于本案缺陷责任期届满的时间如何确定以及质保金是否应当支付

1. 本案双方在施工合同中约定:整体工程或其中的单项、单位、分部、分项验收交付的工程,均从 PAC 开具之日起计算缺陷责任期,且均为 12 个月。本案涉及 4 台发电机组,只有 1 号发电机组的 PAC 颁发时间可以明确,其余四台机组的具体时间无法确定。根据新闻报道,2014 年 4 月 16 号,4 号机组完成了为期 30 天的试运行。如前所述,试运行或性能测试通过之后,业主随后会颁发 PAC 证书,结合 1 号机组并网发电时间为 2013 年 6 月 4 日,1 号机组 PAC 颁发时间为 2013 年 8 月 9 日,两者相差约两个月的时间即为试运行时间(30 天)及签发 PAC 证书的时间之和。因此可以推定出 4 号机组的 PAC 证书签发时间在 2014 年 5 月底,即为 4 台机组全部竣工的最迟时间,从而缺陷责任期届满时间不晚于 2015 年 5 月底,因此质保金已经达到了支付条件,将本案缺陷责任期的届满时间定为 2015 年 5 月较为合理。

2. 本案省电一公司与国机公司在施工分包合同中约定质保金支付以省电一公司取得业主颁发的最终移交证书(FAC)为前提,但 FAC 是属于业主向 EPC 总承包商颁发的工程移交文件,省电一公司并非该文件的受让主体,因此质保金的支付条件永远不可能达成,该约定客观上不具有履行的可能性。退一步讲,即便质保金支付以 EPC 总承包商取得 FAC 证书为前提,但 EPC 总承包商不属于施工分包合同的主体,其何时取得 FAC 证书、业主能否按时下发 FAC 证书等均会影响到国机公司的利益，且国机公司也难以对 EPC 承包商及时取得 FAC 证书施加影响，因此该约定明显有违公平原则，省电一公司应向国机公司支付剩余质保金。

四、小结

目前，国内关于工程总承包的法律、法规和规范比较欠缺，对于其操作细节还处在探索阶段。工程总承包项目通常旨在交付满足合同要求的产品，具备合同要求的使用功能，因此其竣工验收与移交属于整个项目的关键环节，是检验工程总承包商是否按合同约定设计和施工的最重要的环节。如前所述，工程总承包项目相对于传统施工项目来说，其移交流程更为复杂，在当前法律法规对工程总承包的规定还不全面的情形下，工程总承包商更应当重视在合同中对竣工相关问题予以明确，具体来说主要有以下几点：

1. 明确约定竣工验收日期。结合项目的特点，参照国际 EPC 项目移交阶段的流程，明确竣工验收、移交的流程和时间节点，尤其是由承包商负责工程试运行并要求试运行达到特定标准的工程，建议将竣工验收日期与试运行相关联。

2. 明确缺陷责任期的起算时点和期限，如以工程验收合格之日起算，也可如本案一样，从 PAC 接收证书开具之日起算，也可约定以 PAC 证书上注明的时间起算。

3. 如项目需要进行竣工后试验的，应当明确竣工后试验在竣工验收合格后或业主接收工程后的一定期限内进行，超过该期限的应视为竣工后试验合格。

此外，类似本案，对于工程总承包项下的分包单位来讲，分包工程的尾款或质保金应以分包工程缺陷期满后支付，应避免约定以工程总承包商取得业主的 FAC 证书或整个工程缺陷期届满后支付，以免分包单位迟迟无法取得工程尾款。

工程总承包商在设计变更情形下的工期索赔问题

——北京嘉瑞环保股份有限公司与山东石大科技石化有限公司承揽合同纠纷*

汪　铭　张志国**

关 键 词　工程总承包　变更　工期顺延

问题提出　工程总承包合同往往都会包含设计、施工两个环节，按照《建设工程质量管理条例》的规定，施工图设计文件未经审查批准的，不得使用。所以承包人在完成施工图设计后，要先进行审查批准。在此过程中，如发包人提出设计方案调整是否构成变更？如果构成变更，承包人该如何履行工期索赔程序，才能避免遭受发包人主张工期违约的风险？

裁判要旨　发承包双方在初步设计审查会议中，就设计方案所达成的意见系各方协商一致的结果，不构成变更。工程总承包商作为合同承包方以及专业的环保技术公司，对于设计方案的变化对合同履行期限的影响应具备合理预估的能力，但其未能及时就延长合同期限与发包人达成一致意见，且提交设计图纸的日期晚于合同约定的进度节点，构成违约。

| 案情简介

上诉人（原审原告、反诉被告）：北京嘉瑞环保股份有限公司（以下简称"北

---

* 一审：北京市海淀区人民法院（2011）海民初字第23303号；二审：北京市第一中级人民法院（2015）一中民（商）终字第03754号；再审：北京市高级人民法院（2016）京民申2285号。

** 汪铭，上海市建纬律师事务所工程总承包业务部专职律师；张志国，上海市建纬律师事务所工程总承包业务部律师助理。

京嘉瑞公司”)

被上诉人(原审被告、反诉原告):山东石大科技石化有限公司(以下简称“山东石大公司”)

2010年9月17日,北京嘉瑞公司与山东石大公司签订《山东石大科技石化有限公司100万吨/年含硫含酸重质油综合利用装置配套污水处理厂项目设计设备采购安装工程总包合同》(以下简称《总包合同》),约定发包方(甲方)为山东石大公司,承包方(乙方)为北京嘉瑞公司。工程内容为污水处理厂设计、设备材料供货、工程安装、指导调试等工作。合同工程设计、建设工期为:2010年9月17日至2011年5月31日。

工程设计及技术资料的提供约定为:乙方负责组织合同工程的基础设计和详细设计;甲方协助组织各设计阶段的设计审查;乙方应按合同工程进度要求及时向甲方提供合同工程详细设计正式出版文件。设计文件要符合专利上的要求和国家有关的法律、标准、规范。设计深度必须达到《石油化工装置基础工程设计内容规定》和《石油化工装置详细工程设计内容规定》标准要求;乙方应保证向甲方提供的设计文件等技术文件的准确性。如果甲方认为乙方提供的文件、图纸资料有技术失误、不明确或有矛盾之处,应及时以书面的形式通知乙方或当面洽谈,以便乙方向甲方进行书面的澄清或更正。当双方意见不一致时,组织专家论证;乙方送达给甲方需要确认的文件资料,甲方须在3个工作日内书面确认并返回乙方,若3个工作日内未返回,可延长2个工作日。如果逾期甲方仍未确认和返回,则乙方可认为甲方已默认;乙方向甲方提交文件资料的交接时间以投递邮戳日期或文件交付签字日期为准。

工期顺延情况约定为:(1)非乙方原因引起的设计变更;(2)非乙方原因而引起的工程停工;乙方在上述条款情况发生后3天内就延误工期的有关事宜以书面形式向甲方提出报告,甲方在收到报告后5天内予以确认,逾期不予确认也不提出修改意见时视为同意。

2010年9月22日,北京嘉瑞公司与山东石大公司签订《山东石大科技石化有限公司日照临港化工园区350m^3/h污水处理工程EPC技术协议》(以下简称《技术协议》),其中,关于总体进度约定为:工程的设计时间从2010年9月17日开始运行,至2010年12月10日完成设计工作。土建施工于土建施工图完成后进行,土建施工工期为92天。当土建施工完成到相应程度,设备、电气、仪表安装与土建施工交叉进行。《技术协议》还对各个设计阶段的时间节点进行了约定。

2010 年 10 月 14 日,北京嘉瑞公司向山东石大公司出具《关于石大项目时间进度节点安排》(以下简称《进度节点安排》),变更了《技术协议》中关于设计工作完成进度的时间点,具体如下:"一,初步设计及审查通过时间为 2010 年 10 月 14 日—2010 年 11 月 1 日……三,施工图时间为 2010 年 11 月 8 日—2011 年 1 月 12 日:3.1 地基、基础处理图提交日期为 2010 年 11 月 8 日—2010 年 11 月 17 日;土建图纸提交(满足招标)时间为 2010 年 12 月 23 日—2011 年 1 月 12 日;全部施工图纸时间为 2011 年 1 月 12 日。"

2010 年 10 月 22 日,北京嘉瑞公司、山东石大公司、洛阳瑞泽公司与国环清华研究院(北京嘉瑞公司委托该公司进行设计)共同召开初步设计审查会,各方对污水处理厂初步方案进行讨论,经协商一致,确定优化边界条件、重新优化布置平面图等修改内容。

2010 年 12 月 27 日召开山东石大污水处理构筑物桩基设计图协调会,山东石大公司要求变更设计方桩基方案,由此设计方进行了相关调整。此后山东石大公司于 2011 年 1 月 12 日两次对设计方关于平面布置及防爆区域确认函进行了回复,调整了防爆区域图纸。

2011 年 2 月 22 日,北京嘉瑞公司向山东石大公司提交了土建部分的设计图纸。

2011 年 5 月 29 日,北京嘉瑞公司向山东石大公司出具《关于山东石大项目执行过程中涉及工程增量的请示函》,称"设备、材料价格急剧上涨,导致我司的设备采购工作已不能按照投标时的价格进行下去",且因"设计变更""防爆区变更",请山东石大公司"根据实际情况对于增加的工作量和设备变更给予支持并确认"。

2011 年 7 月 14 日,山东石大公司向北京嘉瑞公司出具《回复函》,称:"因项目为总包工程,函中提出的材料价格上涨问题及增加设备问题均已包含于总包合同供货范围内,贵方再次提出是没有道理的,我司不同意贵公司的意见。函中提出的设备的规格及型号的变更问题及防爆区增量问题,我方同意进一步协商确定该部分增量"。

此后,北京嘉瑞公司多次发函山东石大公司,主张山东石大公司提出的设计变更影响项目进度、土建不符合安装条件等问题,并要求增加设计费用,但双方未能达成一致意见。此后,双方还因北京嘉瑞公司未进场进行安装工程施工以及工程设备交付等问题产生诸多争议。

2011 年 9 月 2 日,北京嘉瑞公司向山东石大公司出具《关于解除合同的通知》,要求解除双方签订的总包合同,并要求山东石大公司支付设计、设备采购费及实际增加设计、采购费用并支付延误工期违约金、返还履约保证金。

2011 年 9 月 9 日,山东石大公司向北京嘉瑞公司出具《解除合同通知书》,主张因北京嘉瑞公司没有表示出履行施工义务的诚意,提出无理增价要求,导致协商未果,山东石大公司于 9 月 6 日收到的解除合同通知理由不能成立,并通知北京嘉瑞公司立即解除总包合同,要求北京嘉瑞公司返还预付款并将履约保证金划归山东石大公司所有,同时还应支付违约金及赔偿由此造成的损失。

为此,北京嘉瑞公司向法院起诉,其中诉讼请求之一是要求由山东石大公司支付工期延误违约金 96.35 万元。山东石大公司提起反诉,其中反诉请求之一是要求北京嘉瑞公司支付工期延误违约金 96.35 万元。

| 各方观点

山东石大公司:

北京嘉瑞公司没有按约定进行工程设计、采购设备、工程安装,后虽经山东石大公司多次催促,但北京嘉瑞公司在合同解除之前仍拒不按总承包合同的约定提供全部正式施工图纸、履行采购设备和工程安装义务。

山东石大公司没有单方修改合同确定的技术参数及范围。山东石大公司积极协助北京嘉瑞公司进行设计,并将有关审查部门的意见反馈给对方,并没有单方修改合同确认的工程技术参数。由于本合同是"EPC"工程即总包合同,且北京嘉瑞公司又是环境工程的专业公司,所有设计由北京嘉瑞公司完成,山东石大公司可以提出合理建议,北京嘉瑞公司可以接受也可以不接受。但是,前提是必须符合国家的强制性规定,其设计应当符合国家相关部门的审查。

北京嘉瑞公司:

虽然 2010 年 10 月 14 日,北京嘉瑞公司在《关于石大项目时间进度节点安排》中计划全部施工图交付时间为 2011 年 1 月 12 日,但根据总包合同约定,因山东石大公司的原因延误工期的,不计入北京嘉瑞公司工期之内。本案中,由于山东石大公司在2010年12月13日—2011年1月12日期间提出多项条件变更事项,导致设计工作量和时间发生重大变化,北京嘉瑞公司无法按照上述时间节点完成,而是根据总包合同约定于2011年2月至4月最终提供全部图纸。由此可见,延误工期完全是山东石大公司所致,不能免除山东石大公司应当承担的导致设计工作延期和费用增加的违约责任。

法院观点

2010年10月22日至23日的初步设计审查会议中,北京嘉瑞公司与山东石大公司以及工程实际设计方就设计方案所达成的意见系各方协商一致的结果,并非山东石大公司单方所进行的变更,北京嘉瑞公司作为合同承包方以及专业的环保技术公司,对于设计方案的变化对合同履行期限的影响应具备合理预估的能力,但其未能及时就延长合同期限与山东石大公司达成一致意见,此后提交设计图纸的日期亦晚于其自行向山东石大公司出具的进度节点所保证的日期,故对北京嘉瑞公司关于山东石大公司变更技术参数、设计方案导致延误工期,构成违约的主张不予采信。

北京嘉瑞公司主张其已在2011年4月12日提交了全部的设计图纸,但未能提交直接证据予以证明,故北京嘉瑞公司未能按时提交设计图纸的行为已构成违约,应承担相应的违约责任。

问题解析

案涉工程是一则因工程总承包合同承包商未按规定的时间节点提交设计图纸及未按约进场安装施工导致的诉讼纠纷。其中,涉及山东石大公司就北京嘉瑞公司在初步设计审查会议中提交的图纸,先后提出优化边界条件,重新优化布置平面图;变更桩基设计方案;防爆区域图纸调整等多项意见。山东石大公司提出上述意见是基于何种原因而导致,其是否能够被认定为构成变更,以及北京嘉瑞公司是否能因此而要求顺延工期?就此,我们将结合FIDIC银皮书(本文中均引用1999年版)、《建设项目工程总承包合同示范文本(试行)》[以下简称《示范文本(试行)》(GF-2011-0216)]、《标准招标文件》等有关的工程总承包合同文本中的规定来进行分析。

一、顺延工期的构成要件

工程总承包合同履行过程中，由于项目建设的复杂性和建设周期的长期性，通常会发生导致项目无法按照合同约定的工期竣工的各种事项。而承包人通常只有在非承包人原因造成工期延误的情况下才能够获得工期顺延。如在FIDIC银皮书中，第8.4条规定，承包商有权按照第20.1条“承包商的索赔”的规定提出延长竣工时间的原因主要包括：变更；由雇主、雇主人员、或在现场的雇主的其他承包商造成或引起的任何延误、妨碍和阻碍以及根据FIDIC银皮书某款规定有权获得延长期的其他原因。《示范文本（试行）》（GF－2011－0216）中关于承包人有权获得工期顺延的条件，分散规定于多个条款中，归结起来主要是发包人未能履行合同约定的义务以及不可抗力和变更造成工期延误。《标准招标文件》中的规定则相对集中且简洁，其中第11.3条“发包人引起的工期延误”明确规定在履行合同过程中，由于发包人的原因造成工期延误的，承包人有权要求发包人延长工期，这些原因包括：变更、因发包人原因导致的暂停施工以及发包人未及时履行相关义务等原因。另外，《标准招标文件》第11.4条规定，出现专用合同条款规定的异常恶劣的气候条件导致工期延误的，承包人也有权要求发包人延长工期。

需要注意的是，FIDIC银皮书中规定承包商有权获得工期顺延的前提条件是造成延误的原因达到致使竣工已或将受到延误的程度，即因上述原因造成的延误使总工期受到了影响。而通常只有项目建设进度计划中关键线路上的工作受到延误才会对总工期产生影响。也就是说，只有在上述原因导致关键线路上的工作发生延误的情况下，承包商才有可能获得工期顺延。

通过对以上工程总承包合同文本中工期顺延条件相关条款的总结，不难看出变更是使承包商获得工期顺延的重要原因之一，本案中涉及的设计变更亦属此列。但是，发承包双方在发生工期纠纷时，往往会对某些设计方案的调整是否属于变更产生争议。

二、工程总承包合同中有关变更的理解

在FIDIC银皮书中，第1.1.6.8条对于变更的定义是，系指按照第13条“变更和调整”的规定，经指示或批准作为变更的，对雇主要求或工程所做的任何改变。在《示范文本（试行）》（GF－2011－0216）第1.1.24条中约定，变更，指在不改变工程功能和规模的情况下,发包人书面通知或书面批准的,对工程所做的任何更改。

根据上述规定,我们会发现,工程总承包合同中的变更从程序上来讲,需要经过业主指示或批准。这其中包括业主主动提出的变更指令,如FIDIC银皮书中第13.1条规定,“在颁发工程接收证书前的任何时间,雇主可通过发布指示或要求承包商提交建议书的方式,提出变更”;也有业主被动接受的变更建议,如第13.2条、13.3条规定,承包商可以随时向雇主提交书面建议,……雇主收到此类建议书后,应尽快给予批准、不批准,或提出意见的回复。

其次,从内容上来说,变更是指对雇主(发包人)要求或工程的改变,与传统施工总承包模式中承包人履行“按图施工”职责不同的是,EPC合同中承包人是“按约履行”。由于EPC合同包含了设计部分,工程发包时往往不具备足够深度的图纸,甚至没有图纸,承包人是根据发包人要求完成设计工作,即在满足发包人要求的前提下,对于工程最终体现的形态承包人具有更多的自主性。但该自主性又受到一定的约束,设计文件在最终确定之前通常要经过业主审核,如FIDIC银皮书第5.2条、《标准招标文件》第5.3条、《示范文本》(GF-2011-0216)第5.3.2条均规定承包人要向发包人提交相关的设计文件供发包人审查。按照《建设工程质量管理条例》第十一条规定,“施工图设计文件审查具体办法,由国务院建设行政主管部门、国务院其他有关部门制定。施工图设计文件未经审查批准的,不得使用。”可见在我国施工图审查还应当符合相关行政主管部门的规定。故而,承包人的设计文件难免会被提出修改的要求,且承包商通常要执行此类要求,其中原因一般有以下几种:

1. 审图机构在审图过程中发现不符合公共利益、公众安全、工程建设强制标准而被提出整改要求。

2. 发包人提出在审图过程中提出修改要求,其中包括承包人设计错误,不符合发包人要求;也可能是发包人未得到更高的经济效益等原因而提出新的要求,或者改变原来的设计指标。

3. 承包人根据自己的专业能力,认为通过变更设计能使工程发挥更大经济效益而提出的合理化建议,并被发包人采纳的。

本案中,两级法院均以2010年10月22日召开的初步设计审查会中对设计方案提出的意见是双方协商一致的结果为由,驳回北京嘉瑞公司提出的工期延误责任在于山东石大公司的主张。但是,笔者认为无论"协商一致"还是"业主单方变更"并不应该作为认定是否构成变更的标准,判断是否构成变更关键在于设计方案的调整是否符合变更的构成要件,即是否涉及对发包人要求的改变,这包括发包人改变了原发包人要求,或者发包人提出了更多的要求;以及这些改变或新要求是否由发包人发出指令或者经发包人批准。

如在本案中,山东石大公司提出的转达审图机构的意见,是基于审图机构对北京嘉瑞公司所完成的设计中不符合强制性规范的整改意见,是承包人履行合同的瑕疵,应当自行承担责任。例如,FIDIC 银皮书第 5.4 条、《示范文本(试行)》(GF-2011-0216)第 3.1.1 条、3.1.2 条规定,承包人的设计文件应当符合相关技术标准,如设计文件存在缺陷的应当自费修复。而对于防爆区域的图纸调整,在本案中应是属于发包人提出的新要求,构成变更。一般情况下,发包人发出的指示,除承包人难以实施,或者会降低工程的安全性等特殊情况外,承包人应当履行该指示。这其实也是一种"协商一致"的结果。所以,判断设计方案的改变是否构成变更是首先要处理的,这也是认定工期顺延的基础。

三、承包商提出工期顺延的程序性要求

本案中,法院不支持北京嘉瑞公司主张的工期顺延的另一个理由是,北京嘉瑞公司作为合同承包方以及专业的环保技术公司,对于设计方案的变化对合同履行期限的影响应具备合理预估的能力,但其未能及时就延长合同期限与山东石大公司达成一致意见。然而,发承包双方未就变更事项导致的工期顺延达成一致意见,是否就意味着不能顺延工期?

本案中,双方对于工期顺延的约定为,非乙方原因引起的设计变更,乙方应在变更发生后 3 天内就延误工期的有关事宜以书面形式向甲方提出报告,甲方在收到报告后 5 天内予以确认,逾期不予确认也不提出修改意见时视为同意。同时,参照最高人民法院《关于审理建设工程施工合同纠纷案件适用法律问题的解释(二)》第六条的规定:"当事人约定顺延工期应当经发包人或者监理人签证等方式确认,承包人虽未取得工期顺延的确认,但能够证明在合同约定的期限内向发包人或者监理人申请过工期顺延且顺延事由符合合同约定,承包人以此为由主张工期顺延的,人民法院应予支持。当事人约定承包人未在约定期限内提出工期顺延申请视为工期不顺延的,按照约定处理,但发包人在约定期限后同意工期顺延或者承包人提出合理抗辩的除外。"该规定仅确定了合同双方明确约定逾期失权的情形下,承包商因超出约定期限提出工期顺延申请的则丧失权利。虽然北京嘉瑞公司在合同履行过程中提出因山东石大公司提出设计变更导致工期延误的主张超出了3天的期限,但合同中并未规定承包商超出期限丧失索赔权利,法院因此不支持北京嘉瑞公司提出的工期顺延主张有待商榷。

但需要提醒的是,随着建设工程领域的不断发展,发承包双方更加注重合同管理的质量,以保证合同履行结果的可预见性。为避免未来发生纠纷时有关的案件事实无法查清而导致争议,合同双方往往会在协议中设定逾期失权条款,如FIDIC银皮书中第20.1条、《示范文本(试行)》(GF-2011-0216)第16.2.2条、《标准招标文件》第23.1条等,这就要求承包商在合同履行过程中对工期索赔申请期限的把握要给予足够的重视。

四、小结

在工程总承包项目中,承包商难免会遇到各种问题需要对原施工方案进行调整,这其中有来自业主的指令,有来自审图机构的要求,还有因承包商的设计错误或自主优化等,而且施工方案的调整直接影响承包商的施工期。但是往往因为承包商在合同履行过程中不注重过程资料的完善,最终导致事实认定不清,遭受利益损失。

因此,承包商对于将会增加工期的方案调整,应当要求发包人发出书面变更指示,否则应慎重考虑是否予以实施。如果承包商贸然实施了变更后的方案,轻者会因无法证明构成变更,而被认定为自主行为,导致工期无法得到顺延;重者如涉及发包人要求的变更,则有可能会被追究未按合同约定履行,而需承担质量不合格的违约责任。

此外,承包商在收到变更指令后,一定要注意及时提出合理的工期顺延申请,及时回应发包人的变更指示,并全面评估执行该变更指示对工期的影响,争取在执行变更指示之前,与发包人达成一致意见。否则,在未来进入诉讼程序时,容易造成承包商的工期索赔得不到法院支持,且若实际工期超过合同工期时,承包商反而需要向发包人承担工期违约责任。这些情形,在我们经办的案件中时有发生。而且,因为工程总承包合同包含了设计、采购、施工和试运行等多个阶段,承包商在发包人发出变更指示后,不仅应考虑设计工作时间的延长,还应当综合考虑与此相关的采购、施工等阶段的履行期限,一并向发包人提出工期延长申请,以免在采购、施工阶段单独主张时被认定为逾期失权。

第五章

工程总承包模式下的价款结算问题

工程总承包模式下设计优化和设计变更引发的工程总承包单位与施工分包单位之间的结算差异问题

——中国水利水电第九工程局有限公司、张毅建设工程施工合同纠纷*

蒋　峰**

关 键 词　固定总价　设计变更　设计优化　索赔

问题提出　设计优化和设计变更在工程实践中常被提及，而在传统设计与施工分离的模式下，设计优化与变更并未存在较大的争议。但旨在设计与施工深度融合的工程总承包模式下，设计优化与设计变更将会产生各种争议。尤其是当前在工程总承包模式下，因设计变更与优化的概念与界限尚不清晰，一旦发生相关的设计变更与优化，则各方主体之间的有关工程价款结算应当如何进行，是否均保持固定总价不变，则时常引发争议。其中，尤其以固定总价模式下的施工分包单位为甚。因此，有必要对设计优化与变更引发的工程价款结算差异问题进行梳理，从而为工程总承包项目的工作人员提供一种思路。

裁判要旨　本案施工合同约定为固定总价，但由于施工单位在施工过程中发现施工图纸与施工现场地貌不符，经请示设计单位后进行了变更，导致合同约定的设计图纸发生了重大变化，且存在新增工程，工程量大幅增加，导致无法区分合同约定部分的工程内容和变化部分的内容，因而需对整个工程进行鉴定，以根据鉴定结果确定施工单位的价款调整主张。

---

* 一审：贵州省铜仁市江口县人民法院(2017)黔0621民初4号；二审：贵州省铜仁市中级人民法院(2018)黔06民终1288号。

** 蒋峰，上海市建纬律师事务所工程总承包业务部专职律师。

案情简介

上诉人(一审被告):中国水利水电第九工程局有限公司(以下简称“水电九局”)

被上诉人(一审原告):张毅

一审第三人:贵州铜仁三江水电建筑施工有限公司(以下简称“三江水电”)

铜仁市重点水源工程建设管理局与贵州省水利水电勘测设计研究院、被告水电九局于2012年2月23日签订《江口县鱼粮水库工程总承包(EPC)合同》,合同约定铜仁市重点水源工程建设管理局将江口县鱼粮水库工程交由贵州省水利水电勘测设计研究院、水电九局总承包,且合同价格形式为固定总价合同,无论工程量是否变化,合同价款均不予调整。

实际施工人张毅借用三江水电的名义、资质与水电九局于2014年3月12日签订《江口鱼粮水库工程总干渠2标段土建工程施工合同》。三江水电对江口鱼粮水库工程总干渠2标段土建工程施工全程未参与。

施工合同约定:水电九局将江口鱼粮水库总干渠2标段内除金属结构设备与安装和机电设备与安装工程外的土建工程,包括土石方开挖、渠道浆砌石、渠道混凝土及模板、隧洞开挖、喷锚支护、混凝土衬砌、钢筋制安及渠道附属建筑等工程发包给三江水电施工;三江水电应按水电九局要求完成整个工程的施工准备、施工组织、原始资料整理、竣工验收和维护保修等全部内容,并承担由此而发生的各项应有费用、风险及税金;工程完工时间为2014年9月30日;该合同为总价合同,合同总价为6,100,000元;合同并对其他事项进行约定。江口鱼粮水库工程总干渠2标段土建工程由张毅具体施工、负责拨付相应款项,且张毅在水电九局与三江水电未签订《江口鱼粮水库工程总干渠2标段土建工程施工合同》前,即于2013年下半年已对该工程进行施工。张毅在组织施工过程中因图纸设计与施工现场地貌不符,故在请示水电九局、设计方后对该部分工程施工进行改动,并由水电九局及设计方出具相应的签证。江口鱼粮水库工程总干渠2标段土建工程因多方面的原因未能按合同约定完工,期间多次出现张毅停工情况。该工程于2016年5月完工,至今未全部验收仅部分工程进行了验收,但已于2016年10月投入使用。水电九局于2016年8月18日经对张毅所做工程进度进行结算，双方认可张毅完成合同内工程量项目金额为5,617,894.89元，且张毅认可水电九局已向其支付5,617,894.89元。张毅因该工程实际施工改动较大，就工程量及设计变更问题与水电九局未能达成一致意见，因此双方就工程款的拨付引发分歧，实际施工人张毅向人民法院提起诉讼，要求就设计变更引起的工程量增加调增工程价款。

案涉工程的发承包关系如下图所示。

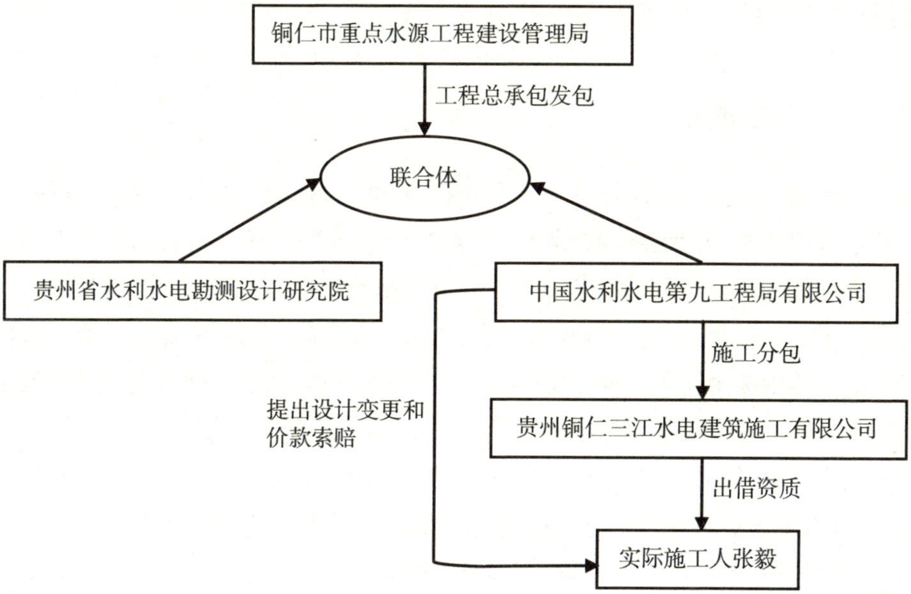

图　本案发承包各方关系

各方观点

水电九局：

首先，案涉工程施工过程中发生的设计变更仅为部分变更，变更部分与未变更部分能够合理区分，因而无须对整个工程进行鉴定。其次，实际施工人张毅同意以总价方式承包案涉工程，施工合同中明确约定无论工程量是否变化合同价格均不作调整。最后，案涉工程为贵州省重点工程，涉及多方利益主体，水电九局与施工分包商签订施工合同时采用固定总价的方式控制工程造价，约定的计价依据合理合法、十分明确,因而不应当因案涉工程存在设计变更而对整个工程进行鉴定,从而调整合同价款。

实际施工人张毅:

施工合同虽然约定为固定总价合同,但水电九局提供的设计图纸与施工现场地貌不一致,经请示水电九局和设计单位,对原设计图纸进行变更从而导致变更施工内容、增加工程量以及存在窝工的现场事实。而上述情况非施工单位的原因,应当对合同价款进行调整。

法院观点

当事人订立、履行合同,应当遵守法律、行政法规,尊重社会公德,不得扰乱社会经济秩序,损害社会公共利益。本案原告作为没有资质的实际施工人借用第三人铜仁三江水电公司的名义与被告中国水利水电九局签订《江口鱼粮水库工程总干渠2标段工程施工合同》,最高人民法院《关于审理建设工程施工合同纠纷案件适用法律问题的解释》第一条第(二)项的规定,该合同认定无效。鉴于本案涉及的江口鱼粮水库总干渠2标段土建工程已于2016年5月完工,该工程虽未完全验收,但已于2016年10月投入使用,故根据上述司法解释第二条的规定,对原告要求被告支付相应工程款的诉讼请示,该院予以支持。关于工程款的数额,本案涉及的《江口鱼粮水库工程总干渠2标段工程施工合同》被认定无效,工程款的计取可参照合同约定,但鉴于本案所涉及合同系固定总价合同且原告在施工过程中因施工图纸与施工现场地貌不符,经请示被告和设计方同意,对部分工程进行变更施工,工程量增加,且无法区分合同约定的工程和变更、增加的工程,根据上述司法解释第二十三条的规定,原告诉请按经鉴定的原告实际已完工程量的工程价款主张工程款,于法有据,该院依法予以支持。

问题解析

无论在国内还是国际,发包人倾向于选择工程总承包作为主要的建设模式,其根本原因在于发包人能够将工程"一揽子"交给工程总承包单位实施,在支付合理的风险补偿金后将工程的工期和价款等一系列主要风险转移至工程总承包单位。因而，在工程总承包模式下，在发生设计变更、设计优化等情形时，工程总承包单位难以依据合同、施工行业惯例等向发包人主张价款调整；而对于工程总承包单位的施工分包商，即便施工合同约定为固定总价合同，但施工分包商仍可基于施工总承包模式的特点及施工合同的交易习惯等，通常在设计变更、优化等非施工分包商原因引起的变更向工程总承包单位主张价款调整。而当此类情形发生时，工程总承包单位对发包人无法主张变更价款，而又将面临施工分包商的价款索赔，存在较大的风险敞口。

对于本案来讲，正是这一情形的典型代表案件：案涉工程由水电九局作为工程总承包单位，工程总承包合同约定为固定总价，而实际施工人张毅作为施工分包商承包案涉工程的施工。水电九局希望通过施工分包合同约定为固定总价的形式转移施工合同价款风险，但案涉工程实施过程中因设计图纸与施工现场地貌不一致而发生了设计变更，从而导致工程总承包单位与施工分包单位就最终的价款产生争议。

基于此，在国家大力推广工程总承包模式的背景下，设计优化的问题进一步受到了以设计单位牵头的工程总承包单位广泛关注。工程总承包单位希望通过设计优化以更低的成本承包项目，而发包人可能认为工程总承包单位的优化属于变更，应从总价中扣除，从而引起发包人和工程总承包单位之间的争议。实践中，此类因设计变更、设计优化引起的发包人、工程总承包单位和施工分包单位之间最终价款结算的争议十分普遍。其根源在于工程总承包模式下，工程各方主体对设计变更与设计优化的概念、界限等不清晰。基于此，本文尝试先从设计变更和设计优化的概念谈起，并进一步对此类问题进行梳理。

一、设计变更和设计优化的概念界定

目前国内对于设计变更和设计优化的界限较为模糊，甚至设计人员、工程项目管理人员、法务人员等专业人士对于设计变更、设计优化的概念理解也均参差不齐。根据笔者的检索，至少存在以下两种观点：

有观点认为，①从设计院的角度，一般认为设计优化是设计成品（一般指施工图设计）出来前对初步设计基本内容的一些提升和改变；而国际惯例上少有设计优化的提法，只要是涉及对合同约定设计内容、标准、工程量的变化，都归类于设

① 参见秦晋：《总承包项目设计优化管理思考》，载《南方能源建设》2016 年第 1 期。

计变更。即设计优化指在施工图正式出图前对初步设计的一些修改、优化等可归类为设计优化;而施工图正式出图后对图纸的修改应归类为设计变更。

也有观点认为,[①]设计变更是指为保证和提高工程质量而进行的完善工程设计、纠正设计错误以及为满足现场施工条件而对原设计进行修改的工作,并将设计变更分为:(1)设计方案修改,即对建筑平面、结构、构造、材料等方案的变更,属于强制性变更;(2)设计深化,即由于原设计图纸对某些技术细节描述不明确导致设计单位不断细化和完善图纸,增加结构构件、修改内部分隔或增加设备等来满足设计要求,也属于强制性变更;(3)设计优化,即为提高建筑物美观性,或提高房屋的适用性、功能性而作出的设计修改,同时也包括为降低建造成本所作的方案型优化,属于选择性变更。简而言之,设计优化属于设计变更的类型之一,设计优化属于非强制性、非必须进行,而设计变更可以同时涉及强制性和非强制性。

上述两种观点均具有一定的道理,笔者认为设计优化并非法律术语,而设计变更在国内相关的法律法规中均有提及,如《铁路基本建设变更设计管理办法》《水利工程设计变更管理暂行办法》《公路工程设计变更管理办法》等,均将设计变更进行了严格的定义。而目前国内有关设计优化的相关规范性文件极少有之,经笔者有限的检索,仅在《水电工程勘察设计管理办法》和《水电工程设计变更管理办法》[②]中提及了"优化"的问题,并且两份文件均将优化列入了设计变更的范畴。

根据上述学者的观点以及相关法规规定,结合笔者的工程实践经验,设计优化和设计变更存在一定的关联性。一般而言,设计优化未必引起设计变更,但设计变更可能由设计优化导致,两者存在一定的交叉关联。例如,在发包人发包工程之前对设计图纸的修订、调整、补充等,可归为设计优化的范畴,此时由于发包人并未将工程交给承包人实施,因而设计变更也无从谈起;而发包人在发包工程

---

① 参见林韩涵、周丹、宋研:《建设工程项目中设计变更的原因分析与控制》,载《建设监理》2011 年第 11 期。

② 《水电工程勘察设计管理办法》第三十二条规定:"招标设计和施工详图设计阶段,对审定的工程特征参数、工程设计方案和移民安置方案进行的调整、补充和优化均属设计变更。"

《水电工程设计变更管理办法》第三条规定:"设计变更是指在招标设计阶段和施工详图阶段,对审定的工程主要特征参数、工程设计方案和移民安置方案等所进行的改变,包括调整、补充和优化。"

后对图纸的修订、调整等优化行为应归入设计变更的范畴。实践中，常见的设计优化指的是结构设计的优化。例如发包人在出具正式的图纸之前，通常会委托第三方机构（可以是科研机构，也可以是专门从事优化的工程公司或其他设计院）根据发包人提供的施工图电子文件进行结构的进一步优化设计，第三方机构会依据图纸进行结构的整体建模分析，在满足规范的要求下调整结构的布置方案以达到更为经济的效果。根据笔者经验，结构的设计优化通常会为发包人节省10%～30%的工程造价。此时，发包人以经过优化的设计图纸将相关工程发包，而在施工过程中如设计图纸仍须进行局部调整，则设计变更随之发生。

二、工程总承包模式下的设计优化和设计变更

在传统施工和设计分离的模式下，工程设计人员在进行设计时通常不考虑经济的合理性，尤其是对建筑的安全性、耐久性、可靠性产生直接影响的结构设计人员，其设计通常较为保守。例如，对于一般的结构设计人员在设计结构构件时，可能会布置较多的支撑、梁等受力构件，同时在单一构件中又配置过多的钢筋，从而导致钢筋用量的大幅度提升。鉴于此，发包人在正式发包工程前会聘请第三方对图纸进一步优化，以达到降低工程造价的目的。

而在工程总承包模式下，设计优化和设计变更的联系则更为紧密。发包人通过固定总价的形式，将工程的设计、施工等"一揽子"工作全部交付给工程总承包单位实施。因此，不同于施工发承包模式，工程总承包模式下设计优化和设计变更的主要主体是工程总承包单位而非发包人。即施工总承包模式下，设计变更和设计优化均由发包人主导，设计优化一般发生于施工开始前，而施工开始后的"优化"则属于设计变更的范畴，将影响施工总承包单位的实体权利。

但工程总承包模式下，设计优化和设计变更的责任主体均在工程总承包单位，且可能贯穿设计和施工的整个流程。① 工程总承包单位通过设计优化，以最经济的手段完成发包人的各种要求。但设计优化应尽可能提前，对于含大量设备采购的工程总承包项目，如果设计优化在采购阶段发生，则不仅需要修改设计图纸，还可能因修改设备参数等原因导致重新采购；如果设计优化在施工分包合

① 工程总承包模式下的设计变更也有可能由发包人引起，如发包人对建设标准、规模等要求发生变化，则也可引起设计变更，但该类变更对工程总承包单位而言通常可向发包人主张调整相关价款，可对冲施工分包单位因设计变更引起的索赔风险，因而不作为本文主要探讨的内容。

同签订后发生,则施工分包单位可以设计变更为由向工程总承包单位主张相关索赔。此外,在设计优化时须尽可能考虑现场的施工情况,以减少在施工过程因设计变更引起分包商的索赔。例如,刚果(布)国家一号公路二期工程中的某钢结构桥梁采用 EPC 模式发包,[①]由中国建筑股份有限公司作为工程总承包单位;中建股份采用 BIM 技术,在设计阶段进行设计碰撞检测,从而对桥梁的构建进行更为优化的设计,同时通过检测共发现三处设计上的细部构造问题并及时得到解决,避免将设计问题滞留到施工阶段,从而减少了设计变更的发生。

三、关于本案施工分包单位能否向工程总承包单位主张价款调整

本案发生的争议正是由于设计图纸与现场施工地貌不符,导致工程总承包单位被施工分包单位索赔。即便施工分包合同约定为固定总价,且无论工程量是否发生变化均不调整价款,但如前所述,作为施工分包单位的价款调整主张仍应得到支持:

1. 案涉工程在组织施工过程中,设计图纸与现场地貌不符,而导致这一原因的是工程总承包单位而非施工分包单位。且施工分包单位在施工过程中就图纸与现场地貌不符的情形请示工程总承包单位后,设计单位已出具设计变更。

2. 参照 1999 年版 FIDIC 银皮书《EPC 合同条件》4. 10 条[现场数据][②]的有关规定,工程总承包单位应当就工程现场的水文条件、地质资料等数据的准确性负责,而 1999 年版 FIDIC 红皮书《施工合同条件》4. 10 条[现场数据]中并未要求施工单位对施工现场的地质条件、数据等准确性负责。换言之,按照相关国际惯例,工程总承包单位在进行设计时,应当严密考察现场的水文地质条件,确保设计的准确性。而如果在施工过程中,施工分包商发现设计图纸所依据的相关数据与现场实际不符,则该等风险理应由负责具体设计工作的工程总承包单位承担。而在国内,《建设项目工程总承包合同示范文本(试行)》(GF - 2011 - 0216)5. 2. 1 条“发包人的义务”规定:“除专用条款另有约定外,发包人应按合同约定和适用法律规定,在设计开始前,提供与设计、施工有关的地上、地下已有的

---

① 参见李学红、郭红领、高岩、刘文平、韦笑美:《基于 BIM 的桥梁工程设计与施工优化研究》,载《工程管理学报》2012 年第 6 期。

② 国际咨询工程师联合会,中国工程咨询协会编译:《设计采购施工(EPC)/交钥匙工程合同条件》,机械工业出版社 1999 年版,第 39 页。4. 10[现场数据]:承包商应负责核实和解释所有此类资料。除 5. 1[设计义务一般要求]提出的情况以外,雇主对这些资料的准确性、充分性和完整性不承担责任。

建筑物、构筑物等现场障碍资料，并对其真实性、准确性、齐全性和及时性负责。”以及《工程总承包管理办法》第十五条规定：“建设单位承担的风险主要包括：……（三）不可预见的地质条件造成的工程费用和工期的变化”，即难以预见的地质自然灾害、不可预知的地下溶洞、采空区或者障碍物、有毒气体等重大地质变化，其损失和处置费由建设单位承担；因工程总承包单位施工组织、措施不当等造成的上述问题，其损失和处置费由工程总承包单位承担，因此目前国内倾向于认为相关数据资料的风险应当由发包人承担。但在任何情形下，设计图纸所依据的相关数据的准确性也与施工分包商无关。

3. 即便工程总承包单位与施工分包单位之间的施工分包合同约定为固定总价，以期转移相关的设计变更和优化的风险，但在施工发承包模式下，固定总价一般是以施工图预算包干的形式，即固定总价以施工图为基准。而发承包双方在施工合同履行过程中，由于设计变更导致图纸发生了变化，则固定总价的计价基础也就发生的变化。因而在施工总承包模式下，其固定总价通常“不能固定”。尤其是在本案图纸与现场不一致的情形下，会因设计变更导致工程量大幅增加，而施工分包单位对此并无任何过错，因此强行要求施工分包单位承担该等增加费用没有道理，且严重违反公平原则。

四、关于工程总承包设计优化和变更的相关风险

结合本案以及前文所述，工程总承包项下有关设计变更和设计优化可能存在两大风险：

（一）发包人与工程总承包单位利益方向不一致，可能导致发包人对项目的过多干预

站在发包人的角度，其希望在合同约定的费用内（通常为固定总价合同）获得更高的建设标准，如采用性能更优越、技术指标更高的设备和材料，具有一流的工程外观质量等，但不会主动补偿费用。[①] 而作为工程总承包单位，也是设计责任承担的主体，其希望通过设计优化的手段使得项目的设计标准、经济指标更为合理，从而降低工程总承包单位的项目成本，在工程总承包合同总价的基础上以获得更高的承包利润或收益。

同时，由于我国的工程总承包模式发展尚不成熟，目前发包人尽管以 EPC 模

---

① 参见石志勇：《推进 EPC 总承包项目的工程设计优化探讨》，载《水利水电技术》2013 年第 8 期。

式进行发包,但管理模式上仍可能沿用施工总承包下的模式,发包人对项目实施过多的干预。在此情形下,由于工程总承包单位与发包人的利益方向不一致,从而导致实践中工程总承包单位的设计优化将极大地受到发包人的限制。例如,在印度尼西亚某生产线 EPC 项目中,[①]发包人给定的技术条件为生产线仓库平面 50m 宽,245m 长,纵向柱距为 5m,共 50 榀框架;而作为工程总承包单位,其通过结构优化设计希望将纵向柱距改为 9m,则框架榀数可减少到 29 榀,同时减少安装时间 1 个月、节约钢材约 100 吨,但该优化方案未获得发包人批准。又如笔者参与的某水源地项目,工程总承包单位通过设计优化,在满足发包人功能要求的基础上,将原方案中的两个出水口优化成一个出水口,节约投资数千万元,而工程总承包单位通过设计优化所节省的投资额理应由总承包单位享有,但发包人对此并不认可,仍主张就优化后减少的投资额从合同中扣除。

(二)在工程总承包合同总价固定的情形下,设计变更或优化可能导致施工分包单位的索赔,而工程总承包单位又无权向发包人主张相关费用

其一,如发生本案所述的情形,工程总承包单位在设计阶段的图纸较为粗糙,与施工现场条件不符,则此时工程总承包单位再就有关图纸进行优化,反而会引起工程量的大幅度增加,对于施工分包商来讲则会形成设计变更,从而引起分包单位的巨额索赔。例如,笔者曾参与的某污水处理厂项目,工程总承包单位在签订合同时未对现场进行详细考察,以至于施工单位实际进场时发现施工场地占地面积远小于原合同文件中的面积,导致工程总承包单位重新调整设计、优化设计,而占地面积的减少导致调整方案后引起工程造价大幅度增加,同时施工分包单位的各种措施费用也成指数型增长,最终引起工程总承包单位的承包成本大幅增加下难以向业主提出价款调整,而又面临施工分包单位的各类巨额索赔。

其二,如设计优化发生在施工阶段,则优化必然会减少施工分包合同金额,此时如果施工分包单位在已投入或计划投入一定资源的条件下,必然会引起施工分包单位的利润或其他损失,因此施工分包单位会提出因优化引起工程量减少的相关损失,从而进一步压缩了工程总承包单位的优化空间。

其三,对于边设计边施工的工程总承包项目而言,往往在施工过程中会产生

---

① 参见黄凯旋、胡成林:《简述 EPC 工程变更及索赔》,载《化工设计》2003 年第 4 期。

大量的设计优化和变更,从而引起工程总承包单位与发包人、施工分包单位之间的争议和纠纷。例如某边设计边施工 EPC 项目中,[①]由于设计时间仓促且发包人设计审核介入较晚,工程总承包单位设计图纸上未充分考虑项目所在地特殊的抗震要求,导致结构配筋率不足,但此时施工分包单位已经施工了部分结构物;工程总承包单位同意设计变更并将新设计应用到未施工的同类结构物上,但拒绝拆除已施工完毕的结构物,由此引起发包人和工程总承包单位之间的争议。而在这种情形下,若工程总承包单位同意拆除已施工的结构物,则一方面将会增加拆除费用,另一方面涉及拆除部分的重新施工,必然会增加工程量从而引起施工分包单位的索赔。

五、小结

结合以上论述,工程总承包单位在设计变更和设计优化时应从以下方面加强风险管理措施:

1. 加强工程总承包合同的策划。在与发包人进行合同谈判时,应争取明确设计优化的利益应归属于工程总承包单位,或由双方按一定比例进行分成。同时,在合同中尽可能约定在满足发包人建设标准、规模、功能需求等前提下,发包人不应对工程总承包单位的设计优化进行干预,并限制发包人对设计优化的审批权,如发包人不同意优化的,工程总承包单位有权提出变更并要求增加合同价款。

2. 站在工程总承包单位的角度,在设计阶段应就整个项目进行统筹,除了关注设计质量、规范标准外,还应当重视未来施工可行性、施工工期及施工成本等经济指标,以期获得更为优化的设计,尽可能减少施工阶段的优化和变更。目前国内和国际上通常以设计企业作为工程总承包单位或牵头人,而我国的大型设计企业集团通常也有自己的造价咨询、工程咨询等部门,其在过往的工程设计经验中也应当积累了丰富的数据资料。而在其作为工程总承包单位时,应充分利用原有的相关造价数据资料,有针对性地进行设计优化,以获得更高的承包利润。例如,每平方米钢筋使用量是实践中常见的造价指标,工程总承包单位在进行设计优化时,可借助于相关类似的指标以有效地控制成本和获得最大的收益。同时,工程总承包单位在工程实践中,也应当注重积累相关的数据资料,以不断

① 参见路同:《浅谈 EPC 总承包模式下的设计优化和变更》,载《居舍》2018 年第 3 期。

提升自身作为工程总承包单位的能力。

3. 加强分包合同的策划,如在施工阶段可能发生设计优化的,工程总承包单位应在签订施工合同时就有关可能出现设计优化的情形和处理方式作出约定,防止因优化出现施工合同的变更引起双方的争议。例如,在施工分包合同中约定施工单位提出设计优化并被采纳的,将给予施工分包单位一定的奖励措施,而该奖励应当覆盖施工分包单位的利润、管理费等损失;而如果由工程总承包单位提出设计优化导致施工分包合同发生变更,引起施工合同工程量降低导致施工分包单位利润损失的,工程总承包单位不予补偿,从而可以控制工程总承包单位在设计阶段的优化风险,同时也可加强施工分包单位提出优化的动力,对双方来讲属于“双赢”的局面。

工程总承包合同里程碑付款条件的认定问题

——中节环(北京)环境科技股份有限公司与北京北科欧远科技有限公司承揽合同纠纷*

胡　丹**

关 键 词　付款节点　里程碑付款　合同目的

问题提出　工程总承包合同中,约定的常见工程进度款的支付方式为按月计量付款、里程碑付款或二者相结合的支付方式。① 在采用里程碑付款的项目中,工程总承包商需要完成了所有合同约定的单项里程碑活动的相关工作,并按要求提交了所有相关文件之后,才能视为完成了某项活动的里程碑。在此条件下,工程总承包商才能通过合同约定的付款程序申请该项里程碑对应的合同款项。但是在项目实施过程中,若其中某项里程碑条件并未严格达成,但是最终项目完成了交付且投入运行,发包人是否可以该里程碑点未达成为由拒绝支付合同对应里程碑节点及后续的工程价款?

裁判要旨　根据双方提供的相关在案证据以及明确自认,可以认定1号、2号机组锅炉氮氧化物排放已达标之客观事实,经进行低氮燃烧改造使锅炉氮氧化物排放达标之北科公司合同目的已经实现,发包人理应向工程总承包商支付尚欠全部剩余合同款项。

---

* 一审:北京市海淀区人民法院(2016)京0108民初39945号;二审:北京市第一中级人民法院(2018)京01民终818号;再审:北京市高级人民法院(2018)京民申4028号。

** 胡丹,上海市建纬律师事务所工程总承包业务部专职律师。

① 参见王珊珊、顾静:《国际工程总包合同进度款支付方式对比及注意事项》,载《现代经济信息》2014年第10期;沈维春、徐慧声、王秀娜、尹贻林:《EPC总承包商模式下工程进度款支付方式》,载《中国电力企业管理》2018年第27期。

案情简介

上诉人(原审原告):中节环(北京)环境科技股份有限公司(以下简称"中节环公司")

被上诉人(原审被告):北京北科欧远科技有限公司(以下简称"北科公司")

2013年5月7日,中节环公司与北科公司签署了《山西兴能发电有限责任公司一期2×300NW机组脱硝BOT项目低氮燃烧器改造EPC工程技术协议》(以下简称《EPC工程技术协议》),当月17日,双方又签订了《山西兴能发电有限责任公司1、2号机组锅炉低氮燃烧改造合同》(以下简称《改造合同》),上述协议主要条款约定:中节环公司作为承包方的承包范围包括:提供本工程所涉及所有设备、材料及备品备件,所有施工包括安装、调试、技术服务等,竣工资料的编制、验收。合同总承包价1030万元,构成如下:设备价款、运费、安装费、技术服务费(工程勘测费、设计费、研究试验费、培训费、系统试车调试验收费、联络会费、现场服务费、国外技术服务费、技术资料费、设备工厂检验费、性能试验与鉴定验收配合费)、竣工资料的编制、验收费。合同承包总价固定不变,施工过程中发生的地基处理、设计变更、变更设计、工程量签证、材料代用等费用已包含在合同总价款内。付款方式0.5:2:2.5:4:1,即预付款5%,设备达到现场验收合格后付20%,安装调试、试运行168小时后付25%,性能测试合格满半年承包方向发包方提供合同总价发票后,北科公司付到合同总额的90%,10%质保金在性能测试验收合格满一年后如无质量问题,无息付清质保金。所有试验应在机组正常运行下进行。机组状态的认可,由双方共同决定。改造后性能验收试验的目的是验证机组是否符合性能保证值,由买卖双方认可的第三方测试单位进行,费用由中节环公司负责。性能试验在低Nox燃烧设备调整试验结束后三个月(不包括停机时间)内进行,具体试验时间由双方商定。所有性能保证值必须同时满足,不允许调整设置以使单个性能保证值满足要求。性能验收试验通过,视作设备的验收接收。

签约后,中节环公司即开始采购设备,并着手安装调试工作。2014年8月,采购的设备陆续到达山西兴能发电有限责任公司并经验收。同年9月底,设备经过安装调试检验。其间,双方还就一期2×300NW机组脱硝BOT项目签订补充协议。北科公司于2013年5月向中节环公司付款50万元，于2014年9月付款100万元，于2015年1月付款100万元。

各方观点

中节环公司：

中节环公司提供给北科公司的设备已经安装调试并经过168小时，达到了付款条件，但北科公司迟迟不予付款，明显违约。双方签订的《山西兴能发电有限责任公司#1和#2号锅炉低氮燃烧系统改造工程施工整体验收单》明确了2号设备于2013年9月25日安装检验验收合格，1号设备于2014年9月27日安装检验验收合格。根据双方签订的《EPC工程技术协议》第46页第7款设备交付进度及工程进度计划约定，冷态动力场试验时间是安装工作结束，预计时间2天；热态调试是冷态调试结束点炉后，预计时间2天。因此，1号设备安装调试经过168小时后是2014年10月6日，2号设备安装调试经过168小时后是2013年10月8日，北科公司第三阶段的最晚付款日应是2014年10月6日。一审法院将第三阶段付款及后续付款混淆，认为第三阶段付款条件没有成就，明显错误。北科公司没有在约定时间内主持双方确认的第三方实施设备性能验收，严重违约，应视为验收合格。根据双方签订的《EPC工程技术协议》第6条检验、调试和性能考核试验：第6.6.1.2条"在低氮燃烧器系统运行168小时后的3个月内进行性能测试验收"，第6.6.1.3条"性能考核试验由甲方（北科公司）主持乙方参加"。一审法院遗漏设备应由北科公司主持双方确认的第三方对设备进行性能测试验收，并且应在燃烧器系统运行168小时后的3个月内进行的重要事实。

北科公司：

在合同的履行上，中节环公司所作的工程并未依约履行完毕。中节环公司仅仅是对其购买的设备予以安装，至今未进行调试。其调试工作尚未完成，就要求北科公司对其工程进行性能考核验收，并称是北科公司未主持性能考核试验，系混淆是非。涉案合同的性质与签订目的，是为了让中节环公司交付符合约定条件的低氮燃烧器，而不是从中节环公司处购买设备。中节环公司提交整个1、2号机组锅炉排放达标的资料，以证明其低氮燃烧器改造合格，但中节环公司进行的低氮燃烧器改造仅是北科公司承包的1、2号机组锅炉脱硝系统改造的一个环节,最终的排放合格不能代表低氮燃烧器改造也达标。168 小时试运营期间要对设备进行调试,以使设备达到约定的技术标准,中节环公司未提供证据证明其在此期间对设备进行了调试,更未提供证据证明168 小时试运营期结束后的3 个月交付经过调试达标的燃烧器。因此,中节环公司没有证据证明第三阶段付款条件已经成就,第四阶段付款更无从谈起。

法院观点

一审法院:

中节环公司虽提供了设备验收及相关检验报告,但没有提交设备试运行 168 小时及改造后性能验收试验由双方认可的第三方测试单位进行的验收合格报告,故其未能完成其有权收取第三阶段及之后价款的义务。因中节环公司完成了交付设备的工作,并经北科公司现场验收,故北科公司仅支付了第二阶段大部分进度款,而未付清第二阶段款项,属违约行为,其应承担继续履行并赔偿损失的违约责任。中节环公司主张的其他价款,因未达到合同约定的付款条件,本院不予支持,其相应部分的赔偿主张,本院亦不予支持。

二审法院:

中节环公司与北科公司签订的合同,系双方当事人的真实意思表示,且不违反法律规定,应属有效,双方均应按约定履行各自合同义务。根据中节环公司提供的相关在案证据及审理中北科公司关于中节环公司提供的涉案设备已投入运行使用的陈述,足以认定中节环公司已依约对 1、2 号机组锅炉进行了低氮燃烧改造。北科公司上述答辩意见中关于中节环公司仅是对设备进行了安装,至今未调试,故其所作工程并未履行完毕之说,显然不能成立。根据双方的诉、辩意见及审理情况,本案的焦点问题在于中节环公司所进行的低氮燃烧改造是否取得成效,是否实现了使 1、2 号机组锅炉氮氧化物排放达标的合同目的,而非如一审法院,脱离设备投入运行使用至今分别已近 4 年和 5 年之基本事实,去探讨设备是否经过 168 小时试运行之中间阶段付款条件是否成就之问题。

根据中节环公司提供的相关在案证据,更是根据本院审理中北科公司的明确自认,可以认定 1、2 号机组锅炉氮氧化物排放已达标之客观事实。北科公司虽主张排放正常不是中节环公司进行改造的结果,而是因其增加了相关耗材投入才使排放达标，但本案中北科公司未对其该主张提供证据予以证明，故本院对北科公司该主张不予采信。据此，可以认定中节环公司对1、2号机组锅炉的低氮燃烧改造符合合同约定，经进行低氮燃烧改造使锅炉氮氧化物排放达标之北科公司合同目的已经实现，北科公司理应向中节环公司支付尚欠全部剩余合同款项。

问题解析

工程总承包合同中，工程款的支付通常分为预付款、进度款和结算款[①]三个部分，其中进度款的付款条件是发承包双方所重点关注的内容。在工程建设的周期内，如果能够做好工程进度款的支付工作，对于保障整个工程的质量、控制项目进度以及资金的良好运转具有重要的作用。下面笔者将简要介绍下工程总承包项目中进度款支付的几种类型，并尝试就本案中里程碑付款条件的认定问题进行分析。

一、工程总承包项目进度款的支付方式

工程总承包合同中，约定的常见进度款的支付方式为按月计量付款、里程碑付款或二者相结合的支付方式，[②]这三种支付方式各有特色。

按月计量付款即承包商按每月实际完成的工程量（含设计、采购、施工、竣工试验和试运行等）的合同金额，向发包人申请付款的方式。这种支付方式在传统的施工总承包项目中也十分常见。对于承包商而言，是一种较为公平的方式，只要已完工程量质量合格，就可以按月申请相应的款项，款项回笼时间固定，资金压力比较小。但是对于发包人来说，按月支付承包商款项对于控制工期进度的作用小。

里程碑付款则是指在进度计划的关键路径上设置一定数量的里程碑，以完

---

① 工程咨询协会编译：FIDIC1999年版《设计采购施工（EPC）/交钥匙工程合同条件》，机械工业出版社2002年版，第85~95页。14.合同价格和付款中约定的为“预付款、期中付款和最终付款”三个部分，笔者认为这仅为表述不同，其含义与“预付款、进度款和结算款”并无区别。

② 参见王珊珊、顾静：《国际工程总包合同进度款支付方式对比及注意事项》，载《现代经济信息》2014年第10期；沈维春、徐慧声、王秀娜、尹贻林：《EPC总承包商模式下工程进度款支付方式》，载《中国电力企业管理》2018年第27期。

成里程碑为依据,作为合同分段计划目标和其中付款的时间控制点。① 这种支付方式适用于工程节点比较明确的项目。相较于按月计量支付的方式而言,里程碑付款方式不能按工程的实际完成进度回收款项,支付时间不固定。但是对发包人而言,却可有效控制承包商保质保量地按照合同约定的里程碑逐步完成项目。

按月计量结合里程碑付款即以实际完成的实物工程量、进度计量只作为计算依据,并将当月的里程碑纳入计算体系,按月申请进度款的支付。② 在这种方式中,主要采用的实际上是按月计量的方式付款,里程碑付款作为一种控制工期的手段存在。

以上简要介绍了三种工程总承包项目进度款的支付方式,③其中里程碑支付是一种不可或缺的一种,经常在工程总承包项目中被采用,④这种付款方式排除了涉及工程量这种大量的计量所带来的较烦琐的工作,对于本案中这种供货、安装量较大、节点较为明确的项目比较适用。

二、关于本案中的进度款支付约定简析

国际上所通用的工程总承包模式其主要特征在于业主将工程的设计、采购、施工、试运行全部或者主要工作都交给承包商来组织实施,项目完成后,承包商将满足业主需求和使用目的的工程移交给业主。本案中,中节环公司与北科公司分别签订《EPC 工程技术协议》和《改造合同》,并在合同中约定由中节环公司统一负责本工程的勘测、设计、采购、安装、施工,从这两份合同的内容上看,本工程采用工程总承包模式。

---

① 王珊珊、顾静:《国际工程总包合同进度款支付方式对比及注意事项》,载《现代经济信息》2014 年第 10 期。

② 同上。

③ 据查询,住建部、原国家工商行政管理总局联合印发的《建设项目工程总承包合同示范文本》(GF-2011-0216)中规定有按月计量付款和按付款计划表支付(里程碑付款)两种支付方式(二者选其一进行适用):14.6 按月工程进度申请付款:按月申请付款的,承包人应以合同协议书约定的合同价格为基础,按每月实际完成的工程量(含设计、采购、施工、竣工试验和竣工后试验等)的合同金额,向发包人或监理人提交付款申请。14.7 按付款计划表申请付款:按付款计划表申请付款的,承包人应以合同协议书约定的合同价格为基础,按照专用条款约定的付款期数、计划每期达到的主要形象进度和(或)完成的主要计划工程量(含设计、采购、施工、竣工试验和竣工后试验等)等目标任务,以及每期付款金额,并依据专用条款约定的格式、内容、份数和提交时间,向发包人或监理人提交当期付款申请报告。

④ 参见张水波、陈勇强编:《国际工程总承包 EPC 交钥匙合同与管理》,中国电力出版社 2009 年版,第 70 页。该书中认为里程碑支付的方式适用于机电供货和安装工程量较大的项目。

本案中，中节环公司与北科公司签订的合同中约定了三个里程碑付款节点：

1. 设备达到现场验收合格；

2. 安装调试、试运行168小时；

3. 性能测试合格满半年承包方向发包方提供合同总价发票，其对应的合同价款的支付比例分别为15%、5%和65%。

结合涉案项目合同约定的可以看出，中节环公司接受了一个对己方十分不利的里程碑付款：本项目涉及大量的设备采购，但是北科公司只支付了5%的预付款，并且65%的合同款项被压制到设备的性能测试合格满半年才能申请支付，在这样一个长期的里程碑节点中，对于中节环公司来说对于项目整体的把控和价款支付相关的资料整理收集都提出了极高的要求，而只要中节环公司提供的资料稍有问题，北科公司便可拒绝支付里程碑节点对应的款项。

三、本案中里程碑付款条件的认定

本案合同中明文约定的里程碑付款节点为"安装调试、试运行168小时后"，中节环公司没有提交设备试运行168小时及改造后性能验收试验由双方认可的第三方测试单位进行的验收合格报告，但涉案工程项目已投入运行使用数年，北科公司仅以中节环公司未进行调试试运行工作为由就可拒绝支付合同阶段款项吗？笔者认为，本案中所讨论的里程碑对应款项是否应当支付的问题，实质上是里程碑付款节点的满足情况与合同目的达到之间的博弈问题。[①]

从一审、二审法院的判决中可以看出，一审法院严格按照合同条款进行文义解释，认为双方在履行合同过程中，中节环公司确实未曾满足合同约定的付款条件，因此北科公司可以不支付相应款项。通常而言，这种从文义上进行的解释并没有错，文字承载了双方在签订合同过程中所要表达的含义，双方均应当严格按照合同履行义务。但应当要注意到的是，不能机械地从文义的角度出发，而应当考虑到签订合同的目的以及其他影响合同履行的事件。

---

① 笔者曾查询到跟本案相似的一个案例，即中节能六合天融环境保护科技有限公司与茌平信发华宇氧化铝有限公司建设工程施工合同纠纷，山东省茌平县人民法院(2017)鲁1523民初2440号。该案双方当事人的前期合同约定与本案即为类似，但是在合同履行过程中，根据双方提交法院的证据认定，在信发华宇公司多次要求的情况下，中节能公司未能进行168小时测试系统运行，致使工程无法进行验收，无法实现合同目的，故而法院未支持中节能公司要求支付里程碑节点工程款的请求。案件详情还请自行查找以作进一步了解。

对比一审法院的观点,笔者更认同二审法院的审理意见。工程总承包是项目业主为实现项目目标而采取的一种发承包方式。在这种工程模式下,如果承包商已经交付满足发包人使用目的的工程项目,发包人也接受该工程的,其合同目的已经达成。严格按照合同文义,看似公平但并不能解决双方的纠纷,而根据双方签订本合同的目的并结合双方诉诸法庭之时合同的履行情况进行整体上的梳理,法院审理此案之时,涉案设备已正常运行 4 ~5 年,北科公司与中节环公司订立合同的目的也已经实现,在这种情况下,再去详细探讨设备是否试运行 168 小时以及相应的里程碑节点是否满足是没有必要的,故而,笔者认为北科公司应当支付合同剩余的全部款项。

四、小结

合同付款条件属于工程总承包合同的核心条款,该条款的设置和履行是发承包双方中重点关注的内容,针对本案中节环公司与北科公司之间对于里程碑付款条件产生的纠纷,结合以上分析,提出以下建议供参考:

(一)里程碑付款节点的设置应当合理,且尽量争取对己方有利的节点和对应的付款比例

通常来说,发包人可以利用其市场优势地位,在招标文件及其他采购类文件中附上其设置好的里程碑,有些可能还附有对应的付款比例。从发包人的立场出发,会要求在某个里程碑节点中涵盖尽可能多的工作内容,而分配尽可能少的付款比例,这样可以拖延项目进度款的支付,并且严格控制工程的工期进度。但从承包商的角度出发,则应当尽可能划分多个里程碑,并且争取尽量将付款集中在项目的前期,以便其回收项目资金。不仅发包人对里程碑节点已经有规定,而且受限于市场地位,对于付款比例是否能够协商、协商的难度等问题承包商是几乎没有话语权的。但是仍建议承包商还是应在招投标、合同签订的前期以及合同履行中把握所有可能的机会,坚持“划分宜细不宜粗、前大后小的基本原则”①与发包人就里程碑付款进行沟通,争取对己方有利的约定或对不合理的里程碑进行调整。

(二)承包商应加强对里程碑的把控,按照约定严格履行相应义务

发包人对于里程碑完成的审批非常严格,如果不按照合同约定完成里程碑

---

① 王珊珊、顾静:《国际工程总包合同进度款支付方式对比及注意事项》,载《现代经济信息》2014 年第 10 期。

项下所有的工作,则无法获得该项下所有的合同价款,这是无须质疑的。因此,承包商应加强对里程碑的把控,对于加强把控可分为两个阶段:一是在合同签订的前期,尽可能对里程碑约定事项进行细化分解,对于里程碑项下所包含的工作内容约定准确、完整,合同款项的支付条件也应当尽量明确;二是在合同履行过程中,按照合同约定逐步完成里程碑的所有事项,并取得完成后对应的文件资料,以便于作为向发包人申请付款的凭证。

(三)对于合同履行过程中对方的违约事项,应当及时进行书面沟通,并保留好相应的文件资料

工程总承包项目通常工期长,双方的权利义务关系也比较复杂,在履行过程中难免会出现乙方未正确履约、不履行或拒绝履约的情形,极有可能影响到里程碑的完成以及价款的支付。因此,一旦出现此类情形,合同一方应及时通过书面函件的方式催促对方履约,以避免在未来产生纠纷时双方对于是否履行合同义务产生纠纷。在此期间还应当注意,如果对方履行不当造成己方损失的,应及时按照合同约定的索赔时间和流程提出索赔申请,以避免逾期失权的风险。

工程总承包能否打破固定总价的约定进行结算的问题

——中十冶集团有限公司与陕西富平水泥有限公司建设工程施工合同纠纷*

胡　丹**

关 键 词　固定总价　设计采购施工(EPC)/交钥匙工程　采购—施工总承包(P-C)

问题提出　工程总承包通常以固定总价的方式约定工程的承揽价格,除业主需求发生变更以外,双方一般不得进行工程总承包合同的价格调整。这与传统施工总承包模式之下的合同价格调整模式存在很大的差异。在传统施工总承包模式下,施工总承包单位因为仅从事施工承包,设计并不在其承包范畴之内,因此对于设计变更导致的工程变更,理当由发承包双方调整合同价款。但是在工程总承包模式中,通常来说,发包人闭口总价发包出去的工程项目,还涵盖与设计相关的任务在内,因此在发包人工程建设目的不发生变化的情况下,工程总承包单位进行设计调整,一般不影响工程总价。这对于已经习惯了传统施工总承包模式的承包单位来讲,在实践中往往会带来较大的理解困难,尤其是时常因为对于工程总承包模式下自身的真正承包范围并不十分清楚了解,由此导致经济损失风险。

---

* 一审:陕西省渭南市中级人民法院(2014)渭中民二初字第00067号;再审:陕西省渭南市中级人民法院(2017)陕05民初13号;二审:陕西省高级人民法院(2017)陕民终1036号。根据陕西省渭南市中级人民法院(2017)陕05执123号之五执行裁定书,本案判决书已经执行完毕。

** 胡丹,上海市建纬律师事务所工程总承包业务部专职律师。

裁判要旨 因本案合同系交钥匙合同,合同约定采用固定总价模式,所以业主方提供了施工图纸和说明后,承包方应该根据图纸自行计算工程量进行申报,由于承包方已经计算并申报投标价,所产生的量与价或者计算疏漏的风险应由其自行承担,申报过程中承包方也并未提起缺少施工蓝图的要求,故其按照设计图纸申报后与被告达成的固定总价约定应予确认,双方均应受其约束。

案情简介

原告:中十冶集团有限公司(以下简称"中十冶公司")

被告:陕西富平水泥有限公司(以下简称"富平公司")

2011 年 7 月,富平公司通过竞价平台邀请包括中十冶公司在内的投标人参与其 1#、4#水泥库项目招投标。富平公司以《陕西富平水泥 1#、4#水泥库项目概况》《陕西富平水泥 1#、4#水泥库项目报价说明》《陕西富平水泥 1#、4#水泥库项目新增电气设备统计(电气、自动化、照明)》《陕西富平水泥 1#、4#水泥库电气要求》《陕西富平水泥 1#、4#水泥库及库侧汽车散装工艺设备表》《推荐使用于陕西富平水泥 1#、4#水泥库项目的工艺设备供应厂家、品牌》和设计图纸及工程量清单为招标文件邀请中十冶公司投标。中十冶公司向富平公司缴纳了 30 万元投标保证金,根据富平公司提供的上述招标文件,中十冶公司经过预算报价 13,239,768 元,后经过竞价承诺最低报价为 12,750,000 元。2011 年 8 月 5 日,中十冶公司收到中标通知,后双方协商按照合同全额开具工程发票,中十冶公司同意合同额确定优惠为 12,680,000 元,同时双方协商将中十冶公司缴纳的 30 万元投标保证金中的 10 万元转为履约保证金。

2011 年 8 月 10 日,双方签订《1#、4#水泥库总承包合同》,约定:中十冶公司总承包富平公司 1#、4#水泥库项目工程,该工程地点陕西省富平县庄里镇,工程范围和内容:参见附件《陕西富平水泥 1#、4#水泥库项目概况》,1#、4#水泥库所有相关材料供货,所有土建、安装、钢结构工程施工,包含四个 120 吨地磅基础施工以及一吨电梯一部的总包,本工程为总承包交钥匙工程。工程价款:总包价 12,680,000 元人民币。工程款支付结算办法:合同生效后十日内支付合同总费用 10% 为预付款,75% 的进度款按月支付,双方约定的工程完工且验收合格后,通过相关政府部门的验收,并且提供全部合同的发票十日内,支付总价的15%尾款。并对工程质量及验收办法,奖罚规则、设计文件、技术服务、培训和售后服务、权利义务、违约责任等内容做了约定。

中十冶公司于2011年8月18日进场开展项目准备工作,在施工过程中,中十冶公司因旧塔吊基础不能使用,塔吊基础移位必须进行重做;松软基地加固;库壁水平筋、库底板筋增量;预埋件制安;合同外基础工程;室内外地坪;超预算电料增加等原因向富平公司提出工程变更申请单15份,均无富平公司签字盖章,监理单位盖章确认内容属实并部分要求发承包双方协商解决。双方于2012年7月6日对1#、4#水泥库主体进行验收,2012年6月28日对工程设备及电器进行竣工验收。竣工验收中发现一些问题需要整改,中十冶公司于2012年7月15日将大部分问题整改完毕,并于2012年10月23日再一次组织竣工验收,并于2012年10月底将该工程全部移交给富平公司。富平公司在投入进料使用过程中曾于2013年3月就漏灰问题要求中十冶公司予以修复,中十冶公司于2013年5月20日修复完毕。经双方对工程付款明细表核对,确认富平公司已经向中十冶公司支付工程款11,332,851.27元。后双方对工程款结算产生纠纷诉至法院。

| 各方观点

中十冶公司:

2011年8月10日,中十冶公司、富平公司签订《1#、4#水泥库总承包合同》,约定由中十冶公司总承包富平公司1#、4#水泥库项目工程。中十冶公司进场后积极组织施工,但在施工过程中发现存在大量工程增补项目,为保证工程顺利进行,中十冶公司对超预算及超施工图纸部分亦组织人员进行了施工。该工程竣工验收后,中十冶公司经决算该工程总价为17,105,452.56元,富平公司已付工程款11,329,651.27元,仍欠付5,775,801.29元。现富平公司已使用该水泥库,中十冶公司多次要求富平公司支付工程款,但富平公司一直拖延不付。为维护自身合法权益,中十冶公司向法院提出诉请,要求富平公司按照其决算价格支付剩余工程款5,775,801.29元以及利息676,955.56元。

富平公司：

一、涉案工程是交钥匙的固定价格合同，合同固定价款为1268万元，富平公司已经支付中十冶公司11,332,851.27元，减去代为支付的23,011元，尚欠中十冶公司1,324,137.71元工程款。中十冶公司主张的招标时因没有施工蓝图及图集导致无法准确报价，从而否定固定价格计价的观点不正确。因为施工阶段富平公司并没有对施工图纸进行变更，鉴定时也是按照设计阶段施工图纸进行鉴定，所以招标时提供的图纸完全可以计算出工程量，不会影响中十冶公司的报价。富平公司在招标阶段提供了完整的施工图纸，施工图纸对所需要的图集做了明确的说明和备注，所以中十冶公司以没有图集导致报价不准确而否定固定价格不成立，且作为建筑公司不可能在没有图集的情况下盲目报价。

二、电梯报价已经包含在1268万元固定价格中，不应当另行鉴定。中十冶公司针对四个120吨地磅基础施工和一吨电梯项目向富平公司另行提交了报价，加上投标文件中预算总价11,798,279.35元，整体报价为13,239,768元，后经过双方协商才最终确定总工程款1268万元，并依据该价格签订了承包合同及附件。

三、中十冶公司提供的签证单中均没有富平公司的签字和盖章，富平公司并不同意中十冶公司擅自增加工程量。对于中十冶公司自行增加的工程量由其自行承担。综上所述，双方签订的是固定总价合同，电梯报价也包含在总报价合同中，因中十冶公司没有开具发票，所以没有达到支付尾款的条件，故利息请求不应支持，请求法院驳回中十冶公司的诉讼请求。

法院观点

双方通过招标于2011年8月10日签订的《1#、4#水泥库总承包合同》是在其自愿的基础上签订的，是双方当事人的真实意思表示，该合同合法有效。根据双方在本项目项下的相关文件：《陕西富平水泥1#、4#水泥库项目概况》《陕西富平水泥1#、4#水泥库项目报价说明》《陕西富平水泥1#、4#水泥库项目新增电气设备统计（电气、自动化、照明）》《陕西富平水泥1#、4#水泥库电气要求》《陕西富平水泥1#、4#水泥库及库侧汽车散装工艺设备表》《推荐使用于陕西富平水泥1#、4#水泥库项目的工艺设备供应厂家、品牌》和设计图纸及工程量清单等，可以得出本案合同应为固定总价合同,价款结算应依照1268万元计算。中十冶公司主张因富平公司提供的施工图纸没有图集无法准确报价,故应该对增加的工程量据实结算。因本案合同系固定总价合同,所以富平公司提供了施工图纸和说明后,中十冶公司应该根据图纸自行计算工程量进行申报,由于中十冶公司已经计算并申报投标价,所产生的量与价或者计算疏漏的风险应由其自行承担,申报过程中中十冶公司也并未提起缺少施工蓝图的要求,故其按照设计图纸申报后与富平公司达成的固定总价约定应予确认,双方均应受其约束。且在富平公司提供的设计图纸中附注有不详之处按照结构施工图统一说明或院标图集中相应要求制作的约定,故中十冶公司主张因无图集导致报价不准确的理由,不能成立。

中十冶公司主张在合同范围外增加工程量,提供了15张变更签证单,并对变更签证单增加的工程量申请了鉴定。但根据双方合同约定,原则按照设计施工,涉及相关设计优化、完善变更等,须富平公司同意,故对变更签证单应按照合同约定和鉴定结论确认。首先,签证单3、4、5、6号和8号部分内容在图纸范围可以体现,不应重复计算,本院不予认定。其次,签证单1、2、7、8、9、10、11、12、14、15号共计279,072.77元,富平公司予以确认,本院应予认定。最后,签证单13号关于电气设备项目增加量,因双方签订的《1#4#水泥库总承包合同》附件2项目报价第二十条"根据设计图纸资料,统计出的工艺设备表及电气自动化仪表清单,……承包商应组织相关专业人员自己统计测算,列表如有遗漏设备及材料等数量的不足,承包商应在项目实施工程中予以补充完全,以确保项目目标的达成,不再追加费用"之规定,该部分增加量没有得到富平公司确认,本院不予认定。

关于电梯设备等,中十冶公司主张因投标报价阶段没有对电梯等报价,所以应予另行支付电梯设备价款。从双方认可的投标总价表及单项工程造价汇总表可以证明,中十冶公司分两次报价全部工程造价,包含有1#4#土建部分、电梯、电梯井架、地磅基础、电气等共计13,239,768.47元,后在竞价确认函中承诺最低价为1275万元,故本案合同的总价款中包含有电梯设备、地磅基础等项目,且《陕西富平水泥1#4#水泥库项目报价说明》也做了明确说明"本工程包含四个120吨地磅基础施工以及一吨电梯一部的总包,电梯报价包含电梯设备费用、设计费用、……等",故对中十冶公司的该主张不予采信。

问题解析

我国目前尚未有明确的法律法规对工程总承包的概念以及具体的模式类型进行准确定义。本案所涉的工程总承包模式,虽然富平公司自认为属于交钥匙工程,但是其又不同于国际上通行的所谓EPC/Turn-key交钥匙工程的概念。而在工程总承包的模式之下,因通常均采用固定总价的计价方式,因此对于何种情形下可进行价格调整,实践中往往成为合同当事人双方的争议焦点。在此,我们结合案例本身,针对是否能够随意打破工程总承包固定总价约定进行结算的问题进行以下分析。

一、关于本案所涉交钥匙合同(Turn-key)模式

本案中,2011年8月10日双方签订《1#、4#水泥库总承包合同》,发包人富平公司已经完成了施工图设计,该总承包合同的承包范围并不包括设计。富平公司在招标文件中提供的《陕西富平水泥1#、4#水泥库项目报价说明》中明确:"工程为总包交钥匙工程,原则上按设计施工,为达成合同目标可能涉及相关设计优化、完善变更,须经业主同意,相关费用也包含在总包报价中。"该说明中虽然明确了中十冶公司相关设计优化、完善变更的合同义务,但这并不是将设计发包给中十冶公司,即使在施工总承包合同条件下,中十冶公司也可以对设计图纸提出合理化建议,经富平公司批准后予以变更。案涉《1#、4#水泥库总承包合同》的承包范围不包括设计,而交钥匙的EPC合同是设计、采购、施工的组合,故本案承包方式实际并非双方合同所约定的交钥匙工程总承包合同。

一般而言,交钥匙合同(Turn-key),即EPC设计采购施工总承包合同,是Engineering(设计)、Procurement(采购)、Construction(施工)的组合,是业主或建设单位将建设工程发包给总承包商,由总承包商承揽整个工程项目的设计、采购、施工过程,并且总承包商全面承担工程质量、工期、安全、造价等,最终向业主或建设单位提交一个符合合同约定、满足使用功能和条件、经竣工验收合格的工程项目承包模式。根据FIDIC1999年版的《设计采购施工(EPC)/交钥匙工程合同条件》前言部分规定:"交钥匙工程的通常情况是,由承包商进行全部设计、采购、施工(EPC),提供一个配备的设施,('转动钥匙'时)即可运行"。

具体到本案来讲,合同双方签订的《1#、4#水泥库总承包合同》,其承包范围包括了电气设备(电气、自动化、照明)、工艺设备表中约定的设备,并约定了工艺设备供应厂家、品牌,这些设备均为实现水泥库特定功能的工艺设备,因此,案涉《1#、4#水泥库总承包合同》可理解为采购—施工总承包(P-C)合同。而双方在《陕西富平水泥1#、4#水泥库项目报价说明》第二十条约定"根据设计图纸资料,统计出的工艺设备表及电气自动化仪表清单,……承包商应组织相关专业人员自己统计测算,列表如有遗漏设备及材料等数量的不足,承包商应在项目实施工程中予以补充完全,以确保项目目标的达成,不再追加费用。"从而将实现业主工程总承包项目功能需求、项目目标的采购风险分配给有经验的工程总承包商,这也符合FIDIC国际惯例和工程总承包模式的本质特征。

二、关于工程总承包价格形式的相关规定

EPC工程总承包模式最初源于西方国家私人企业主在工业或民用建筑中,[①]通过固定的投资额和工程进度要求营造满足其功能需求的建筑产品。所以EPC模式下,合同一般采用固定总价的形式。例如,在1999年及2017年最新版的银皮书《EPC/交钥匙项目合同条件》14.1,还有1995年及2017年最新版的橘皮书《设计-建造和交钥匙合同条件》13.1中,规定的均是固定总价。

而在我国,一般也都认为工程总承包合同宜采用固定总价的形式。例如,

1.2011年住建部、原国家工商行政管理总局联合印发的《建设项目工程总承包合同示范文本》(GF-2011-0216)14.1.1规定:"本合同为总价合同,除根据第13条变更和合同价格的调整,以及合同中其他相关增减金额的约定进行调整外,合同价格不做调整。"

2.2016年住建部《关于进一步推进工程总承包发展的若干意见》(建市〔2016〕93号)规定:"工程总承包项目可以采用总价合同或者成本加酬金合同。"

3.2016年上海市住房和城乡建设管理委员会印发《上海市工程总承包试点项目管理办法》(沪建建管〔2016〕1151号)第十九条(合同形式)规定:"工程总承包项目宜采用总价包干的固定总价合同,合同价格应当在充分竞争的基础上合理确定,除招标文件或者工程总承包合同中约定的调价原则外,工程总承包合同价格一般不予调整。"

4.2016年深圳市住房和建设局印发的《EPC工程总承包招标工作指导规则

① 张晓伟:《代建制与EPC总承包模式的概念分析与比较》,载《科技风》2009年第6期。

(试行)》(深建市场〔2016〕16号)规定:“建议采用总价包干的计价模式,但地下工程不纳入总价包干范围,而是采用模拟工程量的单价合同,按实计量。”

5. 2020年3月1日发改委和住建部联合发布的《工程总承包管理办法》第十六条规定:“企业投资项目的工程总承包项目宜采用总价合同,政府投资项目的工程总承包应当合理确定合同价格形式。采用总价合同的,除合同约定可以调整的情形外,合同总价一般不予调整。”

从以上相关规定来看,工程总承包项目主要采取固定总价的计价方式,顾名思义固定总价应指除双方合同约定的风险或调价因素外,固定总价不应予以调整。

三、本案合同约定的固定总价能否被打破

结合本案而言,若要评判有关的固定总价约定能否成立以及能否按照中十冶公司的诉请所打破,则要分析:

1. 合同约定的计价方式是否为固定总价,以及固定总价合同所对应的承包范围是否明确

承包人中十冶公司以招标时发包人富平公司提供的施工图纸不是施工蓝图,且没有图集不能准确计算工程量为由,认为案涉合同不是固定总价合同,要求推翻约定的1268万元固定总价,主张对增加的工程量按实结算。但从该工程的招投标和合同的签订来看,施工图纸由发包人富平公司提供的,双方对图纸变更和工程量清单不准确的风险也进行了明确的约定。因此,该合同的承包范围是明确的,无论是施工蓝图还是白图都不影响承包范围的确认,图集是公开和通用的,没有图集也不会对投标人报价造成影响,在富平公司提供的设计图纸中附注有不详之处按照结构施工图统一说明或院标图集中相应要求制作的约定,故中十冶公司主张因无图集导致报价不准确的理由,不能成立,结合《陕西富平水泥1#、4#水泥库项目报价说明》,案涉合同应是固定总价合同,且固定总价对应的承包范围是明确的,价款结算应当按照1268万元计算,而不是按实结算。

2. 在固定总价对应的承包范围明确的情况下,我们就需要对争议的工程量是否在合同约定固定总价的承包范围和风险范围之内进行判断

关于案涉工程的电梯设备等,《1#、4#水泥库总承包合同》明确约定工程范围和内容包含一吨电梯一部,属于承包范围之内,应当认为已经包含在1268万元

固定总价范围内,不得予以调整。相反,关于签证单1、2、7、8、9、10、11、12、14、15号,因其属于合同外增加的工程量,不属于1268万元固定总价所包含的范围,富平公司对此事实也予以认可,所以,就此类签证单应当对工程价款进行调增。

3.即使明确约定了固定总价所对应的承包范围,在约定的承包范围内,发承包双方也可能因合同履行过程中业主需求的变化而发生工程结算争议,需要通过招投标或合同约定的风险分配条款确定风险的承担

本案中,关于签证单3、4、5、6号和8号部分内容在图纸范围内可以体现,明确属于固定总价所对应的承包范围内,承包人中十冶公司认为这是对发包人富平公司提供的施工图纸的变更,应当由富平公司承担因此增加的工程。在设计采购施工(EPC)合同中,由于是中十冶公司负责设计,并根据其设计的图纸编制工程量清单或模拟清单进行报价,因而由中十冶公司对设计图纸和工程量清单负责。案涉工程虽然是富平公司负责设计并提供了施工图纸和工程量清单,但其在招标时提供的《陕西富平水泥1#、4#水泥库项目报价说明》中已经明确"14.工程为总包交钥匙工程,原则上按设计施工,为达成合同目标可能涉及相关设计优化、完善变更,须经业主同意,相关费用也包含在总包报价中;16.本工程无任何形式的工程增加以及变更增加费用,杜绝任何形式转包、分包行为;20.根据设计图纸资料统计出的……,不再追加费用",可见,中十冶公司应明确的是,该合同签订后所有为达到合同目标所实施的内容产生的费用均包含在合同总价内,因此在投标时审查富平公司提供的设计图纸和工程量清单,并充分考虑可能出现的设计变更、工程量清单缺项或偏差。因此,虽然是富平公司提供的设计图纸,根据本项目招投标文件和合同约定在承包范围内的变更风险仍应当由中十冶公司承担,因该变更增加的工程量属于固定总价所包含的范围,不应当予以重复计算。故签证单3、4、5、6号和8号部分内容由中十冶公司自行承担,不应调价。

四、小结

2016年5月20日,住房和城乡建设部印发了《关于进一步推进工程总承包发展的若干意见》,尤其是2017年2月21日国务院办公厅印发了《关于促进建筑业持续健康发展的意见》,各地纷纷出台政策推动工程总承包的发展,工程总承包作为国际通行的一种承包模式,既利于控制投资、缩短工期、又推进技术创新、管理创新,已经成为未来建筑市场的发展趋势。由于我国建筑市场上多年来

的平行发包模式，设计单位只对设计负责，施工单位只对施工负责，对工程总承包模式认识还处于初级阶段，如本案本质上就是一个包括可进行设计优化在内的采购—施工总承包（P－C）合同，承包人中十冶公司在庭审中坚持认为双方是施工合同关系，发包人富平公司主张按照合同约定为交钥匙工程，然而，中十冶公司承包范围并不包含设计，正如前文所述，交钥匙工程的通常由承包商进行全部设计、采购和施工，说明发承包双方对工程总承包的主要承包方式还不甚了解。因此，无论是发包方还是承包方，尤其是刚刚转型做工程总承包的设计院和施工企业，都应当对工程总承包模式有充分的认识，包括工程总承包模式特点和优势、承包方式、计价方式、风险分担等。

工程总承包合同通常采用固定总价的计价方式，除合同约定的变更调整部分外，合同价格一般不予调整，这是工程总承包模式的主要特征，不能按照施工总承包的清单计价思维来实施工程总承包项目。案涉合同约定采用了工程总承包固定总价的计价模式："工程为总包交钥匙工程，原则上按设计施工，为达成合同目标可能涉及相关设计优化、完善变更，须经业主同意，相关费用也包含在总包报价中"，而承包人中十冶公司仍然当作施工总承包合同模式下清单计价的方式进行处理，在报价阶段直接按照招标人提供的施工图纸和工程量清单进行报价，并未考虑到工程总承包模式的特性，在施工过程中对合同范围内的变更进行签证，期待通过过程中的签证单主张增加工程款，却最终得不到法院的支持。

对此，我们应当注意的是，工程总承包商相较于施工总承包模式下的承包商往往承担着更大的风险，造价管理应贯穿招投标、合同签订、履行全过程和设计、采购、施工、运营等承包阶段，这些都是有志于从事工程总承包业务的企业应当在项目管理中应当充分考虑的，而不能盲目沿用设计、施工相分离的传统施工总承包模式下"低中标、勤签证、高索赔"的思维和策略。

工程总承包的费用组成问题

——青海宏润新能源投资有限公司、宏润建设集团股份有限公司建设工程施工合同纠纷*

汪 铭 张志国**

关 键 词 设计费 建安工程费 价格调整

问题提出 工程总承包合同中,工程总承包单位的承包范围往往包含了设计、采购、施工等多项内容,其合同风险要远大于传统的施工总承包模式。特别是在承接工程时,因工程项目的设计尚未到施工图阶段,工程总承包单位并没有准确的施工图作为报价依据,往往会导致工程总承包单位投标报价不精确。那么,此后若随着工程项目的不断推进,在设计文件不断深化、细化的情形下,倘若原先的合同条件或者承包范围发生改变时,合同价格该如何进行调整?

裁判要旨 总承包合同中的报价与承包人实际支付给分包商的费用之间存在的价差,是承包人正常的商业利润,应当由承包人享有。对于协议中双方协商承包人不再施工的建筑工程部分的价格,按照协议中确定的金额扣除,而不按承包人在原总承包合同中的报价金额扣除。

案情简介

上诉人(原审被告):青海宏润新能源投资有限公司(以下简称"宏润公司")

---

* 一审:青海省高级人民法院(2016)青民初72号;二审:最高人民法院(2017)最高法民终576号。

** 汪铭,上海市建纬律师事务所工程总承包业务部专职律师;张志国,上海市建纬律师事务所工程总承包业务部律师助理。

上诉人(原审被告):宏润建设集团股份有限公司

被上诉人(原审原告):国电光伏有限公司(以下简称“国电公司”)

2013年9月16日,宏润公司作为发包方与承包方国电公司签订《30Mp项目光伏电站EPC工程总包商务合同》(以下简称《EPC合同》),约定:“合同标的:整套完整的30MWp光伏电站,承包范围:详勘、工程设计、设备材料采购供应、建筑安装工程施工……设备安装与调试、系统消缺、光伏电站系统试运行直至成功通过15天试运行的初步验收、工程竣工验收配合、移交以及质保期内的质量保证服务,同时也包括必要的相关技术资料和人员培训等;EPC工程范围分界点为红线以内站内35kV送出接入点,红线以外(含围墙)及送出电缆由发包方负责。合同价格:本合同总价为25,500万元(含税),涵盖了承包方为履行本合同规定的义务和风险所需的全部费用,即使本合同没有单独列出其分项价,其费用亦已包含在合同总价中。其中:设计总费用为140万元;合同设备价格为20,449万元;建筑工程费价格为2868万元;安装工程费价格为1703万元;调试费为340万元。本合同价格在合同有效期内为固定不变价。”

2013年9月,宏润公司作为甲方与乙方国电公司签订《青海宏润30MW光伏电站项目EPC总承包合同补充协议》(以下简称《补充协议》),该协议约定:“双方变更原协议内容如下:一、设计部分:1.设计工作,甲方已委托电子十一院无锡分院(以下简称十一院)进行全部设计工作内容;2.乙方作为EPC总承包方,另行与十一院签订设计合同。合同签订后,乙方负责设计费用的支付。……三、建筑工程部分:1.甲乙双方所签订的主合同内所有建筑工程,均由甲方负责实施;2.乙方进场安装前检查或安装过程中,当发现土建有明显缺陷时,甲方有责任负责及时修复、返工;3.甲方在建筑施工期间的安全责任,完全由甲方自行负责,乙方不承担任何因安全责任而引起的纠纷和赔偿;4.建筑工程的质量保证由甲方负责,不属于乙方质保范围,本项目下的所有建筑工程部分乙方完全免责;5.本项目下的所有建筑工程综合单价为0.60元/瓦,建筑工程总价为1800万元,为固定总价,任何情况下不予调增;6.甲乙双方结算EPC总价款时,甲方在支付乙方EPC总价款时直接扣减1800万元建筑工程费用。7.建筑工程费开票所需的费用,由甲方自行承担。四、安装部分:……4.由于土建质量原因,导致乙方安装的设备扭曲、变形、损坏等情况,乙方均不承担任何责任。如需更换或修复设备的费用由甲方承担;5.甲方因建筑工程施工或质量原因延误工期的,导致安装工期不能满足的情况,乙方工期顺延;6. 排除甲方建筑施工、质量、安全原因导致的工期延误以外的,乙方不能按开工通知单约定的工期完成,乙方承担责任。五、技术部分:除土建技术外,其他技术服务均由乙方负责……”

2013 年 9 月 21 日,国电公司作为甲方与乙方十一院签订《建设工程设计合同》,约定:“项目名称:青海宏润刚察光伏电站一期 30MW 光伏并网发电工程;工作概况:规划容量 30MWp 并网型太阳能光伏发电系统,其中包括太阳能光伏发电系统及相应的配套上网设施;工作内容:初步设计、施工图设计;施工图设计:总图及室外工程、建筑及配套工程、光伏工程、电气工程等;费用及付款:甲方应支付施工图设计费用总额为 96 万元,该费用为一次性包干费用,包括设计费、考察及联络费、出图费、赶工费、设计交底费、设计人员的差旅费用、税金等。除双方另有约定以外,乙方不再收取其他任何费用。”

2014 年 9 月 28 日,国电公司完成全部合同约定的工程,备品备件移交完成;2014 年 10 月 1 日并网完成,2014 年 10 月 14 日消缺①完成。2014 年 10 月 15 日,工程通过竣工验收,工程质量为优良。

2014 年 12 月 9 日,国电公司重新制作的《青海宏润 30MWp 项目光伏电站工程竣工决算书》载明:“三、决算金额说明:1. 合同总金额为 25,500 万元;……5. 竣工决算总金额为 25,500 万元;6. 应扣付进度款及质保金 17,460 万元;7. 应付工程决算款为 7900 万元。四、其他说明:1. 质量保证金 2370 万元支付的条件依据双方签订的合同确定,达到支付条件后由甲方支付给乙方。”

后因双方发生纠纷,诉至法院。其中涉及工程结算款金额的主要争议是:(1)结算款中设计费按照 96 万元计算还是 140 万元计算;(2)建筑工程部分工程款按照 1800 万元扣除还是按 2868 万元扣除。

各方观点

宏润公司:

1. 设计费:《EPC 合同》约定设计总费用 140 万元,原告支付 96 万元委托十

① “消缺”是电力行业的术语,主要是指设备管理方面的“零缺陷”管理,在工程上经常用到,施工过程中会出现各种缺陷,在调试运行过程中发现缺陷,然后组织人员进行一一消除,简称“消缺”。

一院设计的图纸仅是EPC合同约定的设计工作中的一部分,部分设计费不是原告支付的,故应当在结算价中扣除44万元。而且合同中的价格仅为暂定价,最终价格应据实结算,国电光伏公司最终仅支付96万元,故应以96万元确定决算价格,差额44万元应从工程款中扣除。

2. 建筑工程费:建筑工程部分由宏润公司自行施工完成,国电公司并未施工,没有履行全部的合同义务。《EPC合同》约定的建筑工程部分价款为2868万元,扣除《补充协议》中约定的工程款1800万元后,差额1068万元亦应从工程款中予以扣除。

国电公司:

1. 设计费:依据双方签订的补充协议,约定国电公司自行与十一院签订设计合同,合同签订后,设计费用由国电公司支付。双方并未约定宏润公司此前已签订的设计合同的费用由国电公司承担。国电公司已完成了《EPC合同》项下的设计工作,即便《EPC合同》签订前宏润公司自行签订了设计合同,那么效力及相关费用等应当由宏润公司自行与设计单位协商解决,与本案无关,亦不应当将其已支付的设计费在本案中扣减。

2. 建筑工程费:双方在《补充协议》中明确约定,《EPC合同》项下的所有建筑工程均由青海宏润公司负责实施;建筑工程总价为1800万元,为固定价,任何情况下不予调整;宏润公司支付EPC总价款时已直接扣减1800万元建筑工程费。因此,青海宏润公司主张另行再扣减1068万元建筑工程款没有依据,不应得到支持。

法院观点

1. 设计费:双方在《EPC合同》中约定案涉工程的全部设计工作由国电光伏公司承包,设计总费用为140万元。由于《EPC合同》是固定总价合同,140万元是设计总费用,国电公司支付96万元设计费用完成案涉工程的设计工作,其差额44万元是相应的利润。宏润公司主张将差额44万元予以扣减,无事实依据;关于宏润公司在《补充协议》签订前与十一院签订的设计合同及其费用的支付,双方在《补充协议》中没有约定,应由宏润公司与设计单位自行协商解决。

2. 建筑工程费:双方通过签订《补充协议》协商将本应由国电光伏公司承包的所有建筑工程从《EPC合同》中予以剔除,并以1800万元的固定总价进行扣减,因此,《EPC合同》的固定总价由2.55亿元变更为2.37亿元。且双方在

《EPC合同》中明确约定“本合同价格在合同有效期内为固定不变价”。根据本案查明的事实,宏润公司于2014年10月16日确认国电公司按《EPC合同》已全部完成合同规定的工程量,质量检验合格,并网发电成功。因此,2.37亿元应为宏润公司向国电公司的应付款。

《补充协议》对《EPC合同》中关于所有建筑工程的施工主体及其价格的约定进行了变更,所有建筑工程的包干价为1800万元。这是双方的真实意思表示,宏润公司应当在1800万元的包干价内完成所有的建筑工程,若工程实际超支,则风险也应当由宏润公司自行承担。宏润公司关于在合同暂定价2.37亿元的基础上再扣减1068万元的主张,无事实和合同依据。

问题解析

本案中,发承包双方在签订《EPC合同》后,又因各种原因通过签订《补充协议》对承包人的承包范围进行变更,并且业主指定了设计分包单位。此时出现了《EPC合同》与《补充协议》中就相同的内容所确定的价格不一致的情况,在此情形之下,依据哪个价格进行结算,往往会产生纠纷。对此,青海省高级人民法院及最高人民法院均以保持《EPC合同》中的固定总价不变为基础,按照《补充协议》中约定的金额对变更的部分进行扣减。此种做法是否合理,在此我们尝试通过本案例结合工程总承包的费用组成来对该问题进行分析。

一、工程总承包的价格特征

工程总承包相比较于施工总承包,两者存在不同的价值取向。施工总承包追求的是发承包双方利益的平衡,合同中风险分配也较为合理,其对工程价款往往要求据实结算。在此情形下,即便施工过程中出现工程量的变更,也都能通过价格调整来解决。因此承包人在报价时也基本都是报“实价”。但是,采用工程总承包模式时,发包人追求的是合同价格的确定性,需要承包人在发包人期望的价格范围内完成工程建设,其要求的是固定总价,为此承包人往往要承担更多的工程管理职责与风险,即便将来实际实施的工程量发生了变化,除特别约定外,一般对此也不予调整价格。所以为了确保收益,某些时候承包人在报价中就计算了较高的风险费用;如FIDIC银皮书中的表述:“雇主对此类交钥匙项目,往往愿意支付更多、有时相当多的费用,只要能确保商定的最终价格不被超过。”

二、工程总承包费用组成包括哪些内容?

住建部于2017年9月发布的《建设项目工程总承包费用项目组成(意见征求稿)》第三条规定:“建设项目工程总承包费用项目由建筑安装工程费、设备购置费、总承包其他费、暂列费用构成。”其中总承包其他费中包含了:勘察费、设计费、研究试验费、土地租用及补偿费、税费、总承包项目建设管理费、临时设施费、招标投标费、咨询和审计费、检验检测费、系统集成费、财务费用、专利及专有技术使用费、工程保险费、法律费。但基于发包阶段的不同,其费用组成也有所差异,《建设项目工程总承包费用计算方法(征求意见稿)》中列举了不同阶段的工程总承包费用组成,具体如下表1所示。

表1　工程总承包费用组成

费用名称	可行性研究	方案设计	初步设计
建筑安装工程费	√	√	√
设备购置费	√	√	√
勘察费	√	部分费用	—
设计费	√	除方案设计的费用	除方案设计、初步设计的费用
研究试验费	√	大部分费用	部分费用
土地租用及补偿费	根据工程建设期间是否需要定		
税费	根据工程具体情况计列应由总承包单位缴纳的税费		
总承包项目建设管理费	大部分费用	部分费用	小部分费用
临时设施费	√	√	部分费用
招标投标费	大部分费用	部分费用	部分费用
咨询和审计费	大部分费用	部分费用	部分费用
检验检测费	√	√	√
系统集成费	√	√	√
财务费	√	√	√
专利及专有技术使用费	根据工程建设是否需要定		
工程保险费	根据发包范围定		
法律费	根据发包范围定		
暂列费用	根据发包范围定,进入合同,但由建设单位掌握使用		

注:表中“√”指由建设单位计算出的全部费用;“大部分费用”“部分费用”指由建设单位参照现行规定或同类与类似工程计算出的费用扣除建设单位自留使用外的用于工程总承包的费用。

浙江省住房和城乡建设厅也曾于2017年12月8日出台《浙江省工程总成包计价规则(试行)》,规定工程总承包费用项目组成包括勘察设计费、设备购置费、建安工程费、工程总承包管理费和试运行费、不可预见费。其中,勘察设计费中的工程设计费根据不同的设计阶段及工程特点又可分为初步设计费、施工图设计费、技术设计费和其他设计费。与《建设项目工程总承包费用项目组成(意见征求稿)》相比,浙江省的计价规则缺少了方案设计费。这是因为浙江省住房和城乡建设厅《关于深化建设工程实施方式改革积极推进工程总承包发展的指导意见》要求工程总承包项目在方案设计或初步设计完成后进行发包,故总承包费用就不再会包含方案设计费。

但因上述两个文件发布时间较早,随着我们对工程总承包研究的不断深入,对于工程总承包模式下的承包内容也发生了一定的观念变化,故工程总承包费用的组成也随着发生变化。2020年3月1日,发改委与住建部联合发布《工程总承包管理办法》第三条规定:“本办法所称工程总承包,是指承包单位按照与建设单位签订的合同,对工程设计、采购、施工或者设计、施工等阶段实行总承包,并对工程的质量、安全、工期和造价等全面负责的工程建设组织实施方式。”按此规定,工程勘察并不属于工程总承包范围,所以该办法正式出台后,工程总承包费用组成中将不再包含勘察费。

三、关于工程总承包费用中的设计费

按照住建部《关于进一步推进工程总承包发展的若干意见》的规定:建设单位可以根据项目特点,在可行性研究、方案设计或者初步设计完成后,按照确定的建设规模、建设标准、投资限额、工程质量和进度要求等进行工程总承包项目发包。工程项目在各个不同的阶段发包,发包人与承包人各自需要负责完成的设计任务各不相同,承包人的报价的基础也不尽相同。如项目在可研完成后发包的,承包人应当计取方案设计、初步设计、施工图设计的费用;如项目在方案设计完成后发包的,承包人应计取初步设计、施工图设计费用;如项目在初步设计完成后发包的,承包人则仅计取施工图设计费。

从本案的事实背景可以看出,本案所涉工程是在方案设计完成后进行发包的,因此,对于宏润公司所主张应扣除其前期支付给十一院的设计费,如果是宏润公司委托十一院做的方案设计,则与《EPC合同》不具有关联性,即使宏润公司确有支付费用,也不应当从《EPC合同》的总价中扣除。

在一些工程项目中，承包人若仅进行笼统报价，如本案中《EPC 合同》仅约定了设计费、设备价格、建筑工程费、安装工程费、调试费五项费用，在没有单列总承包其他费的前提下，应该要在设计费用中综合考虑此后将对工程进行总承包管理而发生的费用以及相关的风险费用。即使如本案中出现甲方指定设计分包单位，但是对于工程总承包单位而言，仍然要对设计分包进行管理，以保证设计文件在质量上能够符合发包人要求，而且确保方案便于实施，具有经济效益。

此外，相比较于施工总承包，在工程总承包模式下，承包人承担有非常苛刻的设计责任。如在 FIDIC 银皮书(1999 年版)中，对承包人的设计责任规定是，"承包人应负责工程的设计，其对雇主要求(包括设计标准和计算)的正确性负责，无论是合同中的雇主要求中的任何错误、不准确、遗漏，还是从雇主或其他方面取得的数据或资料，其责任都应当由承包人承担，与雇主无关"。显然，工程总承包模式下，承包人承包范围更广，责任也更重，其劳动成果除了能让人有直观体验的设计图纸及建筑产品外，还包含了合同履行过程中对设计、施工、采购各个环节的总协调、总管控，以及对各类风险的识别、规避；这些必然需要更多管理制度的建设，从而增加成本支出。所以，按照《合同法》等价有偿的基本原则，承包人付出得多，得到的也应该多；承担的风险越大，获得的收益也应该越大。而发包人在选择采用工程总承包模式时，向承包人转移了几乎全部风险，也应考虑为此支付更多的费用。

因此本案中，国电公司支付给设计分包的设计费与《EPC 合同》中所列设计费的差额，应不仅仅只是国电公司的利润，还可能隐含着风险费用及总承包管理费用的分摊。

四、关于工程总承包费用中的建安工程费

建安工程费在不同的设计阶段，其造价计算的精确度不同。在方案设计、初步设计、施工图设计阶段，其分别对应着估算、概算、施工图预算。如《建设项目工程总承包费用计算方法参考(征求意见稿)》第二条规定："建设单位应根据建设项目工程发包在可行性研究或方案设计、初步设计后的不同要求和工作范围，分别按照现行的投资估算、设计概算或其他计价方法编制计列。"显然，随着设计文件的不断细化，建安工程费的计算也会不断变得更加精确。

本案中，《EPC 合同》中约定的 2868 元的建筑工程费与《补充协议》中取消的建筑工程按照 1800 万元扣除的建筑工程费，两者金额差异的原因主要也是因为在不同的设计阶段计算建筑工程费用的基础不同。发承包双方在签订《EPC 合同》时,初步设计尚未进行,此时承包人报价仅能根据发包人给定的方案设计或者发包人要求进行报价,但因受到设计图纸条件的限制,具体的工程量还是未知数,通常是根据同类工程的建设的经验进行估算,因此所报价格并非根据实物工程量计算的精确价格,是一个参照其他工程计算的金额。而在施工图完成之后,建筑工程将要完成的工程量是明确的,且具体的项目特征也均有所体现,此时具有准确计算各项施工项目的综合单价的基础条件,所做的施工图预算也是比较符合实际水平。所以,因所处设计阶段的不同,难免就会出现针对同一建筑工程所计算的价格有所差距的现象。

此外,我们还应注意到其中可能隐含着设计优化的问题。传统的施工总承包模式中,承包人承担的是“按图施工”的义务;而在工程总承包模式中,其履行的是“按约施工”。此时,设计工作既是承包人的义务,也是承包人的权利。正如 FIDIC 银皮书序言中的描述:“雇主应给予承包人按他选择的方式进行工作的自由,只要最终结果能够满足雇主规定的功能标准。”所以,承包人在满足雇主要求的情况下,对设计方案的选择具有自主决定权,其可以通过技术更新,方案改进,来降低工程成本。而在固定总价的工程总承包合同中,成本的减少便是利润的上升。所以,在工程总承包模式中,合同价格体现的工程方案是承包人在承接工程时原定方案的价格,而最终实施的方案可能时经过承包人的优化改进,在发包人取消施工项目时,其计算的造价,也会与报价中的不相一致,应以后者为准。

五、小结

工程总承包模式具有其独特的优势,能够实现设计、采购、施工的高度融合,通过对设计图纸的分阶段审批,达到缩短项目实施周期。同时也因为将设计、采购、施工、试运行等工作发包给同一承包人实施,当发生工期、质量问题时,向发包人负责的主体明确。该模式采用固定总价的价格形式,很大程度上解决了最终结算超概的问题,因此越来越受到推崇。

但是,我们同时需要注意到,在工程总承包模式中,承包人需要承担更多的责任与风险,包括一些在传统观念中看似很不公平的风险。对于承包人来说,在工程总承包模式中承担的风险范围更广,过程管理责任更重。因此,承包人在投标报价时,除了科学合理的组价外,还应结合合同中关于风险责任划分的约定,识别风险,对风险管理的费用做出合理地测算,并计入报价,以确保总价的准确性。我们建议,承包商需尽量结合住房城乡建设主管部门制定的工程总承包项目计价规则进行组价,以免存在错、漏等,造成不必要的纠纷。同时,承包人要在项目实施过程中,充分发挥技术优势,通过技术改进、技术创新、设计优化来降低工程成本,实现“高利润”,而不再遵循之前的“低中标,勤索赔,高结算”策略。

而对发包人来说,其应当清楚工程总承包模式虽然能固定最终支付的工程价格,但并不一定是最经济的模式,其在工程实施过程中亦不宜过多干涉承包人的工作,否则将会导致工程总承包的实施走样变形,导致本该承包人承担的责任转移到自身。发包人在选择工程承包模式时,应先进行充分研究,结合工程项目的特征选择更加合适的承发包模式,切勿盲目跟风。对于专业能力较弱的发包人,则应当及时聘请有经验的工程咨询企业提供专业咨询意见。

工程总承包固定总价合同在履行中发生变更如何确定价款的问题

——华能泰安众泰发电有限公司与江苏新世纪江南环保股份有限公司建设工程合同纠纷*

郑冠红　蒋　峰**

关 键 词　固定总价　合同变更　变更价款

问题提出　工程总承包合同常以固定总价的形式体现，而当在合同履行过程中发生变更，能否调整合同价款以及如何调整，通常会在实践中引起巨大争议。

裁判要旨　本案签订的是固定总价合同，其中并未对价款的组成进行明确。合同履行过程中，建设单位要求取消增压风机，并发函要求扣除相关费用，承包人亦回函予以确认，应视为双方对变更价款达成一致意见，双方均应受其约束。

| 案情简介

上诉人（一审被告、一审反诉原告）：江苏新世纪江南环保股份有限公司（以下简称“江南环保公司”）

被上诉人（一审原告、反诉被告）：华能泰安众泰发电有限公司（以下简称

---

* 一审：南京市江宁区人民法院（2014）江宁开民初字第 348 号；二审：江苏省南京市中级人民法院（2016）苏 01 民终 5015 号。

** 郑冠红，上海市建纬律师事务所工程总承包业务部专职律师；蒋峰，上海市建纬律师事务所工程总承包业务部专职律师。

“众泰发电公司”)

2007年10月,山东众泰发电公司(后更名为华能泰安众泰发电有限公司)与镇江江南环保工程建设公司(后更名为江苏新世纪江南环保股份有限公司,签订《山东众泰发电有限公司2×150MW机组烟气脱硫工程合同文件》,约定由江南环保公司承包众泰发电公司1#、2#机组炉外烟气脱硫工程,承包方式为EPC总承包,协议价款为固定总价5240万元。合同价格第4.3条约定,本合同总价在合同执行期内为不变价,遇下列情况作相应调整:增压风机已包含在合同总价中,如设计不需要,从合同总价中扣除;如乙方考虑不周,漏设或其他原因等造成工程量的增加,增加的工程量不再增加费用。合同专用条款中约定,承包方式采用EPC总承包方式建造;本合同价款为闭口价,除合同条件第4.3条款外,在整个合同执行期内不变,本合同价款包含但不限于乙方为完成本工程所发生的所有费用及风险,乙方已在投标报价时充分考虑。

2008年1月8日,众泰发电公司向江南环保公司发函,载明:“关于脱硫工程增压风机方案事宜,我公司从系统运行的可靠性、建设投资及今后运行维护费用等方面进行了详细的论证,确定取消增压风机,对原引风机及电机进行改造,以达到脱硫投运后的系统要求。另:相应扣除脱硫系统中增压风机的费用250万元,请贵方回函确认。”同日,江南环保公司回函,载明:“贵司2008年1月8日关于脱硫工程取消增压风机的函已收到,我司同意贵司安排,现回函予以确认。”

2012年8月,江南环保公司就未结工程款向南京市中级人民法院提起诉讼,经法院调解,双方达成(2012)宁民初字第50号民事调解书,但该调解书并未涉及双方争议的增压风机工程减项事宜。

2012年9月14日,江南环保公司(甲方)与众泰发电公司(乙方)签订《补充协议书》,约定:鉴于甲、乙双方因欠款纠纷诉至南京市中级人民法院,双方经协商已调解结案。乙方在案外提出2008年1月8日发给甲方《关于脱硫工程取消增压风机的函》传真件一份以及甲方的回函传真件一份,内容就增压风机工程减项一事予以确认,具体减项数额由甲乙双方签订本补充协议后本着友好协商的原则继续寻找证据、进一步调研、论证另行确定。

2014年4月,原告众泰发电公司向法院起诉,要求江南环保公司按市场价格(4,110,000元)退还增压风机款项,并承担逾期退款利息损失844,028.47元。在审理过程中,经一审法院委托,江苏经天纬地建设项目管理公司(以下简称“经天纬地公司”),对增压风机的价格和增项工程量进行了评估。2015 年 12 月 21 日,经天纬地公司出具鉴定意见书:经评估,成都电力机械厂的增压风机的报价为 210 万元/台(含安装和配套设备等一切费用)且近年来该类设备价格无明显变化;2009 年 4 月 6 日之后众泰发电公司“2×150MW 机组烟气脱硫工程”发生的 EPC 总包合同之外的增加工程量造价为 2,988,421.46 元。

针对该变更涉及的增压风机价格如何确定,双方产生争议。

各方观点

江南环保公司:

双方对江南公司是否应退还 250 万元增压风机价款、价款退还的具体时间及方式均未达成一致,因此不存在江南公司逾期退还增压风机款项的违约情形,不应承担华能公司诉请的 84 余万元的利息。

华能泰安众泰发电有限公司:

华能公司自行向市面上的主要供应商进行了询价,单台报价均为两百余万元。前案中,经法院依法委托评估鉴定,鉴定机构作出苏经纬鉴(2015)1656 号工程造价鉴定意见书,明确成都电力机械厂(双方《合同文件》所对应《技术协议书》的设备供应商)的报价为 210 万元/台,沈阳鼓风机通风设备有限公司的报价为 198 万元/台,且近年来该类设备价格无明显变化。故不论是华能公司自行询价还是法院委托鉴定,均明确不含施工的情况下,单台设备不低于 200 万元;

双方约定在《补充协议书》签订后,重新确认增压风机款项,但上诉人一再推诿,拒绝寻证,被上诉人因此提起本案诉讼。在双方对增压风机的价格以及附属工程量都持有异议的前提之下,被上诉人申请了鉴定,鉴定结论客观地展现了增压风机的真实价格,应当按照鉴定结果返还设备款项。

法院观点

一审法院:

原告(反诉被告)众泰发电公司与被告(反诉原告)江南环保公司签订的中烟气脱硫工程合同系双方真实意思表示,不违反法律规定,合法有效,双方均应按合同履行。就本案的本诉部分，从双方 2008 年 1 月的函和 2012 年 9 月 14 日《补充协议》均可看出双方对在工程中取消增压风机并扣减相应价款的意思表示一致，该约定不违反法律规定，一审法院予以准许。就应扣减的价款，双方在 2008 年 1 月的函中虽然确定为 250 万元，但 2012 年 9 月 14 日双方的协议又约定了“具体减项数额由甲乙双方签订本补充协后，本着友好协商的原则继续寻找证据，进一步调研、论证另行确定”从该约定可以看出，双方为均已表示不再按 250 万元扣减而是按证据确认，现经评估机构评估，每台增压风机的价格为 210 万元，且近年来价格均无明显变化，故一审法院认定应扣减的工程款为 420 万元，现众泰发电机公司只主张 411 万元，不违反法律规定，一审法院予以准许。

二审法院：

关于江南环保公司应予返还的增压风机项目的数额。本院认为，江南环保公司系因本属于其施工范围内的增压风机项目被取消而须返还众泰发电公司已支付的相应工程款，故江南环保公司应予返还的增压风机价款应按照合同约定的相应价款予以确定。双方签订的是固定总价合同，其中并未对增压风机价格的组成予以明确。众泰发电公司于 2008 年 1 月 8 日发函要求扣除增压风机费用 250 万元，江南环保公司亦回函确认，应视为双方对增压风机项目应扣减款项达成一致，故江南环保公司应当向众泰发电公司返还增压风机款项 250 万元。众泰发电公司依据《补充协议书》起诉要求江南环保公司按照增压风机的市场价格返还 411 万元，但《补充协议书》中双方约定就“具体减项数额继续寻找证据，进一步调研、论证另行确定”，并不表明双方协商一致继续寻找增压风机市场价格的证据，并据此扣减；从该《补充协议书》签订的背景来看，在（2012）宁民初字第 50 号案件调解过程中，众泰发电公司一直主张江南环保公司按照 250 万元扣除增压风机款项，亦从未提及按增压风机市场价格扣除，故众泰发电公司主张按照市场价格扣除增压风机款项，本院不予支持，一审法院认定按照市场价格扣除本院予以纠正。

问题解析

长久以来，承包商秉承“低中标、勤签证、高索赔”的理念，在低价竞得工程承包权后依赖“二次经营”通过签证索赔的方式创造高额回报，这一传统经营理念一度成为承包商占领市场,应对业主低价中标,确保自身利益的有效手段。但伴随着的是,工程变更价款的确定也一直以来成为发承包双方在合同履行期间极易产生争议的问题。

如今,在国家大力推行工程总承包模式的形势下,工程变更面临着更为错综复杂的情形。住建部《关于进一步推进工程总承包发展的若干意见》指出:"工程总承包项目可以采用总价合同或者成本加酬金合同。"在采用固定总价形式的工程总承包合同下,除合同约定的变更调整部分外,合同价格一般不予调整,而认定是否构成工程变更不再简单取决于工程实施过程中客观上增加或减少的工程量,在发包人未改变功能需求的情况下,承包商为满足总包合同约定的目的所作出的变更将被包含在固定总价内,通常不再认为是能够影响合同价格的因素。

进一步而言,即便确认了工程总承包合同下的变更事实,如果固定总价形式的工程总承包合同中缺少合同价格清单、变更估价原则,变更价款如何确定将再度成为双方争执不下的难题。

鉴于工程总承包模式能缩短建设周期,有利于发包人尽快将建设产品投入使用并提前收回投资,实践中越来越多的发包人采用工程总承包模式将项目发包,并倾向于在可研或者方案设计完成阶段进行工程总承包商的招标,但在可研或方案设计阶段,项目的经济参数、技术指标、边界条件等不确定性较大,设计深度往往不足以达到确定合同固定总价的条件,这一问题反映到发承包过程中即导致投标总价缺乏具体、细化的价格组成,进而在履行过程中变更发生时,就该变更部分在固定总价中的占比和定价缺乏计量依据。正如本案,双方在合同价格第4.3条中约定了价格调整事项:增压风机已包含在合同总价中,如设计不需要,按乙方投标价格从合同总价中扣除。因此合同履行期间对于该情形构成变更这一客观事实双方当事人并无异议,但由于本案合同签订时不存在相应的工程量清单计价基础,合同总价中对应于设备变更部分价格无法通过工程量或其他计算方法进行确定,双方当事人对该变更减少的增压风机价格确定产生争议最终诉至法庭。

就该情形,我们仅就变更事件发生后变更价款如何确定的问题,尝试回归法律、法规的普适性规定进行分析,以期为缺少价格明细的固定总价情况下,发承包双方解决僵持局面或预防此类风险提供可借鉴的思路。

一、关于变更价款约定不明确的相关法律规定

本文所讨论的变更价款金额如何确定的问题，归根结底在于合同双方当事人在合同中对该变更对应的合同价款没有约定或者约定不明确而引发的。法律、司法解释对此存在相关规定：

《合同法》第六十一条规定：合同生效后，当事人就质量、价款或者报酬、履行地点等内容没有约定或者约定不明确的，可以协议补充；不能达成补充协议的，按照合同有关条款或者交易习惯确定。

《合同法》第六十二条第二项规定：当事人就有关合同内容约定不明确，依照本法第六十一条的规定仍不能确定的，适用下列规定：……（二）价款或者报酬不明确的，按照订立合同时履行地的市场价格履行；依法应当执行政府定价或者政府指导价的，按照规定履行。

最高人民法院《关于审理建设工程施工合同纠纷案件适用法律问题的解释》第十六条第一款、第二款规定：当事人对建设工程的计价标准或者计价方法有约定的，按照约定结算工程价款。因设计变更导致建设工程的工程量或者质量标准发生变化，当事人对该部分工程价款不能协商一致的，可以参照签订建设工程施工合同时当地建设行政主管部门发布的计价方法或者计价标准结算工程价款。

《建设工程价款结算暂行办法》（财建〔2004〕369 号）第十条规定，变更合同价款按下列方法进行：(1)合同中已有适用于变更工程的价格，按合同已有的价格变更合同价款；(2)合同中只有类似于变更工程的价格，可以参照类似价格变更合同价款；(3)合同中没有适用或类似于变更工程的价格，由承包人或发包人提出适当的变更价格，经对方确认后执行。如双方不能达成一致的，双方可提请工程所在地工程造价管理机构进行咨询或按合同约定的争议或纠纷解决程序办理。

地方关于审理建设工程合同纠纷也出台类似的指导意见，例如，北京市高级人民法院《关于审理建设工程施工合同纠纷案件若干疑难问题的解答》（京高法〔2012〕245 号）中规定："建设工程施工合同约定工程价款实行固定总价结算，在实际履行过程中，因工程发生设计变更等原因导致实际工程量增减，当事人要求对工程价款予以调整的，应当严格掌握，合同对工程价款调整有约定的，依照其约定；没有约定或约定不明的，可以参照合同约定标准对工程量增减部分予以单

独结算,无法参照约定标准结算的,可以参照施工地建设行政主管部门发布的计价方法或者计价标准结算。”

按照上述相关法律法规及司法解释的规定,关于变更价款的确定,在当事人合同没有约定或约定不明确时,有如下方案可以供选择:(1)就变更价款协商达成补充协议;(2)参照合同中类似于变更工程的价格确定,或按照交易习惯确定。当事人无法达成补充协议,也不能根据合同其他条款及交易习惯确定的,可以采取:(1)按照订立合同时履行地市场价格确定;(2)按照订立合同时履行地政府发布的定额确定。

二、本案中,众泰发电公司和江南环保公司就风机数量变更导致的价格变更应如何确定?

本案中,众泰发电公司向江南环保公司发函要求取消风机并扣除相应款项250万元,而江南环保公司回函表示同意,意味着双方对合同变更价款按照上述方案1达成了补充协议,此时就风机取消导致的价格变更应按照250万元计。

然而此后,双方基于客观原因又另行签订了补充协议,协议中针对风机价格作出了新的约定“具体减项数额继续寻找证据、进一步调研、论证另行确定”,从而又对变更价款产生了争议。

对于变更的具体数额,一审和二审法院存在不同认定,一审法院根据鉴定结果确定最终扣减金额,而二审法院依据双方往来函件中确定的250万元进行扣除。对此,我们倾向于二审法院观点,主要理由:

1. 涉案工程为EPC工程总承包,采用固定总价的形式,承包人在投标报价时,采用的是一揽子报价的方式,没有具体的工程量清单或者设备报价清单,投标报价和合同约定的固定价格均没有对应设计、采购和施工的具体模块,因此总价中对应设备部分的价格无法确定,属于对变更价款的约定不明。

2. 双方在往来函件中约定变更建设方案,并对价款达成一致,虽然双方又签订补充协议,但该补充协议在确认增压风机减项事实的同时,并未对前款函件中达成的价款协议产生实质性变更或者异议,而是笼统地指出继续寻找证据、调研和论证确定。根据《合同法》第七十七条的规定:“当事人协商一致,可以变更合同”。显然,合同双方可以通过补充协议另行约定增压风机价格,也可以否认此前达成250万元价格,但实际上,该补充协议仅提到“具体减项数额继续寻找证据,进一步调研、论证另行确定”,既没有形成新的、明确的价格,也未明确否认此前确定的250万元价格，根据《合同法》第七十八条的规定：“当事人对合同变更的内容约定不明确的，推定为未变更”。因此，如果江南环保和众泰发电公司均没有充分的证据去推翻前款函件中达成的价款协议，那么应当视为双方并未就价款达成新的协议，或者说双方并未协商一致确定一个被双方都认可的价格，仍应当依据双方在往来函件中确认的价格确定。

3. 本案为固定总价合同，同时双方对争议的标的已通过往来函件和补充协议确定变更价格。根据最高人民法院《关于审理建设工程施工合同纠纷案件适用法律问题的解释》第二十二条的规定，当事人约定按照固定价结算工程价款，一方当事人请求对建设工程造价进行鉴定的，不予支持。而一审法院避开了双方的函件和补充协议，另行委托鉴定，并按照增压风机的鉴定价格进行扣款，显然不符合前述司法解释的规定，也违反了合同双方当事人意思自治的原则。

三、小结

在传统设计—招标—建造模式下，发包人在设计完成后进行施工招标，此时施工承包人可以根据图纸等技术资料和相对确定的工程量清单进行报价，因此合同的价格组成较为具体，工程量的变更风险也较大程度上由发包人承担。而在EPC工程总承包模式下，招标时间节点更靠近项目前端，发包人为缩短工期，通常在可行性研究完成后进行招标，而此时仅有概念设计或者方案设计，无法形成详细的工程量清单，当发承包双方在发生合同变更的情形时，会对变更价款产生较大的分歧，对此，我们结合法律法规和行业交易习惯，建议采用固定总价形式实施EPC项目的发承包双方通过以下几个方面的操作减少变更价款争议：

（一）在合同招投标阶段，确定固定总价合同的组成

尽管EPC招标时难以确定工程量清单，各分部分项、单位或单项工程的具体价格构成无法区分，但双方可以在合同总价的基础上，对设计、采购和施工三大部分的价格组成进行区分，即对设计、采购和施工各确定一个固定总价，三者汇总后得到合同的总价格。基于此，若发生设备变更的问题，则可按照变更设备在原设备中所占的权重来确定最终变更价格，而该权重可以设备价值为基础，如此则对发承包双方的争议范围进一步缩小，也更有利于双方达成一致意见。

（二）在合同签订阶段，将招投标阶段的价格组成列为合同组成文件，或在合同谈判期间将中标价进一步细化列为合同附件，同时明确变更估价原则

该项操作有以下合同文本约定可供参考：

1. 住建部2011年发布的《建设项目工程总承包合同示范文本(试行)》(GF-2011-0216)"13.5变更价款确定"确立了变更价款的一般估价原则,即"13.5.1合同中已有相应人工、机具、工程量等单价(含取费)的,按合同中已有的相应人工、机具、工程量等单价(含取费)确定变更价款;13.5.2合同中无相应人工、机具、工程量等单价(含取费)的,按类似于变更工程的价格确定变更价款;13.5.3合同中无相应人工、机具、工程量等单价(含取费),亦无类似于变更工程的价格的,双方通过协商确定变更价款。"

同时,《示范文本(试行)》(GF-2011-0216)专用条款第20条补充条款中提到"20.3合同价格清单分项表",该文件实际上即能够为第13.5条约定的变更价款确定提供有效的基础参考数据,但遗憾的是《示范文本(试行)》(GF-2011-0216)该条款中并未对应表格示例,实践中发承包双方经常遗漏该重要条款,从而导致第13.5条的约定落空。

2. 2012年九部委《标准招标文件》第二卷第七章"投标文件格式"第五部分"合同价格清单"中明确价格清单属于合同组成文件的一部分,投标人应当按照招标人给出的投标文件格式填写价格清单,《标准招标文件》所附的价格清单格式中包含设计费、工程设备费、必备的备品备件费、建筑按照工程费、技术服务费、暂列金额、暂估价、其他费用的价格明细和价格说明,并在价格清单说明1.1中明确规定:"价格清单列出的任何数量,不视为要求承包人实施的工程的实际或准确的工作量,在价格清单中列出的任何工作量和价格数据应仅限用于合同约定的变更和支付的参考资料,而不能用于其他目的。"即价格清单中列明的相关项目及价格仅作为发生变更时调整合同价款的参考资料,并不代表承包人最终实施的实际工程量,也不能用于最终结算或其他目的。因此,当变更事项发生时,则可参照合同价格清单中的项目作为确定变更价款的相关依据。

3. 英国JCT(Joint Contract Tribunal)系列合同条件的相关约定,《The JCT Design and Build Contract 2005》第2.1条中将"Contract Sum Analysis"(合同额分析文件)列为合同组成文件的一部分,同时在"2.5 Contract Sum Analysis"中解释:设计—建造合同是一个固定价格合同,这意味着承包商为雇主支付的固定价款而实施工作,合同中虽然规定了雇主需求变更以及价格波动,但却没有规定重新计算合同价款……合同额分析文件的目的就是协助变更估价,使价格波动对合同固定总价的影响被合理测算。

（三）在合同履行阶段，重视合同变更程序，提升工程资料编制和管理水平

为确保合同变更的工作顺利进行，成熟的 EPC 承包商会与发包人在合同签订及履行期间建立一套完整的申请、审查与批准的变更手续，这样对于双方针对变更事项和变更价款的确定有迹可循、有据可依并有证可查。对于合同变更程序，FIDIC 银皮书第 13.3 款也作出了相应规定："如果雇主在发出变更指示前要求承包商提出一份建议书，承包商应尽快做出书面回应，或提出他不能照办的理由（如果情况如此），或提交：（a）对建议的设计和（或）要完成的工作的说明，以及实施的进度计划；（b）根据第 8.3 款［进度计划］和竣工时间的要求，承包商对进度计划做出必要修改的建议书；（c）承包商对调整合同价格的建议书……"在合同履行过程中，建议承包商严格依据合同中确定的变更程序，在变更情况发生后，积极完善有关基础资料的收集、整理、上报，跟进发包人有关审批流程，并应当重视变更资料编写内容的完整性，明确指出变更情形对合同价款及工期的影响以及价格调整的建议。

政府审计能否作为工程总承包项目结算依据的问题

——中国建筑第八工程局有限公司、云南中石油昆仑燃气有限公司建设工程施工合同纠纷*

徐寅哲**

关 键 词 结算 政府审计 超概

问题提出 国务院2017年19号文与住建部2016年93号文均提及,政府项目应带头推行工程总承包模式。而对于政府项目来讲,政府审计又是其中不可避免的一个环节。当前,不少工程总承包企业,均谈审计色变。不少情况下,政府审计即意味着减的要减,加的不加,结算金额只少不多。如何处理好政府审计在工程总承包模式下的适用问题,成为诸多工程总承包企业的"当务之急"。而2017年2月22日,全国人大常委会法工委颁布的《对地方性法规中以审计结果作为政府投资建设项目竣工结算依据有关规定的研究意见》(法工委函〔2017〕2号),在实践中对于大家如何准确的理解好工程承包合同中是否仍然能够约定审计结算条款带来了疑惑。对此,有必要予以梳理研究。

裁判要旨 双方2011年11月29日签订的总承包合同和2016年1月27日签订的补充合同是双方真实意思的表示,且内容并未违反法律法规的强制性规定,合法有效。虽然总承包合同未对造价公司的审核方式作出约定,但在补充合同中双方明确约定最终结算价以昆明市审计局或其委托的审计单位作出审计报告所确认的结算金额为准,而审计也是造价审核的一种方式,故补充合同的约定

---

* 一审:云南省昆明市中级人民法院(2016)云01民初1826号;二审:云南省高级人民法院(2017)云民终874号。

** 徐寅哲,上海市建纬律师事务所合伙人、工程总承包业务部副主任。

是对总承包合同的补充。

案情简介

上诉人(原审原告):中国建筑第八工程局有限公司(以下简称“中建八局”)

被上诉人(原审被告):云南中石油昆仑燃气有限公司(以下简称“昆仑燃气”)

2011年11月29日,昆仑燃气作为发包人,与中建八局及案外人中机国际工程设计研究院有限责任公司、张家港中集圣达因低温装备有限公司签订《云南省液化天然气(应急)储配基地项目EPC工程总承包合同》(以下简称《总承包合同》),约定由承包人对云南省液化天然气(应急)储配基地项目进行设计、采购及施工。《总承包合同》第一部分《合同协议书》5.2“工程结算价”(1)约定:在一、二期工程造价7024.31万元原则上且不突破投标文件投标价的情况下,待工程验收后,以经过发包人认可的最终工程量进行结算。第二部分《合同价款》16.1约定:(1)合同以投标文件中的建设项目、数量、报价作为合同的执行总价,即7024.31万元。(2)工程分期建设、分期结算,其中:一期工程为:5424.31万元,即执行价格为投标文件涉及的项目扣除二期工程待建的一座低温球罐后,作为一期工程的合同价格;二期工程暂定为:1600万元,即执行价格为投标文件涉及的二期工程待建的一座低温球罐。(3)经发包人及造价公司审核认可后的项目实施报价严格控制在一期工程5424.31万元、如有超出部分发包人不予认可(发包人另行委托的除外)。(4)待工程竣工后,30日历天内发包人必须上报审计。16.2(5)约定:工程竣工后壹年内支付(暂按一期工程5424.31万元)剩余的50%工程款,余款经审计后三个月内结清。合同签订后,中建八局进行了实际施工,工程于2013年8月1日竣工验收,并于同年8月29日验收备案。

2016年1月27日,合同各方当事人又签订了《关于云南省液化天然气(应急)储配基地项目EPC工程总承包合同的补充合同书》(以下简称《补充合同》),载明由于双方目前对工程结算价的确定和工程款支付问题存在争议,经双方友好协商达成补充合同。约定:一、工程款结算和支付。第1.1条发包人于2016年1月10日前,按《总承包合同》一期工程暂定价5424.31万元的约定,向承包人支付到95%的工程款,支付时应扣除发包人前期已支付的工程款。第1.2条如果截至2016年3月31日,审计工作仍未完成,发包人于2016年4月10日前,暂按昆明禹泰工程造价咨询事务所有限公司对《总承包合同》所涉工程出具的咨询意见中载明的工程竣工结算价56,504,775.33元向承包人支付工程款,支付时应扣除发包人前期已支付的工程款。第1.3条《总承包合同》所涉工程的最终结算价以昆明市审计局或其委托的审计单位作出审计报告所确认的结算金额为准。如果审计结果与发包人已支付的工程款数额不一致的,在审计报告作出之日起10日内,双方按多退少补的原则进行找补。第1.4条承包人应协助发包人完成昆明市审计局或其委托的审计单位对工程的审计工作。有义务提供审计需要的所有文件。第1.5条发包方支付款项前,承包方应向发包方提供合法、合规的发票,收到发票前,发包方有权拒付。

2016年10月11日,中建八局向昆仑燃气出具《回复(函)》,载明:“你公司于2016年10月10日向我司发出的《关于审计意见的通知书》及《付款情况》已收到。现就你司要求的问题及付款情况回复如下:贵司要求我单位必须在2016年10月20日前对昆明市审计局的《征求意见稿》提出书面意见,若不提出就视为同意,且在《付款说明》中单方擅自扣减了我司工程款。我司声明,在该工程款项的结算中,本来双方合同约定以及所欠尾款的事实是非常清楚的,但贵司非要将问题搞得很复杂,其目的是为了拖延付款期限,这是严重损害我方利益和不诚信的表现,因此,我司认为,我司没有配合贵单位单方委托的任何结算单位的义务,而关于所欠工程款的问题双方已诉于有关部门,其结论由审判部门依法确定,并非贵司所述的不提出就无异议的说法。”

2016年10月20日,昆明市审计局作出昆审投决〔2016〕15号审计报告。因昆仑燃气欠付工程款,中建八局诉至昆明市中级人民法院。本案一审审理过程中,一审法院依职权向昆明市审计局就涉案合同项下工程造价发函进行调查,根据昆明市审计局的回函,一审法院认定涉案工程造价为55,070,994.52元,其中,设计费2,638,700元,需安装设备款23,334,031元,工程施工费29,098,263.52元。

各方观点

中建八局:

在施工期间,由于昆仑燃气仅向中建八局支付工程款51,530,945元,剩余工程尾款一直未付。正是中建八局当时急于要解决农民工工资问题和对外欠款问题，双方于2016年1月27日又共同签订了《补充合同书》。《补充合同书》中明确了双方对工程款支付问题存在争议。《补充合同书》还约定，任何一方违反本协议条款，延迟支付相关款项的，每天按应付款项金额的1%承担违约金。根据《补充合同书》的约定，双方确定最终应以审计局的审计报告为准，但审计局的报告又无影无踪，导致了中建八局的工程款实在无法实现，昆仑燃气的行为已构成了违约，依照《补充合同书》的约定，昆仑燃气每天应向中建八局承担应付工程款1%的违约金，而中建八局仅在约定的范围内主张了200万元。因双方在《补充合同书》中确定原昆明禹泰公司所作的造价金额过于显失公平，因此双方确定“暂按”56,504,775.33元支付工程款，而该款项与本案实际工程款66,378,161.21元相差甚远。而昆仑燃气为了不给付工程款，单方擅自请了若干家结算机构一天天减扣工程款的行为实在让中建八局无法接受。

昆仑燃气：

一、工程款经昆明市审计局审计，目前昆仑燃气尚应当支付中建八局的工程款为3,540,049.52元。

二、因中建八局开具的发票不符合要求，因此昆仑燃气无法付款，经多次和中建八局协商，中建八局也拒不重新开具发票，根据双方补充协议约定，在中建八局开具合法发票之前，昆仑燃气有权拒付款项。

三、本案不存在重新鉴定的问题，根据双方约定，本案工程款以昆明市审计局的审计报告为准，现在审计报告已经做出。

法院观点

一审法院：

本案双方与案外人中机国际工程设计研究院有限责任公司、张家港中集圣达因低温装备有限公司于2011年11月29日签订的《总承包合同》系各方真实意思表示，且不违反法律、行政法规的强制性规定，合法有效，各方均应当按照合同约定履行各自的义务。合同订立后，原告如约进行施工。工程竣工验收后，双方再次订立《补充合同书》，就涉案工程计价标准、款项支付等重要事宜另行作出约定，即双方明确结算“以昆明市审计局或其委托的审计单位作出审计报告所确认的结算金额为准”。故原告现以双方对涉案工程造价存在争议为由申请对涉案工程造价进行司法鉴定无事实及法律依据,本院不予准许。

至于中建八局关于涉案工程不属于必须审计的工程以及不应由昆明市审计局进行审计的主张,一则无事实及法律依据,二则不属于本案审理范围。而关于审计所依据的材料均系昆仑燃气单方面提供、中建八局未参与审计的主张,根据中建八局向昆仑燃气出具的《回复(函)》,属中建八局对参与审计工作的权利和义务的放弃和不履行,故本院对中建八局的上述主张均不予支持。

二审法院:

双方2011年11月29日签订的《总承包合同》和2016年1月27日签订的《补充合同》是双方真实意思的表示,且内容并未违反法律法规的强制性规定,合法有效。首先,根据《总承包合同》第5.1条的约定,合同总价为投标价7024.31万元,其中一期工程5424.31万元,二期工程1600万元。审理中,中建八局认可二期工程还没有做,故其主张的工程款只涉及一期工程。本案中,昆仑燃气对中建八局提交的结算书并未确认,故不能依据《总承包合同》第16.5条、第16.6条的约定支付工程款。而《总承包合同》虽然未明确约定以审计结论作为确认工程造价的依据,但却约定:在原则上且不突破投标文件投标价的情况下,工程验收后,以经过发包人认可的最终工程量进行结算。经发包人及造价公司审核认可后的项目实施报价严格控制在一期工程5424.31万元,除发包人另行委托外,超出部分发包人不予认可。工程竣工后30日内发包人必须上报审计。虽然《总承包合同》未对造价公司的审核方式作出约定,但在《补充合同》中双方明确约定最终结算价以昆明市审计局或其委托的审计单位作出审计报告所确认的结算金额为准,而审计也是造价审核的一种方式,故《补充合同》的约定是对《总承包合同》的补充。其次,审计结论确认的工程造价金额55,070,994.52元高于合同约定的一期工程中标价金额5424.31万元,故结算价款从数额上对中建八局而言也并未显失公平。

问题解析

我国目前正在大力推广工程总承包模式,而有关工程总承包项目的造价结算,则是涉及发承包双方核心利益,未来将决定工程总承包模式是否能够长远健康发展的核心问题。与国际上通行的EPC交钥匙固定总价工程总承包合同

(LSTK)不一样,我国现行发展状况下的 EPC 工程总承包项目,因政府投资引领的专有特性,在计价模式上,往往无法真正地做到总价固定,有些时候在“大干快干”的政策要求下,为确保与最终建筑产品所呈现的客观事实尽量相符,则“费率招标”的形式较为常见;同时,在结算结果上,往往会设置严格的概算“封顶”价格,最终必须经过政府审计来确定有关的工程结算价金额,且结算审价时只调减不调增,不允许“超概”。

结合本案纠纷来讲,以下两个方面的法律问题,应当引起重视。

一、工程总承包合同中,是否可以设置“封顶价”?

所谓“封顶价”,即发承包双方在工程总承包合同中设置一个价格金额,双方约定最终的结算金额不应超过该价格。对于政府投资类项目,也就是我们通常所讲的结算金额不允许“超概”。例如,发改委《中央预算内直接投资项目概算管理暂行办法》(发改投资〔2015〕482 号)第三条第三款规定:“除项目建设期价格大幅上涨、政策调整、地质条件发生重大变化和自然灾害等不可抗力因素外,经核定的概算不得突破。”第五条第一款规定:“经核定的概算应作为项目建设实施和控制投资的依据。项目主管部门、项目单位和设计单位、监理单位等参建单位应当加强项目投资全过程管理,确保项目总投资控制在概算以内。”

对此,我们需要分析的是,工程总承包合同中如果设置了“封顶价”是否会存在显失公平,从而导致合同可撤销的情形?

本案《总承包合同》中约定:“经发包人及造价公司审核认可后的项目实施报价严格控制在一期工程 5424. 31 万元、如有超出部分发包人不予认可(发包人另行委托的除外)。”中建八局在起诉时即声称,因双方在《补充合同》中确定昆仑燃气委托原第三方造价咨询公司所作的造价金额过于显失公平,因此双方在《补充合同》中约定“暂按”5650. 48 万元支付工程款,而该款项与本案实际工程款 66, 378, 161. 21 元相差甚远。对此观点,二审法院予以了驳斥,认为“审计结论确认的工程造价金额 55, 070, 994. 52 元高于合同约定的一期工程中标价金额 5424. 31 万元,故结算价款从数额上对中建八局而言也并未显失公平”。

实践中,应注意:

1. 我国《合同法》第五十二条虽规定有,在订立合同时显失公平的,当事人一方有权请求人民法院或者仲裁机构变更或者撤销。但是,何为公平?何为显失?在平等民商事主体的经济活动中,较难予以证明。作为工程总承包而言,特别是涉及政府投资的工程项目,往往是通过合法的招投标程序,由多家大型投标单位经公平竞争,确定最终的承包单位以及有关的承包价格。在此情形下,一旦工程总承包合同予以签订,则在此后再提出所谓的显失公平,将难以说服法官。

也正是因此,相比《合同法》第五十二条而言,自 2017 年 10 月 1 日起实施的《民法总则》第一百五十一条就有关显失公平可撤销的规定,更是严格限制在"一方利用对方处于危困状态、缺乏判断能力等情形"之下。针对工程总承包项目来讲,类似本案中的中建八局,属于大型建筑集团法人企业几乎没有适用,"处于危困状态、缺乏判断能力"的可能。也正是因此,中建八局还曾在本案一审起诉时提出,有关补充合同的签订是因为当时急于要解决农民工工资问题和对外欠款问题。试图以此证明补充合同签订之时所遭受的胁迫,显然同样无法获得法院的支持。

2. 即便最终的工程结算造价经过独立第三方审核,确实与市场客观造价相差悬殊,则依照现行《合同法》《民法总则》的相关规定,当事人自知道或者应当知道撤销事由之日起一年内,或者当事人自民事法律行为发生之日起五年内没有行使撤销权的,撤销权消灭。本案中,工程总承包合同签订于 2011 年 11 月 29 日,整个工程于 2013 年 8 月 1 日竣工验收,并于同年 8 月 29 日验收备案。但是,中建八局却是迟至 2016 年 12 月 1 日起诉时才向一审法院提出所谓的显失公平之说。显然,即便有相关的撤销权,也已超过了法定的撤销权行使期间。

二、工程总承包合同能否约定以政府审计作为结算工程价款的依据?

本案所涉的《补充合同》中明确约定:"《承包合同》所涉工程的最终结算价以昆明市审计局或其委托的审计单位作出审计报告所确认的结算金额为准。""承包人应协助发包人完成昆明市审计局或其委托的审计单位对工程的审计工作。有义务提供审计需要的所有文件。"实践中,此类约定并不鲜见,尤其是以政府投资类项目为主。

长期以来,各大施工企业、工程总承包公司都苦于这样的审计结算约定已久。从性质上来讲,政府审计本身仅是依照《审计法》,针对政府部门以及国有金融机构和企事业组织的财务收支进行的政府内部监督行为。《审计法》第二十二条规定:"审计机关对政府投资和以政府投资为主的建设项目的预算执行情况和决算,进行审计监督。"显然,政府审计本身不干涉平等主体之间的民商事活动。但是,政府投资背景下,作为发包一方来讲,为避免以后可能面临的失职渎职责任追究风险,通常会在工程总承包合同签订时,利用自身优势地位,要求另一方接受最终以政府审计作为工程造价确定的结算依据。中建八局在上诉时即指出:“该工程涉及审计,但审计的是项目,是对建设单位是否依法依规合理使用项目投资进行审计,施工单位主张工程结算价款并不以审计结论为依据。”

而政府审计另一个让承包单位叫苦不迭的原因在于,一般的结算审价都会有一定的时间限制。例如,《建设项目工程总承包合同示范文本(试行)》(GF－2011－0216)第 14. 12. 2 项规定:“发包人应在收到承包人提交的竣工结算报告和完整的竣工结算资料后的 30 日内,进行审查并提出修改意见,双方就竣工结算报告和完整的竣工结算资料的修改达成一致意见后,由承包人自费进行修正,并提交最终的竣工结算报告和最终的结算资料。”但是针对政府审计,《审计法》和《审计法实施条例》却均没有明确的规定具体的审计期限。我们在 2017 年代理的一个工程案件,所涉工程项目是在 2009 年签订工程合同后开工建设、2012 年完工,但是直至 2017 年引发诉讼纠纷之时,政府审计部门仍尚未出具审计报告。而该案的一审法院(某地中级人民法院),因该工程合同中同样有政府审计作为结算价款的依据,而在一审判决时即直接以审计报告尚未出具为由驳回了承包单位的诉请。本案中,双方在《补充合同》内约定有关的审计报告应当在 2016 年 3 月 31 日前出具,但是根据一审法院的调查,实际也是在 2016 年 10 月 20 日审计部门方才完成。

那么,如果在工程总承包合同中约定了以政府审计作为造价结算的依据,到底是否有效呢?我们在近阶段遇到不少工程企业的朋友,均认为国家目前禁止以审计作为造价结算的依据。理由在于,2017 年 2 月 22 日的《全国人大常委会法工委对地方性法规中以审计结果作为政府投资建设项目竣工结算依据有关规定的研究意见》(法工委函〔2017〕2 号)中明确指出:“对地方性法规中直接规定以审计结果作为竣工结算的依据和规定应当在招标文件中载明或者在合同中约定以审计结果作为竣工结算依据的条款,应当予以清理纠正。”

殊不知,全国人大法工委的意见,直接指向的是地方性立法中存在的问题,而非针对工程合同中有关约定本身而言。此外,该意见中同时还指出:“地方性法规规定的第三种情况,即规定建设单位可以在招标文件中载明或者在合同中约定以审计结果作为竣工结算的依据的条款,不存在与法律不一致、超越地方立法权限的问题。”显然,依法依约进行的民商事活动受到法律保护。即工程总承包合同中可以约定最终的工程造价结算以政府审计结果为准。对此,实际早在2001年4月2日最高人民法院《关于建设工程承包合同案件中双方当事人已确认的工程决算价款与审计部门审计的工程决算价款不一致时如何适用法律问题的电话答复意见》即已明确规定:“建设工程承包合同案件应以当事人的约定作为法院判决的依据。只有在合同明确约定以审计结论作为结算依据或者合同约定不明确、合同约定无效的情况下,才能将审计结论作为判决的依据。”具体到本案中,既然中建八局与昆仑燃气约定了以审计结论作为造价结算依据,则理应照此执行。

三、小结

国务院办公厅《关于促进建筑业持续健康发展的意见》文中明确指出:“政府投资工程应完善建设管理模式,带头推行工程总承包。”当前形势下,政府投资工程显然是工程总承包最主要的“战场”。而对政府投资工程来讲,审计又必然是无法回避的问题。对于政府投资工程项目来讲,《审计法》是一道关,2019年7月1日起施行的《政府投资条例》则又是另一道卡。

《政府投资条例》第二十六条规定:“投资主管部门或者其他有关部门应当按照国家有关规定选择有代表性的已建成政府投资项目,委托中介服务机构对所选项目进行后评价。后评价应当根据项目建成后的实际效果,对项目审批和实施进行全面评价并提出明确意见。”第三十四条规定:“项目单位有下列情形之一的,责令改正,根据具体情况,暂停、停止拨付资金或者收回已拨付的资金,暂停或者停止建设活动,对负有责任的领导人员和直接责任人员依法给予处分:……(三)未经批准变更政府投资项目的建设地点或者对建设规模、建设内容等作较大变更;(四)擅自增加投资概算……”

为规避自身可能在未来承担的行政责任,对于采用工程总承包模式的政府投资项目来讲,以期中审计作为过程管理的手段,以结算审计作为最终的投资合理性评判的标准,恐怕是政府类发包人的本能性要求。

当前,虽经全国人大常委会发文指出,要求地方性立法中不得出现以审计结果作为竣工结算的依据,但是基于司法裁判的角度,并未否定民商事合同中的自由约定。可以预见的是,在对于政府投资监管日益趋紧的当下,以政府投资为主的工程总承包领域,发承包双方关于以审计作为工程结算的约定与可能由此产生的争议,未来仍可能在较长时间内持续,需引起工程总承包单位的高度关注。

第六章

工程总承包合同的解除问题

工程总承包合同双方约定中标后重新核定合同总价，此后又无法达成一致时，发包人的合同解除权问题

——中交第一航务工程勘察设计院有限公司、中交第四航务工程局有限公司等与海南如意岛旅游度假投资有限公司建设工程合同纠纷*

郑冠红　蒋　峰**

关 键 词　合同总价　解除合同　违约　二次议价

问题提出　工程总承包一般采用固定总价为承包计价的基本原则，最为典型的例如国际通行的 FIDIC 银皮书 EPC 合同条件，即明确要求的是固定总价。但是在实践中，基于对于工程项目设计深度把握能力的不同，以及长期以来施工总承包的计价惯性，发承包双方通过费率招标或已有工程量模拟清单招标的方式，也较为常见。一旦此后项目真正落地推动过程中，出现了超出发承包一方预期的情形，例如：发生实际工程量相较预期较大变动，导致其中一方的价格期待的心理不平衡，则极易产生合作纠纷。本案中的工程项目即是如此，最初的工程总承包合同约定中标后重新核定总价，但是实际上双方此后就重新核定价款无法达成一致意见，那么在这种情况下，发包人还能否单方面解除合同，是否构成违约，则变成一个较为关键的法律争议问题。

裁判要旨　从合同约定来看，双方并未真正确定合同总价款。从合同的履行上看，双方就合同总价款重新进行了协商，但未达成一致意见。此时，双方所订立的合同文件的合同目的无法实现，在合同已无法实际履行的情况下，发包人

---

* 一审：海口海事法院(2016)琼72民初16号；二审：海南省高级人民法院(2017)琼民终54号。

** 郑冠红，上海市建纬律师事务所工程总承包业务部专职律师；蒋峰，上海市建纬律师事务所工程总承包业务部专职律师。

单方面解除合同符合法律规定,不构成违约。

案情简介

上诉人(一审原告、一审反诉被告):中交第一航务工程勘察设计院有限公司(以下简称"中交一航院")

上诉人(一审原告、一审反诉被告):中交第四航务工程局有限公司(以下简称"四航局")

上诉人(一审原告、一审反诉被告):中交广州航道局有限公司(以下简称"航道局")

被上诉人(一审被告、一审反诉原告):海南如意岛旅游度假投资有限公司(以下简称"如意岛公司")

2013年11月20日,中交一航院、四航局、航道局签订《联合体协议书》。该协议书约定:三单位自愿组成一航院—广航局—四航局联合体,共同参加海口市如意岛项目填岛EPC总承包工程的投标。2014年1月10日,如意岛公司组织进行了"海口市如意岛EPC总承包工程"招标。中交联合体参与投标,报价为2,640,791,662元。其中,一般项目173,916,433元;单位工程(共5项)2,436,523,692元;初步设计12,145,867元,施工图设计18,205,671元。

如意岛公司于2014年1月25日发出中标通知书,确定中交联合体为中标人,中标价为2,640,791,662元并签订了EPC总承包合同,合同协议书中约定:合同暂定价款总计为2,640,791,662元;合同暂定总价明细见本合同中已标价工程量清单,清单中除分部分项清单中工程量暂定外,综合单价、一般项目费、设计费全部固定不变;待扩初图纸完成并经业主审查合格后按扩初图纸重新计算工程量;工程量计算原则依据本合同、补充招标文件及招标文件的要求;确定最终合同总价的原则为:一般项目费、设计费执行本合同价格固定包干,实体工程的工程量依据上述原则进行计算,综合单价执行本合同约定价格固定不变,如(重计量合同价-合同暂定总价)/合同暂定总价的百分比在±2%以内(含2%)时,最终合同总价=合同暂定总价;当(重计量合同价-合同暂定总价)/合同暂定总价的百分比超出±2%时,超出±2%以外的部分给予调整,合同双方签订补充协议确定合同总价。合同工期总日历天数为548天;项目开工日期为2014年4月

1 日,竣工日期为 2015 年 9 月 30 日。

专用合同条款第 8.7 条约定:合同工期:18 个月,2014 年 4 月 1 日填岛正式开始,2015 年 9 月 30 日填岛竣工备案完成;工程逾期达 15 天,当业主和监理评估承包商确实无力完成本工程时,业主有权解除合同。

如意岛公司于 2014 年 3 月 24 日给原告发出《关于确定如意岛填岛设计计划的函》,要求中交联合体针对所涉标段的设计(初设、施设)作出详细的计划安排。中交一航院回函表示,为推动设计工作,计划在 4 月 15 日前最大限度提交一版初设报告。3 月 27 日召开的初步设计方案沟通会对中交一航院提出的主要分项工程的初步设计方案进行讨论、沟通。会议讨论结果提到:“护岸设计方案调整原则是不增加 EPC 投标总价(受客观条件影响的调整因素除外)。”

2014 年 4 月 23 日,中弘公司召开初设主要变更讨论会,对中交一航院提出的影响工程投资的 11 个因素进行讨论。会议结论提到:根据冲刷护底实验结果、水深测图实际情况、补充勘察结果完成初步设计后,“在最终合同中据实测算、确定相关费用”;2014 年 4 月 30 日下班前提供中间版初设图,供设计咨询单位审查沟通用;在业主提供补充勘察中间报告(57 个钻孔)后 20 日内,东标段设计单位提供最终的填岛初步设计图纸(合同签订版)。

2014 年 4 月 30 日,如意岛公司向中交联合体发出《关于海口如意岛项目设计变更专项汇报问题》,要求如对投标阶段确认的方案进行设计变更且涉及成本调整应向业主专项汇报,否则对于发生的任何费用调整均由 EPC 承包方承担。

如意岛公司于 2014 年 5 月 4 日向中交联合体发出《动工令》,要求于当月 6 日开始挤密砂桩试桩施工。双方于同日召开如意岛项目开工前相关工作安排的专题会,将本次挤密砂桩试验段动工,视为本案项目开工。

中交一航院于 2014 年 6 月完成并向如意岛公司提交初步设计成果。2014 年 6 月 6 日,召开初步设计评审会。本次会议形成如下原则性意见:在边界条件未变的情况下,初步设计调整所导致的工程量调整不得突破投标方案对应的工程量;当边界条件变化且导致工程量发生较大变化时,应提供具体的说明,并应明确阐述变化的原因、调整的依据和对应的工程量;要求调整图纸完成时间为 2014 年 6 月 12 日。6 月 12 日,中交一航院根据初步设计提出的工程总造价为 33.5 亿余元。

同年6月16~17日,双方召开项目初步设计评审及合同谈判会,因承包商与设计顾问咨询单位在地基处理方法、沉箱护底结构设计和堤顶高程确定等几项关键技术处理和造价问题上无法形成统一意见,如意岛公司要求中交一航院在重点考虑降低工程造价的方案,深入开展优化结构设计工作,并提出具体的优化成果。中交一航院对初步设计进行优化后于2014年6月29日将工程总价款调整为27.9亿余元,仍超出合同暂定总价1.5亿余元。如意岛公司不接受该造价。

双方继续谈判。中交一航院在同年7月5日的谈判纪要中表示:接受可以大幅降低成本的地基处理方案;不接受设计施工图单独委托;应依据甲方提出的(东西标段)总体成本控制(50.5亿元)努力设计和实施。2014年7月21日,如意岛公司发出《关于确定合同总价推进施工进度的函》,要求中交联合体于收到本函7日内尽快确认按原中标价格施工并如期推进项目,否则将依据法律规定以及合同规定行使解约权并追究原告的相关法律责任。

2014年8月23日,如意岛公司召开原告参加的视频会议,提出在中交一航院提出的第三次深化初步设计的基础上,将东西标段的总承包价由50.5亿元降为48亿元,其他条件维持不变,或者变更EPC总承包方式,吹填工程交由业主另行分包,主要建筑材料由业主自行采购;要求原告必须在3天内答复。中交联合体在会上提出如意岛公司的方案实际上变更了总承包合同。2014年9月4日,如意岛公司发出《终止合同的通知》,通知中交联合体解除本案总承包合同。中交联合体收到该通知后于同年9月15日向如意岛公司发出《律师函》,指出如意岛公司解除合同无事实和法律依据,要求如意岛公司立即组织相关部门和人员对承包商提交的设计方案进行审定,并在10日内提出审定意见,否则视为对相关设计方案无异议。中交联合体从2014年10月起开始将其现场人员和设备陆续撤出,并于2016年1月13日提起本案诉讼。

针对本案有关重要的时间节点如下图所示:

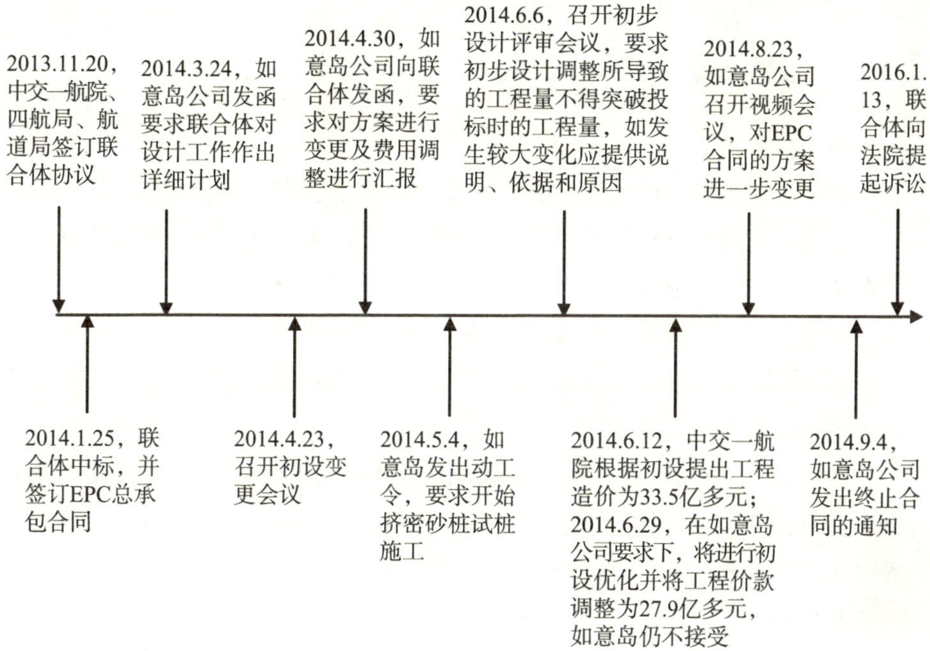

图　重要时间节点

各方观点

中交联合体：

如意岛公司发函解除合同的理由为“工期拖延”，经一审认定不成立，即如意岛公司不享有合同约定或者法定解除权，如意岛公司解除合同的行为属于违约解除，应对合同最终无法继续履行承担全部责任，并赔偿中交联合体因此而产生的一切费用及损失。

如意岛公司：

中交联合体严重拖延履行合同义务，如意岛工程客观存在工期延误的情况，包括设计延期和施工延期，已构成根本违约。《EPC 总承包合同》中约定的提交初步设计的时间是 2014 年 3 月 24 日，而中交一航院实际提交时间是 2014 年 6 月，构成迟延。同时中交联合体擅自变更投标时的价格，且超出了合理的范围，因此中交联合体违约在先，如意岛公司有权行使合同解除权。

法院观点

一审法院:

只有在合同工期(18 个月)届满,中交联合体的全部合同义务未履行完毕,才能认定为中交联合体拖延工期或逾期履行。姑且不论中交联合体未按合同约定期限提交初步设计成果及开工是否存在期限顺延的事由,如意岛公司在合同工期还剩余 2/3 的情况下,单方以中交联合体违约在先为由解除合同,既不符合 EPC 合同专用合同条款第 8. 4 条、第 8. 7 条和通用合同条款第 15. 2 条约定,也不符合《合同法》第九十四条的规定。

因此,如意岛公司单方解除不符合法律规定或合同约定,其单方解除合同是导致本案合同不能继续履行的直接原因。为此,如意岛公司应当就中交联合体已经实际履行合同的部分,按合同约定支付相关费用。

二审法院:

从合同约定上看,双方并未真正确定合同总价款。本案中交联合体的中标价格为 2, 640, 791, 662 元,该价格虽然明确,但根据合同文件的解释顺序,《合同协议书》的顺序优先于中标通知书,有关合同价款的条款应优先适用《合同协议书》解释。而从合同协议书中可以看出,2, 640, 791, 662 元的中标价为总承包合同的暂定价,并非当然成为最终合同价格;只有中交联合体的报价在合同暂定价 ±2% 浮动范围以内时,合同的总价款才能确定,否则需要双方另行协商确定。

从合同的履行上看,双方就合同总价款重新进行了协商,但未达成一致意见。中交联合体于 2014 年 6 月 12 日根据扩初设计图纸计算的工程量合同总价为 33. 5 亿余元,比中标价格高出 7. 1 亿余元;同年 6 月 24 日,中交联合体对合同总价进行了优化调整,报价为 32. 5 亿余元,比中标价高 6. 1 亿余元。因价格过高,如意岛公司要求中交联合体重点考虑降低工程造价的方案,并提出具体的优化成果。中交联合体对初步设计进行优化后于 2014 年 6 月 29 日将工程总价款调整为 27. 9 亿余元,仍超出合同暂定总价 1. 5 亿余元。在中交联合体的报价超出了暂定合同价款所约定的 ±2% 的浮动范围的情况下,合同总价款不能依据合同约定自然形成,而是应由双方协商并签订补充协议确定合同总价。故中交联合体的三次报价,实质是双方协商合同总价款的过程。双方协商未果,如意岛公司于2014年7月21日发出了《关于确定合同总价推进施工进度的函》，认为合同中有关合同价格调整条款与其他合同条款相冲突，不符合国际惯例，也违反EPC合同撰写和适用的根本目的，该条款应被解释为无效或不予适用；同时认为中交联合体的价格调整是对招标文件的实质性违反，严重违反法律规定，要求中交联合体按原中标价格执行合同。中交一航院于2014年7月27日函复，认为其未违反合同约定，促请如意岛公司按照《合同协议书》第三条第二款和第三款的约定，尽快对扩初设计进行审查，并签订补充协议。如意岛公司于2014年9月4日发出《终止合同的通知》，单方终止合同的履行。中交联合体于2014年10月开始将其现场人员和设备陆续撤出。可见，在如意岛公司解除本案合同履行前，双方对合同总价款进行了多次协商，但未能达成一致意见并签订补充协议。

双方均具有合同总价款重新协商的合同权利。如上所述，中交联合体的报价超出合同暂定价款所约定的±2%的浮动范围，事实上已经激活了双方重新协商合同总价的条款。而该条款系双方真实意思表示，未违反国家法律法规的强制性规定，为有效条款。依据该条款，双方均有权利对合同暂定价款进行重新协商。出于对工程质量及安全的考虑，本案无法认定中交联合体的提高报价的行为违反合同约定；同时，依据合同的约定，本案也不能认定如意岛公司拒绝高于合同暂定价2%的报价属违约行为。无论中交联合体的报价行为，还是如意岛公司的拒绝行为，均是合同允许的范围以内。

因此，如意岛公司与中交联合体经合理、充分协商但未能就合同总价款达成一致，双方之前所订立的合同文件的合同目的无法实现，在合同已无法实际履行的情况下，如意岛公司单方解除涉案合同文件符合法律规定，不构成违约。一审法院有关如意岛公司解除合同不符合法律规定的认定不当，本院予以纠正。

问题解析

EPC工程总承包模式下，由于工程发包阶段更靠近前端，尤其在可研阶段就进行工程总承包发包时，通常以限额设计作为控制各项经济指标的手段，合同价款根据估算确定，难以确定具体的定价依据的计价规则，因此发包人可能在招标时规定，中标人的中标价并不必然是最终的合同总价，合同总价将在初步设计或施工图设计之后再重新核算确定，而此时，如果双方对重新核算合同价款的计价原则、计价依据、风险承担未做出具体明确的约定,往往容易就合同价款产生争议,本案的焦点在于发包人在初步设计之前进行了工程总承包招标,在初步设计之后和工程总承包人就EPC合同价款无法协商达成一致,导致合同无法继续履行,双方多次协商无果后发包人单方面解除EPC合同而产生的纠纷。

本案一审法院和二审法院存在不同的意见:一审法院认为发包人单方解除合同不符合法律规定,构成违约;而二审法院认为合同已经客观无法实际履行,发包人单方解除合同符合法律规定,不属于违约。对此,笔者更倾向于二审法院的观点,在此围绕EPC工程中标后双方就合同价款无法重新达成一致时解除合同所涉及的法律问题进行分析和论述,并对本案进行解析:

一、法律关于解除合同的相关规定

《合同法》第九十三条、第九十四条规定了合同当事人的意定解除权和法定解除权:

(一)约定解除

根据合同自愿原则,当事人在法律规定范围内享有自愿解除合同的权利。关于约定解除,《合同法》第九十三条规定,当事人协商一致,可以解除合同。当事人可以约定一方解除合同的条件。解除合同的条件成就时,解除权人可以解除合同。

(二)法定解除的规定

1.法定解除权由法律直接加以规定,当一定事由发生时,一方当事人享有解除合同的权利。

根据《合同法》第九十四条的规定,当事人单方面行使法定解除权的情形有如下五种:(1)因不可抗力致使不能实现合同目的。(2)在履行期限届满之前,当事人一方明确表示或者以自己的行为表明不履行主要债务。(3)当事人一方迟延履行主要债务,经催告后在合理期限内仍未履行。(4)当事人一方迟延履行债务或者有其他违约行为致使不能实现合同目的。(5)法律规定的其他情形。

按照上述规定,法定解除的事由除了不可抗力及法律规定的其他情形之外,均是由于合同一方发生了根本违约,客观上导致合同无法继续履行或者即便继续履行也无法实现合同目的的情况时,守约一方当事人可以单方面行使解除合同的权利。

所谓不可抗力,是指合同订立时不能预见、不能避免并不能克服的客观情况,FIDIC银皮书19.1规定,"不可抗力"系指某种特殊的事件或情况(1)一方无法控制的;(2)该方在签订合同前,不能对之进行合理防备的;(3)发生后,该方不能合理避免或克服的;(4)不主要归因于他方的。只要满足上述(1)至(4)项条件,不可抗力可包括但不限于下列各种特殊事件或情况;(5)战争、敌对行动(不论宣战与否)、入侵、外敌行为;(6)叛乱、恐怖主义、革命、暴动、军事政变或篡夺政权、或内战;(7)承包商人员和承包商及其分包商的其他雇员以外的人员的骚动、喧闹、混乱、罢工或停工;(8)战争军火、爆炸物资、电离辐射或放射性污染,但可能因承承包商使用此类军火、炸药、辐射或放射性引起的除外;(9)自然灾害,如地震、飓风、台风或火山活动。此外,双方当事人也可以在合同中具体约定视为不可抗力的其他情形。

2. 关于《合同法》第九十四条第五款"法律规定的其他情形",我们将与建设工程相关的合同解除之规定梳理如下:

最高人民法院《关于适用〈中华人民共和国合同法〉若干问题的解释(二)》第二十六条规定了因情势变更而解除合同的情形:合同成立以后客观情况发生了当事人在订立合同时无法预见的、非不可抗力造成的不属于商业风险的重大变化,继续履行合同对于一方当事人明显不公平或者不能实现合同目的,当事人请求人民法院解除合同的,人民法院应当根据公平原则,并结合案件的实际情况确定是否解除。

最高人民法院《关于审理建设工程施工合同纠纷案件适用法律问题的解释》第八条规定了发包人的解除权:承包人具有下列情形之一的,发包人可以解除建设工程施工合同:(1)明确表示或者以行为表明不履行合同主要义务的;(2)合同约定的期限内没有完工,且在发包人催告的合理期限内仍未完工的;(3)已经完成的建设工程质量不合格,并拒绝修复的;(4)将承包的建设工程非法转包、违法分包的。

最高人民法院《关于审理建设工程施工合同纠纷案件适用法律问题的解释》第九条规定了承包人的解除权:发包人具有下列情形之一,致使承包人无法施工,且在催告的合理期限内仍未履行相应义务的,承包人可以解除建设工程施工合同:

(1)未按约定支付工程价款的;

(2)提供的主要建筑材料、建筑构配件和设备不符合强制性标准的;

(3)不履行合同约定的协助义务的。

此外,《合同法》第二百五十三条、第二百五十九条对承揽合同当事人的法定解除权作了规定(按照《合同法》第287条规定,合同法建设工程合同章节没有具体规定的,适用承揽合同的有关规定)。

二、关于本案中发包人是否能够按照上述法律规定行使合同解除权

(一)发承包双方并未对合同解除协商一致,且未触发合同约定的解除条件,发包人解除合同的行为应不属于协商解除或约定解除

本案中,中交联合体并未与如意岛公司协商一致,订立解除原合同的协议,因此不属于协议解除的情形。虽然双方在原合同中订立了解除合同的条款:专用条款8.4条约定"如果由于承包商原因造成的工期拖延,应按专用条款8.7条约定向业主支付相应违约金,并且业主将有权解除合同,更换承包商";专用条款8.7条约定"工程逾期达15天,当业主和监理评估承包商确实无力完成本工程时,业主有权解除合同"。虽然双方有约定解除合同的条款,但在适用该条款时需要注意约定解除合同的情形是否发生。如意岛公司能够行使约定解除权的前提在于"由于承包人的原因造成的工期拖延",但本案经法院审理后认为中交联合体不构成工程逾期,可见本案中并未产生触发合同约定的解除条件的事件。

(二)在合同未约定最高限价和合理价格范围的情况下,承包人重新报价高于原报价的行为不构成违约,但发包人同时拥有选择是否接受该报价对等权利,发包人无须为确保合同履行而必须接受承包人的报价,双方在协商议价中均不存在违约行为

本案中,双方在合同协议书中确定了一个暂定价,同时约定在图纸完成并经过业主审查合格后签订补充协议确定合同总价。因此,其实双方在签订合同时,合同总价款并未确定。在合同履行过程中,中交联合体先后两次报价修改投标价格,第一次为33.5亿元、第二次为27.9亿元,均超过了原合同约定的±2%的浮动范围,因此合同总价款仍需要进一步协商并签订补充协议来确定。

在合同总价款不能协商确定的情况下,无法根据合同协议书和其他文件确定合同总价款。依据双方约定,在本案重计量合同价超过合同暂定价±2%的浮动范围的情况下,总价款不能直接依据工程量进行计算,仍需对超出部分进行调整,经过双方协商确定总价款。这条合同约定给双方合同履行带来巨大的困难,在重计量合同价不被认可的情况下,扩初设计便失去了其存在的价值和意义;只有扩初设计涉及的重计量合同价被双方接受，扩初设计才会被双方采纳并进入审核阶段。本案约定的开工日期为2014年4月1日，工期为18个月，双方在2014年1月签订EPC总承包合同起，到2014年8月，仍就扩初阶段的合同价款进行协商，历时8个月仍未达成一致意见，导致扩初设计迟迟不能进入审核环节，施工进程无法推进，合同履行陷入僵局。同时，根据合同的约定，本案不能认定如意公司拒绝高于合同暂定价2%的报价属于违约行为，也没有证据表明中交联合体提高报价存在不合理性，因此无论是中交联合体的报价行为，还是如意公司的拒绝行为，均是合同允许的范围以内。

（三）本案经发承包双方多次反复协商，对合同价格始终无法达成一致，而未经双方真实意思表示达成一致的合同条款不能构成法律上的约束力，由此导致发承包双方合同无法继续履行，根据公平原则应认为双方均有权请求人民法院解除合同

《民法通则》第四条规定："民事活动应当遵循自愿、公平、等价有偿、诚实信用的原则。"

2009年最高人民法院《关于适用〈中华人民共和国合同法〉若干问题的解释（二）》第二十六条规定："合同成立以后客观情况发生了当事人在订立合同时无法预见的、非不可抗力造成的不属于商业风险的重大变化，继续履行合同对于一方当事人明显不公平或者不能实现合同目的，当事人请求人民法院变更或者解除合同的，人民法院应当根据公平原则，并结合案件的实际情况确定是否变更或者解除。"

本案初步设计期间中交联合体三次报价，如意岛公司均认为报价过高不予接受，双方在谈判过程中无法达成一致，达到合同协议书中"签订补充协议确定合同总价"的目的，从而导致工程进度一再延后，此时发承包双方为了促成合同价款协商一致进行了积极努力，应当视为双方充分、合理地履行了合同义务，但仍不能就合同价款调整达成一致意见，该情形是否在发承包双方订立合同时能够得以预见还应结合案件具体情况进一步讨论，但原合同价款已经触发了双方约定的协商变更机制，此时不能够再强制要求双方继续履行原合同，且新合同价款未能协商一致，根据民事法律的意思自治和公平原则，合同当事人均有权请求人民法院解除合同。

三、关于EPC工程中标后重新协商确定合同价款的启示与建议

本案无论对于承包人或是发包人都有很强的借鉴意义,发包人可以通过EPC模式,采用固定总价合同的形式将设计、采购、施工等全部发包给承包人,达到控制工程造价的目标;而承包人可以依据自己的技术能力和承包经验,在达到发包人需求的前提下,合理降低成本,从而获得超额收益,达到双赢的局面;但是,如果发承包双方缺乏对EPC模式的理解及对风险预控能力,就可能在招标签约阶段埋下了隐患,导致后期的履行陷入僵局。

目前对于EPC工程总承包合同的价款通常采用固定总价,由承包人根据发包人确定的建设范围、建设规模、建设标准、功能需求进行报价,除了双方在合同中约定的变更范围和价格调整因素之外,固定总价应不再进行调整,但实践中,由于发包人所能够提供的信息资料有限,设计构想与实施方案不确定,未来发生变更的可能性较大,发包人一方面急于推进工程进度而通过招标选定了总包单位,另一方面仍寄希望于待相关边界条件进一步明确后再与总包单位重新确定价格作为结算依据,例如,《福建省政府投资的房屋建筑和市政基础设施工程开展工程总承包试点工作方案》中规定:"采用固定总价合同方式的项目,招标文件应当约定总价包干范围以及合同价格调整的变更范围、价格调整办法等事项。中标人在完成施工图设计并经审查后,编制的施工图预算(原则上不得超过中标价)应当经建设单位及财政审核部门(如需)审核。经审核后的预算造价作为按进度支付及结算工程款的依据……"

这是当前EPC工程总承包发包过程中确定合同价款的常见方式,如此约定看似中标签约的EPC总承包合同是固定总价合同,实际上其中标价格为暂定总价,未来还需要依据综合单价和工程量进一步核算合同价格。该种操作模式下,如约定不明则导致发承包双方在二次协商确定合同价款时极易发生争议,此外,由于合同的价格条款属于招投标过程中的实质性条款,发承包双方通过二次议价签订补充协议重新确定合同价款的行为还可能存在违反招投标规定的"招标人和中标人不得再行订立背离合同实质性内容的其他协议"的风险。

因此,我们建议在采用该种计价模式进行EPC工程发包时,在招标文件中即明确需要进行二次议价的情况,并对二次议价的计价基础、计价方式、价格区间、价格审批确定的程序等相关内容作出具体规定,以及合同双方在二次议价协商不成的情况下风险和责任作出合理分担,由此约束发承包双方在合同履行期间

重新议价时严格依据事先确定的原则再度进行核算，降低发生争议的可能性，且即便双方对二次议价不能协商一致时，合同一方能够按照约定没有争议的行使合同解除权，避免损失的进一步扩大。

四、小结

诚如上文所述，工程总承包在招投标中明确了二次议价的情形，实际上只是确定一个暂定总价，最终的总价仍须发承包双方进一步议价才能明确。这与一般的工程总承包项目计价方式存在较大的差异，当前国际上的 EPC 项目通常采用固定总价的方式，如 FIDIC1999 年版银皮书《EPC/交钥匙项目合同条件》14.1 条、1999 年版黄皮书《生产设备和设计—施工合同条件》14.1 条、FIDIC1995 年版的橘皮书《设计—建造和交钥匙合同条件》13.1 条等均约定为固定总价。而国内目前已有较多的政策性文件倾向于沿用国际上通行的方式，将固定总价作为工程总承包主要的计价方式，例如：

1. 住建部《关于进一步推进工程总承包发展的若干意见》规定："工程总承包项目可以采用总价合同或者成本加酬金合同。"

2.《上海市工程总承包试点项目管理办法》第十九条（合同形式）规定，工程总承包项目宜采用总价包干的固定总价合同，合同价格应当在充分竞争的基础上合理确定，除招标文件或者工程总承包合同中约定的调价原则外，工程总承包合同价格一般不予调整。

3.《浙江省关于深化建设工程实施方式改革积极推进工程总承包发展的指导意见》规定，工程总承包合同宜采用总价包干的固定总价合同形式，除招标文件或工程总承包合同中约定的调价原则外，一般不予调整。

4.《福建省政府投资的房屋建筑和市政基础设施工程开展工程总承包试点工作方案》规定，采用固定总价合同方式的项目，招标文件应当约定总价包干范围以及合同价格调整的变更范围、价格调整办法等事项。

5. 深圳市住房和建设局印发的《EPC 工程总承包招标工作指导规则（试行）》规定，建议采用总价包干的计价模式，但地下工程不纳入总价包干范围，而是采用模拟工程量的单价合同，按实计量。

6. 住建部、原国家工商行政管理总局联合印发的《建设项目工程总承包合同示范文本》（GF－2011－0216）14.1.1 合同总价："本合同为总价合同，除根据第 13 条变更和合同价格的调整，以及合同中其他相关增减金额的约定进行调整外，合同价格不做调整。”

结合上述文件以及前文所述的二次议价的情形,实际在招投标阶段确定暂定总价,之后再进行二次议价确定总价的方式,并非工程总承包典型的计价方式。就如本案而言,发包人在招投标阶段提供了工程量清单,双方据此确定暂定合同总价,但最终的总价仍须待扩初图纸出具后重新核定工程量确定。但本案在最终工程总承包单位在设计图纸出具后,按其工程量计算的总价已超过发包人的投资预算。对于工程总承包模式而言,设计本身是工程总承包单位的义务和责任,工程总承包单位应当依据发包人的投资要求进行限额设计。因而,在此情形下,如果工程总承包单位自身设计原因导致最终工程量超过预期,从而引起发包人投资失控,则赋予总承包单位调价的权利并不公平。一方面,对发包人来讲,其投资控制的目标未能实现,而导致这一的原因是工程总承包单位;另一方面,对其他投标人来讲,如果其无须调整价格即可达到发包人的各种合同要求,则若因其投标价格高于合同的暂定价格而未能中标,也显然存在较大的不公平。

鉴于此,对于工程总承包项目而言,应尽可能避免采用合同暂定总价并以二次计价确定总价的计价方式。对于一般的工程总承包项目,仍建议以总价合同为基础,并根据项目的特征和相关边界条件,对价款调整进行特别约定和补充。

工程总承包合同解除的依据与责任承担问题

——中国电力工程顾问集团中南电力设计院有限公司、艾博特（厦门）设备工程有限公司建设工程合同纠纷*

蒋　峰　索好丽**

关 键 词　合同解除　不可抗力　情势变更

问题提出　工程总承包合同解除后，有关损失如何分担实践中经常存在争议。例如发生不可抗力、不可预见等难以归责于双方的事由，建设单位是否应当赔偿合同解除后总承包单位的有关损失。而若因建设单位的违约、过错等原因导致工程总承包合同解除的，总承包单位与建设单位之间的责任分担又该如何确定？此时总承包单位还会面临下游分包单位、设备供应单位的索赔问题，而分包单位的索赔能否向建设单位转移又会面临极大的争议，因此有必要对此类问题进行深入探讨，以便给总承包单位提供有关风险管理建议。

裁判要旨　案涉工程在履行过程中被政府宣布缓建，原合同已经履行不能，应当予以解除。双方当事人均无过错。依据公平原则，建设单位应赔偿工程总承包单位为履行合同已经支付或必须支出的费用。

案情简介

上诉人（原审原告）：中国电力工程顾问集团中南电力设计院有限公司（以下

---

* 一审：福建省高级人民法院（2010）闽民初字第38号；二审：最高人民法院（2018）最高法民终105号。

** 蒋峰，上海市建纬律师事务所工程总承包业务部专职律师；索好丽，上海市建纬律师事务所工程总承包业务部律师助理。

简称“中南电力院”)

上诉人(原审被告):艾博特(厦门)设备工程有限公司(以下简称“艾博特公司”)

上诉人(原审被告):腾龙芳烃(漳州)有限公司(以下简称“腾龙公司”)

2006年12月20日,艾博特公司(发包人)与中南电力院(总承包商)签订《施工总承包合同》,包括《合同协议书》《合同通用条件》《合同专用条件》,合同总价为28,208万元。

《合同通用条件》第10.7条载明,发包人可在任何情况下在提前10天发出通知后指示总承包商中止工程某一部分或全部的施工。在工程施工中止期间,总承包商应承担中止部分工程的保护和保管责任。总承包商在收到发包人的上述指示后应立即中止相应部分工程的施工,但应继续完成未予中止的服务。第10.8.4条载明,除合同专用条件另有规定外,若总承包商未能在收到中止通知后15日内向发包人发出其希望索赔的通知,则总承包商将无权获得任何中止费用的支付。第13.8.1条载明,除非因《合同通用条件》第15.2条所述的原因而提前终止,否则,一旦合同的全部或部分服务提前终止时,总承包商应有权获得下列款项(简称提前终止付款):(1)经一家由发包人选定且总承包商合理接受的独立注册会计师事务所审计和认定的、到提前终止日止总承包商按合同要求履行服务时必须且不可避免发生的而发包人以前未予支付的一切费用;(2)总承包商实际发生的用于购买构成工程一部分的设备、材料、装置或其他必需物品,而又未自发包人处得到实际支付的一切费用,但条件是这些设备、材料、装置或物品应经发包人确认,且其所有权及相应的转让文件应在工程场地一起交付给发包人。总承包商应签署并向发包人交付所有文件以使发包人能获得总承包商在所有购买订单、担保及其他合同中的所有权利,并以此作为发包人支付提前终止付款的先决条件。第13.8.2条载明,除非合同其他条款另有约定,否则提前终止付款不应包括未来预期利润或总承包商在提前终止后所购货物的费用。

《合同通用条件》第20.1条载明,不可抗力是指任何一方在签署合同时不能预见、不能避免、不能克服的事件或情况,具体范围由合同专用条件约定。《合同专用条件》第20.1条载明,除合同已有规定的以外,对于因不可抗力事件而引起的下列风险和费用承担如下:(1)工程本身的损害由发包人承担,因工程损害导致第三人人员伤亡和财产损失以及项目场地内用于施工的材料和待安装的设备的损害由发包人与总承包商协商解决;(2)发包人和总承包商的人员伤亡费用各自承担；(3)总承包商机械设备损坏及停工损失由总承包商承担；(4)停工期间，总承包商留在工程场地的必要的管理人员及保卫人员的费用由总承包商承担；(5)工程所需的清理费用由总承包商承担；修复费用由发包人承担；(6)总承包商因不可抗力事件而延误的工期相应顺延。

2006 年 12 月 20 日，中南电力院与腾龙公司签订《腾龙芳烃热电厂(3×480t/h+2×100MW)勘察设计及设备采购总承包合同》(以下简称《勘察设计及设备采购总承包合同》)。为履行《施工总承包合同》及《勘察设计及设备采购总承包合同》，中南电力院按照合同约定向湖北交通银行缴存 8531 万元保证金。

2007 年 4 月，中南电力院与中化二建集团有限公司(以下简称"中化二公司")签订《腾龙芳烃热电厂土建工程施工标 3 标段合同文件》。合同签订后，中化二公司按照总体规划要求进行临时办公区建设，中南电力院向中化二公司支付工程预付款 200 万元。2007 年 4 月 12 日，中南电力院与中国建筑第四工程局(以下简称"中建四局")分别签订《腾龙芳烃热电厂土建工程施工标 1 标段合同文件》《腾龙芳烃热电厂土建工程施工标 2 标段合同文件》。合同签订后，中建四局陆续进驻现场进行现场临建的施工，中南电力院向中建四局支付工程预付款 200 万元。2007 年 5 月，中南电力院与迪尔集团有限公司签订《腾龙芳烃热电厂(3×480T/H+2×100MW)工程总承包项目安装工程施工标 2 标段合同文件》。2007 年 6 月，中南电力院与湖北省电力建设第二工程公司签订《腾龙芳烃热电厂(3×480T/H+2×100MW)工程总承包项目安装工程施工标 1 标段合同文件》。

案涉工程的发承包关系如图 1 所示：

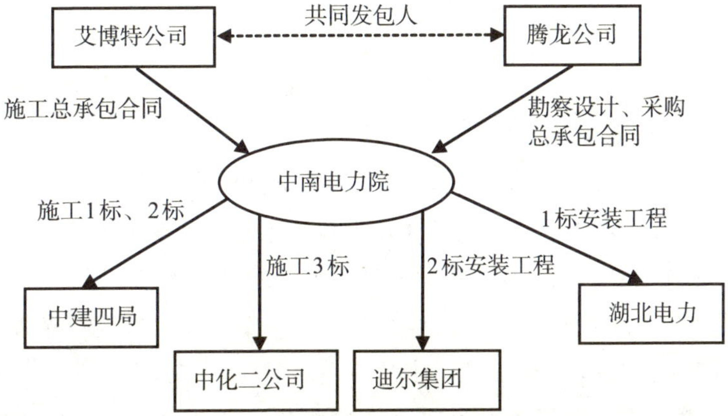

图 1　案涉工程发承包关系

腾龙公司2008年1月15日,艾博特公司向中南电力院发出《因不抗力因素,暂缓履行的函》,载明:“1.厦门市人民政府于2007年5月30日宣布PX项目缓建,接着要求对PX项目做区域环境评价报告;2.厦门市人民政府于2007年12月5日公布了区域环境评价报告;3.厦门市人民政府于2007年12月13日、12月14日召开座谈会,就PX项目征求公众代表意见。时至今日,厦门市人民政府未给我司下达PX项目重新启动的书面通知,因此,PX项目一直处于缓建状态。我司的PX项目依法履行了各种手续,出现上述客观情况,完全为我司所不能预见,不能避免并不能克服……由于不可抗力,贵我双方的《热电厂承包合同》将暂缓履行,我司将及时向贵司通报厦门市人民政府的后续决定,并根据政府决定处理《热电厂承包合同》事宜。”

2008年1月至6月,中南电力院与艾博特公司多次互相发函,中南电力院要求艾博特公司明确项目的后续计划,而艾博特公司告知中南电力院继续暂缓项目计划。

2008年7月22日、30日,艾博特公司、腾龙公司分别向中南电力院发送《有关腾龙芳烃热电厂工程施工总承包合同复工谈判履约保函及预付款保函事宜》,载明:PX项目已经进入到复工的准备阶段,为配合PX项目复工,需要提前作业并进行双方讨论。为使双方尽快顺利签订补充协议,请中南电力院提供下列资料:(1)原合同工作与迁址古雷之差异,包括减少、增加及需修改的各项工作,并详述所增减的工作量及时间。(2)迁址古雷的工作计划、详细内容由双方讨论。(3)缓建期间的配合工作明细及必需的证明文件资料。(4)缓建前工作进度总结。2008年9月25日,艾博特公司再次向中南电力院发函要求提供复工谈判相关资料及依据,并指定了文件联络窗口。艾博特公司致函中南电力院,要求中南电力院按照要求提供复工谈判相关资料。2008年11月11日,中南电力院就项目迁址后续工作进展事宜函复腾龙公司。

2008年10月29日,国土资源部发布《关于福建腾龙芳烃80万吨/年对二甲苯(PX)工程及整体公用配套项目建设用地预审意见的复函》,同意通过用地预审。2009年1月20日,中华人民共和国环境保护部发布《关于腾龙芳烃(漳州)有限公司80万吨/年对二甲苯工程及整体公用配套工程环境影响报告书的批复》,对项目由厦门市迁建至漳州市漳浦县古雷镇古雷港经济开发区石化启动区,原则同意按照报告书中所列建设项目的地点、性质、规模、采用的生产工艺、环境保护对策措施进行项目建设。

2009年1月25日，中南电力院致函腾龙公司，载明："1. 鉴于目前整个PX项目尚处于缓建状态，我院决定中止与贵公司所签订《施工总承包合同》；2. 我院将向已签约的各分包商发出中止履行分包合同的通知，并将贵公司的来函作为该通知的附件。如分包商就分包合同的履行提出意见或方案，我院将及时函告贵公司，并配合贵公司予以合理解决；3. 我院根据PX项目的进展情况，依据法律规定和合同约定，保留解除本合同的权利；4. 我院愿与贵公司就本合同的履行进行充分协商，补充协议。"

2009年2月2日，腾龙公司致函中南电力院，对总平面布置提出要求。2009年2月11日，腾龙公司再次致函中南电力院，告知腾龙公司项目审批进展情况及最新情况。2009年2月18日，腾龙公司致函中南电力院，载明："关于贵院在2008年10月初提出的费用调整报告，我司内部已进行了多次详细讨论，但尚有下述因素未得出结论，故目前仍未回复贵院，请贵院谅解。(1)目前市场上原材料价格变化剧烈，故我司采购部门仍需就贵院报告内容中有关材料涨价部分做进一步的评估。(2)我司希望合同补充协议之前期谈判，应将因迁址后工程量变化引起的费用调整一并讨论。但由于贵院要求此部分必须等热电厂项目的总平面界区坐标正式确定后，才能估算完成。关于PX项目总平面各装置区域的坐标确定，我司已催促PX总平设计院加速进行设计规划。热电厂项目的界区坐标将于近期确定，待其确定后我司将立即发文通知贵院以便开展热电厂项目后续相关工作。"2009年2月17日、4月24日，中南电力院就费用调整及进度安排事宜致函腾龙公司。

2009年3月23日，国家发展和改革委员会发布《国家发展改革委关于福建漳州对二甲苯和精对苯二甲酸项目核准的批复》，同意将厦门80万吨/年对二甲苯工程、150万吨/年精对苯二甲酸工程由厦门迁址到福建漳州建设。2009年4月8日，商务部发布《关于同意腾龙芳烃(厦门)有限公司增资等事项的批复》。

2009年4月28日，腾龙公司致函中南电力院，载明："1. 答复关于进度安排事宜。……由于上述因素我们目前也无法告知贵院确切的开工日期，但请贵院同设备供应厂商先进行初步沟通，并了解设备制造周期及其他情况。待开工日期确定后我们将第一时间通知贵院。2. 合同变更费用谈判。为了加快项目的实施,请贵院修正补充以下费用变更的清单并提交我司审查:(1)在厦门厂址已经完成的费用清单;(2)因不可抗力缓建而产生的费用清单;(3)因迁址古雷而产生的费用清单。"2009年4月29日,中南电力院致函腾龙公司,提出由于新厂址条件变化,需要业主对相关问题进行决策。

2009年5月12日,腾龙公司与中南电力院召开热电总承包合同重启谈判会议,双方确认已支付进度款为8766.8万元,具体为:(1)勘察费用65%,即190.45万元;(2)设计费用20%,即220万元;(3)技术服务费15%,即541.05万元;(4)设备费用15%,即7815.3万元。双方还就已完成的工程费用、原址建设产生的费用、缓建产生的费用、迁址后的工程变更费用进行了磋商。2009年6月4日、7月7日,腾龙公司致函中南电力院,要求提供合同重启谈判会议中要求的补充资料及提供设备仓储费和设备损失费用的证明资料。2009年7月9日,腾龙公司致函中南电力院,商请说明项目迁址后电气设备防腐蚀、改动问题。2009年7月10日,中南电力院复函腾龙公司,就防盐雾事宜进行明确。

2009年8月10日,北京市大成律师事务所厦门分所受艾博特公司委托,向中南电力院发送关于解除总承包合同的函件,函件中载明:2007年5月30日厦门市政府宣布PX项目缓建,鉴于此不可抗力事件所造成的影响,双方就合同暂缓履行达成了一致意见。2009年PX项目经国家批准正式迁址漳州古雷半岛后,PX项目正式重启。2009年5月12日贵院提供《项目重启会谈资料》,提出在原项目EPC总价基础上合计增加399,974,303元费用的重大变更。根据双方签订的承包合同约定,基于项目迁址后发包人并没有增加工作范围及超过技术附件的要求,所以本合同总价款不应作变更。中南电力院单方要求增加合同价款的行为已构成重大违约。现发包人特授权本律师通知,自中南电力院接函之日起解除双方签订的总承包合同,并将根据合同规定进行相应的索赔。

2009年8月17日,中南电力院分别复函艾博特公司、腾龙公司,要求继续履行合同,对相关费用双方进一步协商。

2011年9月,中南电力院与中建四局签署《腾龙芳烃热电厂土建工程施工标1、2标段结算协议书》,载明鉴于腾龙公司热电厂工程因业主原因不能继续建设,经承包商与分包商友好协商一致同意,就《腾龙芳烃热电厂土建工程施工标1标段合同》《腾龙芳烃热电厂土建工程施工标2标段合同》(合并简称为:腾龙芳烃热电厂工程土建工程1、2标段合同)的各种费用结算达成协议如下:(1)双方同意解除腾龙芳烃热电厂工程土建工程1、2标段合同,并以597万元的价格进行工程结算。(2)结算价款内容包括分包商与腾龙芳烃热电厂工程相关的所有费用。(3)协议生效后,由承包商一次性支付全部款额。(4)无论任何一方发生任何其他经济纠纷都与对方无关等。2011年12月,中南电力院向中建四局支付了397万元。

后中南电力院向法院提起诉讼,要求艾博特、腾龙公司承担中南电力院从开工之日起至合同解除之日止项目现场发生费用、法定利润损失、施工分包商索赔费用、保证金资金占用费等有关损失。

诉讼过程中,经中南电力院申请,一审法院依法委托福建武夷会计师事务所有限公司(以下简称"武夷会计所")对《施工总承包合同》执行过程中现场临建设施费用、工程开工至停工前总承包发生的费用、工程开工至停工前分包商发生的费用、停工缓建费用及法定利润、施工分包商索赔费用等项目进行审计。

结合本案及有关文献①对案涉工程的报道,案涉工程主要时间节点如图2所示:

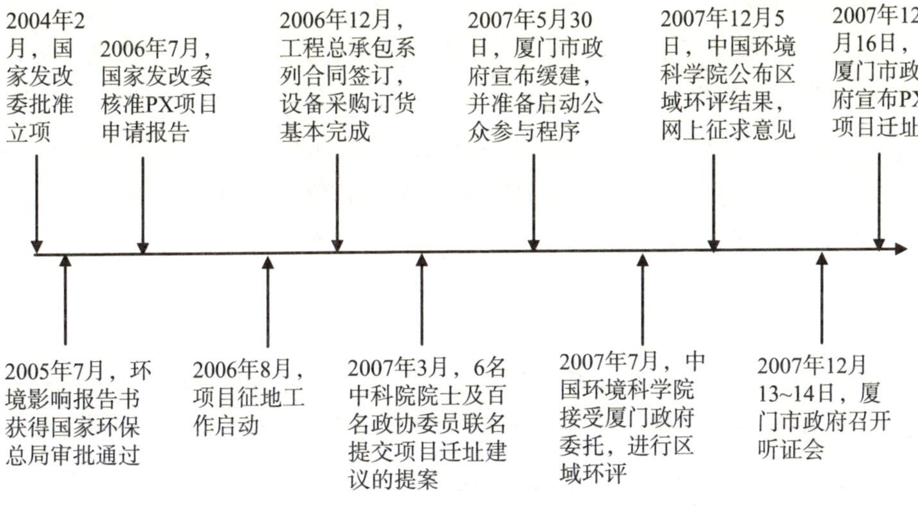

图2　案涉工程主要时间节点

① 蔡守秋:《厦门PX事件——环境民主和公众参与的力量》,载《中国环境法治》2008年卷。

各方观点

艾博特公司、腾龙公司:

首先,案涉工程已取得了履行案涉合同所必需的审批与许可,厦门市民抵制与厦门市人民政府宣布缓建案涉项目超出双方合理预见范围,应属不可抗力。

其次,案涉工程从厦门迁址到漳州,发生变化的不仅是项目建设地,项目勘察、设计及工期等均随之变化,原合同无法继续履行,中南电力院关于项目迁址不影响合同目的实现的主张毫无根据。

再次,案涉合同的解除系中南电力院在不可抗力事件发生后各方谈判过程中试图违约提价、恶意磋商所致,不属于情势变更,相应成本与费用应由其自行承担;即便案涉合同解除属于情势变更,根据公平原则,各方遭受的损失应当各自承担,且互不承担违约责任。

最后,中南电力院关于预期利润损失的主张缺乏合同和法律依据。

中南电力院:

首先,案涉项目系大型化工项目,在项目选址前,艾博特公司、腾龙公司应依法进行环评公众调查,但其未履行上述义务。其作为有经验的化工项目投资人,应当可以预见案涉项目建成投产后会对项目所在地的环境造成重大影响,可能引发厦门市民抵制。项目缓建后,政府主管部门系因腾龙公司的申请,批准将项目由厦门迁至漳州。因此,案涉工程招致市民抵制,继而缓建并迁址,并非不可预见、不可避免,不属于不可归责于各方当事人的情形,不构成情势变更。

其次,即便案涉工程的缓建构成情势变更,各方在缓建过程中仍就项目的迁址及重启进行谈判,希望继续履行原合同,对于项目迁址不影响合同目的的实现的意见是一致的,分歧仅限于增加的费用。国家发展和改革委员会在同意案涉项目迁址的批复中,也明确发生变化的仅为项目建设地。故案涉项目迁址对原合同的履行并不产生根本影响,也不影响原合同目的实现。

最后,艾博特公司、腾龙公司在未与中南电力院就《施工总承包合同》的解除达成一致意见前,将案涉工程发包给第三方,构成违约,应承担违约责任。

法院观点

中南电力院与艾博特、腾龙公司签订的总承包合同，当事人意思表示真实，内容符合法律规定，应为有效。案涉合同在厦门市履行过程中，厦门市人民政府宣布缓建，案涉合同已经不能履行，应予解除。各方当事人对此均无过错，但根据公平原则，艾博特公司应赔偿中南电力院为履行合同已经支付或必须支出的费用，腾龙公司作为共同发包人应承担共同赔偿责任。中南电力院部分诉讼请求具有法律和合同依据，予以支持。中南电力院主张的法定利润、保函资金占用费等请求缺乏依据，应予驳回。

问题解析

工程总承包项目通常涉及的投资额巨大、建设周期长、技术难度复杂，尤其是大型化工、工业类 EPC 项目，还会受到政府政策等其他因素的影响，因而使履行过程中存在较大的不确定性，常因难以预见的情形使合同无法继续履行，从而引起合同解除的有关争议问题。本案作为一个典型的化工类 EPC 项目，在合同履行过程中，双方因是否存在不可抗力、情势变更的情形，以及有关合同解除的过错责任产生争议。就工程总承包单位来讲，其下牵涉到的各分包商、材料和机械设备的供应商之间的关系十分错综复杂。因此，一旦工程总承包合同本身面临需要解除的情形，则如何处理好工程总承包单位自身所需解决的各项事务，包括对上向业主方的经济索赔，对下向各分包商、材料和机械设备的供应商的反索赔，成为摆在工程总承包单位面前的一道难题，值得予以研究探讨。

我国《合同法》第九十四条明确规定："有下列情形之一的，当事人可以解除合同：（一）因不可抗力致使不能实现合同目的……"即不可抗力是法律赋予合同双方当事人解除合同的权利。《合同法》中并未明确有关情势变更的规定，而有关司法解释①规定,当发生合同签订时无法预见、不属于不可抗力和商业风险,则可以适用情势变更,向法院请求解除合同。

而本案首先的争议在于案涉合同是否解除以及解除的依据或缘由。中南电力院认为不构成不可抗力,而艾博特公司和腾龙公司认为构成不可抗力,但最终法院在认定时认为因构成情势变更而解除合同。由于基于不可抗力或情势变更解除合同时,有关损害赔偿的责任、范围等均存在一定的差异,因此有必要对不可抗力与情势变更进行阐述,进而进一步解决类似本案因解除合同而产生的损害赔偿的责任、范围等一系列问题。

一、关于不可抗力与情势变更简述

(一)关于不可抗力

《合同法》第一百一十七条同时规定:"本法所称不可抗力,是指不能预见、不能避免并不能客服的客观情况。"但法律对于不可抗力的具体情形,并未明确给出规定。有学者认为,不可抗力②按照通常理解一般有自然灾害(具体包括地震、海啸、台风、海浪、洪水、火山爆发等)和社会异常事件(如战争、武装冲突、罢工、劳动力却反、骚乱暴动等,但不包括政府行为)。

实践中,不可抗力的情形一般由双方在合同中进行约定。如《建设工程施工合同示范文本(GF-2017-0201)》通用条款第17.1条中规定:"不可抗力是指合同当事人在签订合同时不可预见,在合同履行过程中不可避免且不能克服的自然灾害和社会性突发事件,如地震、海啸、瘟疫、骚乱、戒严、暴动、战争和专用合同条款中约定的其他情形。"而在国际工程中应用较广泛的FIDIC银皮书(1999年版)19.1将不可抗力主要分为:"(Ⅰ)战争、敌对行动(无论宣战与否)、入侵、外敌行为;(Ⅱ)叛乱、恐怖主义、革命、暴动、军事政变或篡夺政权或内战;(Ⅲ)承包商人员和承包商及其分包商的其他雇员以外的人员的骚动、喧闹、混乱、罢工或停工;(Ⅳ)战争军火、爆炸物资、电离辐射或放射性污染,但可能因承承包商使用此类军火、炸药、辐射或放射性引起的除外;(Ⅴ)自然灾害,如地震、

① 最高人民法院《关于适用〈中华人民共和国合同法〉若干问题的解释(二)》第二十六条:合同成立以后客观情况发生了当事人在订立合同时无法预见的、非不可抗力造成的不属于商业风险的重大变化,继续履行合同对于一方当事人明显不公平或者不能实现合同目的,当事人请求人民法院变更或者解除合同的,人民法院应当根据公平原则,并结合案件的实际情况确定是否变更或者解除。

② 刘凯湘、张海峡:《论不可抗力》,载《法学研究》2000年第6期。

飓风、台风或火山活动。”

（二）关于情势变更

所谓情势，是指客观情况，具体泛指一切与合同有关的客观事实，如灾难、经济危机、政策调整，司法实践中，情势的类型一般有货币贬值、行政行为、经济因素变化等；所谓变更，是指合同赖以成立的环境或基础发生异常之变动，这种合同成立的基础或环境的客观基础的变动有可能导致合同当事人预期的权利义务严重不对等，从而使原先的合同失去本来的意义。[①] 一般而言，是否构成情势变更，需要从可预见性、可归责性等方面进行分析，同时需要和不可抗力和商业风险进行区分，法院在认定是否构成情势变更时通常比较谨慎。为进一步准确理解情势变更的内涵及适用情况，笔者进一步检索最高人民法院审理的有关案件如下：

1. 在某风力发电案件中，[②]最高人民法院认为，风力发电机组作为在市场流通的交易物，其价格出现波动影响当事人的利益，属于市场发挥调节作用的正常现象，新龙公司作为专门从事风力发电的市场主体，对于该价格浮动应当存在一定程度的预见和判断，应当承担相应的商业风险，因此风力发电机组的价格浮动不属于情势变更。

2. 在某房地产项目借款案件[③]中，最高人民法院认为，发包人提出的房地产市场和地方经济萎缩、国家信贷与货币政策紧收等风险，未超出正常人的合理预见，属于正常商业风险，不适用情势变更原则。

3. 在某买卖合同案件中，[④]最高人民法院认为，2008 年全球性金融危机和国内宏观经济形势变化并非完全是一个令所有市场主体猝不及防的突变过程，而是一个逐步演变的过程。在演变过程中，市场主体应当对于市场风险存在一定程度的预见和判断。参照上海期货市场铜 2004 年至 2011 年价格走势图，2006

---

① 沈德永主编：《最高人民法院关于合同法司法解释（二）理解与适用》，人民法院出版社 2015 年版，第 231 ~233 页。

② 华锐风电科技（集团）股份有限公司与肇源新龙顺德风力发电有限公司买卖合同纠纷，案号：（2015）民二终字第 88 号。

③ 三亚农村商业银行股份有限公司、万宁市农村信用合作联社等与海南中东集团有限公司、钟兆强等金融借款合同纠纷，案号：（2016）最高法民终 219 号。

④ 上海同在国际贸易有限公司与远东电缆有限公司买卖合同纠纷案，案号：（2011）民二终字第 55 号。

年4月18日至5月15日,上海期货交易所阴极铜上涨了18,366元/吨;2008年7月16日至9月17日,下跌了15,830元/吨;2011年9月1日至9月29日,价格下跌了17,160元/吨;2011年10月21日至10月28日六个交易日上涨了10,250元/吨;2011年11月10日当天1201合约(12年1月合约)铜价就下跌了3140元/吨。该价格波动非为当事人在缔约时无法预见的非市场系统固有的风险,应当属于商业活动的固有风险,不构成情势变更。

4. 在某建设工程施工合同案件①中,最高人民法院认为,建设工程施工合同约定,承包方式为按定标价包人工、包材料、包工期、包质量、包安全,还包括按国家规定由乙方缴纳的各种税收,除设计变更外,总价、单价以定标价为准,结算时不作调整。上述约定系针对合同约定的施工期间内包括主要建材价格产生变化的市场风险承担条款,说明双方当事人已预见到建材价格变化的市场风险,故二审判决认定开工日期至合同约定的竣工日期建筑材料上涨属于正常的商业风险,不属于情势变更并无不当。

5. 在某建设工程、技术开发案件②中,最高人民法院认为,案涉合同在履行过程中,常州市政府根据省政府《关于进一步加强污染物减排工作的意见》的要求,调整了节能减排的政策,明确要求新东公司自备电厂在2012年6月底前拆除燃煤锅炉,客观情况发生了重大变化,导致新东公司原定的对燃煤锅炉进行脱硫工程改造项目继续进行已经没有意义,无法实现合同目的,该变化是当事人无法预见的,这种合同风险显然也不属于普通的商业风险。虽然合同法及有关司法解释并未明确规定政府政策调整属于情势变更情形,但是如果确实因政府政策的调整,导致不能继续履行合同或者不能实现合同目的,当然属于合同当事人意志之外的客观情况发生重大变化的情形,应构成情势变更。

实践中,尤其是建设工程合同、买卖合同的当事人经常以材料、货物的市场价格剧烈波动等原因要求认定构成情势变更,但从上述案例来看,即便是遭遇经济危机、货币政策、财政政策等宏观经济剧烈波动的情形,当发承包双方对于价格存在闭口约定的情况下,人民法院通常会认为,作为有经验的商事主体应当能

① 广东省电白建筑工程总公司与东莞市长安镇房地产开发公司建设工程施工合同纠纷案,案号:(2013)民申字第1099号。

② 常州新东化工发展有限公司、江苏正通宏泰股份有限公司与常州新东化工发展有限公司、江苏正通宏泰股份有限公司建设工程施工合同纠纷、技术委托开发合同纠纷案,案号:(2015)民提字第39号。

够合理预见，而且有关物价的波动通常不会一蹴而就，在物价发生波动的初期商事主体仍可以通过采用期货对冲等金融手段规避物价波动风险，因而此类情形往往难以被认定为情势变更。而如果存在政府的某种价格管制，强制使某种货物的价格上涨超过一定幅度，或者有关政府具体的行政行为使合同履行不能，则有可能构成情势变更。

（三）不可抗力和情势变更的差异小结

不可抗力与情势变更均属于民法上的法律事件，两者存在一定的相似之处，结合上文的分析，总体来讲，两者主要的区别有：

1. 情势变更与不可抗力虽然都具有与当事人主观意志无关的客观性，但两者的具体表现形式不同。不可抗力主要表现为地震、海啸等自然灾害以及战争、政变等社会异常事件。而情势变更主要体现为宏观经济的巨变、经济法律政策的重大调整等。

2. 两者导致的后果不同。不可抗力的发生将导致合同不能履行或不能按期履行。例如，发生百年一遇的雨雪天气，影响是工程项目的履行期限，即影响项目的工期，但不会导致工程合同不能继续履行；又如发生地震、海啸或战争等因素，导致在建工程毁损灭失等情形的，则可能导致工程合同不能继续履行。而情势变更的发生通常不会影响合同履行，但履行合同所必须付出的成本超过正常的范围，导致履行结果的不公平。例如，政府上调工程原材料价格达400%，则因超出正常的商业范围而构成情势变更，但并不必然引起合同无法继续履行。

3. 不可抗力和情势变更发生后，合同处理的方式不同。虽然《合同法》第九十四条规定了不可抗力发生的合同解除权，但应仅限于“不可抗力致使不能实现合同目的”的情形，例如，买卖合同中发生不可抗力导致标的物毁损灭失，则合同目的不能实现，可以根据《合同法》第九十六条书面通知对方解除合同[①]；而当不可抗力仅影响合同不能按期履行时，待不可抗力消除后应继续履行合同，但根据《合同法》第一百一十七条[②]可以免除延期履行的违约责任，此时不能擅自解除合

① 《合同法》第九十六条：当事人一方依照本法第九十三条第二款、第九十四条的规定主张解除合同的，应当通知对方。合同自通知到达对方时解除。对方有异议的，可以请求人民法院或者仲裁机构确认解除合同的效力。

② 《合同法》第一百一十七条：因不可抗力不能履行合同的，根据不可抗力的影响，部分或者全部免除责任，但法律另有规定的除外。当事人迟延履行后发生不可抗力的，不能免除责任。

同。而情势变更发生后,双方首先应协商变更或解除合同,协商不成的,只能请求法院解除合同。即发生不可抗力导致合同不能履行时,一方只需单方意思表示即可发生合同解除的效果;但发生情势变更时,如双方不能协商的,则只能向法院提出解除合同的诉求。

4. 两者的责任承担不同。因不可抗力解除合同后,一般由合同双方各自承担自己的损失。而若因情势变更解除合同,例如,政府因环保原因要求拆除在建锅炉项目,此时因承包单位并无过错,应由建设单位给予补偿。

二、关于工程总承包项目合同解除的有关损害赔偿问题

(一)因不可抗力或情势变更导致合同解除

若因不可抗力引起合同解除,合同双方互不承担违约责任。在工程实践中,一般参照《建设工程清单计价规范 GB50500—2013》9. 10. 1 条规定,由发承包双方承担各自的损失:(1)合同工程本身的损害、因工程损害导致第三方人员伤亡和财产损失以及运至施工场地用于施工的材料和待安装的设备的损害,应由发包人承担;(2)发包人、承包人人员伤亡应由其所在单位负责,并承担相应费用;(3)承包人的施工机械设备损害及停工损失,应由承包人承担;(4)停工期间,承包人应发包人要求留在施工场地的必要的管理人员及保卫人员的费用应由发包人承担;(5)工程所需清理、修复费用,应由发包人承担。当然,双方也可以通过合同进行明确有关的损失分担,例如,本案中工程损害导致对第三人的侵权、停工期间总承包必要的管理及保卫人员、工程所需的清理费均约定由总承包单位承担,不同于一般的交易习惯,对于总承包单位也并不公平。

因情势变更引起合同解除的,法院会基于公平原则,结合实际履行情况由双方分担有关损失。结合本案来看,工程迁址势必会引起地质条件、周边环境等工程建设的基础发生重大变化,进一步影响工程经济技术等有关指标,从而可能需要重新进行可行性研究、项目审批等行政手续的履行,因此若继续履行原合同对双方均不公平。而法院在判决解除合同时,对于承包单位现场实际发生的损失由建设单位进行适当补偿,而对于未实际发生的损失,如利润等可得利益损失,由于双方均无过错,因此法院并不会支持。

工程总承包单位如因不可抗力或情势变更与业主解除合同的,其对下游分包单位的处理原则与业主之间的处理原则一致,工程总承包单位对分包单位也无须承担有关违约责任或损耗赔偿责任,在此不作过多阐述。

（二）因建设单位过错等原因导致合同解除

因建设单位过错导致工程总承包合同解除的，建设单位应向工程总承包单位承担违约或损害赔偿责任。结合本案来看，主要有解除合同后引起的利润等可得利益损失、因解除合同引起的实际支出、因解除合同导致分包单位的索赔等。

1. 关于利润损失的问题

司法实践中，对于因解除合同而赔偿利润的问题存在极大的争议，裁判尺度也较为谨慎。《合同法》第一百一十三条规定："当事人一方不履行合同义务或者履行合同义务不符合约定，给对方造成损失的，损失赔偿额应当相当于因违约所造成的损失，包括合同履行后可以获得的利益，但不得超过违反合同一方订立合同时预见到或者应当预见到的因违反合同可能造成的损失。"该规定确立了因一方违约而解除合同的，应当赔偿守约方未来可获得的利益。

最高人民法院《关于当前形势下审理民商事合同纠纷案件若干问题的指导意见》（法发〔2009〕40 号）第十条规定："人民法院在计算和认定可得利益损失时，应当综合运用可预见规则、减损规则、损益相抵规则以及过失相抵规则等，从非违约方主张的可得利益赔偿总额中扣除违约方不可预见的损失、非违约方不当扩大的损失、非违约方因违约获得的利益、非违约方亦有过失所造成的损失以及必要的交易成本。"即在确定预期可得利益损失时，应当扣除有关的成本，为进一步理解司法实践中的有关裁判标准，笔者检索最高人民法院部分经典案例如下：

（1）在某发电项目的买卖合同中①，最高人民法院认为，设备供应商逾期交货且质量存在问题，导致建设单位不能正常发电，使其预期利润无法实现，建设单位存在可得利益损失。根据评估报告，设备返修和发电收入损失约 1400 万元，而采购合同标的额不到 1450 万元，对供应商来讲很难预见迟延交付会承担上千万元的赔偿责任，因此酌情判定由供应商向建设单位赔偿 500 万元可得利益损失。

（2）在某建设工程施工合同案件②中，最高人民法院认为，建设单位主张的可

---

① 南宁广发重工集团有限公司、南宁发电设备总厂买卖合同纠纷再审审查与审判监督民事判决书，案号：（2015）民提字第 143 号。

② 苏州中环集团有限公司与长业建设集团有限公司建设工程施工合同纠纷申诉、申请民事裁定书，案号：（2015）民申字第 2208 号。

得利益损失是其与案外人签订的租赁合同约定的年租金,因案涉工程为新建厂区厂房工程,依通常的社会观念,施工单位无法预见建设单位将其新建的厂区房产用于对外出租营利。同时,建设单位提供的证据不能证明双方在签订施工合同及其补充协议时,施工单位就已知晓建设单位对外签订租赁合同的事实,因而厂房出租的可得利益损失已超出签约时可预见的范围,依法不予支持。

(3)在某买卖合同纠纷①中,最高人民法院认为,买方作为以营利为目的的经营企业,与卖方签订2200万余元的合同。按商业常理判断,买方本身是有利润预期和追求,但因卖方违约导致合同仅履行了136万元,使买方的利润预期无法实现。买方作为生产加工企业,前期投入的成本往往较大,利润回收具有滞后性,需要一个逐步的过程。因卖方违约导致买方客观上存在可得利益损失,应承担赔偿责任。最高人民法院根据买卖合同的金额、实际履行情况以及同行业的利润率等,酌情判定可得利益损失500万元。

(4)在某租赁合同纠纷②中,最高人民法院认为,出租人因违约解除租赁合同应向承租人承担的赔偿数额,一方面,可以包括承租人利用承租房产进行经营而获得的利益,但应当扣除为该利益支出的成本以及承租人自身经营房产应承担的商业风险;另一方面,在计算具体的数额时还应当考虑违约方赔偿的损失是否在订约时可预见。

结合上述案件中最高人民法院的观点、法律规定及有关学者观点③,预期可得利益的赔偿应满足以下条件:(1)一方存在违约行为;(2)存在损害的结果和事实;(3)违约行为与损害结果之间有因果关系;(4)违约方不存在免责事由;(5)签订合同时能够合理预见;(6)应扣除有关费用、仅计算纯利益,如因违约导致守约方避免支出的成本、为获得有关利益所必须支出的交易成本、承担的商业风险等。如需量化有关损失,可将上述条件用公式近似表述为:可得利益损失赔偿额=可得利益损失总额-不可预见的损失(免责部分)-守约方人为扩大的损

---

① 上海浙东铝业有限公司与常州世方国际贸易有限公司一般买卖合同纠纷二审民事判决书,案号:(2013)民二终字第76号。

② 临沂市兰山区金雀山街道傅家屯社区居民委员会、临沂市大宽经贸有限公司与临沂市兰山区金雀山街道傅家屯社区居民委员会、临沂市大宽经贸有限公司租赁合同纠纷申请再审民事裁定书,案号:(2014)民申字第2202号。

③ 袁素娟、吕士威:《论预期可得利益》,载《河北理工大学学报》(社会科学版)2006年第4期。

失－守约方因对方违约获得的利益－必要的交易成本。因此,法院在裁判利润等有关预期可得利益的损失时通常较为谨慎,一方面,须满足较为严格的条件,另一方面,即使满足上述构成要件,法院在判决具体损失金额时也存在较大的自由裁量。

此外,合同双方也可通过合同就预期可得利益进行约定,例如,就本案来讲中南电力院与艾博特公司签订的施工合同中约定,"总承包商应在提前终止部分或全部服务后的90日内,向发包人提交所有发票和其他证明文件……除本合同其他条款另有规定,否则提前终止付款不应包括未来预期利润或总承包商在提前终止后所购货物的费用",即双方通过合同约定,在合同提前终止的前提下,中南电力院放弃了预期可得利益的赔偿,此时如双方因解除合同而发生争议,则法院不会支持有关利润损失的诉求。

2. 因解除合同引起的工程总承包单位的实际损失

(1)现场发生的实际支出

《合同法》第九十七条规定:"合同解除后,尚未履行的,终止履行;已经履行的,根据履行情况和合同性质,当事人可以要求恢复原状、采取其他补救措施,并有权要求赔偿损失。"如因建设单位的过错导致合同解除,应向工程总承包单位承担违约责任,即首先应按合同约定向总承包单位支付违约金。若违约金不足以弥补损失的,则可以要求建设单位补足实际损失,例如现场已经投入的人工费、材料费、机械费等费用,因解除合同发生的有关退场费用等。

就本案来讲,法院支持了中南电力院从开工之日起至合同解除之日止项目现场所发生的直接费用损失,包括项目人员工资、社保、现场生活设置等费用。同时,对于中南电力院已实际支付给分包单位的有关结算费用也予以确认。另外,对于中南电力院提出的8531万元保证金的资金占用费,因不属于实际损失,因此也不能得到法院的支持。

(2)对分包单位的违约责任

因建设单位过错导致总包合同解除,则分包合同的履行基础丧失,必然导致工程总承包单位向分包单位承担违约责任。因此,该部分违约责任也属于因总包合同解除而导致的直接损失,建设单位应予以赔偿。但是,在建设单位与工程总承包单位签订合同之时,建设单位对于工程总承包单位与分包单位之间的分包合同的有关约定并不知情,也无法知晓有关违约责任的具体金额,因此如果总包合同中对该类事项并未进行约定,则依据《合同法》第一百一十三条[①]的规定,对分包的违约责任可能得不到法院支持。

(3)分包单位的有关索赔

分包单位对工程总承包单位的索赔主要包括施工分包的索赔以及设备材料供应商的索赔,例如,因施工分包合同解除引起分包单位的退场费用、利润损失等;而设备采购合同的解除则会涉及在建设备的损失处理等问题。

法院在认定有关损害赔偿金额时一般以实际发生的为准,因此若工程总承包单位向建设单位主张各分包单位对其的索赔引起的损失,应至少满足:(1)分包单位的索赔依据充分,且属于分包单位的实际损失,而非工程总承包单位或分包单位测算的有关损失;(2)分包的索赔引起了工程总承包单位的损失,例如已向分包单位支付有关金额;(3)建设单位在订立合同时能够合理预见。上述三个条件如都能成立,则工程总承包单位的有关诉求可能得到法院支持。但在与建设单位签订总包合同时,建设单位对于因合同解除引起分包对工程总承包单位的索赔难以预见,其主要原因在于索赔是一个动态的过程。随着合同的履行,发生索赔的概率、索赔的金额等存在不确定性,因此对于建设单位来讲较难合理预见,因而此类诉求得到法院支持的可能性较低。

就本案来讲,中南电力院向建设单位主张分包单位的有关索赔费用,但该费用系中南电力院单方测算,且不属于实际发生的损失,因而法院予以驳回。

三、小结

由于工程总承包项目的复杂性,一旦在合同履行过程中发生解除的情形,实践中有关工程总承包单位与建设单位就设计、采购、施工等一系列价款问题产生巨大争议。尤其是因建设单位过错而导致总承包合同解除时,对上向建设单位主张有关违约责任或损害赔偿的同时,也将面临向下游分包单位、供应商的索赔。因此如何保障工程总承包单位的合法权益,值得做深入的探讨。通过上文论述并结合本案来看,对工程总承包合同解除有关问题提出如下建议:

---

① 《合同法》第一百一十三条:当事人一方不履行合同义务或者履行合同义务不符合约定,给对方造成损失的,损失赔偿额应当相当于因违约所造成的损失,包括合同履行后可以获得的利益,但不得超过违反合同一方订立合同时预见到或者应当预见到的因违反合同可能造成的损失。

1. 与建设单位之间的有关问题

(1)如条件允许的,可将有关分包合同向建设单位备案,以防止因建设单位违约导致总承包合同解除时,其以不可预见为由对抗分包单位提出的相关索赔诉求。

(2)建设单位通常基于其强势地位,在工程总承包合同中的有关约定通常不利于总承包单位,限制总承包单位向建设单位的索赔或主张违约责任的情形。若总承包合同约定的权利义务严重不对等,例如,总承包单位违约须承担巨额的违约责任或损害赔偿,而建设单位的违约成本较低,则对于总承包单位存在较大的风险敞口。因此,对于此类显著不公平的有关条款,根据《合同法》第五十四条①的规定,总承包单位可以向法院或仲裁机构申请撤销或变更。

(3)合同履行过程中,总承包单位应当注意过程中的履约管理。如发生类似于本案的缓建情形,当建设单位发出缓建通知时,应当立即回函,并将缓建期间的有关费用问题向建设单位明确。如建设单位要求工程总承包单位暂时撤离现场的,应向其主张有关离场的费用并保留好后期的原始凭证;如建设单位要求工程总承包单位继续在现场待命的,应向其主张现场的有关实际支出,可定期上报现场工人窝工等有关费用。在合同履行过程中工程总承包单位及时向建设单位发函主张相关费用,并保留好有关证据,即使建设单位对有关费用不予认可,后期如发生诉讼纠纷,有关费用主张如符合合同约定或根据公平原则仍可能得到法院支持。

(4)无论是不可抗力或建设单位的过错,一旦发生合同解除的情形,总承包单位应注意及时止损,防止损失扩大。例如,因建设单位发生根本性违约,总承包单位可向其发出解除合同的通知,依据《合同法》第96条②的规定,合同自解除通知到达对方时即可发生解除合同的效力。此时,工程总承包单位应及时准备现场的撤离工作,并计算有关费用上报建设单位。若因总承包单位自行拖延,例如不按时退场发生的现场窝工损失、有关原材料不及时处理导致的仓储等有关

---

① 《合同法》第五十四条:下列合同,当事人一方有权请求人民法院或者仲裁机构变更或者撤销:(一)因重大误解订立的;(二)在订立合同时显失公平的。

② 《合同法》第九十六条:当事人一方依照本法第九十三条第二款、第九十四条的规定主张解除合同的,应当通知对方。合同自通知到达对方时解除。对方有异议的,可以请求人民法院或者仲裁机构确认解除合同的效力。

成本的增加、未及时通知设备供应厂商终止设备的制造交付引起的费用增加等,因属于扩大的损失而无法向建设单位主张。

2. 与分包单位之间的有关问题

(1)与分包单位之间的责任承担问题,应注意与总承包合同进行衔接,并预留一定的风险储备。例如,总承包合同约定工程总承包单位有关违约责任的,则在转移给分包单位时应适当提高有关违约责任的标准;若总承包合同约定总承包单位放弃有关预期利益的索赔,则在签订分包合同时也应当进行类似的约定。

(2)在分包合同中,应就建设单位原因导致分包单位的损失风险转移由建设单位承担。例如,因建设单位违约导致总承包合同解除,则分包单位的损失应当由建设单位承担,总承包单位协助分包单位向建设单位索赔。

第七章

其他问题

工程总承包单位接受业主委托代理采购设备材料的有关责任问题

——厦门科华恒盛股份有限公司与信息产业电子第十一设计研究院科技工程股份有限公司、长治高科产业投资有限公司买卖合同纠纷*

郑冠红　孟庆阳**

关 键 词　委托代理　材料与设备采购　付款责任

问题提出　采购材料与设备是工程总承包模式中工程总承包单位的一项重要职责，部分情形下，业主可能会自行采购一部分材料或设备，也可能通过委托代理的方式委托工程总承包单位代为其采购，此时，EPC 工程中的“P(Procurement)—采购”表现为工程总承包单位自行实施的采购行为和工程总承包单位受业主委托实施的采购行为相交织的形式。那么工程总承包合同范围内的采购与受业主委托代为进行采购的区别是什么？工程总承包合同中约定由业主委托工程总承包单位代理设备采购时，付款的责任主体究竟是谁？业主未支付设备款时，设备供应商能否要求工程总承包单位承担付款责任？上述问题在实践中，有一定的研究价值。

裁判要旨　判断信息产业电子第十一设计研究院科技工程股份有限公司(以下简称“十一设计院”)是否有长治高科产业投资有限公司(以下简称“长治高科公司”)的授权，代理其进行材料与设备的采购是本案核心的争议焦点。应

---

* 一审：长治市中级人民法院(2014)长民初字第 018 号民事判决；二审：山西省高级人民法院(2014)晋民终字第 213 号民事判决；再审：最高人民法院(2016)最高法民再 139 号。

** 郑冠红，上海市建纬律师事务所工程总承包业务部专职律师；孟庆阳，上海市建纬律师事务所工程总承包业务部律师助理。

当在分析双方之间的多个合同中的真实意思表示及合同实际履行情况的基础上综合判断。二审法院经审理认为本案所涉设备采购问题,应按照《设计施工总承包合同》的约定,按总承包合同法律关系而非委托采购法律关系予以处理。因而十一设计院上诉主张其与长治高科公司之间系委托代理关系,缺乏事实依据,不能成立。但本案经最高人民法院再审认为一、二审法院均未能围绕上述关键事实作为焦点问题予以审查,导致案件审理的基本事实不清。鉴于上述情况,发回山西省长治市中级人民法院重审。

案情简介

再审申请人(一审被告、二审上诉人):十一设计院

被申请人(一审被告、二审被上诉人):长冶高科公司

被申请人(一审原告、一审反诉被告):厦门科华恒盛股份有限公司(以下简称厦门科华公司)

2010年4月2日,十一设计院与长治高科公司签订《设计施工总承包合同》,约定由十一设计院承包山西长治光电产业园建设工程项目。合同中约定:"……部分材料、设备采用以承包人组织,发包人参与的招标形式,另签补充委托协议(见附件二),该费用包含在总包费用内,且承包人按山西省安装工程计算安装费等费用,但该采购费用由发包人直接支付给供应商,供应商也直接给发包人开具发票。委托补充协议中发包人应付给承包人4%的设备采购服务费不包含在本总包费用内"等内容。

7月18日,十一设计院与长治高科公司签订《山西长治光电产业园建设工程动力及配套设备和主要材料委托采购协议》(以下简称《委托采购协议》),协议约定:"1.采购主体为总承包方,建设单位参与采购工作并行使监督权和否决权。2.总承包合同签订之前,所有的动力及配套设备和主要材料按本协议进行采购。3.总承包合同签订之后,按照总承包合同执行。不含在总承包合同内的由建设方购买的动力及配套设备和主要材料也可按此协议委托总承包单位进行采购。4.在总承包合同签订前,建设方对本协议内的动力及配套设备和主要材料认质认价;总承包合同签订后,建设方对总承包合同内的动力及配套设备和主要材料认质不认价,对总承包合同外的动力及配套设备和主要材料认质可自行招标或

委托总承包方代为采购。5. 动力及配套设备由建设方依据购买合同直接将购买所需款项支付给供应方，供应方直接向建设方开具购买发票。主要材料采购由建设方依据购买合同将购买所需款项支付给总承包方，由总承包方按照购买合同向供应方支付相关款项。”等内容。

《委托采购协议》上加盖有长治高科公司和十一设计院的公章，但日期仅写有“7. 18”，并没有写年份，对此事实长治高科公司和十一设计院均无异议。

厦门科华公司与十一设计院于2010年11月2日到2011年6月30日签订了《蓝宝石拉晶建设项目UPS买卖合同》等三份买卖合同和一份补充协议，均约定由原告向被告十一设计院供货，合同价款合计为6,511,414元。四份合同的第7条均约定：“结算方式及期限：1. 在合同签订后5天内预付合同总价的30%；2. 在合同规定的交货期内，货到买受人指定的施工现场或仓库，经有关人员检查验收后7天内付合同总价的30%；3. 设备安装经试运行工作正常达到技术规格书有关要求后7天内付合同总价的30%；4. 余合同总价的10%质保金在质保期（一年）满后贰周内付清。”第11条第1款均约定：“信息产业电子第十一设计研究院有限公司西安分公司为山西长治光电产业园建设项目的总承包方，按照信息产业电子第十一设计研究院有限公司西安分公司和山西长治高科投资有限公司签署的委托采购招标合同约定，代业主签署采购合同，付款由山西长治高科投资有限公司或由其指定的单位根据本合同要求直接将货款支付给出卖人，出卖人根据本合同要求将发票开给业主山西长治高科投资有限公司或由其指定的单位。”

上述合同签订后，厦门科华公司按合同约定履行了供货义务，并经过十一设计院的签收、验收。截至2012年9月11日，经十一设计院向长治高科公司提出付款申请函后，长治高科公司依付款申请函向厦门科华公司分八次累计支付货款4,265,082元，尚有2,246,332元货款未支付。

另外，2010年11月12日至2011年11月10日期间十一设计院向长治高科公司多次出具付款申请函，要求长治高科公司向厦门科华公司支付买卖预付款及部分设备款。

此后因为买卖合同纠纷，厦门科华公司（设备供应商）将十一设计院（总包单位）和长冶高科公司（业主）诉至法院，要求两被告向其支付剩余的设备货款200余万元。一、二审法院均判决应由十一设计院向原告支付剩余货款。十一设计院不服上述判决,向最高人民法院申请再审。本案中争议的主要问题为:(1)《委托采购协议》的签订时间是2009年还是2010年,以及案涉四份买卖合同是否根据《委托采购协议》的委托授权而签订;(2)应该由十一设计院还是长冶高科公司承担买卖合同的付款义务。

各方观点

十一设计院(工程总承包商):

虽然其与长冶高科公司签订的《委托采购协议》落款时间为“7月18日”没有写明年份,但从十一设计院与长冶高科公司建立工程施工合同关系、建立委托合同关系以及十一设计院受其委托对外采购材料和设备的时间来看,《委托采购协议》的签订时间只能是2010年7月18日,是另行建立的委托关系。案涉四份买卖合同都是依据《委托采购协议》的委托授权而签订,生效判决认定事实错误。

《设计施工总承包合同》约定部分材料以承包人组织的方式另行签订协议,十一设计院与厦门科华公司签订买卖合同时,也明确告知厦门科华公司是根据长冶高科公司的委托,以受托人的名义签订合同,厦门科华公司理应知晓十一设计院与长冶高科公司的委托代理关系,本案应适用《合同法》第四百零二条,而非第四百零三条,因此本案适用法律错误。因此,请求再审法院撤销一、二审判决,依法改判驳回厦门科华公司针对十一设计院的诉讼请求,改判由长冶高科公司向厦门科华公司承担责任,诉讼费用由被申请人承担。

长冶高科公司(业主):

长冶高科公司认为从《委托采购协议》的内容可以看出,《委托采购协议》应在2010年4月2日《设计施工总承包合同》前签订。长冶高科公司与十一设计院之间是总承包关系而非委托关系;长冶高科公司不是案涉四份买卖合同的当事人,不应承担付款义务。

厦门科华公司(设备供应商):

十一设计院无法证明本案买卖合同是基于《委托采购协议》而达成的,十一设计院与厦门科华公司签订的买卖合同是为了履行《设计施工总承包合同》;案涉动力设备的采购是总承包合同采购范畴,因此案涉项目应以总承包关系认定;

在整个 UPS 项目的招标谈判及之后的合同签订履行过程中，十一设计院从未向厦门科华公司出示过任何业主委托采购的授权材料；长治高科公司不是案涉四份买卖合同的当事人，违约责任应由十一设计院承担。

法院观点

一审法院：

合同具有相对性，依法成立的合同，对当事人具有法律约束力；合同双方当事人为第三人在合同中设定义务的，应当取得第三人同意，未取得第三人同意的，合同的该部分不能生效。本案中，厦门科华公司与十一设计院之间订立的合同、十一设计院与长治高科公司之间订立的合同均是双方真实意思表示，内容不违反国家法律、法规的强制性规定，均为有效合同，对合同当事人具有法律约束力。厦门科华公司与十一设计院的合同关系以及十一设计院与长治高科公司的合同关系是两个独立的法律关系。厦门科华公司与长治高科公司之间不存在合同关系。

虽然厦门科华公司与十一设计院在合同中约定付款由被告长治高科公司或由其指定的单位根据合同要求直接将货款支付给原告，但该合同均无长治高科公司法定代表人的签字或单位的印章予以确认，因此该合同对被告长治高科公司没有约束力。虽然长治高科公司曾向厦门科华公司支付了部分货款，但该付款行为是基于其与十一设计院之间订立的合同，根据十一设计院的付款申请而做出的，并不能认定长治高科公司对厦门科华公司有付款的义务。因此，本案原告厦门科华公司所主张的剩余货款应由被告十一设计院支付。关于原告厦门科华公司要求被告长治高科公司亦应支付货款的主张，无事实和法律依据，本院不予支持。

二审法院：

十一设计院与厦门科华公司签订的《蓝宝石拉晶建设项目 UPS 买卖合同》等四份合同，十一设计院与长治高科公司所签订的《委托采购协议》和《设计施工总承包合同》，均系合同双方当事人的真实意思表示，内容亦不违反国家法律、法规，应认定为有效合同。本案三方当事人对上述合同（协议）的真实性、效力，以及履行情况均无异议，争议的主要焦点是，十一设计院是否是受长治高科公司委托与厦门科华公司签订的设备买卖合同,十一设计院应否承担货款给付责任。

十一设计院与长治高科公司虽签订有《委托采购协议》,但该协议第三条明确约定"总承包合同签订之后,按照总承包合同执行"。本案所涉设备买卖合同均在《设计施工总承包合同》后签订,对此事实,长治高科公司和十一设计院并无异议。

按照2010年4月2日十一设计院与长治高科公司签订的《设计施工总承包合同》的约定,"部分材料、设备采用以承包人组织,发包人参与的招标形式,另签补充委托协议(见附件二)"。十一设计院庭审主张《委托采购协议》即补充委托协议,长治高科公司不予认可,主张双方在《设计施工总承包合同》签订后,并未另行签订补充委托协议。

十一设计院虽庭审主张《委托采购协议》即《设计施工总承包合同》中所约定的补充委托协议,但并未提供证据证实其主张,且从字面意义来看,委托采购协议与补充委托协议并不相同;从《委托采购协议》的内容来看,亦无法推论出《委托采购协议》即是《设计施工总承包合同》约定的补充委托协议。在十一设计院没有提供证据证明,其与长治高科公司另行签订了补充委托协议的情况下,本案所涉设备采购问题,应按照《设计施工总承包合同》的约定,按总承包合同法律关系而非委托采购法律关系予以处理。因而十一设计院上诉主张其与长治高科公司之间系委托代理关系,缺乏事实依据,不能成立。

至于十一设计院上诉主张,其与厦门科华公司签订的设备买卖合同明确约定由长治高科公司或由其指定的单位根据合同要求直接将货款支付给厦门科华公司,且长治高科公司亦向厦门科华公司支付了部分货款,长治高科公司理应支付剩余货款的问题,因该设备买卖合同均无长治高科公司法定代表人的签字或单位的印章确认,且长治高科公司的付款行为也是基于十一设计院的付款申请而作出的,故不能由此认定长治高科公司应对厦门科华公司承担货款支付义务。

再审法院:

本案的诉争焦点问题在于:十一设计院于2010年11月至2011年7月与厦门科华公司签订《蓝宝石拉晶建设项目UPS买卖合同》等四份买卖合同的行为是否在长治高科公司的委托授权范围内。十一设计院与长治高科公司之间是否构成委托代理关系，应当在分析双方之间的多个合同中的真实意思表示及合同实际履行情况的基础上综合判断。

《设计施工总承包合同》第二部分第27条、第28条分别约定了发包人负责供应材料设备与承包人负责采购材料设备两种采购形式，其中第27.1条约定，“实行发包人供应材料的，双方应当约定发包人供应材料设备的一览表，作为本合同附件(附件2)”。可见，根据《设计施工总承包合同》与《委托采购协议》的合同条款进行总体判断，十一设计院与长治高科公司就代为购买设备的合作模式如下：由双方约定材料设备一览表，明确在承包期间分别由发包人和承包人购买的设备，应由承包人购买的设备，由承包人代理发包人购买；而不含在总承包合同内的动力及配套设备和主要材料，则按照《委托采购协议》第3条，委托总承包单位进行采购。然而，在双方提供并经质证的证据材料中，均未出现《设计施工总承包合同》第一部分第二条中所称之另签的补充委托协议(附件二)和第27.1条约定中所称的供应材料设备一览表(附件2)。因此，十一设计院代理长治高科公司向厦门科华公司购买蓝宝石拉晶建设项目设备，是否有长治高科公司的授权，仅依据双方的合同条款无法得出结论。

故判断十一设计院是否有长治高科公司的授权，关键在于根据双方的约定或交易惯例，蓝宝石拉晶建设项目设备的购买是否属于应由十一设计院代理长治高科公司购买设备的范围，一、二审法院均未能围绕上述关键事实作为焦点问题予以审查，双方当事人也未就此作充分的举证质证、进行充分的辩论，亦未能明示举证责任的分配，导致案件审理的基本事实不清。鉴于上述情况，原审法院应当就上述案件基本事实重新审理后，根据查明的事实依法作出裁决。综上所述裁定：撤销一审与二审判决，发回山西省长治市中级人民法院重审。

问题解析

本案判决书中二审法院的原文表述为：“本案所涉设备采购问题，应按照《设计施工总承包合同》的约定，按总承包合同法律关系而非委托采购法律关系予以处理。”且不论本案特定情况，仅针对工程总承包项目中的设备采购而言，往往有两种采购模式，由发包人负责供应材料设备或者承包人负责采购材料设备，实际中发承包双方可能会约定采用其中一种或者约定两者兼有,在工程总承包模式下也不例外,本案实际上的采购争议焦点是,工程总承包单位是基于工程总承包合同自行对采购负责,还是代理建设方进行采购,签订的采购合同对建设方是否存在约束力的问题。

一、工程总承包模式下的承包单位的材料与设备采购

工程总承包模式下工程总承包单位的职责就包含了项目的采购,此处的采购不仅指一般意义上的建筑设备材料采购,而更多是指专业设备的选型和材料的采购。

在工程总承包模式下,业主通过总承包合同授权工程总承包单位对整个项目的设计、采购、建设负责,业主与材料和设备供应商没有直接的合同关系,由工程总承包单位对外以自己的名义与材料和设备供应商签订采购合同,履行合同义务并承担相应的法律责任。除非在业主与工程总承包单位的总承包合同中特殊约定,一般情况下,业主无须向供应商直接支付货款。业主与工程总承包单位签订的总承包合同以及工程总承包单位与供应商签订的采购合同是两个独立的法律关系,根据合同的相对性原则,在工程总承包单位应为各种原因未能向供应商支付货款时,供应商不能向业主请求支付。此种模式下,业主将采购材料与设备的风险完全转移给了工程总承包单位,只需要最终验收整个工程质量是否符合总承包合同要求即可。

此种采购模式,符合工程总承包项目由一家单位进行设计、采购、建造全过程统筹与整合以提高效率并降低成本的本意,法律关系明确。比较适合一些规模较大、设备专业向强、技术复杂的工程项目,如工厂、发电厂、石油开发等基础设施。

二、工程总承包模式下的甲供材料与委托代理采购设备模式的分析

对于工程总承包模式下的甲供材料,存在两种可能的采购模式,由甲方直接采购和由甲方委托工程总承包单位或其他机构代其进行采购,甲方直接采购的法律关系相对简单,下面主要对后者的委托代理模式进行分析:

(一)委托代理的内涵

代理是代理人以被代理人名义实施代理行为而将法律后果直接归属于被代理人的制度。代理权是从事代理行为的法律地位和资格,主要源于法律规定或被代理人的授权。代理权的行使应遵守一定原则,禁止代理权的滥用。代理人未获代理权而从事代理的行为，属于无权代理，其行为的效力待定。但在无权代理满足表见代理的要件时，法律保护相对人信赖利益而可能认为无权代理如同有权代理那样发生相应的法律效果。

《民法总则》第一百六十一条第一款规定：“民事主体可以通过代理人实施民事法律行为”《民法总则》第一百六十二条规定：“代理人在代理权限内，以被代理人名义实施的民事法律行为，对被代理人发生效力。”

代理的几个特征为：(1)代理涉及第三方法律关系。(2)代理在代理权限范围内需要独立作出意思表示。(3)代理的法律后果由被代理人承担。代理人以被代理人的名义与第三人从事民事法律行为，由此产生的法律效果完全归属于被代理人。[①] 也就是说在此模式下，工程总承包单位得到建设方的授权，代理其进行材料和设备的采购，工程总承包单位在代理权限内所签订的采购合同，由此而形成的权利与义务应当直接由被代理人也就是建设方来承受，由此而引起的民事责任也应由被代理人建设方承担。

当然，这一结论也有一定限制，如果代理人并未得到被代理人的授权或者超出去授权权限所实施的民事法律行为，构成了无权代理，又未能构成表见代理，或者代理人的代理的行为违法，那么所产生的法律后果并不应该完全由被代理人承担。

(二)委托代理关系的授权

《民法总则》第一百六十五条规定，委托代理授权采用书面形式的，授权委托书应当载明代理人的姓名或者名称、代理事项、权限和期间，并由被代理人签名或者盖章。根据以上法律规定，委托授权可以采取多种的形式，既可以是口头也可以是书面形式，书面形式也可以采用授权委托书或委托代理合同。

(三)委托代理行为的生效要件

委托代理生效通常包含四个条件(1)代理人应当具有相应的行为能力。(2)代理的事项应合法，法律行为的标的是合法、有效的，不能违反法律的强制性规定和公序良俗。(3)代理人应在代理权限内从事代理活动。(4)代理行为不存在效力瑕疵。[②]

---

① 王利明主编：《民法学》，法律出版社2017年版，第199～200页。

② 王利明主编：《民法学》，法律出版社2017年版，第218～219页。

三、本案中的争议焦点分析

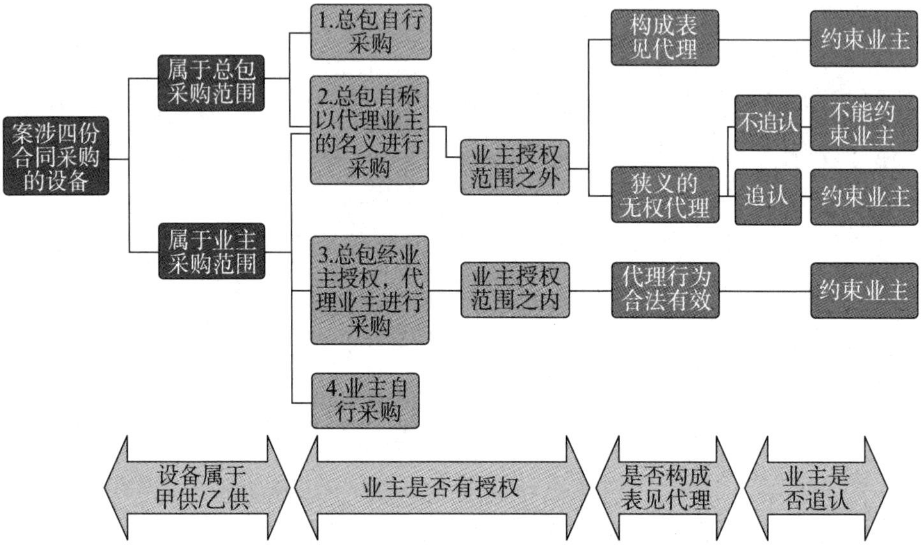

图　本案争议焦点分析

结合相关法律与本案的已查明事实,笔者绘制了与本案争议焦点相关的分析图如上,本案涉及的四份采购合同中,已经清晰地表述了:"十一设计院为建设项目的总承包方,代业主签署采购合同。"因此,本案只可能是上述分析图中的2"工程总承包单位自称以代理业主的名义进行采购"与3"工程总承包单位经业主授权代理业主进行采购"的情况,可以将1和4的情形予以排除。《合同法》第四百零二条:"受托人以自己的名义,在委托人的授权范围内与第三人订立的合同,第三人在订立合同时知道受托人与委托人之间的代理关系的,该合同直接约束委托人和第三人,但有确切证据证明该合同只约束受托人和第三人的除外。"

结合上述法律与本案的已查明事实,影响本案的关键点有三个:

(一)首先,本案四份采购合同所购买的设备是属于工程总承包单位应自行采购的范围还是属于业主采购的范围?

此问题需根据十一设计院与长治高科公司签订的《设计施工总承包合同》与《委托采购协议》中的相关约定进行判断。落款时间为7月18日的《委托采购协议》约定:"总承包合同签订之后,按照总承包合同执行。"《设计施工总承包合同》签订时间为2010年4月2日,而案涉的四份买卖合同及补充协议均签订于

2010 年 4 月 2 日之后，因此十一设计院与长治高科公司之间的法律关系应当按照《设计施工总承包合同》的约定判定。

《设计施工总承包合同》其中第 27.1 条约定，实行发包人供应材料的，双方应当约定发包人供应材料设备的一览表，作为本合同附件（附件 2）。可见在《设计施工总承包合同》中，双方对业主提供的材料设备和承包商提供的材料设备有着明确的约定，但是双方提供的质证材料中都没有出现上文所述的（附件 2），因此，该争议问题根据现有材料尚无法判断，此案目前已经发回重审，有待进一步查清相关事实。

（二）本案的第三人厦门科华公司在与十一设计院签订四份设备买卖合同时是否已知十一设计院与长治高科公司之间委托代理关系？

十一设计院与厦门科华公司签订的《蓝宝石拉晶建设项目 UPS 买卖合同》等四份买卖合同第 11 条第 1 项明确约定："信息产业电子第十一设计研究院有限公司西安分公司为山西长治光电产业园建设项目的总承包方，按照信息产业电子第十一设计研究院有限公司西安分公司和山西长治高科投资有限公司签署的委托采购招标合同约定，代业主签署采购合同，付款由山西长治高科投资有限公司或由其指定的单位根据本合同要求直接将货款支付给出卖人，出卖人根据本合同要求将发票开给业主山西长治高科投资有限公司或由其指定的单位。"根据上述合同文义，十一设计院在合同中明确"代业主签订采购合同"和合同货款由长治高科公司直接支付给厦门科华公司，而付款后的发票也直接开给长治高科公司。如果没有其他相反的证据，我们据此可以推断，厦门科华公司在订立合同时理应明知受托人十一设计院与委托人长治高科公司之间的代理关系。

（三）十一设计院是否得到了长治高科公司的授权，代理其进行采购？

十一设计院于 2010 年 11 月至 2011 年 7 月与厦门科华公司签订《蓝宝石拉晶建设项目 UPS 买卖合同》等四份买卖合同的行为是否在长治高科公司的委托授权范围内？最高人民法院在再审中认为一、二审未能查明此事实，已经发回重审，结论尚不明晰。我们根据目前已知事实和相关的法律法规对本案可能的结果进行了分析：

1. 十一设计院有长冶高科公司代理授权情况下，那么十一设计院与厦门科华公司签订的四份设备采购合同符合《合同法》第四百零二条对于委托代理行为的定义，双方签订的合同直接约束委托人长冶高科公司和第三人厦门科华公司。

本案应按照双方所签合同的约定,由长冶高科支付剩余设备款项。

2. 十一设计院没有长冶高科公司授权情况下,在十一设计院没有得到委托人授权,或者超出其授权范围签订采购合同的情况下,本案中十一设计院与厦门科华公司签订的四份采购合同的行为又按照是否构成了表见代理分为两种不同的情况:

(1)构成表见代理。《合同法》第四十九条:"行为人没有代理权、超越代理权或者代理权终止后以被代理人名义订立合同,相对人有理由相信行为人有代理权的,该代理行为有效。"

从本案查明的事实来看,十一设计院在采购合同中明确"代业主签订采购合同"和合同货款由长治高科公司直接支付给厦门科华公司,而付款后的发票也直接开给长治高科公司。厦门科华公司在订立合同时理应明知受托人(十一设计院)与委托人(长治高科公司)之间的代理关系,初步具备表见代理的特征。

法律有关表见代理的规定是为了保护善意第三人签订合同时的信赖利益,在最高人民法院的再审答辩中,厦门科华公司已经明确表示了:"在整个UPS项目的招标谈判及之后的合同签订履行过程中,十一设计院从未向厦门科华公司出示过任何业主委托采购的授权材料;长治高科公司不是案涉四份买卖合同的当事人,违约责任应由十一设计院承担。"那么法律应尊重当事人的意思自治,虽然客观上本案符合表见代理的特征,但是主观上,第三人厦门科华公司从未有关于长治高科公司是本案委托人的信赖利益,因此我们倾向与认为本案并未构成表见代理。

(2)不构成表见代理,只构成狭义的无权代理。那么此种情况下的代理行为效力能否发生,尚未确定。《民法总则》第一百七十一条第一款规定,行为人没有代理权、超越代理权或者代理权终止后,仍然实施代理行为,未经被代理人追认的,对被代理人不发生效力。

《合同法》第四十八条也有类似规定:"行为人没有代理权、超越代理权或者代理权终止后以被代理人名义订立的合同,未经被代理人追认,对被代理人不发生效力,由行为人承担责任。相对人可以催告被代理人在一个月内予以追认。被代理人未作表示的,视为拒绝追认。合同被追认之前,善意相对人有撤销的权利。撤销应当以通知的方式作出。"

不构成表见代理的情况下,十一院的代理行为是否有效,取决于委托人是否对代理行为进行追认。那么合同签订后，厦门科华公司按合同约定履行了供货义务，并经过十一设计院的签收、验收。截至2012年9月11日，经十一设计院向长治高科公司提出付款申请函后，长治高科公司依付款申请函向厦门科华公司分八次累计支付货款4,265,082元，长治高科公司的付款行为能否认为是属于对十一院代理行为的追认呢？

根据王利明主编的《民法学》：无权代理的追认有以下特点："第一，追认的意思表示应当以明示方式向相对人作出。如果仅向无权代理人作出此种表示，则必须使相对人知晓才能产生承认的效果。……"而本案中长治高科只是依据十一院的要求进行了付款行为，并没有以明示的方式对相对人厦门科华公司作出追认的意思表示。我们倾向于认为仅凭此证据难以证明，付款行为代表了对无权代理的追认。

《民法总则》第一百七十一条第三款规定，行为人实施的行为未被追认的，善意相对人有权请求行为人履行债务或者就其受到的损害请求行为人赔偿，但是赔偿的范围不得超过被代理人追认时相对人所能获得的利益。

合同签订后，厦门科华公司按合同约定履行了供货义务，并经过十一设计院的签收、验收。根据以上案件事实和相关法律，厦门科华公司有权继续要求十一设计院履行合同的付款义务，并就其损害予以赔偿的权利。

四、本案给总承包模式下的材料与设备采购的启示

工程总承包模式的核心问题是施工和设计的整合，这种模式的有效性的关键取决于项目实施过程中每个环节的协调效率，尤其是采购在设计和施工的衔接中起到非常重要的作用，大型设备和大宗材料或特殊材料的供货质量和工作效率将直接影响整个建设项目目的能否实现，采购在设计与施工中发挥着承上启下的重要作用。在很多大型工业建设项目中，材料与设备采购的费用可能占到项目总成本的60%到80%，也对工程建设项目的运营投产起着至关重要的作用，工程总承包项目中，发承包双方都应高度重视采购的合同管理。

1. 发承包双方应首先认识到总承包合同约定由工程总承包单位自行负责进行采购与约定工程总承包单位代理业主进行采购是两种完全不同的法律关系，避免将其概念混淆。如同本案中，十一设计院与长治高科公司签订《委托采购协议》，中约定："总承包合同签订之后，按照总承包合同执行。"未明确后续采购行为的法律关系，以至于为日后为双方争端埋下了伏笔。

如果业主出于控制项目质量或者其他原因,要求建设项目中部分材料或设备由业主提供,那么属于总承包商负责采购的材料或设备应完全由其负责,总承包商与供应商直接签订采购合同,向承包商支付货款。属于甲供的材料或设备,甲方可以根据实际情况和需要选择,自由采购或委托承包商代理其进行采购。

2. 对于总承包合同约定的甲供材料,如业主需委托承包商进行采购,则应签订专门的委托代理合同或授权委托书载明代理人(总承包商)的名称、代理事项、权限和期间,并由被代理人签名或者盖章。

需注意的是,如果授权委托书没有载明代理期间,只是记载了其代理的采购事项,则应当解释为,代理期间持续到代理事项完成为止。

3. 如承包商代理业主进行采购,应首先确保其采购行为属于委托人授权的范围内,并告知相对人其代理行为和身份,向其出示委托授权书或委托代理合同。承包商可以用被代理人或自己的名义与供应商签订采购合同,并保留好相应的书面凭证。该合同可以直接约束业主和供应商。

4. 采用不同采购模式的材料设备,应当分别进行约定。本案中,无论是十一设计院与长冶高科签订的《设计施工总承包合同》还是《委托采购协议》,如果能在合同中以清单的方式将采购涉及的设备名称列明,就不会出现目前合同约定不明,事实难以查清的情况。因此对于需要采购的设备与材料,建议尽可能优先在合同中列明,签订时无法明确的,再以概括的方式表述,后续可以用补充协议的形式再加以明确。

5. 采购过程中变更采购模式的,应当及时以补充协议的方式对变更的时间、变更所涉货物类型、数量、变更后的采购流程等进行明确。工程总承包合同签署之后再签订的有关采购的补充协议,如该协议属于总承包合同的附件,则应在合同中明确写明,并在合同名称、条款、内容上与总承包合同相对应,以避免出现双方理解上的歧义。

五、不同采购模式下的相关质量问题责任分析

除了采购中的付款责任,工程实践中另外一个经常遇到的问题是因材料或设备的质量问题而导致业主、承包商和供应商之间出现合同纠纷。对于采购出现质量问题的责任分配,可以分为以下几种情况:

1. 工程总承包单位代理业主进行采购。那么根据《民法通则》第六十三条第二款:“被代理人对代理人的代理行为,承担民事责任”。应由业主承担设备或材料采购质量不合格的后果。《民法通则》第六十六条第二款、第三款："代理人不履行职责而给被代理人造成损害的,应当承担民事责任;代理人和第三人串通、损害被代理人的利益的,由代理人和第三人负连带责任。"该情况下,需进一步判断工程总承包单位是否存在过错,如其尽到了谨慎注意义务或者委托合同约定的其他义务,采购的货物仍然存在质量问题,那么质量缺陷的后果应由业主承担,业主可以再通过签订的采购合同向供应商索赔。如果总承包单位没能尽到谨慎注意义务或者委托合同约定的义务,由此导致采购的设备或材料存在质量问题,那么业主可以依据委托合同向承包商索赔或依据订立的采购合同向供应商索赔。

2. 约定由工程总承包单位进行采购。那么根据工程总承包单位的合同义务,应由工程总承包单位为采购的材料或设备质量负责,总承包单位可以再向供应商索赔。

3. 现实中可能还会出现第三种情况。委托人、代理人、供应商的三方权利义务约定不够清晰,各方的权利义务交织在一起。业主为了对材料的品质进行控制,事实上已经提前选择了材料供应商和材料型号,再由业主、总承包商、供应商三方签订了材料采购协议,在国内业主方普遍较为强势的情况下,承包商往往只能听从业主安排。但因承包商并没有供应商的实际选择权,当采购的材料或设备出现质量问题时,对于承包商是否需要承担采购人的相应责任,容易出现纠纷。典型案例如安徽路桥与万咏材料、昌泰高速技改办加工合同纠纷案。①②

本案中,业主首先在2014年对涉案沥青材料进行了招标,引进万咏材料作为供应商,并且在招标文件中写明了:"业主单位是沥青采购的招标人",招标文件中的发包人权利义务亦全部对应的是业主单位。同时,招标文件中明确约定:"招标人和中标人应当自中标通知书发出之日起14天内,根据招标文件和中标人的投标文件订立书面合同。先由招标人和中标人签订材料供应或加工意向合同,然后招标人安排路面施工单位与中标人签订材料供应或加工合同。"

业主单位随后通过施工招标,引进了安徽路桥公司作为本项目某标段的施

---

① 一审:吉安市吉州区人民法院(2015)吉民二初字第1017号民事判决;二审:江西省吉安市中级人民法院(2017)赣08民终908号民事判决;再审:江西省高级人民法院(2018)赣民申472号民事裁定。

② 本案中虽然安徽路桥是作为施工总承包商而不是工程总承包商,但是采购过程中包含的争议焦点和风险与工程总承包模式类似,故在此进行分析说明。

工总承包商,并且在施工招标文件的第5.2条中约定:“本项目用的……沥青等材料已由发包人依法采购,并将由发包人供应。”后在业主单位的要求下,承包商安徽路桥、业主单位昌泰高速技改办、供应商万咏材料共同签订了《沥青采购及加工合同》。

合同开篇即明确了本合同是根据之前的沥青采购及加工招标公示结果签订,并且相关的中标通知书、投标文件等全部作为本协议书的组成部分。合同金额为3000余万元,由万咏材料向业主单位本标段经理部供应沥青,由业主单位的材料供应站和本项目工地监理工程师负责各方沥青材料的质量监控、数量验收、结算确认以及组织协调工作。

关于沥青款的结算,三方约定如下:“业主即项目办在施工单位的工程计量款中扣除每期的沥青款,先扣回先行垫付的90%货款,支付剩余货款的5%给供应商,在路面工程完工并交工验收通过后一年内,支付剩余的5%货款。”

后在施工过程中,因发生大面积的车辙、泛油等路面病害情况,业主和监理单位通知施工单位停止使用供应商提供的改性沥青,暂停了沥青款的支付。供应商因此将业主单位和施工单位诉至法院,诉请业主和施工单位支付改性沥青货款,并赔偿因终止合同给其造成的损失。

施工单位安徽路桥认为:“虽然其与万咏材料签订过《沥青采购与加工合同》,但是即使这份合同存在,双方也不构成买卖、加工合同关系,因为:(1)从当事人意思表示来讲,合同是当事人意思表示的结果。而该合同的签订过程中,施工单位是受业主单位的安排,而不是自己的意思表示签订了该份合同。施工单位是根据招标协议约定的内容,受业主单位委托签订本合同。(2)施工单位亦不直接向供应商支付沥青加工款项,而是在确认数量后,按照招标文件的要求,向业主单位开出委托支付书,由业主单位支付给供应商。安徽路桥不是真正意义上的合同主体,不应该承担本应由业主方承担的责任。”

供应商万咏材料认为:“《沥青采购合同加工协议》是三方当事人合意的表示,合同中明确了各方义务。承包商实际使用了万咏材料提供的沥青材料,就有支付货款的义务。”

业主单位昌泰技改办认为:“业主方是本案的发包人,也是甲控方,需要控制整个工程的质量。技改办通过招投标确定了改性沥青的供应商是万咏材料,也通过另外的招投标确定施工单位为安徽路桥。涉案沥青的储存、使用、采购都是在施工单位和供应商之间进行的。施工单位与供应商之间签订的采购合同已经实际履行,施工单位是使用改性沥青的实际受益人,法律关系很明确。业主单位支付给施工单位的工程款中也明确包含改性沥青的货款,业主单位向供应商支付只是一种代付行为。"

二审法院:"三方签订的《沥青采购合同加工协议》合法有效,施工单位作为投标人参加投标中标后依法与业主单位、供应商成立了沥青加工合同关系。业主单位享有定作人的广泛权利和义务,施工单位享有提供改性沥青需求量、协助业主单位验收并支付货款等定作人的部分权利和义务。因此,三方存在互为权利义务的合同关系。最终判决由业主单位与施工单位连带向供应商支付沥青货款。"

此后,业主昌泰技改办不服二审判决向江西高院申请再审,技改办申请再审称:"二审判决认定事实错误,昌泰技改办不是沥青加工合同的主体,不应承担付款责任。沥青加工合同的主体是安徽路桥、万咏公司和厦门华特集团有限公司,昌泰技改办与万咏公司不存在直接的合同关系。昌泰技改办下属材料供应站只是对沥青的交接进行监督和管理,亦不是履行合同义务的主体。而且,昌泰技改办不是付款主体,仅是根据安徽路桥的委托向万咏公司支付沥青加工款,安徽路桥作为承包方和路面施工单位才是沥青加工款的支付方。二审判决昌泰技改办与安徽路桥向万咏公司承担连带付款责任没有法律依据。"

江西省高级人民法院认为:"昌泰技改办及其上级单位通过招标确定了项目工程所用改性沥青的供货商及价格,并通过其下属材料供应站对供货验收、收货结算确认等方式,全程进行监督和管理。由此可见,安徽路桥与万咏公司等签订沥青采购及加工合同,系落实招标文件及发包方要求的结果,也是昌泰技改办对沥青加工、材料采购合同行使权利的结果。因此,二审判决并无不当,驳回技改办再审申请。"

从本案中可以看出,在业主通过招标引进安徽路桥之前,已经先行通过招标选择了万咏材料作为改性沥青的供应商。施工单位安徽路桥实际上是在业主的要求下签订的《沥青采购合同加工协议》,合同中的发包人权利义务也主要指向了业主,施工单位只是承担了提供需求数量、检验沥青质量,委托支付货款等极少的合同权利义务。但最终仍然被法院判决与业主一起作为该合同的定作人,就向供应商支付货款承担连带责任。

类似于本案这种甲方欲控制材料质量,先前已经选定了材料或设备供应商,但是出于规避或转移责任等其他原因,仍然要求承包商、业主、供应商三方共同签订采购协议的情况,承包商在失去选择权不得不被动接受的同时也将面临极大的履约风险,那么作为承包商该如何规避相应风险呢?

我们认为:如承包商因为某种原因,在业主单位已经事先选定供应商与采购货物的情况下不得不签订此类三方协议:首先,应争取在合同的主体关系中明确约定合同的采购方为业主,由业主向供应商购买材料或设备,承包商并非该货物的采购人。其次,在合同中有关权利义务的实质性条款中,需注意与合同的主体关系相一致,货物款应由业主支付,而不是承包商。如需要由承包商履行提供供货数量、检验产品等配合义务,应在相应条款中加上“由承包商为代理业主进行……”等类似表述,尽量将三方的权利义务约定明确。否则,一旦三方因采购合同发生纠纷,承包商将可能面临着与业主承担连带责任的风险。

六、小结

工程项目中,材料与设备的采购模式多种多样,实践中对于该类采购合同的责任认定也存在较大争议,法院在审理过程中,往往会对多种因素进行综合考量、兼顾各方利益,也使案件结果更加难以预测。对于采购中的各方而言,应尽量在合同条款中将权利义务约定明确,采购过程中注意保留委托代理、付款等相关凭证,如发生纠纷时各方需依据相关法律法规尽可能全面收集证据,争取有利的裁判结果。因为工程项目中采购问题的复杂性与特殊性,以及个案事实差异较大等原因,具体问题仍需具体分析。

项目停滞等情形下工程总承包单位对外的设备采购合同履行问题

——中冶东方工程技术有限公司包头钢铁设计研究院与河北智诚环保工程有限公司买卖合同纠纷*

郑冠红　蒋　峰**

关 键 词　项目停滞　设备采购　付款

问题提出　工程总承包项目往往不同于一般的纯粹土建或安装类施工合同,通常会涉及大量的设备采购。而一旦工程总承包合同出现因诸多客观原因所导致的项目停滞,甚至工程总承包合同不得不解除终止的情况,则由于工程总承包单位对外的诸多设备采购合同已经在履行过程中,基于合同的相对性原则,工程总承包单位作为设备采购合同的买方,需要面对棘手的采购合同是否也需要解除等如何继续处理的问题。在此种情形下,工程总承包单位该注意怎样的法律风险防范,值得探讨。

裁判要旨　本 EPC 项目出现停滞,导致设备未实际安装,但项目停滞并不属于供应商的过错,且采购合同并未约定设备的具体安装事宜由供应商负责,因此工程总承包单位不能以项目停滞这一双方当事人之外的原因来对抗供应商的付款请求。

---

* 一审:内蒙古自治区包头市昆都仑区人民法院(2016)内 0203 民初 2864 号;二审:内蒙古自治区包头市中级人民法院(2017)内 02 民终 1430 号。

** 郑冠红,上海市建纬律师事务所工程总承包业务部专职律师;蒋峰,上海市建纬律师事务所工程总承包业务部专职律师。

案情简介

上诉人(一审被告、反诉原告):中冶东方工程技术有限公司包头钢铁设计研究院(以下简称"中冶东方包头设计院")

被上诉人(一审原告、反诉被告):河北智诚环保工程有限公司(以下简称"河北智诚")

2007年7月,中国冶金科工集团有限公司(以下简称"中冶集团")与越南太远钢铁公司签订越南太钢二期扩建项目EPC工程总承包合同(以下简称"EPC总包合同"),承包内容包括:新建一座原料场、一套100平方米烧结机系统、一座4.3米45孔焦炉及配套的化产回收系统、一套580立方米高炉系统、一套50吨转炉系统、一套R8M四流封闭式钢坯连铸机、一套6500m^3/h制氧系统,扩建完成后冶金生产线年产量可达到50万吨。中冶集团负责上述内容所有的规划、勘察、工程设计、设备制造和采购、施工、安装、无负荷试车、指导带负荷试车和最终性能测试、全套生产线联动试车和投产、技术转让、竣工和缺陷修复工作。中冶集团下属子公司中冶东方包头设计院负责项目的设计和采购工作的实施。

EPC总包合同签订后,受2008年国际金融危机的影响,因建设单位资金困难导致项目陷入停滞状态;2009年,项目复工。

2009年12月,中冶东方包头设计院与河北智诚签订了《越南太钢二期扩建项目EPC总承包工程设备采购合同》(以下简称《越南设备采购合同》),合同总价款78万元。合同中约定的交货时间是2010年3月15日至31日,但中冶东方包头设计院直至2011年11月7日才收到河北智诚交付的设备。关于付款,双方约定中冶东方包头设计院预付合同价款的30%,在最后一批合同设备装运后,中冶东方包头设计院另行支付合同价款30%的发货款;合同中并未对设备的安装、验收与剩余货款的支付进行明确约定。2011年11月7日,中冶东方包头设计院收到河北智诚交付的设备时,合计仅向河北智诚支付了合同总价30%的预付款。

2012年6月,因建设单位资金严重缺乏,工程再一次陷入停滞状态。

2016年6月,河北智诚向法院起诉,索要剩余设备款项,截至其起诉之日,中冶东方包头设计院已付设备款54.7万元,尚有23.3万元未付,未付款中包含技术服务费0.9万元及培训费0.5万元。同时中冶东方包头设计院提出反诉,河北智诚因存在逾期交付设备的行为,应当按照合同约定支付误期赔偿费7.8万元。

庭审过程中,中冶东方包头设计院认可涉案设备的安装应当由其负责;而河北智诚也认可其存在逾期发货的事实。但是针对中冶东方包头设计院是否应当向河北智诚支付剩余设备款项,双方存在争议。

各方观点

中冶东方包头设计院:

因项目停滞,设备未完成安装及验收工作,剩余货款的支付条件未达成,不应当支付剩余设备款项。

河北智诚:

河北智诚已向中冶东方包头设计院供应全部设备,已完成合同约定的义务,且目前设备未完成安装并不属于河北智诚的责任,中冶东方包头设计院应当支付剩余设备款项。关于河北智诚未按照合同约定的时间发货是因为中冶东方包头设计院迟迟没有通知发货,且中冶东方包头设计院也存在逾期付款的行为,因此不应当支付误期赔偿费。

法院观点

河北智诚与中冶东方包头设计院签订的《越南设备采购合同》是双方真实的意思表示,合法有效,双方均应当按照合同的约定履行各自的义务。现河北智诚已于2011年11月向中冶东方包头设计院交付设备,其有权获得相应的设备款项。鉴于本项目出现停滞,因而设备未实际安装,但项目停滞并不属于河北智诚的过错。根据合同约定,河北智诚提供设备安装的相关技术服务和技术培训且,但合同中并未约定设备的安装具体事宜由河北智诚负责。因此中冶东方包头设计院不能以项目停滞、设备尚未用于工程或尚未完成安装为由拒付工程款。

问题解析

工程总承包常以设计采购施工(EPC)和设计施工总承包(DB)的形式体现,

而对于EPC模式,设备材料的采购是整个合同履行过程中的重要组成部分,尤其是各类生产线工程、污水处理厂、核电站、石油化工等工业项目,其设备采购所占款项通常占整个工程总承包项目合同额的60%～80%。因此,工程总承包项目执行过程中,设备、材料按时交付且符合设计和项目建设、安装的要求,对整个合同的履行起到了关键作用。然而,工程总承包项目通常风险较大、投资额较高,业主对项目的期待、预期或要求也通常较高,因而在项目执行过程中会面临诸多的不确定性。诚如本案而言,因项目投资额较大、经济形势动荡等原因,导致业主方因资金链断裂而使项目陷入停滞状态,从而引起工程总承包商陷入进退两难的境地,对上无法推进EPC总包合同的履行,对设备供应商也会面临无法支付设备款项的违约责任。

就本案而言,工程总承包单位对外采购相关设备,如果项目停滞、设备未安装或未用于工程,工程总承包单位能否以此为由拒绝支付设备款项。虽然本案所涉金额不大,但具有一定的代表性,值得引申开来进行探讨。

一、工程总承包项下设备采购相关流程

工程总承包项下的采购问题,不同于常规的材料买卖合同,其不仅仅涉及设备的买卖,还会涉及设备安装、调试、相关技术服务培训、试运行、验收等程序。结合本案,一般而言工业设备采购、安装、调试、验收等相关流程如下图所示:

由下图可知,工程总承包项下设备采购付款一般涉及四个节点:1.采购合同签订后,工程总承包单位支付采购预付款;2.设备到货验收后,支付到货款;3.设备联动调试或试运行后,按合同约定支付设备款(如有质保金的,扣除质保金);4.正式运营管理,质量保证期满,支付保证金。

而本案中,由于采购合同并未按照上述流程图中的关键性节点设置付款条件,也未对工程停工等不可预见的事件发生时的处理方式,从而导致工程总承包单位与设备供应商就设备付款问题产生争议。

二、关于本案工程总承包单位能否拒付设备款的问题

(一)本案《越南设备采购合同》项下的剩余货款的给付条件是否成就

首先,中冶东方包头设计院认可案涉设备的安装工作应当由其负责,但至今未安装是因为设备的最终使用方即二期扩建项目停滞。根据合同相对性原则,中冶东方包头设计院以二期扩建项目停滞这一双方当事人以外的原因来对抗河北智诚的付款请求没有法律依据(见图1)。

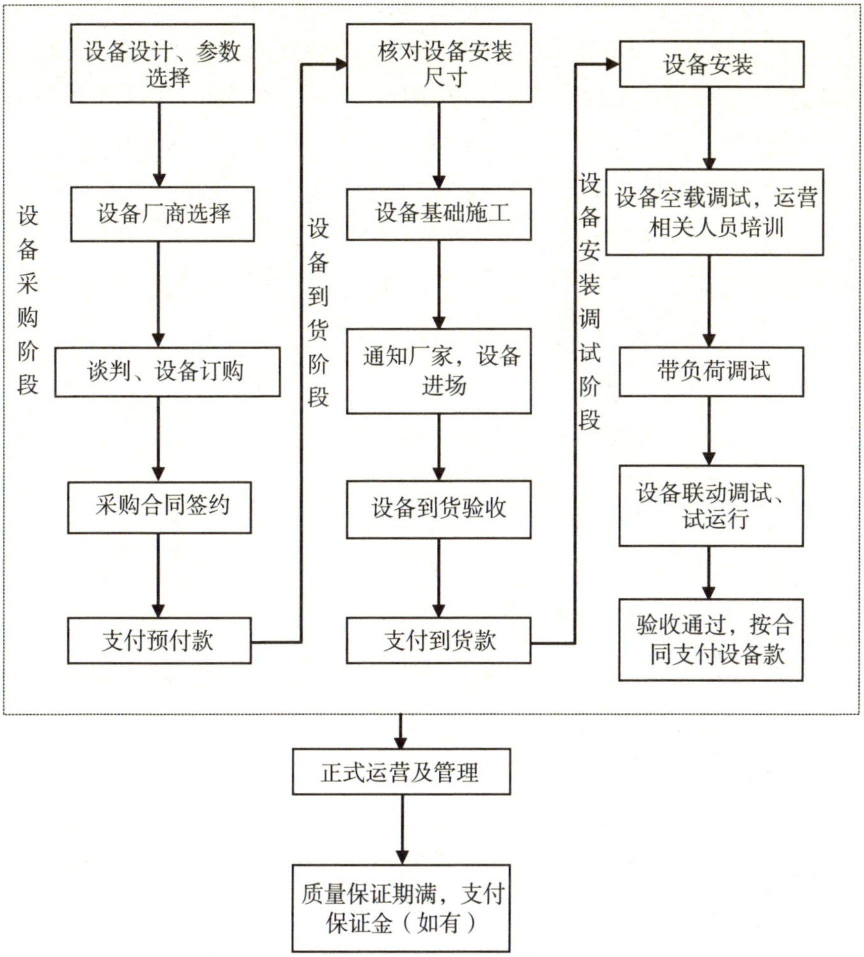

图1 工业设备采购、安装、调试、验收等流程

其次,因双方在《越南设备采购合同》中未约定安装、调试、验收、付款的时间节点,采购合同存在一定的漏洞,此时应当适用《合同法》中法定的“漏洞填补条款”。《合同法》第一百五十八条第二款的规定:“当事人没有约定检验期间的,买受人应当在发现或者应当发现标的物的数量或者质量不符合约定的合理期间内通知出卖人。买受人在合理期间内未通知或者自标的物收到之日起两年内未通知出卖人的,视为标的物的数量或者质量符合约定,但对标的物有质量保证期的,适用质量保证期,不适用该两年的规定。”第一百六十一条规定:“买受人应当按照约定的时间支付价款。对支付时间没有约定或者约定不明确,依照本法第六十一条的规定仍不能确定的,买受人应当在收到标的物或者提取标的物单证的同时支付。”第六十一条规定:“合同生效后,当事人就质量、价款或者报酬、履行地点等内容没有约定或者约定不明确的,可以协议补充;不能达成补充协议的,按照合同有关条款或者交易习惯确定。”根据上述三个条款,以及案涉工程的设备已于2011年11月7日交付中冶东方包头设计院的事实,结合设备安装采购的交易惯例和相关流程,一般设备安装调试后预留一部分质量保证金(期限一般为1至2年),其余费用一并支付,待保证期满支付全部费用。鉴于本案合同并未约定质量保证期和尾款支付期限,应适用《合同法》中关于两年的最长合理期间,即自设备交付日2011年11月7日起两年后,视为设备质量符合合同约定,此时采购方中冶东方包头设计院应支付全部费用。

最后,如果在《越南设备采购合同》中明确约定设备的最终付款以设备安装完毕为前提,或项目停滞时采购方有权延期支付款项,则中冶包头设计院可根据合同约定拒付相关款项,而本案对此未进行约定。综上所述,设备未安装、未用于工程等事由,并非合同约定和法定的付款条件,本案《越南设备采购合同》项下的设备采购款支付条件已经成就,中冶东方包头设计院不能以项目停滞、设备未安装等为由拒付设备采购款项。

(二)关于本案业主是否应当向工程总承包单位支付设备采购款项的相关问题

本案的工程总承包单位应向设备供应商支付设备采购款项,而此时若业主未向工程总承包单位支付相应款项,无疑将会导致总承包单位的巨大损失。基于此,有必要进一步探讨在合同终止的情况下,业主是否需要向总包支付相应的设备采购款项。

如果因总承包单位的违约导致总包合同无法履行,对于已经进入现场的设备,参照FIDIC《生产设备和设计—施工合同条件》[以下简称黄皮书(1999年版)]7.7[生产设备和材料的所有权](a)条款①,设备所有权已经转移给业主所有,业主有义务向承包商支付该部分设备的价款,但具体支付的金额还将按照

① 中国工程咨询协会编译:《菲迪可(FEDIC)文献丛书 生产设备和设计—施工合同条件》,机械工业出版社1999年版,第67页。7.7[生产设备和材料的所有权]:从下列两者中较早的时间起,在符合工程所在国法律规定范围内,每项生产设备和材料都应无扣押和其他阻碍地成为雇主财产:(a)当上述生产设备和材料运至现场时。

15.4[终止后的付款]确定支付;而对于还未进入现场的设备,通常将考虑有关设备是否属于为该工程的特定货物以及业主是否有意愿继续购买等因素协商确定所有权的归属及价款的支付,如果业主不继续选择原设备供应商的货物,则由此造成的损失将由总包自行承担。

而本案的特殊性在于业主因资金链断裂致使项目中途中止长达数年,对工程实施产生重大影响的责任在于业主一方。在此情形下,参照 FIDIC 黄皮书(1999 年版)16.2 条[由承包商终止]“如果出现下列情况,承包商应有权终止合同:(f)8.11 款[拖长的暂停]所述的拖长停工影响了整个工程……承包商做出终止合同的选择,不应影响其根据合同或其他规定所享有的其他任何权利”以及 19.6 条[自主选择终止、付款和解除]“在此类终止的情况下,工程师应确定已完成工作的价值,并发出包括以下各项的付款证书:(b)为工程订购的,已交付给承包商或承包商有责任接受交付的生产设备和材料的费用:当雇主支付上述费用后,此项生产设备和材料应成为雇主的财产(风险也由其承担),承包商应将其交由雇主处理”,此时总承包有权终止合同且已交付给工程总承包单位的设备材料无论是否安装,业主均应当支付相关费用;即使相关设备未交付至总承包单位,但总包若依据设备采购合同的约定有义务接收相关设备,业主也应当支付总包相关费用。

即使项目停滞的时间未达到 FIDIC 黄皮书(1999 年版)8.11 条[拖长的暂停]的标准,但 FIDIC 黄皮书(1999 年版)8.10 条[暂停时对生产设备和材料的付款]还规定:“在下列条件下,承包商有权得到尚未运到现场的生产设备和(或)材料(按暂停开始日期时)的价值的付款:(a)生产设备的生产或生产设备和(或)材料的交付被暂停达 28 天以上;(b)承包商已按工程师的指示,标明上述生产设备和(或)材料为雇主的财产。”即因项目暂停等原因导致设备材料交付延期达到 28 天以上,则即便设备尚未交付,业主仍应当支付相应款项,而若设备已经交付,则尚未安装的理由更不能对抗总承包人的付款请求权。

综上所述,在非总承包商原因导致项目停滞、总包合同无法继续履行的,工程总承包单位基于总包合同和设备采购合同的约定,向供应商采购的相关设备材料支付的费用应得到业主的支付,业主不能以设备未安装、未交付等为由免除其向总包单位的付款义务。

需要注意的是,依据《合同法》第一百一十九条的规定“当事人一方违约后,对方应当采取适当措施防止损失的扩大;没有采取适当措施致使损失扩大的,不得就扩大的损失要求赔偿。当事人因防止损失扩大而支出的合理费用,由违约方承担”,当总包知悉业主因资金链断裂等原因导致合同无法继续履行时,应当负有防止损失扩大的义务。此时,若设备尚未生产、制造,总包应要求业主确认是否需继续供应设备。如业主要求总承包单位解除采购合同、终止设备供应的,总包可向业主主张其因解除采购合同而向设备供应商承担的违约责任;而若业主要求总包继续供应设备的,业主应支付相应款项。但如果总包在得知合同无法继续履行时,未向业主确认是否应继续供应设备,放任供应商生产、制造设备导致损失进一步扩大的,可能将对扩大的损失承担责任。

(三)关于工程总承包单位向业主主张解除合同相关损失的风险提示

如前文所探讨,如果因项目停滞等特殊原因导致业主解除总包合同的,此时若工程总承包单位解除设备采购合同,将面临其对各设备供应商产生违约行为。而根据《合同法》第九十七条和第一百零七条的规定①,此时总包合同被解除后,业主应赔偿总包的损失,而总包对各设备分包商的违约责任显然属于总包损失的范畴。

但实际上,该损失主张在实践操作中仍存在一定的问题。若业主与总包之间未对该类损失进行约定,则业主可主张该损失没有合同依据以对抗总包的请求。站在业主的角度,即便总包和业主之间的总包合同约定非业主原因导致总包合同解除时应赔偿总包解除相关设备分包合同造成的损失,但该损失金额难以在订立合同时量化,业主在签订合同时无法知晓、更不可能预见总包解除相关合同的损失金额,因此依据《合同法》第一百一十三条②的规定,总包仍可能得不到相关的损害赔偿。退一步讲,站在诉讼证据的角度,如总包向业主主张其对供应商的损失赔偿,则应当提供相应的损失证据,如对供应商垫付的设备付款凭证、支付违约金凭证等,但若总包先行垫付或支付相关款项,若业主发生本案所述的资金困难,则总包的相关损失主张仍难以得到执行;而若总包未先行支付或垫付相关款项,则对于业主来说总包的相关损失尚未实际发生,因而对总包来讲

---

① 《合同法》第九十七条:合同解除后,尚未履行的,终止履行;已经履行的,根据履行情况和合同性质,当事人可以要求恢复原状、采取其他补救措施,并有权要求赔偿损失。第一百零七条:当事人一方不履行合同义务或者履行合同义务不符合约定的,应当承担继续履行、采取补救措施或者赔偿损失等违约责任。

② 《合同法》第一百一十三条:当事人一方不履行合同义务或者履行合同义务不符合约定,给对方造成损失的,损失赔偿额应当相当于因违约所造成的损失,包括合同履行后可以获得的利益,但不得超过违反合同一方订立合同时预见到或者应当预见到的因违反合同可能造成的损失。

陷入进退两难的境地。

三、小结

自住建部印发《关于进一步推进工程总承包发展的若干意见》以来，工程总承包在国内得到了快速的发展，各地均出台相应政策以推动工程总承包。但与此同时，国内尚未出台新的示范文本以满足工程总承包市场的需求。尤其是缺少工程总承包项下的采购分包合同示范文本，导致采购分包合同的签订较为混乱。因此，关于工程总承包项下的设备采购相关问题，结合本文所述的案件来看，工程总承包单位规避采购与付款相关风险应注意以下几点：

1. 按照设备订购、到货、安装、试运行等流程，约定采购付款的时间节点。如采购合同签订后，支付一定比例的预付款；设备交付后，支付一定比例的到货款；设备安装完毕并通过试运行后，支付剩余款项等。此时采购合同的付款节点与设备安装相关流程严格对应，避免因设备未安装、未用于工程等原因引起付款争议。需要注意的是，工程总承包单位应加强上下游渠道的控制力，与业主之间的支付节点应尽可能提前，以缓解总包的资金压力，而与设备分包商之间的支付节点应延后，以获得相当于供应商提供的"无息贷款"。在此基础上，与设备供应商的采购合同应尽可能与工程总承包中的相关内容衔接。

2. 借鉴前文所述的相关 FIDIC 合同条款，工程总承包单位在与业主签订总包合同时，应注意约定如下内容：

(1) 如非总承包单位的原因导致项目暂停、中止引起设备交付被延期超过一定期限（如 28 天），业主应支付对应的设备款项。

(2) 若项目因特殊原因终止、无法继续履行导致一方解除合同时，业主应支付工程总承包单位为工程订购且已交付或总包有责任接收交付的相关设备款项。

从业主角度而言，在支付设备款项时应尤其关注设备供应商在收到货物全部款项前的"所有权保留"条款，确保相关设备的所有权完全转移。

3. 若在工程总承包合同中未就上述特殊事项进行特别约定，一旦发生工程总承包合同解除、项目终止或业主因资金困难拖延项目进展等情形，工程总承包单位应积极与各设备供应商协商，争取取得相对有利的解决方案以防止损失的扩大，如对于供应商已交付的设备，可与供应商协商就设备的价款进行折价，然后工程总承包单位再以此向业主主张相关损失，而对尚未制造、交付的设备，可及时与供应商协商终止设备的制造和交付。

工程总承包模式下承包人对于可行性研究报告的责任承担问题

——江西新凌能源有限公司与上海齐耀动力技术有限公司建设工程施工合同纠纷*

汪　铭　张志国**

关 键 词　工程总承包　可行性研究　技术指标　发包人要求　根本违约

问题提出　可行性研究是项目决策阶段的重要工作，是投资者对拟建项目的决策的依据，同时也是后续设计任务书及设计文件的编制依据。作为发包阶段靠前的工程总承包模式来讲，可行性研究报告中确定的技术指标对于工程总承包的承包人是否有约束力？承包人交付的工程若不符合该技术指标将承担何种责任？值得予以分析探讨。

裁判要旨　承包人编制的可行性研究报告属于设计方案，其中确定的技术指标是承包人的承诺，承包人未实现该指标构成根本违约，发包人有权解除合同。承包人需向发包人赔偿直接损失。但发包人轻信可行性研究报告中的技术指标，而主张的可得利益损失不予支持。

---

* 一审：江西省赣州市中级人民法院（2014）赣中民一初字第57号；二审：江西省高级人民法院（2015）赣民一终字第165号。

** 汪铭，上海市建纬律师事务所工程总承包业务部专职律师；张志国，上海市建纬律师事务所工程总承包业务部律师助理。

案情简介

上诉人(原审本诉原告,反诉被告):江西新凌能源有限公司(以下简称“新凌公司”)

上诉人(原审本诉被告,反诉原告):上海齐耀动力技术有限公司(以下简称“齐耀公司”)

案涉工程江西赣县(谱赛科)生物质发电项目建设工程由新凌公司投资建设,齐耀公司为工程的EPC总承包单位。2009年1月,703研究所、711研究所(711研究所是齐耀公司的控股股东)为案涉工程联合出具《可行性研究报告》,报告中载明,本项目根据谱赛科废弃生物质(甜叶菊废渣)特点,以废水、废渣和滤泥为原料进行厌氧发酵,产生的沼气被用来发电。工程设计方案:由于废渣、滤泥,固含量高于15%,因此本项目采用废水渣混合处理的方式,选用改良型UASB反应器为厌氧消化装置。项目建成投产后,每年可发电1440万度,余热利用节约标准煤1.83万吨,减少CO_2排放5.88万吨,生产有机肥5.6万吨。

2009年7月1日,发包人新凌公司与承包人齐耀公司签订了《江西赣县(谱赛科)生物质发电项目建设工程总承包合同》(以下简称《项目总承包合同》),约定工程内容为甜叶菊废渣厌氧消化、沼气发电、沼渣处理。工程承包范围为本项目的勘察、设计、采购、施工和试运行服务,但不包括:(1)土建工程、照明、给排水、暖通、消防监控系统,安防监控系统(承包人负责工艺设计);(2)电力部门要求由其提供的设备(承包人负责技术协调)。合同的违约责任为:承包人工程质量经多次维修仍不能达到合格标准,且严重影响项目整体性能,则视为承包人不能履行合同义务,发包人有权根据有关法规解除合同,扣除合同总额2%的违约金,并由承包人赔偿发包人损失。

2010年4月29日,江西省发展改革委员会以赣发改能源字(2010)616号文批复赣州市发展改革委员会,对新凌公司投资建设的赣县(谱赛科)生物质发电项目2×1.063MW发电项目进行了核准。

2010年9月,甲方齐耀公司、乙方新凌公司、丙方浙江新凌能源投资有限公司、丁方杨建富、戊方陈华阳签订《项目合作协议》,主要约定如下:在甲方的调研基础上,甲方依据乙方和谱赛科的原料供应合同,由甲方负责总设计,分二期建设装机容量各1000KW的发电机组,乙方于2010年5月完成了谱赛科项目全部立项批复手续,并于2009年5月与甲方就谱赛科工程签署了《工程总承包合同》,由甲方担任该工程EPC总承包商……甲方在本协议签署后2个月内进入发电机组调试发电状态,设备调试的前提条件:乙方应于设备进入调试发电前30日完成附件2中属于乙方工作范围的相关工程,并于设备进入调试发电前取得有关电力公司的并网调试许可。在本协议签署后5个月内完成内部竣工验收,"内部竣工验收",是指进行验收前30日起连续日进料量根据乙方和谱赛科签订的日供料合同和一期设计标准的前提下,沼气发电机组按照国家相关标准达到72小时全功率谱测试上网条件。在本协议签署后,至乙方按照《工程总承包合同》以及本协议约定向甲方支付建设工程款80%、设备采购款、相应利息80%以及甲方为实现前述该等债权而产生的费用总和之前(该期间为"特殊安排期间"),设备所有权、使用权、收益权及处分权均属于甲方。

2011年4月5日,新凌公司通知齐耀公司,称江西安泰电力建设有限公司虔东分公司承建施工的赣县(谱赛科)生物质发电项目10KV并网工程将于4月10日完工,开始倒送电,并通知齐耀公司倒送电后进行电厂联调。此后,工程仅在2011年9月至2012年2月15日发电上网,发电量总计145,167千瓦时,仅为设计发电量的4.52%。

在齐耀公司安装及调试期间,该工程相继发生事故。2010年3月10日,1#厌氧罐发生保温层着火事故,1#气柜顶部塌陷事故;2011年6月17日,1#厌氧罐发生罐体顶部穹顶与罐壁之间的焊缝发生180度以上的开裂。2011年6月22日,为解决1#罐的维修问题,新凌公司与齐耀公司有关人员以及专家彭武厚在谱赛科公司办公室召开厌氧罐事故处理现场会;2011年7月26日,赣县安全生产监督管理局向新凌公司发出《关于责令赣县(谱赛科)生物质发电项目立即停止试生产进行隐患整改的通知》,载明:7月24日现场查看发现沼气工程1#厌氧罐顶部圆周3/4爆裂约50厘米宽,罐内有沼渣冒出,2#、3#厌氧罐也出现不同程度破裂,存在安全隐患。并要求制定整改方案完成整改。

2011年11月,齐耀公司向新凌公司发函称,其已完成合同项下勘察、设计、采购、建设和安装等工作。但由于产气原料耗尽,将导致后续的工程验收工作无法进行,要求新凌公司于2011年11月15日前解决甜叶菊原料的后续供应问题。并要求于2011年11月19日支付齐耀公司设备款8,176,815元,工程进度款4,460,000元。

2011年11月14日,新凌公司回复称,因齐耀公司设计、施工均存在诸多问题,导致多次发生重大安全事故,新凌公司对齐耀公司的履约能力表示担忧;新凌公司已经提供充足的原料,如存在原料不足,责任在于齐耀公司;由于齐耀公司原因致使至今项目工程无法通过内部竣工验收,故还未达向齐耀公司支付80%设备款及工程款的期限。

2012年6月30日,受新凌公司的邀请,胡成明、宋武、李强、黄显波联合出具《江西赣县(谱赛科)生物质发电项目专家论证报告》(以下简称《专家论证报告》),提出意见如下:该项目的《可行性研究报告》中没有对糖渣厌氧发酵产沼气能力进行科学测算、没有经济技术可行性论证报告、没有对厌氧处理中的有毒有害物质进行分析和测定、没有改进型UASB厌氧发酵罐处理糖渣的详细资料、科学依据和实验数据,这样的《可行性研究报告》是导致项目失败的主要根源;工艺设计不规范、思路不清晰、没有系统化,提供给新凌公司的整套资料和图纸中没有改进型UASB发酵罐的详细资料和图纸,进料和排渣、液管路设计不合理,系统安全性考虑不周,这样的设计不仅产气效率低,而且安全隐患多;工程安装和施工水平低下、工艺粗糙、偷工减料,跑、冒、滴、漏现象严重,设施设备锈蚀严重,施工过程中事故频发;目前该项目虽已实施两年多时间,期间亦进行了多次整改,但由于关键工艺不成熟,系统目前仍无法调试运行;实际上综合分析齐耀公司所做的可研、设计、施工中存在的问题后,该项目不成功应在情理之中。

此后,因案涉工程一直无法达到预期目标,以及双方之间的工程款支付的纠纷难以调和,故而成讼。

各方观点

齐耀公司:

《可行性研究报告》本身只是一种对建设项目的可行性的综合评述,不是双方认可的合同组成部分或者是合同附件。在《总承包合同》签订之前双方就存在合作事宜,期间双方对涉案项目进行了小试和中试,浙江新凌能源投资有限公司是在认可项目的可行的情况下才正式设立新凌公司并与齐耀公司开展合作。

新凌公司负责的电力并网接入于2011年6月底才完成,齐耀公司在此基础上于2011年7月就进行了项目试运行,且于2011年9月开始发电证明项目是可行的,新凌公司却在2011年11月停止供应甜叶菊原料,故未能进行竣工验收责任在于新凌公司。因此,新凌公司应继续履行合同,进行项目整体验收,并支付工程款、设备款及融资利息。

新凌公司:

案涉工程不存在原料供应不足的问题。事实上,项目未能达到合同目的的根本原因是由于UASB厌氧发酵工艺处理固化物的致命性工艺缺陷,以致实施结果达不到合同约定的标准,构成根本性违约,这从项目施频频发生事故及2011年9月起的调试发电量均能得以反映,故新凌公司有权请求解除合同。而且,《可行性研究报告》是齐耀公司出具的,新凌公司正是基于对《可行性研究报告》利益的依赖,才会与齐耀公司签订《项目总承包合同》,齐耀公司除了赔偿新凌公司的直接损失外,还应当赔偿可得利益损失。

法院观点

齐耀公司系EPC工程总承包商,承包范围涵盖了勘察、设计、采购、施工、试运行等全过程。本案出现问题的厌氧发酵产生沼气的工艺,是由711研究所设计的,而711研究所是齐耀公司的控股股东,711研究所有关设计人员同时也是齐耀公司的员工。根据江西省发改委的立项批复文件可以印证,案涉发电项目的设计规模、设计工艺等与《可行性研究报告》的内容相吻合。可以认定《可行性研究报告》系齐耀公司总承包赣县(谱赛科)生物质发电项目的设计方案,齐耀公司是该项目的设计单位。

《可行性研究报告》载明的指标性数据是齐耀公司作为设计者所承诺的技术性指标。但实际上,该项目自2011年9月至2012年2月15日共计5个半月的时间里,发电总量仅为设计发电量的4.52%,远未及双方合同约定的标准或者技术数据。其次,项目调试过程中多次发生事故,且齐耀公司在修复过程中并没有雇请专家对修复方案进行论证,整改之后也没有经过安全生产监督管理局验收。再则,根据专家证人的分析意见也可以证明,齐耀公司的设计工艺存在致命缺陷。此外,新凌公司停止供应原料时间迟于试运行停止的时间,对项目实施并没有影响,故不能将新凌公司未足额提供原料认定为是不能进行内部竣工验收的原因。综上,齐耀公司的行为构成根本性违约,新凌公司有权解除《项目总承包合同》《产品购销合同书》《项目合作协议》三份合同。

问题解析

综观本案,齐耀公司从做可行性研究开始,到勘察、设计、施工、试运行,前后历时三年多的时间,期间亦是投入大量人力物力,但最终不仅高达1500余万元的合同金额分文未得,反而要面临超过1000万元的赔偿,其结局不可谓不悲惨。其中,法院认为可行性研究报告是承包人的设计方案,并认定承包人完工的工程不符合可行性研究报告中确定的技术指标,构成根本违约,支持新凌公司解除合同的诉请。为此,本文将通过以下几个方面对工程总承包模式下的可行性研究进行分析。

一、什么是可行性研究?

就建设工程项目而言,其全寿命周期包括了项目决策阶段、实施阶段和使用阶段。其中可行性研究报告编制是项目决策阶段的一项重要工作,是项目进行后续设计的依据。根据原国家计划委员会于1983年2月2日发布的《关于建设项目进行可行性研究的试行管理办法》第三条规定,可行性研究的任务是根据国民经济长期规划和地区规划、行业规划的要求,对建设项目在技术、工程和经济上是否合理和可行,进行全面分析、论证,作多方案比较,提出评价,为编制和审批设计任务书提供可靠的依据。第九条规定,可行性研究,一般采取主管部门下达计划或有关部门、建设单位向设计或咨询单位进行委托的方式。由此可见,可行性研究工作应当由建设单位委托设计或咨询单位进行,是项目决策阶段的重要工作。可行性研究报告是投资前期研究的成果,是投资者对拟建项目的决策的依据,其中包括的关于建设项目的建设规模及工程工艺方案也是后续设计任务书及设计文件的编制依据。

二、如果建设单位就拟建项目采用工程总承包模式发包,其是否可以将可行性研究工作列入发包范围?

根据住建部《关于进一步推进工程总承包发展的若干意见》(建市〔2016〕93号)规定:“建设单位可以根据项目特点,在可行性研究、方案设计或者初步设计完成后,按照确定的建设规模、建设标准、投资限额、工程质量和进度要求等进行工程总承包项目发包。”以及结合其他省市近年来发布的关于工程总承包的规范性文件中的规定可以看出,工程总承包项目通常在项目立项可研批复阶段、方案设计或初步设计审批后进行发包,甚至有些省市提出只能在方案设计、初步审计完成后发包。所以,鉴于可行性研究只是作为项目决策的依据,如将可行性研究工作也列入发包范围,则建设单位对于是否投资拟建项目,以及相关的技术、经济指标均尚未明确的情形下,便贸然进行工程发包显然是不科学、不合理的,因此而签订的合同也将无法有一个明确履行基础,极易造成纠纷。

同时,还需要注意的是,对于进行招标发包的工程总承包项目,作为前期可行性研究报告的编制单位,其参与后期的工程总承包项目招标投标工作会受到一定限制的。住建部和发改委联合发布的《工程总承包管理办法》第十一条规定,政府投资项目的项目建议书、可行性研究报告、初步设计文件编制单位及其评估单位,不得成为该项目的工程总承包单位。九部委发布的《标准招标文件(2012 年版)》第 1.4.3 条中规定,投标人不能是为招标项目提供前期服务的单位。之所以如此规定,其目的是保证招标投标过程的公平竞争。但是也有省份(如浙江省)认为提供前期服务的企业更了解建设单位的需求,由其作为工程总承包商有助于项目实施,因此在相关规定中允许提供前期服务的企业参与投标。此外,还有第三种折中方案(如湖南省规定),在公布前期资料后,提供前期服务的企业则被允许参与投标。

所以,工程项目的可行性研究工作不应被包含于工程总承包合同中。虽然工程总承包商在一定条件下,可以是对拟建工程提供前期服务的单位,但是我们在梳理合同关系时,应当注意要将前后两个合同进行区分。就如本案中,齐耀公司为新凌公司在可行性研究阶段提供咨询服务,之后又作为案涉工程总承包商,前后分属两个不同的法律关系。

三、是否可以将可行性研究报告作为工程总承包项目中的发包人要求,以此作为承包人履行合同的依据?

对于发包人要求,FIDIC 银皮书(1999 年版)中的定义是:合同中包括的,题为雇主要求的文件,其中列明工程的目标、范围、和(或)设计和(或)其他技术标准,以及按合同对此项文件所做的任何补充和修改。对于发包人来说,科学合理地制订发包人要求是充分发挥承包商专业能力及保证项目顺利实施的前提条件。其在编写发包人要求,并在描述设计原则和生产设备基础设计的要求时,应以功能作为基础。同时,如在《菲迪克(FIDIC)合同指南》中的建议,雇主要求中的质量规定的措辞不应过细以致减少承包商的设计职责，不应过于不精确以致难以实施，也不应依赖未来工程师或者雇主代表的观点，这会使投标人认为不能预计。

鉴于建设工程的复杂性，仅包含上述内容的发包人要求并不足以使工程顺利实施，通常发包人要求规定的是比较详细的。如九部委发布的《标准招标文件》第五章规定，发包人要求应尽可能清晰准确，对于可以进行定量评估的工作，发包人要求不仅应明确规定其产能、功能、用途、质量、环境、安全，并且要规定偏离的范围和计算方法，以及检验、试验、试运行的具体要求。对于承包人负责提供的有关设备和服务，对发包人人员进行培训和提供一些消耗品等，在发包人要求中应一并明确规定。具体来说，发包人要求通常可能包括但不限于：功能要求、工程范围、工作界区、发包人提供的现场条件、发包人提供的技术文件、工艺安排或要求、时间要求、技术要求、竣工试验、竣工验收、竣工后试验、文件要求、工程项目管理规定、其他要求。

本案中，发承包双方所签订的 EPC 合同中并不包含发包人要求的文件，也没有关于工程的目标、范围、设计或其他技术标准的约定。结合前文分析，可行性研究报告也只是前期咨询服务的成果文件，并不必然是工程总承包合同的组成部分。本案中法院之所以会将可行性研究报告中的技术指标作为竣工验收合格标准，很大程度上是基于本案中的工程总承包商与前期服务单位是同一家企业。倘若该两个阶段由不同单位实施，在此情形下建设单位对于工程质量标准的主张就会遇到无合同可依窘境。正如齐耀公司提出抗辩认为，《可行性研究报告》本身只是一种对建设项目的可行性的综合评述，不是双方认可的合同组成部分或者是合同附件。

四、小结

对于工程总承包项目而言，发包人要求是承包人履行合同的基础。发包人在确定投资之前，应当委托有丰富从业经验的设计或者咨询企业对技术、经济等方面进行充分调研，出具科学、合理、证据的成果文件，并在工程总承包中将此作为发包人要求，以确保最终目的能够实现。发包人不宜在尚未进行可行性研究的情形下，直接采用工程总承包模式发包，如此在工程规模、技术指标均未明确的情形下进行发包，容易造成纠纷。

同时，发包人要特别注意合理、完整、准确地提出发包人要求，并写入合同。

否则,承包人对于工程设计则享有自主决定权,或者可能导致被认定对工程质量约定不明,从而适用《合同法》第六十二条规定,按照国家标准、行业标准等条件来认定竣工验收的标准。这对工程质量有更高要求的建设单位来说,便会遭受损失。因此,发包人应合理衔接前期研究成果或者设计文件与工程总承包合同条款的制定。

此外,对于此类未明确约定发包人要求的工程,承包人在合同签订过程中,应与发包人进行充分进行沟通,明确发包人想实现的合同目的,并形成书面材料。在合同签订后进行交底时,还需要根据具体合同条款,来全面准确地了解发包人要求。否则易导致合同履行过程中受到阻碍,或者遭发包人索赔,甚至被解除合同,从而造成损失。

工程总承包的优先受偿权问题

——中国电力工程顾问集团东北电力设计院有限公司与牡丹江佳日热电有限公司建设工程施工合同纠纷*

郑冠红**

关 键 词 工程总承包 优先受偿权 主体 设计费

问题提出 目前国内的优先受偿权主要基于施工总承包模式下的传统施工合同纠纷,优先受偿的范围通常为施工合同价款,而对于工程总承包模式,工程总承包单位是否同样享有优先受偿权,以及工程总承包模式下优先受偿的范围是否包含设计费?

裁判要旨 工程总承包单位应在业主未支付的已完工程款项范围内(含勘察设计费、设备采购费、建安施工费)对诉争工程享有优先受偿权。

案情简介

原告:中国电力工程顾问集团东北电力设计院有限公司(以下简称“电力设计院”)

被告:牡丹江佳日热电有限公司(以下简称“佳日公司”)

2007年11月29日,原被告双方当事人签订《总承包合同》,该合同的“合同协议书”一项中约定合同总额为:34,888万元;……承包方式为:2×25MW机组建设工程地质勘察、设计、设备和材料采购、运输、建筑工程(包括地基处理)、安

* 一审:黑龙江省高级人民法院(2012)黑民初字第3号。

** 郑冠红,上海市建纬律师事务所工程总承包业务部专职律师。

装工程、技术服务、调试、整套启动试运行、性能指标保证、质量保修等全过程总承包(为工程总承包工程);合同价格的约定:勘察设计价格600万元,设备价格15,587万元,建筑安装价格18,351万元,其他费用350万元,合同总价在合同有效期内为固定不可调整价。

《总承包合同》签订后,电力设计院对诉争工程进行了施工,并按照施工进度采购及安装了部分设备。佳日公司、监理公司共签收图纸271册,电力设计院认为其已经完成全部工程勘查工作及大部分设计工作,同时认为其完成建安工程量达25.56%,并购买和进场4096.479万元的设备(其中,未到现场已生产的设备总额合计632.479万元)。

此后,由于佳日公司在履行合同过程中资金链中断,导致该工程于2009年11月15日被迫停工。诉争工程停工后,双方当事人两次召开了诉争工程阶段总结会议,并形成《会议纪要》,其主要内容为:诉争工程于2008年4月15日开工,完成了有关工程部分计划节点目标,受2008年年末国际经济危机的影响,致使佳日公司不能支付工程进度款,诉争工程于2009年11月停工,至今停工两年。

由此,电力设计院起诉要求佳日公司给付欠付工程款及相应利息,并请求法院确认电力设计院对欠付工程款享有优先受偿权。

经法院审理查明,诉争工程相关费用情况为:(1)已完成的勘察设计费523万元;(2)已完成的建安工程价款4690.5万元;(3)已发生的其他费用为89.45万元;(4)已到场设备总价款4068.46万元;(5)已支付供应商但未到场的设备价款28万元;(6)停工损失566,951.52元(见图2)。

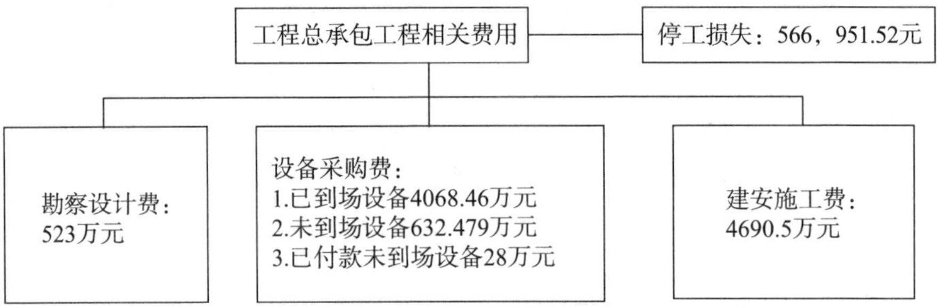

图2　费用组成

各方观点

电力设计院：

由于佳日公司在履行合同过程中资金链中断，导致该工程于2009年11月15日被迫停工。2012年5月、7月，电力设计院两次致函佳日公司，终止了《总承包合同》的履行。截至停工时，电力设计院已完成的工程设计、设备采购及建筑安装等各项工作，累计价款为9371.42万元。其中：设计费523万元，设备价款4068.46万元，建筑安装费4690.5万元，其他费用89.46万元。佳日公司已向电力设计院支付工程价款5100万元，欠付4271.42万元。由于佳日公司违约导致《总承包合同》无法履行，电力设计院与相关分包单位、供货单位之间的建安施工合同、主辅机采购合同均无法继续履行，相关分包单位、供货单位向电力设计院主张的损失已达1158.54万元，电力设计院为解决善后事宜支出管理费用167.8万元。电力设计院由此主张佳日公司应当向其给付欠付合同价款4271.42万元及相应利息，同时给付违约损害赔偿金1326.34万元（1158.54万元+167.8万元），并主张其对诉争工程享有优先受偿权。

佳日公司：

1. 佳日公司不应全额支付勘察设计费523万元，应以鉴定为准。

2. 电力设计院按照建安总价18,351万元为基数计算已完工程价款4690.5万元错误，而其他费用89.45万元，亦存在类似的情形，佳日公司不应全额支付该款，应以鉴定机构认定为准。

3. 不能认定电力设计院需向供货单位承担1158.54万元的违约责任，同时应对设备价款4068.46万元的诉讼请求予以驳回。

4. 电力设计院请求给付处理停工善后的支出167.8万元应予驳回。

法院观点

1. 扣除双方无异议的已付工程款5100万元及未到现场设备款632.479万元后，佳日公司应给付电力设计院：（1）已完工程款项3666.931万元（523万元+4690.5万元+89.45万元+4068.46万元+28万元-5100万元-632.479万元）

及利息;(2)停工损失566,951.52元。

2. 电力设计院应在佳日公司未支付的已完工程款项4299.41元范围内(3666.931万元+632.479万元,未到现场的设备以到现场后的价值为准)对诉争工程享有承包人的优先受偿权。

问题解析

建设工程价款优先受偿权是法律为了维护社会的公平和秩序,赋予建设工程承包人对建设工程价款享有优先于一般债权人或其他物权而优先受偿的权利。根据《合同法》第二百八十六条规定,建设工程价款优先受偿权,是指在建设工程竣工以后,发包人逾期不支付合同价款的,除按照建设工程的性质不宜折价、拍卖的以外,承包人对其承包的建设工程,通过折价、拍卖等方式而获得的价款优先受偿的权利。

笔者将结合建设工程价款优先受偿权的相应规定及前述案例,对工程总承包模式下,工程总承包商关于行使优先受偿权的问题予以分析。

一、工程总承包单位是否具备优先受偿权主体资格

1. 按照《合同法》的规定,工程价款优先受偿权的主体是"承包人",结合《合同法》分则有关建设工程合同相关的规定,勘察、设计、施工主体均属于"承包人",但最高人民法院《关于审理建设工程施工合同纠纷案件适用法律若干问题的解释(二)》将建设工程优先受偿权的主体进一步限缩解释为与发包人订立建设工程施工合同的承包人。

《合同法》第二百八十六条规定:"发包人未按照约定支付价款的,承包人可以催告发包人在合理期限内支付价款。发包人逾期不支付的,除按照建设工程的性质不宜折价、拍卖的以外,承包人可以与发包人协议将该工程折价,也可以申请人民法院将该工程依法拍卖。建设工程的价款就该工程折价或者拍卖的价款优先受偿。"

《合同法》第二百六十九条规定:"建设工程合同是承包人进行工程建设,发包人支付价款的合同。建设工程合同包括工程勘察、设计、施工合同。"

《合同法》第二百七十二条规定:"发包人可以与总承包人订立建设工程合同,也可以分别与勘察人、设计人、施工人订立勘察、设计、施工承包合同。发包

人不得将应当由一个承包人完成的建设工程肢解成若干部分发包给几个承包人。”

根据上述规定理解，优先受偿权的主体为“承包人”，而“承包人”是指建设工程合同中提供工程建设服务的一方，包括勘察、设计、施工主体。工程总承包是发包人将工程的设计—采购—施工或设计—施工一同发包给具备相应资质的总承包商，工程总承包工程的总承包人理论上应当属于《合同法》规定的“承包人”。另外，经笔者查询，天津仲裁委员会《建设工程施工合同纠纷案件仲裁指引》第七条中也提到：“发包人逾期支付工程款，经承包人书面催告后在合理期限内仍未支付工程款，承包人可以主张工程款优先受偿。主体方面一般限于与工程范围内的建设工程勘察、设计、施工承包人之间，不包括提供技术服务的工程监理和买卖合同的供应商。”可见实践中也未明确否定设计承包人的优先受偿权主体资格，但值得注意的是，最高人民法院《关于审理建设工程施工合同纠纷案件适用法律若干问题的解释（二）》第十七条规定：“与发包人订立建设工程施工合同的承包人，根据合同法第二百八十六条规定请求其承建工程的价款就工程折价或者拍卖的价款优先受偿的，人民法院应予支持。”将优先受偿权的主体进一步解释为建设工程施工合同的承包人，这从一定程度对合同法规定的优先受偿权主体作出了限缩解释，排除了实践中颇具争议的实际施工人、分包人具备优先受偿的观点。

2. 工程总承包模式下同时包含了设计、采购和施工等行为，从优先受偿权确立的立法宗旨上而言，工程总承包商应获得的工程价款仍然与农民工切身利益息息相关，且最高人民法院民事审判第一庭编著的《最高人民法院建设工程施工合同司法解释（二）理解与适用》一书中也进一步针对工程总承包模式下的总承包商的优先受偿权进行了论述。

但是该司法解释是最高人民法院关于审理建设工程施工合同纠纷所适用的司法解释，而目前有关工程总承包合同的合同性质仍存在较大争议，加之，《最高人民法院建设工程施工合同司法解释（二）理解与适用》第三部分“条文释义”针对现有建设工程价款优先受偿权的主体专门提到：“（一）建设工程价款优先受偿权制度不适用于建设工程的勘察、设计、监理合同关系……勘察人与设计人应得报酬不是工程价款，而是勘察费与设计费。无论是勘察报告还是设计图纸，都是针对特定的工程而言，既不能折价也不能拍卖……不过，要特别注意的是工程总承包中勘察与设计费问题……在工程总承包模式中,合同中约定设计费甚至勘察费应属于工程款的范围,而且一般与施工款同时结算、同时支付。因而承包人可以就相关费用主张优先权。"

因此,仅基于现行有效的法律法规规定结合司法实践,笔者倾向认为工程总承包商应当为《合同法》第二百八十六条规定的"承包人",属于优先受偿权的适格主体。

二、工程总承包商的优先受偿权是否包含设计费

工程总承包单位优先受偿权的范围主要争议点在于设计费用能否优先受偿。传统的施工总承包模式下,建设工程的勘察、设计、施工分阶段分别进行发包,工程建设最直接地体现为施工单位投入人工、材料、机械设备等一系列措施将施工图纸转化为建筑物或构筑物的行为,此时的施工承包人也仅对其承建的建筑物或构筑物中投入的工作人员报酬、材料款等实际支出费用享有优先受偿权,因此实践中主流观点认为,对于勘查、设计承包人主张勘察费、设计费主张优先受偿权的,人民法院不予支持。例如:

浙江省高级人民法院执行局《执行中处理建设工程价款优先受偿权有关问题的解答》(浙高法执〔2012〕2 号)第六条规定:"工程勘察人或设计人就工程勘察或设计费主张优先受偿权的,不予支持。"

安徽省高级人民法院《关于审理建设工程施工合同纠纷意见适用法律问题的指导意见》规定,工程勘察人或设计人就工程勘察或设计费主张优先受偿权,不予支持。

广东省高级人民法院在《关于在审判工作中如何适用〈合同法〉第 286 条的指导意见》中明确规定:"《合同法》第 286 条所规定的建设工程价款优先受偿权适用于建设工程施工合同。建设工程幕墙装修、装饰合同属于建设工程施工合同。"

然而,对于工程总承包工程而言,无论工程总承包商是设计单位或者施工单位,其承包范围都不仅限于其资质范围内的设计或施工业务,工程总承包商的价值更多体现在对工程的设计、采购和施工的组织实施采用统一策划、统一组织、统一指挥、统一协调的全过程控制和管理,在满足发包人要求的基础上使发包人投资利益最大化,工程总承包商的设计、采购、施工是一个紧密联系的整体行为,与传统的先设计、再施工的方式存在显著差别,工程总承包模式下,设计行为可能随着施工现场情况不断进行优化、深化而贯穿工程总承包工程始终,设计与施工在工程实施期间相互交叉、密不可分,即使工程设计费用与施工费用从财税角度能够得到相对的区分,但设计的价值也恐难从整个工程中剥离出来精确计算。

结合上述规定及前文《最高人民法院建设工程施工合同司法解释(二)理解与适用》在"优先受偿权"部分中针对工程总承包模式与传统施工总承包模式的差异性论述,笔者认为工程总承包中的设计费用也应当属于工程款的一部分,属于最高人民法院《关于建设工程价款优先受偿权问题的批复》中规定的承包人为建设工程投入的"实际支出"①,在确认工程总承包的优先受偿权时,不宜按照传统施工总承包的裁判思路将设计费单独从工程总承包合同价款中剔除。如同本文开篇引述的案例中,黑龙江省高院在确认优先受偿权时,仅扣除了发包人应当支付的停工损失部分费用,最终确认了工程总承包商包含设计费用在内的工程价款优先受偿权(该案例仅可为工程总承包商主张包括设计费用在内的优先受偿权提供参考,不排除实践中存在相反的裁判观点)。

但实践中也有观点认为,工程总承包商的有限受偿权应当仅限于工程总承包合同的建安施工费,不包括勘察设计等费用,因为优先受偿权的立法宗旨在于保护劳动者的劳动报酬,《最高人民法院建设工程施工合同司法解释(二)理解与适用》中提到"建设部曾给全国人大常委会法工委建议,要求规定建设工程承包人享有工程价款优先受偿权的基本理由有两条:一是建筑施工企业以提供劳务为主,而是现行的《企业破产法》《民事诉讼法》都规定职工的工资优先",同时还提到"……设计人员收入一般较高,属于知识分子阶层,不属于法律要特殊保护的对象……无论是勘察报告还是设计图纸,都是针对特定的工程而言,既不能折价也不能拍卖",基于此,工程总承包商的优先受偿权范围应仅限于施工费用。

三、小结

建设工程价款优先受偿权作为承包人的法定权利,能否主张及优先权范围的法律风险主要在于承包人一方,为便于工程总承包商有效防控建设工程价款优先受偿权的法律风险,笔者结合相关法律法规,参考最高人民法院《关于审理

---

① 最高人民法院《关于建设工程价款优先受偿权问题的批复》(法释〔2002〕16号):"建筑工程价款包括承包人为建设工程应当支付的工作人员报酬、材料款等实际支出的费用,不包括承包人因发包人违约所造成的损失。"

建设工程施工合同纠纷案件适用法律问题的解释(二)》的相关规定,基于工程总承包下承包商的优先受偿权给出如下建议:

1. 工程总承包商应确保工程质量合格。最高人民法院《关于审理建设工程施工合同纠纷案件适用法律问题的解释(二)》第十九条规定,建设工程质量合格,承包人请求其承建工程的价款就工程折价或者拍卖的价款优先受偿的,人民法院应予支持。第二十条规定,未竣工的建设工程质量合格,承包人请求其承建工程的价款就其承建工程部分折价或者拍卖的价款优先受偿的,人民法院应予支持。由此可见,无论工程是否进行竣工验收,建设工程质量合格都是承包人具备优先受偿权的前提条件,这点在工程总承包模式下应不存在差异,工程总承包商在确保工程竣工验收合格,或其承包范围内的工程质量验收合格的基础上,才享有优先受偿权。

2. 关注优先受偿权行使的期限。最高人民法院《关于审理建设工程施工合同纠纷案件适用法律若干问题的解释(二)》第二十二条规定,承包人行使建设工程价款优先受偿权的期限为六个月,自发包人应当给付建设工程价款之日起算。由于前述六个月的性质系除斥期间,根据《民法总则》第一百九十九条规定,不应适用中止、中断、延长的规定,故该期限一旦经过权利即为消灭。因此工程总承包人在签订及履行合同时,应关注发包人的应付款时间,在发包人逾期付款时,及时对付款时间做出妥善的沟通与安排,避免错失优先受偿权的行使时效。

3. 承包商应谨慎出具放弃优先受偿权的承诺。主流观点认为,按照民法意思自治的原则,承包人有权处分自身财产权利,放弃优先受偿权,且在建设工程实务中,建设单位往往利用自己的强势地位要求承包人签署预先放弃建设工程价款优先受偿权的书面文件,致使承包人的利益得不到有效保障,但是《合同法》第二百八十六条赋予承包人此项权利,实质是为保护建筑工人的利益,因此《关于审理建设工程施工合同纠纷案件适用法律若干问题的解释(二)》第二十三条规定,发包人与承包人约定放弃或者限制建设工程价款优先受偿权,损害建筑工人利益,发包人根据该约定主张承包人不享有建设工程价款优先受偿权的,人民法院不予支持。这一规定虽然在一定程度上保障了承包商的法定权利,但是按照该条款的规定,也意味着承包商如果在约定或承诺放弃优先受偿权之后据此主张该放弃行为无效的,应当举证证明这一行为损害了建筑工人的利益,而在目前情形下,这一举证责任的标准尚难以通过司法实践明晰。因此我们建议工程总承包人应尽可能避免放弃该法定权利,退一步而言,在放弃优先受偿权的同时也应当尽量要求建设单位提供相应的担保。

最后,在国家及各地方大力推行工程总承包的行业背景下,工程总承包得到了蓬勃发展,接踵而至的是以往适用于施工总承包有关法律法规及相关司法解释在工程总承包模式下无所适从所导致的系列问题,例如,前文所述,关乎工程总承包商能否优先取得工程款以及优先权的范围等问题仍存在较大争议,这不仅使工程总承包各参与主体的合法权益与交易安全处于不稳定状态,也在一定程度上令施工企业或设计单位投身工程总承包心存疑虑,由此,笔者建议有关部门能尽快通过立法、释法等方式进一步明确工程总承包企业的优先受偿权的主体资格以及其优先受偿权范围等相关法律问题,以统一工程总承包优先权纠纷司法裁判尺度,促进国内工程总承包健康、有序发展。

附　录

2017 年工程总承包地方政策年度观察

自住建部《关于进一步推进工程总承包发展的若干意见》(建市〔2016〕93号)以及国务院办公厅《关于促进建筑业持续健康发展的意见》(国办发〔2017〕19号)确立大力发展工程总承包(以EPC为主)的基本路线之后,2017年成为了我国工程总承包事业进入高速发展期的起步年,有关的工程总承包的地方政策文件开始出现大幅增长。在我们有限的查找范围之内,2017年度新增省级工程总承包政策文件共计39件,远超2016年的8件,足见工程总承包在2017年的热度。如图1所示:

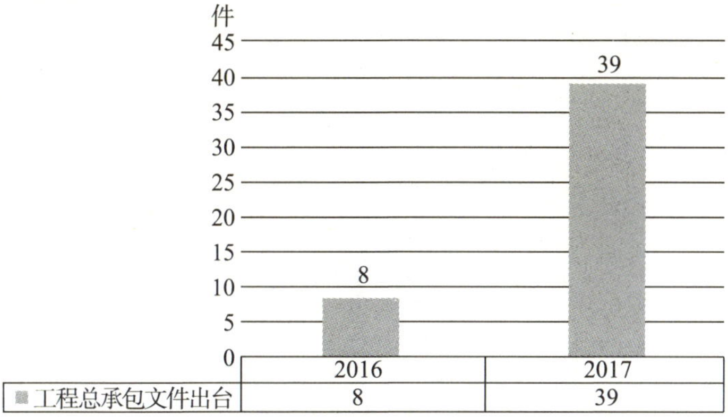

图1　2016年、2017年工程总承包省级政策文件出台数量

注:关于文件统计口径的说明:本文旨在观察我国省级地方出台的政策文件,未收录中央部委文件,此外地方上也存在大量仅为各地工程总承包企业的试点名录、工作计划与安排等实际并不深入涉及"工程总承包法律政策"的文件,故而均未加以统计在内。

特别需要说明的是:2017年12月26日,住建部建筑市场监管司发布了《房屋建筑和市政基础设施项目工程总承包管理办法》的征求意见稿。这意味着,在已经到来的2018年,工程总承包即将走入统一的规范化发展的时代。值此2018年年初之际,我们仅针对2017年度颁布和制定或正对外征求意见的工程总承包法律政策进行简要梳理,以供大家共同学习、讨论与交流。

一、2017年度各地工程总承包法律政策出台情况

2017年国内(不含港澳台)的31个省、市、自治区中,已经有25个省级地方出台了有关工程总承包或者涉及工程总承包的地方规范性文件、指导文件(含征求意见稿)等。

这25省(市、区)之中,既有通过出台《推进建筑业改革发展实施意见》或《推进装配式建筑实施意见》等各类意见中的专项条款的形式对工程总承包加以规范的16个省(市、区),包括湖北、陕西、云南、安徽、海南、贵州、内蒙古、江苏、宁夏、甘肃、吉林、辽宁、山东、山西、江西、河南,占比64%;也有另行出台针对工程总承包的专项规范性文件的9个省(市、区),包括福建、河北、浙江、上海、湖南、广东、北京、广西、天津,占比36%。

我们同时制作了2017年度的各地工程总承包目录以供读者查阅(详见附录4),下文将简要阐述2017年度各省(市、区)及地方政策性文件的主要规定供读者参考,需要说明的是下文并不包含2016年及以前的规定,请读者知悉。此外深圳福田、广西贵港、河北唐山、山东济南、广东中山也都有地方文件出台,且较具借鉴意义,下文要点概述章节将一并予以解析。如图2所示:

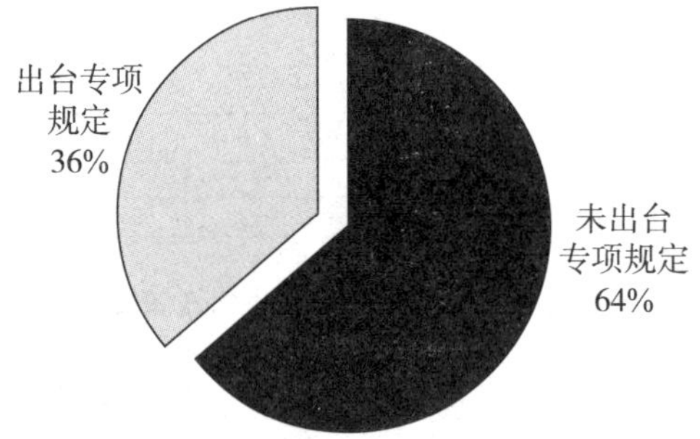

图2 2017年度出台工程总承包专项政策文件的省(市、区)比例

注:本图以已出台工程总承包相关政策的25个省(市、区)为统计基础。

二、2017年度各地工程总承包法律政策要点概述①

(一)北京

北京与国内很多省(市、区)不同,在对于装配式建筑的发展意见中对于工程总承包的适用进行了较为详细的规范,并且在2017年的年内完成了征求意见和最终文本出台的全部过程。依据2017年12月29日北京市正式出台的《关于在本市装配式建筑工程中实行工程总承包招投标的若干规定(试行)》:

1. 工程总承包项目的承包人应当是具有与发包工程规模相适应的工程设计资质和施工总承包资质的企业或联合体。

2. 工程总承包项目的承包人不得是工程总承包项目的代建单位、项目管理单位、工程监理单位、招标代理单位以及其他为招标项目的前期准备提供设计、咨询服务的单位。

(二)上海

1. 建设单位可在完成工程可行性研究报告或初步设计文件后进行工程总承包发包,工程总承包招标采用总价招标。

2. 依法可直接发包的试点项目,建设单位在签订工程总承包合同后,到相应建设管理部门办理直接发包登记。

3. 采用自行完成或者再发包工程设计的,工程设计图纸均应当增加工程总承包企业和项目负责人图签栏,用于工程总承包企业和项目负责人数字签名。竣工图中"施工单位和项目负责人"由工程总承包企业和项目负责人数字签名。

4. 工程质量五方责任主体中的勘察、设计和施工均由工程总承包企业及其项目负责人承担。建设单位在申请办理试点项目施工许可中,工程质量五方责任主体的勘察、设计和施工均填写工程总承包企业。

5. 工程竣工验收和竣工验收备案按现行规定实施。实施中工程总承包企业作为工程勘察、设计和施工的责任主体。

(三)江苏

1. 除以暂估价形式包含在工程总承包范围内且依法必须招标的项目外,工程总承包单位可以直接发包总承包合同中涵盖的其他专业业务。

① 由于对各地方规定的归纳总结均建立在我们的有限认识和实践基础之上,因此相关的侧重点和覆盖范围难免存在理解偏差,敬请读者们在阅读时给予关注与谅解。

2. 采用固定总价合同的工程总承包项目,在计价结算和审计时,重点对约定的变更调整部分和暂估价部分进行审核。

(四)浙江

1. 建设单位可以在项目可行性研究、方案设计或者初步设计完成后,以工程估算(或工程概算)为经济控制指标,以限额设计为控制手段,组织开展工程总承包招标工作。建设单位依据审批同意的方案设计或初步设计按工程总承包的内容(规模)和要求(标准)编制工程总承包项目清单和计算工程总承包项目招标控制价(估算或概算)。①

2. 承担工程项目方案设计(或初步设计)的企业,可以依法参与该项目的工程总承包投标。工程总承包企业可以根据合同约定或经建设单位同意,依法将工程的勘察、设计或施工分包给具有相应资质的企业。

3. 对于采用固定总价合同的工程总承包项目,在工程结算审核(审计)时,仅审核(审计)其建设的规模、标准及所用的主要材料、设备等是否符合合同条款要求;对于采用非固定总价合同的国有项目,发展改革、建设、财政部门要探索研究制定相应的项目审批、工程计价依据、工程价款结算等办法,鼓励工程总承包企业通过优化设计和科技创新等手段降低工程造价。

4. 工程招标或签订合同(协议)时尚未确定的内容或不可预见的变更设计、施工及其所需材料、工程设备、服务等增加的费用按不可预见费计列。不可预见费使用权归属建设单位,签订总承包项目合同时,合同总价不包括不可预见费。

5. 建设单位和工程总承包企业应在工程总承包合同中约定总承包企业在工程设备、主要材料、人工等计价要素因价格波动引起所能承担的风险幅度。

(五)广西

广西虽然地处我国西南边疆,但是作为面向东盟"一带一路"战略的"桥头堡",广西对于工程总承包的推广比较活跃,堪称2017年针对工程总承包进行开拓最为积极的省(市、区)。由于广西不仅在2016年出台有自治区住房城乡建设厅《关于印发广西壮族自治区房屋建筑和市政基础设施工程总承包试点工作方

---

① 注:需说明,2016年3月浙江省住房和城乡建设厅《关于深化建设工程实施方式改革积极推进工程总承包发展的指导意见》规定的是:建设单位可以依据经审批同意的方案设计(或初步设计),以工程估算(或工程概算)为经济控制指标,以限额设计为控制手段,以相关技术规范、标准和确定的建设规模、建设标准、功能需求及工程质量、工期进度要求为标的,开展工程总承包的招标工作。

案的通知》和自治区住房城乡建设厅财政厅《关于印发推进广西房屋建筑和市政基础设施工程总承包试点发展指导意见的通知》,2017 年还出台了广西壮族自治区《房屋建筑和市政基础设施工程总承包标准招标文件(2017 年版)》(以下简称《广西招标文件》)以及广西壮族自治区住房城乡建设厅《关于进一步完善房屋建筑和市政基础设施工程总承包管理的通知》(第二次征求意见稿)①(以下简称"第二次征求意见稿"),不过也正是由于广西目前尚处于探索阶段这也导致了广西的工程总承包政策尚有较多不确定之处:②

1. 广西《招标文件》按照可行性研究报告完成后方案设计完成前、方案设计完成后初步设计完成前、初步设计完成后施工图设计完成等三种情形,规定了不同的招标条件。

但广西的第二次征求意见稿中则指出:"申请在项目可行性研究报告批复后方案设计完成前进行工程总承包招标的,有外观要求的公共建筑、园林景观及市政项目,应提交经过论证的概念设计方案作为申报材料。从我区实践看,除有特殊工期要求的项目及部分重点项目外,工程总承包项目宜从方案设计批复后或初步设计批复后再进行工程总承包招标。"不过与此同时,该第二次征求意见稿中也存在针对可行性研究报告后进行招标的其他规定。

2. 计划工期可以根据项目已批复的可行性研究报告或已批复的初步设计中的项目实施进度表填写,房屋建筑工程的施工工期压缩时,宜组织专家论证,且在工程量清单中增设提前竣工(赶工补偿)费项目清单。

3. 广西《招标文件》中对于联合体招标提出了最多两家的限制,不过在第二次征求意见稿中则指出:"工程总承包项目应由符合条件的设计或施工总承包企业中的一家承揽,不得采用联合体方式承揽。"

4. 按照可行性研究报告完成后方案设计完成前、方案设计完成后初步设计完成前、初步设计完成后施工图设计完成前等三种情形对于工程造价的编制进行了规范。

---

① 广西在 2017 年 4 月 27 日曾发布自治区住房城乡建设厅《关于征求进一步完善房屋建筑和市政基础设施工程总承包管理的通知(征求意见稿)意见的函》即第一次征求意见稿,后又于 2017 年 11 月 14 日发布自治区住房城乡建设厅《关于征求进一步完善房屋建筑和市政基础设施工程总承包管理的通知(第二次征求意见稿)意见的函》,即第二次征求意见稿。

② 下述(1)~(5)的观点内容出自《广西招标文件》,(6)~(8)的观点内容出自第二次征求意见稿。

5. 建议采用固定总价、固定单价两种计价方式,不建议采用成本加酬金的总承包发包方式。并指出:"难以预见的地质自然灾害、不可预知的地下溶洞、采空区或障碍物、有毒气体等重大地质变化,其损失与处置费由建设单位承担;因总承包单位施工组织、措施不当等造成上述问题,其损失和处置费由工程总承包企业承担。"即将工程总承包单位自身施工组织、措施是否得当列为该项责任分配的标准之一。

6. 在合同约定的范围内,工程结算价未超过财政部门审定的实际合同总价10%(含10%)的建设项目,财政部门不再进行工程竣工结算评审。工程结算价低于实际合同总价的建设项目,按实际结算费用予以工程结算。如果满足"项目结余分成"条件,则按"项目结余分成"条款进行分成。

7. 工程总承包项目的建设单位可在项目立项后委托全过程工程咨询企业对工程总承包项目实行全过程或分阶段项目管理咨询服务。依法必须招标的工程建设项目,在项目立项后即可进行招投标,择优选择全过程项目管理咨询企业。从可行性研究完成后开始工程总承包招标的项目,应委托开展全过程工程咨询服务工作。

8. 编制项目申请书、项目建议书和可行性研究报告,以及初步设计文件或方案设计的工程咨询服务单位或者与前述单位有控股或者被控股关系的机构或单位可以参与工程总承包投标。项目申请书、项目建议书和可行性研究报告,以及初步设计文件或方案设计文件等与该招标工程相关的图纸及技术资料(含电子文件),由招标人在发售招标文件时,全部公开提供给所有潜在投标人参考。

(六)福建

1. 建设单位可以根据项目特点,自行决定在可研批复或者初步设计审批后采用工程总承包模式发包。

2. 除以暂估价形式包含在工程总承包范围内且依法必须进行招标的项目外,工程总承包单位可以直接发包总承包合同中涵盖的其他专业业务。

3. 本着市场主体"法无禁止皆可为"原则,设计单位作为工程总承包企业的,可以根据合同约定或者经建设单位同意,依法将工程总承包项目中的多个项目或单位工程分包给具有相应资质的不同施工企业,但必须对工程总承包项目的质量和安全全面负责,并加强对分包的管理,不得将工程总承包项目转包,也不得将工程总承包项目中设计和施工业务一并或者分别分包给其他单位。

(七)甘肃

除以暂估价形式包括在工程总承包范围内且依法必须进行招标的项目外，工程总承包单位可以直接发包总承包合同中涵盖的其他专业业务。

(八)贵州

工程总承包合同涵盖的全过程各专业业务，可由总承包单位依法直接分包。

(九)河北

河北建设工程信息网上发布的《关于征求EPC总承包招标文件等示范文本意见的通知》[①]中，附有EPC、勘察、设计、监理四份招标文件。从其中的EPC招标示范文本来看：

1. 禁止为EPC项目提供前期咨询服务、招标代理服务、或具备其他关联关系和经营问题的承包商投标EPC项目。[②]

2. 对发包人应当承担的风险和责任进行了规范，按照物质条件和困难两种标准对不可预见的情形进行了界分，不可预见的物质条件由发包人承担，不可预见的困难一般由承包人承担。

3. 除专用合同条款另有约定外，未经发包人同意，承包人也不得将非主体、非关键性工作分包给第三人。发包人同意承包人分包工作的，承包人应向发包人和监理人提交分包合同副本。

4. 联合体协议经发包人确认后作为合同附件。在履行合同过程中，未经发包人同意，不得修改联合体协议。

5. EPC合同价款仍采用据实结算的模式。

(十)湖南

1. 建设单位与中标企业可以采用工程总价合同或成本加酬金合同，除以暂估价形式包括在工程总承包范围内且依法必须进行招标的项目外，工程总承包企业可以依据合同分包，但不得将所有业务一并转包或者分别分包。

2. 总承包企业应采用先进工程技术进行设计、施工、运维优化，组织编制优化方案，报建设单位审核同意后方可应用工程实践。对优化方案有效提高工程

---

① 《关于征求EPC总承包招标文件等示范文本意见的通知》，载河北建设工程信息网：http://www.hebgc.com/? a=detail_news&uuid=59a51f65-4aee-0001-791c-93a22eab458a，最后访问日期：2018年3月5日。

② 详见河北省《EPC招标文件》之1.4.3。

质量、缩短工期、节省投资、降低运维费用及延长设计寿命的,建设单位可根据所产生效益给予奖励。

3. 建设单位在工程总承包前应组织设计企业编制初步设计文件,并将初步设计文件报相关部门审查,取得初步设计批准文件。对小型、简单建设项目,建设单位在工程总承包前可组织设计企业编制方案设计文件,报相关部门核准。初步设计文件(或方案设计文件)内容,应达到国家标准规定的设计深度要求。政府投资项目,应根据初步设计文件(或方案设计文件)编制工程概算,报发改、财政部门审核批准后方可进行工程总承包。

4. 编制项目申请书、项目建议书和可行性研究报告,以及初步设计文件或方案设计的工程咨询服务单位或其附属机构参与投标的,在购买招标文件的同时,将与该招标工程相关的图纸及技术资料(含电子文件)等提交招标人公布,供所有潜在投标人参考。

(十一)吉林

1. 鼓励开展以设计为龙头的工程总承包业务①,木结构公共建筑应以设计企业作为工程总承包单位。不得采用联合体方式承揽工程总承包项目。

2. 建设单位可以根据项目特点,在完成项目可行性研究报告、方案设计或者初步设计后,按照确定的建设规模、建设标准、投资限额、工程质量、进度要求等进行工程总承包项目发包。

3. 工程总承包宜采用总价包干的固定总价合同形式,除招标文件或工程总承包合同中约定的调价原则外,一般不予调整。采用固定总价合同的工程总承包项目在计价结算和财审时,仅对工程总承包合同约定的变更调整部分进行审核,对工程总承包合同中的固定总价包干部分不再另行审核。

4. 除以暂估价形式包括在工程总承包范围内且依法必须进行招标的项目外,工程总承包单位可以直接发包总承包合同中涵盖的其他专业业务。

5. 第三方工程项目管理单位可以是项目的可行性研究、方案设计或者初步设计单位、工程监理单位,但不得与工程总承包企业有利害关系。

6. 承担工程项目方案设计或初步设计的企业,在全面公开方案设计或初步

① 参见吉林省住房和城乡建设厅《关于加强海绵城市建设勘察设计管理工作的指导意见(试行)》(吉建设〔2017〕6号)。

设计资料的前提下,可以参与该项目的工程总承包投标。

（十二）江西

1. 除以暂估价形式包括在工程总承包范围内且依法必须进行招标的项目外,工程总承包合同涵盖的全过程各专业业务,可由总承包单位依法直接发包。

2. 完善总承包项目风险分担机制和结余分成奖励机制。在财政审核和审计部门审计时,仅对建设单位新增变更部分进行审核,对固定总价包干部分仅审核、审计其建设内容是否符合原设计方案和总承包合同条款要求。

3. 工程咨询企业在开展全过程工程咨询服务过程中提出合理化建议节省投资额的,建设单位可给予奖励。采用工程总承包模式的大型公共建筑项目,原则上应委托全过程工程咨询。

（十三）辽宁

1. 设计、施工、开发、生产企业可单独或组成联合体,承接装配式建筑工程总承包项目。

2. 装配式建筑项目建设单位可以依法采用公开招标或者邀请招标方式选择工程总承包企业。

（十四）山东

1. 除以暂估价形式包括在工程总承包范围内且依法必须进行招标的项目外,工程总承包单位可以直接发包总承包合同中涵盖的其他专业业务。

2. 实行工程总承包的政府投资项目应采用全过程工程咨询模式。

3. 除小型机具和辅料外,总承包单位、专业承包单位不得将大型机械、周转性材料租赁或将主要材料、设备采购发包给劳务作业企业。

（十五）山西

政府投资工程要带头推行工程总承包模式,新建项目每年确定不少于项目总数 20% 的比例采用工程总承包模式进行建设,国有投资项目要积极采用工程总承包模式,装配式建筑原则上应采用工程总承包模式。

（十六）天津

1. 工程总承包企业应同时具有与工程相适应的工程设计资质和施工资质,或具有与工程相适应资质的设计企业与施工企业组成的联合体。

2. 工程总承包企业不得是工程总承包项目的代建单位、项目管理单位、监理单位、招标代理机构,或与上述单位有直接或间接股权关系,或其他利害关系的机构、单位。

3. 工程总承包企业应自主完成工程设计和施工,经建设单位同意并在工程总承包合同中予以明确后,可将施工专业工程和劳务作业分包给具有相应资质的企业,不再招标。

4. “建设单位在申办质量监督登记、安全施工措施备案手续过程中,工程总承包单位为上述审批所需的建筑施工企业,联合体组成工程总承包单位中的施工企业为建筑施工企业。”①

(十七)云南

政府和国有企业投资项目要带头推行工程总承包,装配式建筑原则上采用工程总承包模式。

(十八)安徽

1. 建设单位可以在项目可行性研究、方案设计或初步设计完成后,以工程估算(或工程概算)为经济控制指标,以限额设计为控制手段,组织开展工程总承包招标工作。

2. 除以暂估价形式包括在工程总承包范围内且依法必须进行招标的项目外,工程总承包企业可以直接发包总承包合同中涵盖的其他专业业务。

(十九)内蒙古

1. 建设单位要本着质量可靠、效率优先原则,根据项目特点,按照确定的建设规模、建设标准、投资限额、工程质量和进度要求进行工程总承包项目发包,并对工程总承包项目全过程进行管理或委托项目管理单位依照合同进行管理。

2. 工程总承包企业可在其资质许可范围内自行设计施工,也可根据合同约定或经建设单位同意,直接将设计或施工业务择优分包给具有相应资质的企业。

3. 采用工程总承包模式的大型公共建筑项目,原则上应采取委托第三方的方式实行全过程工程咨询。

(二十)河南

1. 建设单位可在项目可行性研究、方案设计或初步设计完成后,以工程估算(或工程概算)为控制指标,以限额设计为控制手段,组织开展工程总承包招标工作。

2. 省发展改革委员会、财政厅、住房和城乡建设厅、审计厅等部门要研究建

---

① 参见天津市建委《关于天津市建设项目推行工程总承包试点工作有关事项的通知》第七条。

立适应工程总承包和全过程工程咨询服务模式的监管和结算制度。

(二十一)宁夏

除以暂估价形式包括在工程总承包范围内且依法必须进行招标的项目外,工程总承包单位可直接发包总承包合同中涵盖的其他专业业务。

(二十二)广东

1. 建设单位可以根据项目特点,在可行性研究、方案设计或者初步设计完成后,依法直接发包或者作为招标人进行工程总承包项目招标发包。招标人也可以是依法依规取得代建资格的代建项目管理单位。

工程项目在可行性研究完成后采用总承包模式招标的,应先取得项目审批、核准或者备案文件。

工程项目在方案设计或者初步设计完成后采用总承包模式招标的,应当取得方案设计或初步设计批复文件。

2. 工程总承包项目招标一般应采用固定总价方式进行,根据项目特点也可采用固定单价、成本加酬金或概算总额承包的方式进行。采用固定总价合同的工程总承包项目在计价结算审核时,应当仅对符合工程总承包合同约定的变更调整部分进行审核,对工程总承包合同中的固定总价包干部分不再另行审核。

3. 结构复杂或者技术要求较高的特殊性工程建设项目,招标人可以根据项目的需要,对投标申请人进行资格预审,资格预审分为合格制和有限数量制。

4. 采用工程总承包模式招标的工程项目,可由符合条件的设计或施工总承包单位独立投标。招标人不得强制投标人组成联合体共同投标,不得限制投标人之间的竞争。

5. 允许为招标项目前期准备提供设计、咨询服务工作的单位参与招标项目的投标。图纸及技术资料等前期设计咨询成果材料必须在招标时公布,供所有潜在投标人参考。

6. 以暂估价形式包含在工程总承包招标范围内的,达到国家规定应当招标规模标准的工程、货物和服务,应当依法进行招标。工程总承包暂估价招标应当由建设单位,或者工程总承包单位,或者建设单位和工程总承包单位联合作为招标人,以招标的方式选择供应商和确定价格,并应以此为依据取代暂估价,调整工程总承包合同价款。

7. 除以暂估价形式包括在工程总承包范围内且必须进行招标的项目外,工程总承包单位可以直接发包总承包合同中涵盖的其他专业业务。

8.对于招标人应当承担的风险进行了规范,包括:前期工作相关文件不准确、不及时;工期调整、重大或者较大设计变更;政策调整引起的税费变化;难以预见的地质自然灾害和地下障碍等。

9.工程总承包单位可以将工程的全部勘察业务分包给具备相应资质条件的勘察单位。

10.施工项目负责人或设计项目负责人可以与工程总承包项目经理为同一人,也可以为不同人,施工或设计项目负责人必须具有相应的注册执业资格或高级专业技术职称。将工程总承包单位及其项目经理作为工程建设责任主体,纳入建筑工程责任主体项目负责人质量终身责任追究办法监管范围。

(二十三)湖北

鼓励建筑设计、部品生产、施工企业组成联合体,共同参与装配式建筑工程总承包。

(二十四)海南

装配式建筑项目原则上应采用工程总承包模式,除以暂估价形式包括在工程总承包范围内且依法必须进行招标的项目外,工程总承包单位可以直接发包总承包合同中涵盖的其他专业业务。

(二十五)陕西

除以暂估价形式包括在工程总承包范围内且依法必须进行招标的项目外,工程总承包合同涵盖的全过程各专业业务,可由总承包单位直接发包。

上述为2017年度省级政府及相关部门出台的工程总承包政策,下面我们针对同年部分市、县的工程总承包政策文件进行一并梳理:①

(二十六)深圳市福田区

1.工程总承包项目原则上是用于建设标准和项目需求较明确的总投资额3000万元以上的政府投资项目。对个性化要求较高、情况较复杂、建设需求和标准存在较多变数的项目不宜采用总承包方式。如纪念性建筑、问题场馆等工程项目。

2.明确了发包人招标时需要明确提供的内容,包括且不限于:建设规模、建设标准、工作内容、技术路线。

---

① 有关政策名称目录详见附件。

3. 采用固定总价的,地下工程不纳入总价包干范围,采用模拟工程量的单价合同,按实计量;对固定单价、下浮率报价和批复的总概算作为上限价结算的进行规范。

4. 明确公开招标是选择政府投资项目工程总承包单位的主要方式,并依据不同阶段发包宜采用的合同计价方式;符合相关法律规定的,可以采用邀请招标、竞争性谈判等方式选择总承包单位。

5. 采取联合体参与总承包项目的,应提交联合体协议书。

6. 按照总承包项目的设计方案达到初步设计深度、未达到初步设计深度和对建设周期有紧急要求且尚未达到方案设计深度三种类型进行了定价结算指导。

(二十七)广西贵港市

1. 建设单位可以根据项目特点,在可行性研究或者初步设计审批后,以工程估算(或工程概算)为经济控制指标,以限额设计为控制手段,依法采用招标方式或直接发包的方式进行工程总承包发包。

2. 建设单位根据项目特点,在项目储备阶段中提出采用 EPC 模式建设的需求,并在可行性研究报告中就项目是否采用 EPC 模式,以及选择可研后或初设后的发包模式进行论证比选。如项目列入市本级政府大额投资范畴的,在启动 EPC 模式招标前,需提请市政府大额投资项目管理委员会审议同意,并由市住建委审查项目招标等有关文件中 EPC 模式相关约定及要求。

3. 对于不可预见的工程增量进行了区分,即按照地质勘查工作是否尽职履行作为责任承担之标准。

(二十八)河北省唐山市

1. 提出工程总承包的适用范围,包括采用装配式或 BIM 建造技术的项目、对建设周期有特别要求的项目、其他前期条件充分且功能技术符合工程总承包发包的项目。

2. 工程总承包企业可以在其资质证书许可的工程项目范围内自行实施设计和施工,也可以根据合同约定或者经建设单位同意,直接将工程项目的设计或者施工业务择优分包给具有相应资质的企业。

3. 工程总承包项目可以采用固定总价合同或成本加酬金合同。采用固定总价合同的应在招标文件和总承包合同中约定双方承担的风险范围及调价原则。采用成本加酬金方式的项目,应当严格执行限额设计,按照风险共担原则加强工程项目总投资及各个阶段造价控制,在招标文件和总承包合同中约定计价方法及审核程序。

4. 项目单位必须接受财政和审计部门对工程总承包项目资金使用情况的监督。

(二十九)山东省济南市

1. 建设单位在项目可行性研究、方案设计或者初步设计完成后,可以组织开展工程总承包招标工作。

2. 除以暂估价形式包括在工程总承包范围内且依法必须进行招标的项目外,工程总承包企业可以直接发包总承包合同中涵盖的其他专业业务。

3. 工程总承包项目宜采用总价包干的固定总价合同,除招标文件或工程总承包合同中约定的调价原则外,一般不予调整。

(三十)广东省中山市

1. 工程计价可采用下浮率报价与结合工程初步设计方案确定的最终批复概算作为上限价的结算方式经相关部门审定后作为工程款结算依据与总价包干的固定总价合同的结算方式,工程总承包合同价格一般不予调整。

2. 招标文件中应对基坑支护工程(如有)的计价、工程主要材料设备价格波动和人工费用调整及其他影响工程造价的因素进行明确约定。

3. 工程总承包企业根据合同约定或者经建设单位同意,直接将工程项目的设计或者施工业务择优分包给具有相应资质的企业。

4. 对于建设单位应当承担的风险加以指引,包括:前期工作相关文件不准确、不及时;工期调整、重大或者较大设计变更;政策调整引起的税费变化;难以预见的地质自然灾害和地下障碍等。

5. 按相应处罚规定追究建设单位、EPC 工程总承包企业、分包企业和相关责任人的法律责任。

三、2017 年度各地工程总承包法律政策重点差异简述

从上述各地的工程总承包法律政策要点来看,2017 年各地出现的各类政策文件实际上是相当庞杂的,对于上述文件进行简要的归纳整理则实属必要。为了确保政策比对的完整性,下文将同时结合各地在 2017 年及之前已经出台的政策加以阐述。此外,考虑到住建部已经发布了《关于征求房屋建筑和市政基础设施项目工程总承包管理办法(征求意见稿)意见的函》[①](建市设函〔2017〕65 号)

---

① 住建部已于 2019 年 5 月发布。

（以下简称《住建部征求意见稿》），我们将同时对比该住建部工程总承包管理办法征求意见稿与地方规定的差异，以供读者参考。

（一）工程总承包在哪一阶段可以发包？

实践中对于此问题，总体来说是较为统一的。目前各地大部分都确立了建设单位可以在可行性研究、方案设计或者初步设计等三个阶段进行工程总承包项目的发包。

可以发包代表省（市、区）：北京、浙江、湖北、河南、广东、安徽、吉林。

未涉及的省（市、区）：甘肃、贵州、河北、江苏、辽宁、江西、山东、山西、陕西、四川、云南、海南、内蒙古、宁夏（送审稿）。

此外，还存在部分省（市、区）有比较具体而特殊的规定：

上海：2016 年《上海市工程总承包试点项目管理办法》规定，（1）项目审批、核准或者备案手续完成；其中政府投资项目的工程可行性研究报告已获得批准，进行工程总承包发包。（2）初步设计文件获得批准或者总体设计文件通过审查，并已完成依法必须进行的勘察和设计招标，进行工程总承包发包。但 2017 年上海市《关于促进本市建筑业持续健康发展的实施意见》则指出："建设单位可在完成工程可行性研究报告或初步设计文件后进行工程总承包发包。"

福建：建设单位可以根据项目特点，自行决定在可研批复或者初步设计审批后采用工程总承包模式发包。

湖南：建设单位在工程总承包前应组织设计企业编制初步设计文件，并将初步设计文件报相关部门审查，取得初步设计批准文件。房屋建筑和市政基础设施工程实行总承包方式招标的，应当先取得初步设计或方案设计批复文件。政府投资项目，应根据初步设计文件（或方案设计文件）编制工程概算，报发改、财政部门审核批准后方可进行工程总承包。

天津：项目依法履行审批制的，应在初步设计文件或总体设计文件获得批准后开展工程总承包招标。

广西：除有特殊工期要求的项目及部分重点项目外，工程总承包项目宜从方案设计批复后或初步设计批复后再进行工程总承包招标。[1]

---

[1] 详见广西第二次征求意见稿，而在《广西招标文件》中仍采用的是按照可行性研究、方案设计或初步设计三种阶段进行划分的方式。

《住建部征求意见稿》:建设单位应当在发包前做好工程项目前期工作,自行或者委托设计咨询单位对工程项目建设方案深入研究,在可行性研究、方案设计或者初步设计完成后,在项目范围、建设规模、建设标准、功能需求、投资限额、工程质量和进度要求确定后,进行工程总承包项目发包。如图3所示:

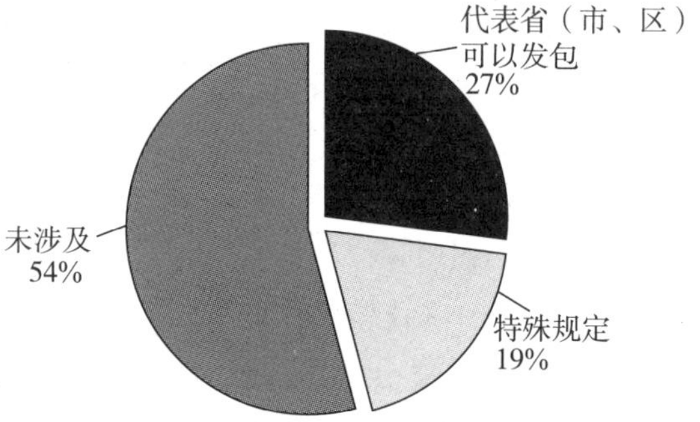

图3 不同省(市、区)规定比例

(二)前期设计服务企业是否可以参加工程总承包?

明确规定允许的省(市、区):浙江、湖北、吉林(征求意见稿)、广东(征求意见稿)、广西(第二次征求意见稿)、湖南。

明确规定不可以的省(市、区):北京、上海。

未涉及的省(市、区):江西、山东、辽宁、四川、福建、甘肃、贵州、海南、河北、江苏、山西、陕西、天津、云南、内蒙古、宁夏、河南、安徽。

《住建部征求意见稿》:招标人公开发包前完成的可行性研究报告、勘察设计文件的,发包前的可行性研究报告编制单位、勘察设计文件编制单位可以参与工程总承包项目的投标。如图4所示:

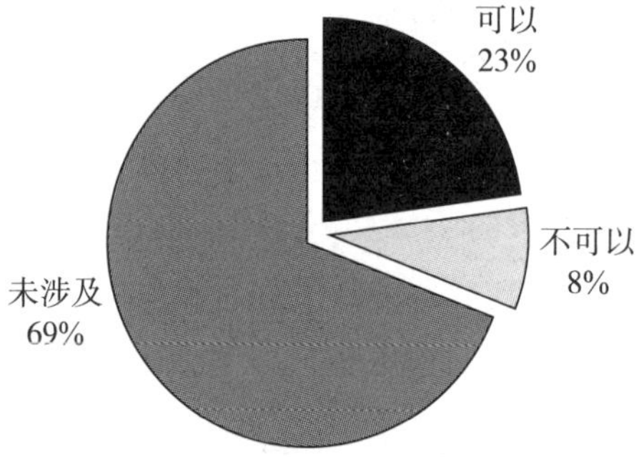

图4 不同省(市、区)规定比例

(三)工程总承包单位有怎样的资质要求?

目前明确允许单一资质工程总承包商承接工程总承包项目的省(市、区)有:广西、广东、湖北、湖南、吉林、上海、浙江。

明确要求需同时具备设计、施工资质的省(市、区):北京(装配式建筑领域)、天津(但不禁止单一资质组成联合体)。

未涉及的省(市、区):浙江、四川、甘肃、贵州、海南、河北、江苏、江西、辽宁、山东、山西、陕西、云南、宁夏、河南。

福建、内蒙古虽然没有在文件中对于此问题进行明确阐述,但考虑到上述地区存在对于分包的规定,可以认为是允许单一资质的工程总承包商承接工程总承包项目的。此外由于北京要求承接装配式建筑的工程总承包商需同时拥有设计与施工资质,天津则将此规定适用于整个工程总承包试点工作中,但实践中此类单位极少存在。故而,北京、天津地区应当注重联合体的适用。

《住建部征求意见稿》:工程总承包单位应当具有与工程规模相适应的工程设计资质(仅具有建筑工程设计事务所资质除外)或者施工总承包资质。如图5所示:

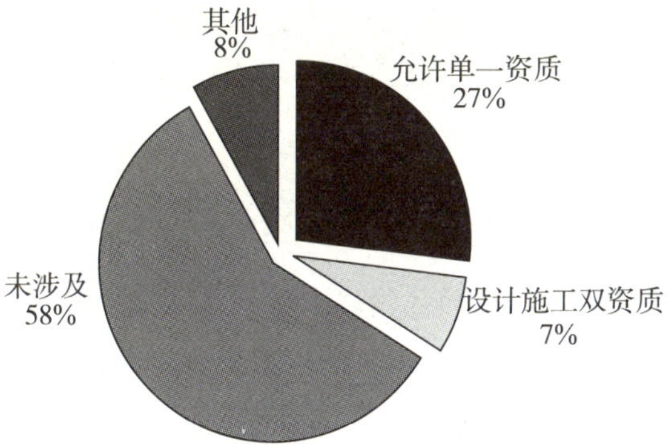

图5 不同省(市、区)规定比例

(四)是否允许联合体承包?

目前明确允许的省(市、区)有:上海、辽宁、湖北、天津、北京、广东(禁止强制组成联合体)、河北(在招标文件中供选择应当理解为允许)。

而明确予以禁止的则有:吉林、广西(第二次征求意见稿观点)。

未涉及的省(市、区):江西、四川、浙江、福建、甘肃、贵州、海南、湖南、江苏、河南、山东、山西、陕西、云南、浙江、内蒙古、宁夏。

注:湖北虽然在2017年并未出台实质性文件,但是在2016年《关于推进房屋建筑和市政公用工程总承包发展的实施意见(试行)》(鄂建〔2016〕9号)中指出:"鼓励设计、施工以及材料、设备企业组建联合体参与工程总承包项目,建设单位在项目发包过程中,可优先选择联合体单位。"

《住建部征求意见稿》,虽未明确涉及此问题,但是鉴于其第二十三条(禁止工程总承包单位的转包)中规定:"采用联合体方式承包工程的,在联合体分工协议中约定或者在项目实际实施过程中,联合体一方既不按照其资质实施设计或者施工业务,也不对工程实施组织管理,且向联合体其他成员收取管理费或者其他类似费用的,视为联合体一方将承包的工程转包。"故应当认为,住建部意见稿未禁止联合体承包。如图6所示:

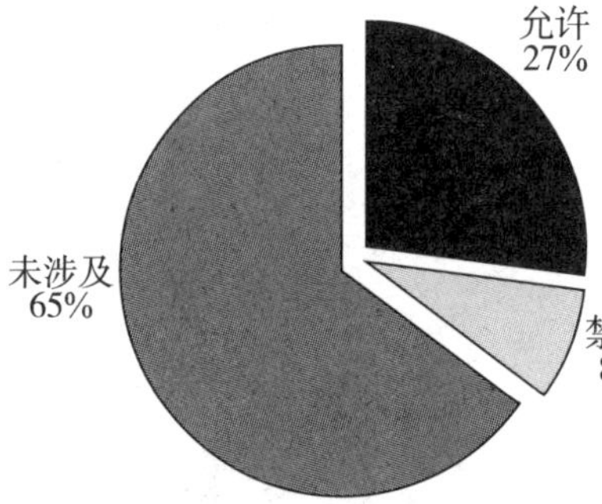

图6 不同省(市、区)规定比例

(五)如何约定工程总承包的计价方式?

目前绝大多数省(市、区)均规定宜采取或主要采取固定总价合同,但同时也存在一定的差异:浙江和上海规定工程总承包合同宜采用总价包干的固定总价合同形式;江苏和江西虽未直接规定,但从政策文件反映出强调固定总价模式。广东规定一般应采用固定总价方式进行,根据项目特点也可采用固定单价、成本加酬金或概算总额承包的方式进行。广西规定主要采用固定总价、固定单价两种发包方式,暂不建议采用成本加酬金的总承包发包方式。吉林、湖北和湖南规定宜采用总价合同或者成本加酬金合同。未明确涉及工程总承包合同计价方式的省(市、区)则为:四川、福建、北京、甘肃、海南、河北、辽宁、山东、山西、陕西、云南、内蒙古、宁夏、贵州、天津、安徽、河南。

此外广西同时也是国内对于项目结余分成进行详细规范的省(市、区)——如果满足“项目结余分成”条件,则按“项目结余分成”条款进行分成(湖南也指出了给予奖励,但未像广西明确指出分成条件和比例)。

《住建部征求意见稿》:采用了“宜采用固定总价合同”的方式,并且指出,“除双方合同明确约定外,建设单位不得将工程总承包项目的审计结论作为结算依据。”如图7所示:

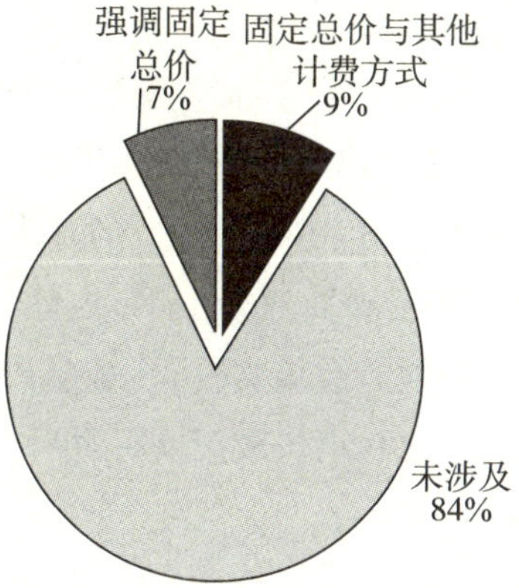

图7　不同省(市、区)规定比例

四、小结

建筑业进一步深化体制改革,适应“新时代”高质量发展的顶层设计之要求,从传统单维度施工承包向集成式工程总承包模式进行转变,已是新形势下建筑业发展的必然趋势。与国外成熟的EPC、DB等工程总承包实践相比,我们的工程总承包模式才刚刚起步。市场本身的成熟度、各方参与主体的理念等,都还存在一定的欠缺。但是,随着中国大陆工程总承包市场本身的不断孕育,以及国家“一带一路”战略之下所带来的发展机遇,工程总承包未来在中国也一定是大有可为。2017年,对于中国的工程总承包事业来讲,是特别重要和关键的一年,我们在此进行有关的年度法律政策观察梳理,是为了能够对工程总承包模式有更好的认知,也是为了期待未来大家对工程总承包模式的更好实践与发展形成更多的共识。我们相信,2018年的中国工程总承包市场将会在各方合力之下,更为健康有序地不断向前发展!

2018年工程总承包地方政策年度观察

自住建部《关于进一步推进工程总承包发展的若干意见》(建市〔2016〕93号)以及国务院办公厅《关于促进建筑业持续健康发展的意见》(国办发〔2017〕19号)确立大力发展工程总承包(以EPC为主)的基本路线之后,2017年成为了我国工程总承包事业进入高速发展期的起步年,共有27个省(市、区)总计出台了41份有关的工程总承包的地方政策文件,在此基础上,在我们有限的查找范围之内,2018年度新增省级工程总承包政策文件共计22件,延续了工程总承包在2017年的热度。见图1所示:

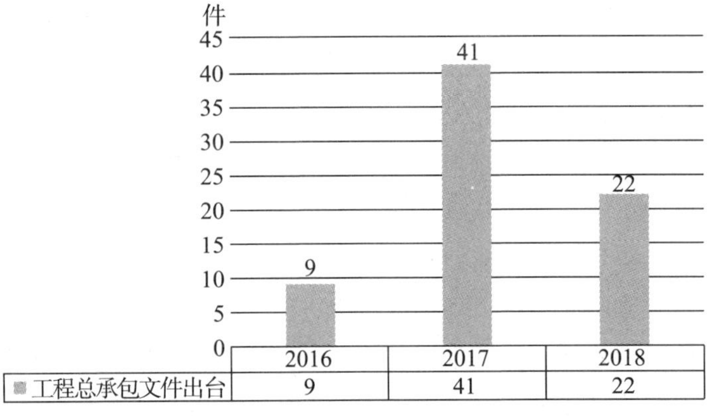

图1　2016年、2017年、2018年工程总承包省级政策文件出台数量

注:关于文件统计口径的说明:本文旨在观察我国省级地方出台的政策文件,未收录中央部委文件,此外地方上也存在大量仅为各地工程总承包企业的试点名录、工作计划与安排等实际并不深入涉及"工程总承包法律政策"的文件,故而均未加以统计在内。

值此2019年年初之际,我们仅针对2018年度各地颁布和制定或正对外征求意见的工程总承包法律政策进行简要梳理,以供大家共同学习、讨论与交流。

一、2018 年度各地工程总承包法律政策概述

在 2017 年 27 个省级地方出台有关工程总承包或者涉及工程总承包的地方规范性文件、指导文件等的基础上,2018 年又有 18 个省级地方出台了工程总承包专项或相关文件。至此,国内 31 个省、市、自治区中(不含港澳台),除了新疆,其他地区均有有关工程总承包或涉及工程总承包的地方性规范文件、指导文件出台。

在这 18 个省之中,共有 10 个省(市、区)是通过以出台《推进建筑业改革发展实施意见》或《推进装配式建筑实施意见》等各类意见中的专项条款的形式对工程总承包加以规范的:四川、青海、湖南、湖北、吉林、海南、宁夏、重庆、甘肃、广西;也有另行出台针对工程总承包的专项规范性文件的 9 个省(市、区):江苏、山东、江西、广西、浙江、安徽、陕西、福建、上海。以上省(市、区)有的是在本年度首次出台涉及工程总承包的相关文件,如四川、青海、重庆等;有的则是在 2017 年的基础上,甚至是 2016 年、2017 年连续两年的基础上,继续出台工程总承包相关政策文件,如浙江、广西、吉林、福建、上海等省(市、区)。其中广西在本年度不仅出台了涉及工程总承包的《推进建筑业改革发展实施意见》,还另行出台了工程总承包专项文件,堪称推广工程总承包最为活跃的省(市、区)。另外值得注意的是,广西、江西两地水利厅均于 2018 年度出台了针对水利工程项目的工程总承包政策文件,这在全国各地尚属首次。

下文将简要阐述 2018 年度各省及地方政策性文件的主要规定供读者参考,需要说明的是下文并不包含 2017 年及以前的规定,我们在 2017 年年末已对当年各地工程总承包政策加以归纳总结,形成《2017 年度工程总承包地方政策年度观察》一文,望读者知悉。此外,部分市级、县级地方如辽宁沈阳、大连、河南洛阳、四川成都、河北石家庄、安徽池州、浙江余杭、临安、瑞安、广西南宁等地也都有地方文件出台,且较具借鉴意义,下文要点概述章节将一并予以归纳总结。同时我们制作了 2018 年度的各地工程总承包政策文件目录以供读者查阅(详见附录 4)。如图 2 所示:

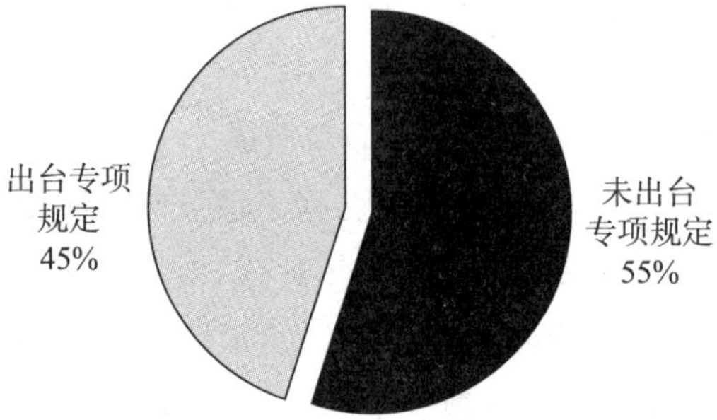

图 2　2018 年度出台工程总承包专项政策文件的省(市、区)比例

二、2018 年度各地工程总承包法律政策要点概述①

(一)四川

四川省人民政府办公厅《关于促进建筑业持续健康发展的实施意见》(川办发〔2018〕9 号):

1. 政府投资项目和装配式建筑以及大型公共建筑原则上采用工程总承包模式。

2. 建设单位可以根据项目实际或行业管理规定在项目可行性研究、方案设计或者初步设计完成后,以工程估算价或概算价为经济控制指标组织开展工程总承包招标工作。

3. 工程总承包企业可依据合同约定依法选择分包单位,并对工程的质量、安全、工期和造价全面负责。依法必须招标的项目,涉及施工质量的结构性材料及重要的功能性材料、设备,由总承包单位采购,建设单位不得指定生产厂、供应商。

4. 开展工程总承包试点评估,完善与工程总承包模式相适应的招标投标、施工许可、分包管理、工程造价、竣工验收等管理制度。鼓励和引导企业联合重组,增强工程总承包管理能力,培养一批具有先进管理技术的工程总承包企业。

(二)青海

青海省人民政府办公厅《关于促进建筑业持续健康发展的实施意见》(青政办〔2018〕10 号):

---

① 由于对各地方规定的归纳总结均建立在我们的有限认识和实践基础之上,因此相关的侧重点和覆盖范围难免存在理解偏差,敬请读者们在阅读时给予关注与谅解。

1. 在开展工程总承包试点的基础上，建立与工程总承包相适应的招标投标、施工许可、竣工验收等配套制度及总承包项目风险分担、结余分成奖励机制。

2. 政府投资工程应推行工程总承包，各地区每年实施的工程总承包项目应不低于政府投资项目总量的20%。装配式建筑原则上应采用工程总承包模式。

3. 工程总承包企业可以在其资质证书许可的工程项目范围内自行实施设计和施工，也可以根据合同约定或者经建设单位同意，直接将工程项目的设计或者施工业务择优分包给具有相应资质的企业。

4. 采用固定总价合同的工程总承包项目，在工程结算和审计时，重点对约定的变更调整和暂估价部分进行审核。

（三）湖南

湖南省人民政府办公厅《关于促进建筑业持续健康发展的实施意见》（湘政办发〔2018〕21号）：

1. 装配式建筑原则上应采用工程总承包模式，政府投资工程应带头推行工程总承包，鼓励社会投资工程和PPP项目采用工程总承包模式。

2. 大力培育建筑业企业工程总承包能力，引导我省大型建筑企业通过参与试点，健全精细化、信息化、集约化的管理体系。

3. 在工程总承包、装配式建筑领域扩大市场主体自主选择权。

（四）湖北

湖北省人民政府《关于促进全省建筑业改革发展二十条意见》（鄂政发〔2018〕14号）：

1. 政府投资新建项目和国有投资新建项目应带头采用工程总承包，装配式建筑全部采用工程总承包，鼓励社会资本投资新建项目和PPP项目采用工程总承包。

2. 健全工程总承包的招投标、质量安全管理和市场准入制度，鼓励工程建设的设计、施工、建造和服务企业融合发展。到2020年，我省新建项目工程总承包占比，武汉市、襄阳市、宜昌市达到30%以上，其他市州达到15%以上；到2025年，武汉市、襄阳市、宜昌市达到50%以上，其他市州达到30%以上。

（五）吉林

吉林省人民政府办公厅《关于促进建筑业改革发展的若干意见》（吉政办发〔2018〕12号）：

1. 装配式建筑应采用工程总承包模式,木结构公共建筑应采用以设计为龙头的工程总承包,政府投资工程带头推行工程总承包。

2. 建设单位在项目可行性研究、方案设计或者初步设计完成后,以工程估算(或工程概算)为经济控制指标,以限额设计为控制手段,组织开展工程总承包招标工作。

3. 承担工程项目方案设计或初步设计的企业,在全面公开方案设计或初步设计资料的前提下,可以参与该项目的工程总承包投标。

4. 除以暂估价形式包括在工程总承包范围内且依法必须进行招标的项目外,工程总承包单位可以直接发包总承包合同中涵盖的其他专业业务。

5. 程总承包宜采用总价包干的固定总价合同形式,除招标文件或工程总承包合同中约定的调价原则外,一般不予调整;在计价结算和财审时,仅对工程总承包合同约定的变更调整部分进行审核,对工程总承包合同中的固定总价包干部分不再另行审核。

(六)海南

海南省人民政府办公厅《关于促进建筑业持续健康发展的实施意见》(琼府办〔2018〕32 号):

1. 装配式建筑原则上应采用工程总承包模式,国有资金投资或其占主导地位的建设项目要带头采用工程总承包模式,鼓励和支持社会投资项目采用工程总承包模式。

2. 工程总承包招标应于可行性研究报告批复后实施。工程总承包评标应采用综合评估法。

3. 除以暂估价形式包含在工程总承包范围内且依法必须进行招标的项目外,工程总承包企业可以直接发包总承包合同中除建设工程主体结构以外的其他专业业务。

(七)宁夏

宁夏回族自治区人民政府办公厅《关于促进建筑业持续健康发展的实施意见》(宁政办规发〔2018〕5 号)

1. 在房屋建筑、市政工程中试点推进设计、采购、施工为一体的工程总承包模式,逐步建立与之相适应的图纸审查、招标投标、质量安全报监、施工许可、竣工验收等配套制度。政府投资工程要带头推进工程总承包,装配式建筑原则上采用工程总承包模式。

2. 除以暂估价形式包含在工程总承包范围内且依法必须进行招标的项目外，工程总承包单位可以直接发包总承包合同中涵盖的其他专业业务。

（八）重庆

重庆市人民政府办公厅《关于进一步促进建筑业改革与持续健康发展的实施意见》（渝府办发〔2018〕95 号）：

1. 政府投资项目、装配式建筑和采用 PPP 模式实施的工程项目原则上应采用工程总承包模式。

2. 除以暂估价形式包括在工程总承包范围内且依法必须进行招标的项目外，工程总承包单位可以根据合同约定或经建设单位同意，直接发包总承包合同中涵盖的其他专业业务。

3. 工程总承包单位通过优化设计及科技创新后，工程竣工结算总价低于实际合同总价的，工程总承包单位可按照合同约定依法参与竣工结算总价与实际合同总价差额结余资金分成。

（九）甘肃

甘肃省人民政府办公厅《关于推进建筑业持续健康发展的实施意见》（甘政办发〔2018〕142 号）：

1. 装配式建筑原则上应采用工程总承包模式。政府投资工程应完善建设管理模式，带头推行工程总承包。

2. 除以暂估价形式包括在工程总承包范围内且依法必须进行招标的项目外，工程总承包单位可以直接发包总承包合同中涵盖的其他专业业务。

（十）江苏

江苏省《房屋建筑和市政基础设施项目工程总承包招标投标导则》：

1. 工程总承包项目范围内的设计、采购和施工中有任一项属于依法必须招标的，应当采用招标方式选择工程总承包单位。

2. 工程总承包应当优先选择在可行性研究完成即开展工程总承包招标。

可行性研究或者方案设计、初步设计应当履行审批手续的，经批准后方可进行下一阶段的工程总承包招标。

工程建设范围、建设规模、建设标准、功能需求、投资限额、工程质量、工程进度等前期条件不明确、不充分的项目不宜采用工程总承包方式。

3. 工程总承包发包前完成项目建议书、可行性研究报告、勘察设计文件的,发包前的项目建议书、可行性研究报告和勘察设计文件的编制单位可以参与工程总承包项目的投标。

4. 工程总承包项目应当采用固定总价合同。除发生应当由招标人承担的风险,以及地下工程(水下工程)等可以另行约定调价原则和方法外,在招标人需求不变的情况下,工程总承包合同价格不予调整。①

5. 招标人可以根据工程总承包项目的规模、特点等因素合理确定投标保证金的金额,但不得超过招标项目估算价或概算价的2%。鼓励采用银行保函、工程担保、工程保证保险等非现金形式递交投标保证金;对于以非现金形式提交的投标保证金招标人不得拒绝。

6. 工程总承包招标应当实行电子招标投标和技术标暗标制;鼓励方案简单的工程总承包项目实行远程异地评标;初步设计完成后进行工程总承包招标的项目必须实行远程异地评标。

(十一)山东

山东省住房和城乡建设厅《关于开展装配式建筑工程总承包招标投标试点工作的意见》:

1. 装配式建筑原则上采用工程总承包模式,建设单位应将项目的设计、采购、施工一并进行发包。

2. 装配式建筑招标方式按照鲁政办发〔2017〕28号、鲁政办发〔2017〕57号有关规定执行。对需采用不可替代的专利或专有技术建造的,按照规定可不进行招标。民间投资的(不含政府和社会资本合作)装配式建筑,由建设单位自主决定发包方式。

3. 工程总承包项目的招标人可按下列方式之一设置投标人资格条件:(1)具有与发包工程规模相适应的工程设计资质或者施工总承包资质的企业;(2)具有与发包工程规模相适应的工程设计资质和施工总承包资质的联合体,联合体应明确首要责任单位;(3)同时具有与发包工程规模相适应的工程设计资质和施工总承包资质的企业。试行期内,招标人不宜将工程总承包业绩设定为投标人的资格条件。

① 参见《江苏省房屋建筑和市政基础设施项目招标投标导则》第十条、第十一条。

4. 招标人公开发包前完成可行性研究报告、勘察设计文件的，发包前的可行性研究报告编制单位、勘察设计文件编制单位可以参与工程总承包项目的投标。

（十二）江西

江西省水利厅《关于印发〈江西省水利建设项目推行工程总承包办法（试行）〉的通知》（赣水建管字〔2018〕35 号）：

1. 在专业人员缺乏、技术力量薄弱的设区市、县（市、区），使用政府投资、政府融资、国际组织或者外国政府贷款、援助资金合计超过投资总额 50% 及以上的水利建设项目，应当采用工程总承包方式组织实施。

2. 水利工程建设项目实行总承包可以从项目可行性研究报告批准后开始，也可从项目建议书或项目初步设计报告批准后开始，可以采用设计—采购—施工（EPC）或设计—施工总承包（D－B）等方式。

3. 工程总承包单位应当具备与工程规模相适应的设计资质或者施工总承包资质，也可以是由具有相应设计、施工资质单位组成的联合体，联合体协议中应明确成员单位的责任和权利。招标人公开发包前已完成可行性研究报告、勘察设计文件编制的，其可行性研究报告编制单位、勘察设计文件编制单位可以参与工程总承包项目的投标。

4. 工程总承包单位同时具有相应的设计和施工资质的，可以将工程的设计或者施工业务分包给具备相应资质的单位，但不得将工程总承包项目中主体工程的设计和施工同时分包给其他单位。工程总承包单位自行实施施工的，不得将主体工程的施工分包给其他单位；自行实施设计的，不得将主体工程的设计分包给其他单位。

5. 工程总承包单位仅具有相应设计资质的，应当将工程总承包项目中的全部施工业务分包给具有相应施工资质的单位，不得将主体工程的设计分包给其他单位。工程总承包单位仅具有相应施工资质的，应当将工程总承包项目中的全部设计业务分包给具有相应设计资质的单位，不得将主体工程的施工分包给其他单位。

6. 建设单位存在迫使工程总承包单位以低于成本的价格承包，任意压缩合理工期，要求工程总承包单位违反工程建设强制性标准、降低建设工程质量等情形并导致工程质量事故的，建设单位应当承担质量责任。

7. 工程总承包合同可根据建设项目的风险情况合理设置激励和风险对等分

担条款,明确项目主要材料价差的风险额度、调整范围及调整办法。建设单位承担的风险一般包括:(1)建设单位提出的工期调整、重大设计变更、建设标准或者工程规模的调整;(2)因工程征地、移民等发生重大变化引起的调整;(3)因国家税收等政策调整引起的税费变化;(4)柴油、汽油、钢筋、水泥、炸药、砂石料等主要工程材料价格与招标时基价相比,波动幅度超过合同约定幅度的部分;(5)工程总承包实施时发现的在前期工作阶段(可行性研究报告或初步设计报告)难以预见的滑坡、泥石流、突泥、涌水、溶洞、断层带、采空区、有毒气体等重大地质变化,其损失与治理费用可以约定由建设单位承担,或者约定建设单位和工程总承包单位的分担比例。因工程施工组织、措施不当造成的上述问题,其损失与治理费用由工程总承包单位承担;(6)发生超过设计标准的洪水及其他不可抗力所造成的工程费用的增加。除建设单位承担的风险外,其他风险可以约定由工程总承包单位承担。

(十三)广西

广西壮族自治区住房和城乡建设厅《关于进一步加强房屋建筑和市政基础设施工程总承包管理的通知》(桂建发〔2018〕9 号):

1. 建设范围、建设规模、建设标准、功能需求等前期条件较明确的政府和国有投资工程项目、装配式建筑、工程估算价总金额在 5000 万元人民币以上的非盈利公益性项目,原则上应带头采用工程总承包建设模式。

政府和国有资金投资工程总承包推行固定总价合同,其中政府投资工程应在招标前或完成施工图审查后 30 日内报财政部门评审。

建设单位合理选择项目发包阶段,可在方案设计或初步设计完成并通过后实施。

2. 工程总承包项目可以根据实际情况分阶段进行施工图设计文件审查。符合施工许可条件的,建设主管部门依法允许分阶段办理施工许可证。

3. 除有特殊工期要求的项目及部分重点项目外,工程总承包项目宜从初步设计批复后或方案设计批复后再进行工程总承包招标。申请在项目可行性研究报告批复后方案设计完成前进行工程总承包招标的,有明确外观要求的公共建筑、园林景观及市政项目,应提交经过论证的概念性方案设计作为申报材料。

4. 工程总承包单位应当具有与工程规模相适应的工程设计资质(仅具有建筑工程设计事务所资质除外)或者施工总承包资质。鼓励工程总承包项目由符合条件的一家设计或施工总承包企业承揽。

5. 工程总承包项目的建设单位可在项目立项后委托全过程工程咨询企业对工程总承包项目实行全过程工程咨询服务。依法必须招标的工程建设项目,在项目立项后即可进行招投标,择优选择全过程工程咨询企业。从可行性研究完成后实施工程总承包招标的项目,应委托开展全过程工程咨询服务工作。

6. 工程总承包项目的投标人不能由工程总承包项目的代建单位、全过程工程咨询企业、监理单位、第三方项目管理单位、招标代理单位或者与前述单位有控股或者被控股关系的机构或单位承担。

在工程发包前为招标人编制项目建议书、可行性研究报告以及勘察设计文件的工程咨询服务单位或者与前述单位有控股或者被控股关系的机构或单位,可以参与工程总承包投标。图纸及技术资料等前期勘察设计咨询成果材料必须在招标时公布,供所有潜在投标人参考。

7. 工程总承包单位同时具有相应的设计和施工资质的,可以将工程的设计或者施工业务分包给具备相应资质的单位,但不得将工程总承包项目中设计和施工全部业务一并或者分别分包给其他单位。工程总承包单位自行实施施工的,不得将工程主体结构的施工分包给其他单位;自行实施设计的,不得将工程主体部分的设计分包给其他单位。

8. 工程总承包单位仅具有相应设计资质的,应当将工程总承包项目中的全部施工业务分包给具有相应施工资质的单位,不得将主体部分的设计分包给其他单位。工程总承包单位仅具有相应施工资质的,应当将工程总承包项目中的全部设计业务分包给具有相应设计资质的单位,不得将工程主体结构的施工分包给其他单位。

工程总承包单位可以将工程的全部勘察业务分包给具备相应资质条件的勘察单位。

9. 建设单位和工程总承包单位应当在招标文件以及工程总承包合同中约定总价包干范围以及合同价格调整的变更范围、价格调整办法等事项。建设单位承担的风险可以参照如下因素进行约定:

建设单位承担的主要风险一般包括:(1)建设单位提出的建设范围、建设规模、建设标准、功能需求、工期或者质量要求的调整;(2)提供的环境保护、气象水文、地质资料、地下管线、规划设计条件、方案设计、初步设计等前期工作相关文件不准确、不及时,造成工程费用增加和工期延误;(3)因国家政策、法律法规变化引起的合同价格的变化;(4)难以预见的地质自然灾害、不可预知的地下溶洞、采空区或障碍物、有毒气体等重大地质变化,其损失与处置费由建设单位承担;因工程总承包单位施工组织、措施不当等造成的上述问题,其损失和处置费由工程总承包单位承担;(5)其他不可抗力所造成的工程费用的增加。

除上述建设单位承担的风险外,其他风险可以在工程总承包合同中约定由工程总承包单位承担。

建设单位要求工程总承包单位出具履约担保的,建设单位也应当向工程总承包单位出具支付担保。

(十四)浙江

浙江省住房和城乡建设厅《关于工程总承包试点工作情况的通报》:

1. 工程总承包企业不得肢解发包设计或施工业务。

2. 在工程总承包项目招标时,不得将“省(市)试点企业”作为准入条件或加分条件,不得强制要求投标人组成联合体,不得要求投标人提供超出招标项目规模的业绩要求。

3. 充分赋予业主选择权,引导业主根据自身需要和工程项目特点优先采用工程总承包模式;在严格履行审批程序的前提下,优先采用邀请招标的形式择优选择工程总承包商。

(十五)安徽

安徽省住房和城乡建设厅《关于征求〈关于推进工程总承包发展的实施意见(征求意见稿)〉意见的公告》:

1. 2018 ~ 2020 年,政府投资和使用国有资金新建项目应逐步采用工程总承包,装配式建筑原则上采用工程总承包,鼓励和支持社会资本投资新建项目采用工程总承包。2021 ~ 2025 年,政府投资和使用国有资金新建项目应全面推广工程总承包,在社会资本投资新建项目中推广工程总承包。

2. 建设单位可以根据项目特点,在可行性研究、方案设计或者初步设计完成后,按照确定的建设规模、建设标准、投资限额、工程质量和进度等要求,组织开展工程总承包发包工作。鼓励工程总承包项目同时实施全过程工程咨询服务。工程总承包企业应当具有与工程规模相适应的施工总承包资质或者工程设计资质,以及相应的财务、风险承担能力,同时具有相应的组织机构、项目管理体系、项目管理专业人员、施工或工程设计业绩。

3. 除以暂估价形式包括在工程总承包范围内且依法必须进行招标的项目外，工程总承包企业可以直接发包总承包合同中涵盖的其他专业业务。

4. 仅具有设计资质的企业承接工程总承包项目时，应当将工程总承包项目中的施工业务依法分包给具有相应施工资质的企业。仅具有施工资质的企业承接工程总承包项目时，应当将工程总承包项目中的设计业务依法分包给具有相应设计资质的企业。工程总承包企业同时具备承接工程总承包项目范围内的设计和施工资质，不得再将设计和施工业务进行分包。

5. 工程总承包企业应当加强对分包的管理，不得将工程总承包项目转包，也不得将工程总承包项目中设计和施工业务一并或者分别分包给其他单位。工程总承包企业自行实施设计的，不得将工程总承包项目工程主体部分的设计业务分包给其他单位。工程总承包企业自行实施施工的，不得将工程总承包项目工程主体结构的施工业务分包给其他单位。

6. 鼓励工程勘察、设计、施工等企业跨行业、跨专业兼并重组，支持设计、施工、制造企业相互参股、融合发展。鼓励工程设计企业申请建筑业企业资质，已取得工程设计综合资质、行业甲级资质的企业，可以直接申请相应类别施工总承包二级资质。具有一级及以上施工总承包资质的企业可直接申请同类别或相近类别的工程设计乙级资质（不设乙级的除外）。企业完成的工程总承包业绩可以同时作为其代表业绩申报设计或施工资质。

（十六）陕西

陕西省住房和城乡建设厅、发改委、财政厅《关于印发〈陕西省政府投资的房屋建筑和市政基础设施工程开展工程总承包试点实施方案〉的通知》（陕建发〔2018〕332 号）：

1. 政府投资的房屋建筑和市政基础设施工程采用工程总承包方式，试点项目原则上为采用通用技术的房屋建筑和市政基础设施工程，优先安排装配式建筑开展试点。

2. 建设单位可根据项目特点，自行决定在可研批复或者初步设计审批后，在项目范围、建设规模、建设标准、功能需求、投资限额、工程质量和进度要求确定后，采用工程总承包模式发包。工程总承包项目范围内的设计、采购或者施工中有任一项属于依法必须招标的，应当采用招标的方式选择工程总承包单位。

3. 对于政府投资的工程项目，在可研批复后进行工程总承包发包的，宜采用预算后审方式并在招标文件或者发包合同中约定。在初步设计审批后进行工程总承包发包的,宜采用固定总价合同方式。

4. 在财政审核和审计时,仅对建设单位依法依规新增变更部分进行审核,对固定总价包干部分仅审核、审计其建设的规模、标准及所用的主要材料、设备等是否符合原设计方案和总承包合同条款要求。结算价款调整应符合合同条款的约定。

5. 工程总承包企业应当在其已具备资质许可范围内,自行实施工程的勘察、设计、采购和施工。工程总承包企业自行实施设计的,不得将工程总承包项目工程主体部分的设计业务分包给其他单位。工程总承包企业自行实施施工的,不得将工程总承包项目工程主体结构的施工业务分包给其他单位。工程总承包企业同时具有资质许可范围内的设计、施工能力的,应当自行组织实施工程主体部分的设计和主体结构的施工。

6. 分包工作由工程总承包企业负责,工程总承包企业可以根据合同约定或者经建设单位同意,将工程项目的设计或者施工业务分包给具有相应资质的企业。仅具有设计资质的企业承接工程总承包项目时,应当将工程总承包项目中的施工业务分包给具有相应施工资质的企业。仅具有施工资质的企业承接工程总承包项目时,应当将工程总承包项目中的设计业务分包给具有相应设计资质的企业。

(十七)福建

福建省住房和城乡建设厅办公室《关于征求〈福建省房屋建筑和市政基础设施项目工程总承包招标投标管理办法(试行)(征求意见稿)〉意见的通知》(闽建办筑函〔2018〕58 号):

1. 建设单位可以根据项目特点,在可行性研究或者初步设计完成后,以工程投资估算或者概算为经济控制指标,以限额设计为控制手段,按照相关技术规范、标准和确定的建设范围、建设规模、建设标准、功能需求、投资限额、工程质量、工程进度等要求,进行工程总承包招标。可行性研究或者初步设计应当履行审批手续的,经批准后方可进行工程总承包招标。

2. 在我省没有同类工程项目实施过工程总承包模式的,宜在初步设计完成后实施工程总承包。

3. 工程总承包项目范围内的设计、采购和施工中有任何一项属于依法必须招标的,应当采用招标方式选择工程总承包单位。初步设计完成后实施工程总承包,前期的勘察、初步设计(含方案设计)达到依法必须招标规模的,应当招标。

4. 工程总承包项目原则上采用总价合同,除发生第十三条第二款规定的应当由招标人承担的风险,以及地下工程(水下工程)等可以另行约定调价原则和方法外,在招标人需求不变的情况下,工程总承包合同价格不得调整。

5. 设有最高投标限价的,招标文件应当明确最高投标限价或者最高投标限价的计算方法。K 值为最高投标限价下降的幅度。K 的取值范围实行动态管理,由省住建厅根据市场情况变化等因素适时调整,并向社会公布。工程总承包项目现阶段的 K 取值范围为:(1)装配式建筑工程为 5% 以内;(2)其他工程为 10% 以内。

K 的取值区间幅度为 2% ~4% ,具体幅度由招标人在招标文件中确定。

6. 工程总承包单位应具有与工程规模相适应的工程设计资质或者施工资质。招标人不得强制要求投标人组成联合体参与投标,但可以要求投标人在投标文件中明确主体工程施工分包单位或主体工程设计分包单位。

7. 投标保证金不得超过最高投标限价的 2% ,并在招标文件中明确投标保证金的金额、提交时间和要求。招标人应当允许投标人以现金(电汇或者转账)、银行保函或年度投标保证金方式递交投标保证金。鼓励招标人允许投标人使用担保保函、投标保证保险。

(十八)上海

上海市《工程总承包招标评标办法》(沪建建管〔2018〕808 号):

1. 招标人在招标启动时应当明确工程建设范围、规模标准、投资限额,细化功能需求、预期目标以及对投标文件的深度要求;装饰装修项目还需明确具体的装修风格要求和能达成预期目标的主要材料要求。

招标文件不能满足上述要求的项目,不适合进行工程总承包。

2. 工程总承包项目宜采用总价包干的固定总价合同,除招标文件或者工程总承包合同中约定的调价原则外,工程总承包合同价格一般不予调整。

3. 在确定中标人之前,招标人可以要求第一中标候选人在不改变招标文件和投标文件实质性内容的基础上,对投标方案进行优化。

上述为 2017 年度省级政府及相关部门出台的工程总承包政策,下面我们针对同年部分市、县的工程总承包政策文件进行一并梳理:

(一)辽宁省沈阳市

沈阳市人民政府办公厅《关于印发沈阳市促进建筑业持续健康发展工作方案的通知》(沈政办发〔2018〕27 号)、沈阳市人民政府办公厅《关于印发沈阳市大

力发展装配式建筑工作方案的通知》(沈政办发〔2018〕28号):

1. 推动工程总承包试点项目建设,政府投资项目和装配式建筑项目要率先采用工程总承包模式进行试点工程建设,鼓励和支持房地产开发建设单位采用工程总承包模式。鼓励我市大型施工总承包企业或设计企业转型为工程总承包企业,逐步实行建设与投资一体化运行模式,实现从承接单一业务向承接综合业务转变。

2. 在政府投资的装配式建筑工程中,试点应用工程总承包模式,建设一批试点项目,培育一批本地装配式建筑工程总承包龙头企业。

3. 工程总承包单位应当同时具备与招标规模相适应的设计和施工资质,或者由具备相应资质的设计和施工单位组成的联合体。以联合体投标的应当根据项目的特点和复杂程度,合理确定牵头单位,并在联合体协议中明确联合体成员单位的责任和义务。

4. 工程总承包单位不得是工程总承包项目的代建单位、项目管理单位、监理单位、招标代理单位或者与以上单位有控股或者被控股关系的机构或单位。

5. 总承包单位可以将设计和施工非主体结构业务分包给具有相应资质的企业,严禁转包和违反分包。

(二)河南省洛阳市

洛阳市人民政府办公室《关于促进建筑业持续健康发展的实施意见》(洛政办〔2018〕18号)、洛阳市人民政府办公室《关于大力发展装配式建筑的实施意见》(洛政办〔2018〕50号):

各级政府投资或主导的房屋建筑和市政工程、装配式建筑,原则上实行工程总承包和全过程工程咨询服务,鼓励非政府投资工程实行工程总承包和全过程工程咨询服务。

建设单位可在项目可行性研究、方案设计或初步设计完成后,以工程估算(或工程概算)为控制指标,以限额设计为控制手段,组织开展工程总承包招标工作。

(三)四川省成都市

成都市人民政府办公厅《关于促进成都市建筑产业提质增效健康发展的实施意见》(成办发〔2018〕27号):

完善工程总承包建设管理模式,在全市保障性住房、重大基础设施等国有投资项目中带头推广,实现从投融资到施工建设、后期管理的一体化运作。支持相关市属国有企业与勘察设计、施工企业采取收购、兼并、重组等方式整合优质资源，发展为集投资、勘察设计、施工、运营管理于一体的综合集团。

（四）河北省石家庄市

石家庄市人民政府办公厅《关于促进建筑业持续健康发展的实施意见》（石政办函〔2018〕148号）：

政府投资项目及采用装配式的建筑，在选择建设项目组织实施方式时，应优先采用工程总承包模式；其他工程建设项目鼓励采用工程总承包模式。

（五）辽宁省大连市

大连市人民政府办公厅《关于进一步推进装配式建筑发展的实施意见》（大政办发〔2018〕72号）：

装配式建筑原则上采取工程总承包模式。设计、施工、开发、生产企业可单独或组成联合体承接装配式建筑工程总承包项目。鼓励外埠企业在我市承揽装配式建筑项目时，与我市装配式部品部件生产企业组成联合体。

（六）安徽省池州市

池州市人民政府办公室《关于促进建筑业持续健康发展的实施意见》（池政办〔2018〕33号）：

1. 政府投资项目应带头推行工程总承包。装配式建筑原则上采用工程总承包模式，鼓励和支持社会投资项目采用工程总承包模式。

2. 建设单位可以在项目可行性研究、方案设计或初步设计完成后，以工程估算（或工程概算）为经济控制指标，以限额设计为控制手段，组织开展工程总承包招标工作。除以暂估价形式包括在工程总承包范围内，且依法必须进行招标的项目外，工程总承包企业可以直接发包总承包合同中涵盖的其他专业业务。

（七）浙江省杭州市余杭区

杭州市余杭区《关于印发〈关于工程总承包项目招标投标的实施意见（试行）〉的通知》（余建〔2018〕128号）：

1. 建设范围、建设规模、建设标准、功能需求不明确等前期条件不充分的项目不宜采用工程总承包方式。涉及区民生工程（学校、医院、文体项目、保障性住房等）、形象工程（小城镇环境整治提升等）以及重大基础设施（自来水及污水处理等）的政府投资项目鼓励采用工程总承包方式进行建设。采用建筑信息模型技术的项目和装配式建筑应当积极采用工程总承包方式。

2. 工程总承包单位应当具有与工程规模相适应的工程设计资质（仅具有建

筑工程设计事务所资质除外)或者施工总承包资质,相应的财务、风险承担能力,同时具有相应的组织机构、项目管理体系、项目管理专业人员,以及与发包工程相类似的工程业绩。

工程总承包单位不得是工程总承项目的代建单位、项目管理单位、监理单位、造价咨询单位、招标代理单位,也不得是与上述单位有利害关系的关联单位。

与招标人存在利害关系可能影响招标公正性的法人、其他组织或者个人,不得参加投标。

单位负责人为同一人或者存在控股、管理关系的不同单位,不得参加同一工程总承包项目投标。

承担工程项目方案设计(或初步设计)的企业,可以依法参与该项目的工程总承包投标。

(八)浙江省杭州市临安区

浙江省杭州市临安区行政审批服务管理办公室《关于印发〈临安区政府投资项目工程总承包招投标实施办法(试行)〉的通知》(临招管办〔2018〕4 号):

1. 建设单位应当根据工程项目(在本区行政范围内全部或部分使用政府性资金或国有资金的房屋建筑和基础设施工程项目)规模和复杂程度等合理选择建设项目的组织实施方式。确有需要采用工程总承包的,由建设单位提出申请,并在项目可研报告中论述工程总承包的可行性,区投资和项目工作领导小组根据建设单位的申请定期研究确定。

2. 建设单位应当在发包前做好工程项目前期工作,自行或者委托设计咨询单位对工程项目建设方案深入研究。原则上在初步设计、概算通过审批后,以工程概算为经济控制指标,以限额设计为控制手段,以相关技术规范、标准和确定的建设规模、建设标准、功能需求及工程质量、工期进度要求为标的,开展工程总承包招标。

3. 投标人应具备与招标工程相适应的设计资质或施工总承包资质,也可以是由具备相应资质的设计和施工单位组成的联合体。以联合体投标的,应当根据项目的特点和复杂程度,合理确定牵头单位(以施工或设计单位为牵头单位),并在联合体协议中明确联合体成员单位的责任和权利。

4. 仅具有设计资质的企业承接工程总承包项目时,应将施工依法分包给具有相应资质的施工企业完成;仅具有施工总承包资质的企业承接工程总承包项目时,应将工程总承包项目中的设计依法分包给具有相应资质的设计企业完成。

工程总承包单位不得将工程总承包项目转包,也不得将工程总承包项目中的设计和施工业务全部分包给其他单位。仅具有工程设计资质的企业承接工程总承包项目时,不得将工程总承包项目中主体工程的设计分包给其他单位;仅具有工程施工资质的企业承接工程总承包项目时,不得将工程总承包项目中主体工程的施工分包给其他单位。

(九)浙江省瑞安市

瑞安市《关于加强政府投资项目工程总承包管理的实施意见》:

1. 可行性研究或者方案设计、初步设计应当履行审批手续的,经批准后方可进行下一阶段的工程总承包招标。

房屋建筑和市政基础设施工程项目原则上应在方案设计或者初步设计完成后进行工程总承包招标。交通(公路)工程应在初步设计完成后进行工程总承包招标。水利工程可在可行性研究或者方案设计或者初步设计完成后进行工程总承包招标。

2. 工程总承包单位应具有与工程规模相适应的设计或施工总承包资质。工程总承包单位不得是工程总承项目的代建单位、项目管理单位、监理单位、造价咨询单位、招标代理单位,也不得是与上述单位有利害关系的关联单位。

3. 工程总承包发包前完成项目建议书、可行性研究报告、勘察设计文件的,发包前的项目建议书、可行性研究报告和勘察设计文件的编制单位,在全面公开可行性研究报告、方案设计或初步设计资料的前提下,可以参与工程总承包项目的投标。

4. 工程总承包单位同时具有相应的设计和施工资质的,不得将其资质许可业务范围内工程的设计或者施工业务的主体和关键性工作分包,但可以将其资质许可业务范围外工程的非主体和非关键性工作任务分包给具备相应资质的单位。工程总承包单位自行实施施工的,不得将工程主体结构的施工分包给其他单位;自行实施设计的,不得将工程主体部分的设计分包给其他单位。

工程总承包单位仅具有相应设计资质的,应当将工程总承包项目中的全部施工业务分包给具有相应施工资质的单位,不得将主体部分的设计分包给其他单位。工程总承包单位仅具有相应施工资质的,应当将工程总承包项目中的全部设计业务分包给具有相应设计资质的单位,不得将工程主体结构的施工分包给其他单位。

(十)广西壮族自治区南宁市

南宁市人民政府《关于印发〈南宁市房屋建筑和市政基础设施工程总承包管理实施细则(试行)〉的通知》(南府规〔2018〕6号):

1. 围、建设规模、建设标准、功能需求等前期条件较明确的国有资金投资(含财政投融资资金)为主的工程项目,装配式建筑工程项目,经项目审批部门核准的工程估算价总金额在5000万元人民币以上的非盈利公益性项目,原则上应采用工程总承包模式。

2. 设单位可根据项目实际特点,在可行性研究、方案设计或者初步设计批复后,按照确定的建设规模、建设标准、投资限额、工程质量和进度要求等进行工程总承包项目招标。

以国有资金投资(含财政投融资资金)为主的政府投资工程项目,应在方案设计批复后或者初步设计批复后招标。

3. 承包企业可以在其资质许可范围内自行实施工程的勘察、设计、采购和施工,也可以根据合同约定或经建设单位同意,不再通过招标方式将工程的勘察、设计或施工分包给具有相应资质的勘察、设计或施工企业。依法进行工程分包的,工程总承包企业应向项目所在地建设行政主管部门办理分包合同备案。

(十一)广东省东莞市

东莞市住房和城乡建设局《房屋建筑和市政基础设施工程采用工程总承包模式建设的工作指引(试行)》:

1. 建设单位可以根据项目特点,对可行性研究、方案设计或初步设计的合理性及估算或概算的准确性进行论证,在可行性研究(估算)、方案设计(估算)或者初步设计(概算)获得批准后,按照确定的建设规模、建设标准、投资限额、工程质量和进度要求等进行工程总承包招标。同时,应具备下列条件:(1)按照国家及本市有关规定,已完成项目审批、核准或者备案手续;(2)建设资金来源已经落实;(3)有招标所需的基础资料;(4)满足法律、法规及本市其他相关规定。

2. 招标人可不接受项目建议书、可行性研究报告编制单位等前期咨询单位以及方案设计、初步设计文件或者总体设计文件的设计单位或者与前述单位有控股或者被控股关系的机构或单位参与投标;招标人允许上述机构或单位参与投标的,图纸及技术资料等前期咨询成果材料必须在招标时公布,供所有潜在投标人参考。

3. 建议工程总承包项目采用限额设计、优先采用总价包干的固定总价合同(也可采用固定下浮率合同)。

三、2018年度各地工程总承包法律政策重点差异简述

我们在《2017年度工程总承包地方政策年度观察》一文中曾对各地当年及

以前出台的工程总承包政策重点差异做过简要对比，在此基础上，在对上述2018年新增政策文件进行简要的归纳整理的同时，为了确保政策比对的完整性，下文将结合各地在2018年及之前年度已经出台的政策加以阐述。我们将同时对比《住建部征求意见稿》与地方规定的差异，以供读者参考。

(一)关于工程总承包在哪一阶段可以发包

实践中对于此问题，总体来说是较为统一的。目前各地大部分都确立了建设单位可以在可行性研究、方案设计或者初步设计等三个阶段，进行工程总承包项目的发包。

代表省(市、区)为：北京、浙江、湖北、河南、广东、安徽、吉林、江西、四川。

未涉及省(市、区)为：甘肃、贵州、河北、辽宁、山西、云南、内蒙古、宁夏、西藏、黑龙江、青海、重庆。

此外，还存在部分省(市、区)有比较具体而特殊的规定：

海南：工程总承包招标应于可行性研究报告批复后实施。

江苏：工程总承包应当优先选择在可行性研究完成即开展工程总承包招标。可行性研究或者方案设计、初步设计应当履行审批手续的，经批准后方可进行下一阶段的工程总承包招标。

陕西：建设单位可根据项目特点，自行决定在可研批复或者初步设计审批后，在项目范围、建设规模、建设标准、功能需求、投资限额、工程质量和进度要求确定后，采用工程总承包模式发包。

山东：装配式建筑工程总承包发包，可以采用以下方式实施：(1)项目审批、核准或者备案手续完成，其中政府投资项目的发包方式已经项目审批部门审批，进行工程总承包发包；(2)方案设计或者初步设计完成，进行工程总承包发包。采用第(1)项情形发包的，工程项目的建设规模、建设标准、功能需求、技术标准、工艺路线、投资限额及主要设备规格等均应确定。

上海：2016年上海市《工程总承包试点项目管理办法》规定：(1)项目审批、核准或者备案手续完成；其中政府投资项目的工程可行性研究报告已获得批准，进行工程总承包发包。(2)初步设计文件获得批准或者总体设计文件通过审查，并已完成依法必须进行的勘察和设计招标，进行工程总承包发包。但2017年上海市《关于促进本市建筑业持续健康发展的实施意见》则指出："建设单位可在完成工程可行性研究报告或初步设计文件后进行工程总承包发包。"

福建(征求意见稿):建设单位可以根据项目特点,自行决定在可研批复或者初步设计审批后采用工程总承包模式发包。

湖南:建设单位在工程总承包前应组织设计企业编制初步设计文件,并将初步设计文件报相关部门审查,取得初步设计批准文件。房屋建筑和市政基础设施工程实行总承包方式招标的,应当先取得初步设计或方案设计批复文件。政府投资项目,应根据初步设计文件(或方案设计文件)编制工程概算,报发改、财政部门审核批准后方可进行工程总承包。

天津:项目依法履行审批制的,应在初步设计文件或总体设计文件获得批准后开展工程总承包招标。

广西:除有特殊工期要求的项目及部分重点项目外,工程总承包项目宜从方案设计批复后或初步设计批复后再进行工程总承包招标。

《住建部征求意见稿》:建设单位应当在发包前做好工程项目前期工作,自行或者委托设计咨询单位对工程项目建设方案深入研究,在可行性研究、方案设计或者初步设计完成后,在项目范围、建设规模、建设标准、功能需求、投资限额、工程质量和进度要求确定后,进行工程总承包项目发包。如图3所示:

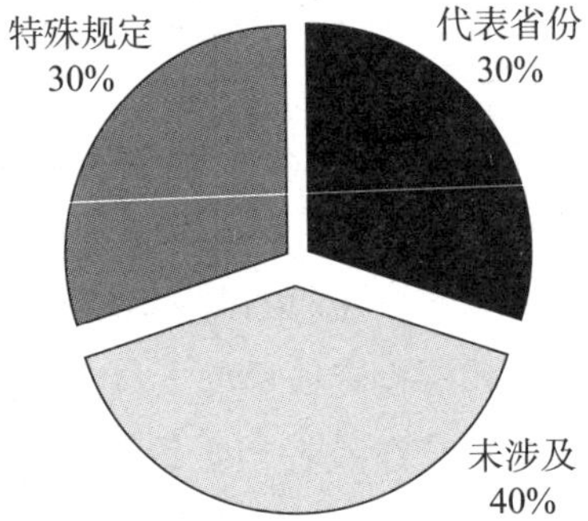

图3 不同省(市、区)规定比例

(二)前期设计服务企业是否可以参加工程总承包

明确规定允许的省(市、区):浙江、湖北、吉林(征求意见稿)、广东(征求意见稿)、广西、湖南、江苏、山东、福建(征求意见稿)。

明确规定不可以的省(市、区):北京、上海。

未涉及的省(市、区):江西、辽宁、四川、甘肃、贵州、海南、河北、山西、陕西、天津、云南、内蒙古、宁夏、河南、西藏、黑龙江、青海、安徽、重庆。

《住建部征求意见稿》:招标人公开发包前完成的可行性研究报告、勘察设计文件的,发包前的可行性研究报告编制单位、勘察设计文件编制单位可以参与工程总承包项目的投标。如图 4 所示:

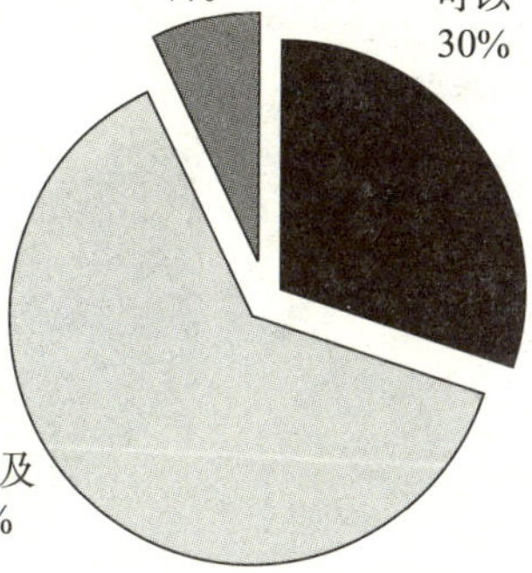

图 4　不同省(市、区)规定比例

(三)工程总承包单位的资质要求

目前明确允许单一资质工程总承包商承接工程总承包项目的省(市、区)有:广西、广东、湖北、湖南、吉林、上海、浙江、江西(水利建设领域)、安徽(征求意见稿)、陕西、福建(征求意见稿)。

明确要求需同时具备设计、施工资质的省(市、区):北京(装配式建筑领域)、天津(但不禁止单一资质组成联合体)。

未涉及的省(市、区):四川、甘肃、贵州、河北、江苏、海南、辽宁、山西、云南、宁夏、河南、西藏、黑龙江、青海、重庆。

山东(装配式建筑领域)在政策文件中将设置投标人资质的权利交给了招标人,招标人可以选择将投标人资质条件设置为具有与发包工程规模相适应的工程设计资质或者施工总承包资质的企业、具有与发包工程规模相适应的工程设计资质和施工总承包资质的联合体或者同时具有与发包工程规模相适应的工程设计资质和施工总承包资质的企业。

内蒙古虽然没有在文件中对于此问题进行明确阐述,但考虑到上述地区存在对于分包的规定,可以认为是允许单一资质的工程总承包商承接工程总承包项目的。

此外由于北京要求承接装配式建筑的工程总承包商需同时拥有设计与施工资质,天津则将此规定适用于整个工程总承包试点工作中,但实践中此类单位极少存在。故而,北京、天津地区应当注重联合体的适用。

《住建部征求意见稿》观点:工程总承包单位应当具有与工程规模相适应的工程设计资质(仅具有建筑工程设计事务所资质除外)或者施工总承包资质。如图5所示:

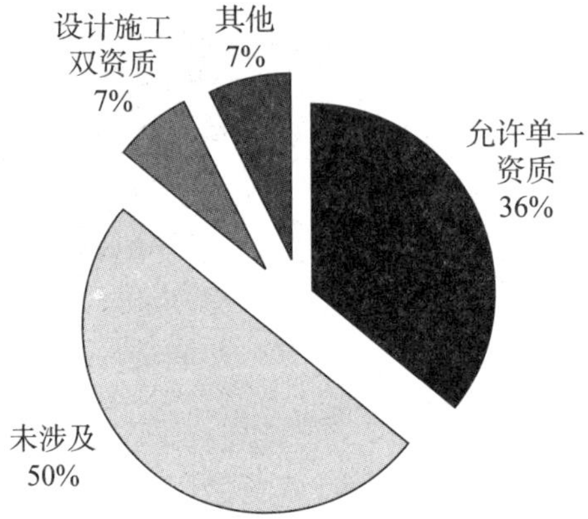

图5　不同省(市、区)规定比例

(四)是否允许联合体承包

目前明确允许的省(市、区)有:上海、辽宁、湖北、天津、北京、广东(禁止强制组成联合体)、河北(在招标文件中供选择应当理解为允许)、山东(装配式建筑领域)、江西(水利建设领域)、浙江(不得强制要求投标人组成联合体)、福建(征求意见稿:不得强制要求投标人组成联合体)。

明确予以禁止的则有:吉林。

未涉及的省(市、区):四川、甘肃、贵州、湖南、江苏、河南、山西、陕西、云南、内蒙古、宁夏、西藏、黑龙江、青海、安徽、重庆。

广西在《关于征求进一步完善房屋建筑和市政基础设施工程总承包管理的通知(第二次征求意见稿)》明确"工程总承包项目应由符合条件的设计或施工总承包企业中的一家承揽,不得采用联合体方式承揽"。而在2018年的正式稿则删除了关于不得采用联合体承揽的规定,改为"鼓励工程总承包项目由符合条件的一家设计或施工总承包企业承揽"。广西水利厅2018年出台的《广西壮族自治区水利建设项目工程总承包指导意见(试行)》中则允许工程总承包单位组成联合体。

海南鼓励省内企业以多种形式联合重组发展成为工程总承包企业。

湖北虽然在2017年并未出台实质性文件，但是在2016年《关于推进房屋建筑和市政公用工程总承包发展的实施意见（试行）》（鄂建〔2016〕9号）中指出：“鼓励设计、施工以及材料、设备企业组建联合体参与工程总承包项目，建设单位在项目发包过程中，可优先选择联合体单位。”

《住建部征求意见稿》虽未明确涉及此问题，但是鉴于其第二十三条(禁止工程总承包单位的转包)中规定：“采用联合体方式承包工程的，在联合体分工协议中约定或者在项目实际实施过程中，联合体一方既不按照其资质实施设计或者施工业务，也不对工程实施组织管理，且向联合体其他成员收取管理费或者其他类似费用的，视为联合体一方将承包的工程转包。”故应当认为，住建部意见稿未禁止联合体承包。如图6所示：

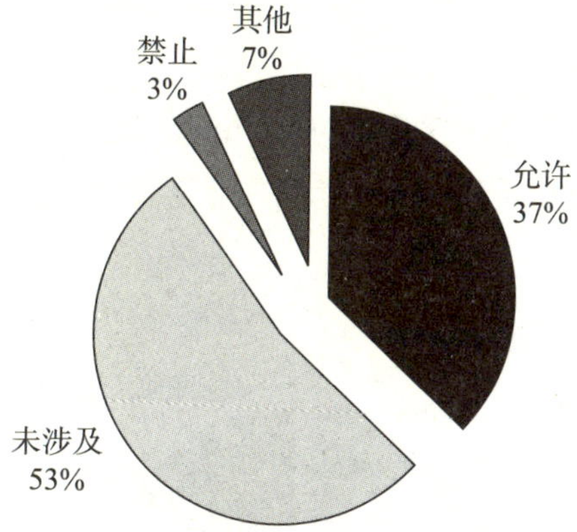

图6 不同省（市、区）规定比例

（五）工程总承包合同的价格形式

目前绝大多数省（市、区）均规定宜采取或主要采取固定总价合同，但同时也存在一定的差异：

浙江和上海规定工程总承包合同宜采用总价包干的固定总价合同形式；江苏规定工程总承包项目应当采用固定总价合同；江西虽未直接规定，但从政策文件反映出强调固定总价模式。

广东规定一般应采用固定总价方式进行，根据项目特点也可采用固定单价、成本加酬金或概算总额承包的方式进行。

广西规定工程总承包项目原则上采用固定总价合同；政府和国有资金投资

工程总承包推行固定总价合同。

吉林、湖北和湖南规定宜采用总价合同或者成本加酬金合同。

相对而言福建(征求意见稿)则采取了更为细化的方式:对于政府投资的工程项目,在可研批复后进行工程总承包发包的,宜采用预算后审方式并在招标文件或者发包合同中约定。在初步设计审批后进行工程总承包发包的,宜采用固定总价合同方式。

陕西对此也采取了细化的方式:对于政府投资的工程项目,在可研批复后进行工程总承包发包的,宜采用预算后审方式并在招标文件或者发包合同中约定。在初步设计审批后进行工程总承包发包的,宜采用固定总价合同方式。

而未明确涉及工程总承包合同计价方式的省(市、区)则为:四川、北京、甘肃、海南、河北、辽宁、山东、山西、云南、内蒙古、宁夏、贵州、天津、西藏、黑龙江、青海、安徽、河南、重庆。

《住建部征求意见稿》观点:采用了“宜采用固定总价合同”的方式,并且指出,“除双方合同明确约定外,建设单位不得将工程总承包项目的审计结论作为结算依据”。如图7所示:

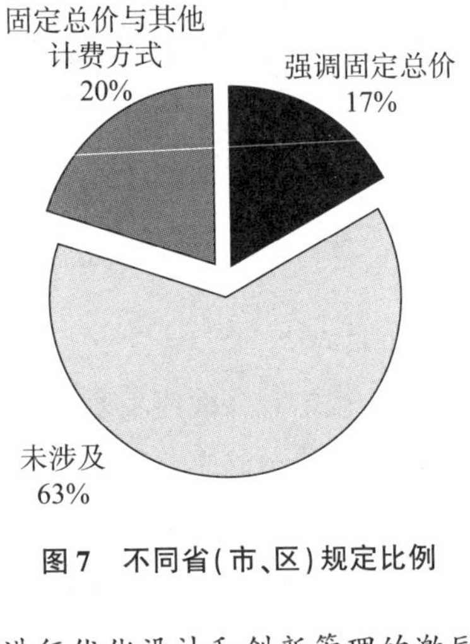

图7　不同省(市、区)规定比例

(六)对工程总承包进行优化设计和创新管理的激励机制

在各省推广工程总承包的政策文件中,有部分省(市、区)为鼓励工程总承包企业对工程总承包项目进行优化设计和创新管理,设置了效益激励措施,如广西、湖南、安徽、青海、江西,其中广西还创全国各地之先河,详细列明了项目结余分成的比例。

广西:工程总承包单位通过优化设计及科技创新管理后,工程竣工结算总价(不包括减少原施工图纸的规模、内容和降低装修标准)低于实际合同总价时,竣工结算总价与实际合同总价的差额为该工程总承包项目的结余资金。工程总承包单位可按分级累进法参与结余资金的分成:(1)项目结余资金为实际合同价10%以内的项目,项目结余资金的40%为工程总承包单位所得,其余60%为建设单位所得(若为政府投资项目应返还财政);(2)项目结余资金为实际合同价10%~20%的项目,项目结余资金的50%为工程总承包单位所得,其余50%为建设单位所得(若为政府投资项目应返还财政);(3)项目结余资金为实际合同价20%以上的项目,项目结余资金的60%为工程总承包单位所得,其余40%为建设单位所得(若为政府投资项目应返还财政)。

湖南:对优化方案有效提高工程质量、缩短工期、节省投资、降低运维费用及延长设计寿命的,建设单位可根据所产生效益给予奖励。

安徽(征求意见稿):引导工程总承包企业建立以市场为导向、产学研相结合的技术创新体系,鼓励企业开发拥有自主知识产权的专利和专有技术。对优化方案有效提高工程质量、缩短工期、节省投资、降低运维费用以及延长设计寿命的,建设单位可根据所产生效益给予相应的奖励。

青海:在开展工程总承包试点的基础上,建立与工程总承包相适应的招标投标、施工许可、竣工验收等配套制度及总承包项目风险分担、结余分成奖励机制。

江西:完善总承包项目风险分担机制和结余分成奖励机制。如图8所示:

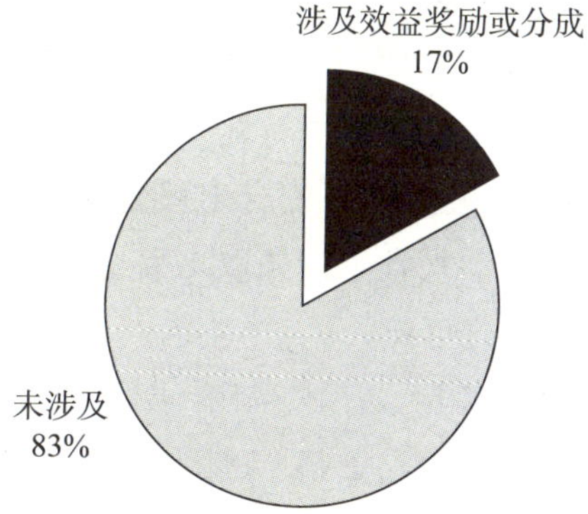

图8　不同省(市、区)规定比例

(七)工程总承包的配套政策:是否可以分阶段进行施工图审查和施工许可证申领

工程总承包项目落地顺利实施并实现其承包模式的优势关键在于能否分阶段进行图纸审查及施工许可证的办理,因此有赖于各地出台配套的行政管理措施,关于是否可以分阶段进行施工图审查以及是否可以分阶段申领施工许可证,各省工程总承包政策文件的规定有不一样的地方。

明确允许分阶段进行施工图审查和申领施工许可证的省(市、区)有:广西、广东、上海、浙江。

有的省(市、区)只对分阶段审查施工图做出了规定,如吉林;有的省(市、区)只对分阶段申领施工许可证作出了规定,如陕西。

吉林:按照法规规定进行施工图设计文件审查的工程总承包项目,可以根据实际情况,按照单体工程进行施工图设计文件审查。

陕西:对于工程总承包项目的桩基工程先行施工的,符合施工许可条件的,住房城乡建设主管部门允许先行办理施工许可证。

还有的省(市、区)则对施工图审查和施工许可证申领作了更加详细具体的规定,如福建、湖北。

福建(征求意见稿):按照法规规定进行施工图设计审查的工程总承包项目,施工图审查机构可以根据实际情况按照桩基与主体结构两阶段进行施工图设计文件审查。

对于工程总承包项目的桩基工程先行施工的,符合施工许可条件的,建设主管部门允许先行办理施工许可证。

湖北:按照法规规定进行施工图设计文件审查的工程总承包项目,房屋建筑工程可以根据实际情况按照单体工程进行施工图设计文件审查,大型市政公用工程可以根据实际情况按照主体工程、配套工程分阶段或分标段进行施工图设计文件审查。建设单位可以一次性申请领取工程总承包项目的施工许可证,也可依法分阶段申请领取施工许可证。

而对此未涉及的省(市、区)为:江苏、湖南、四川、北京、甘肃、海南、河北、辽宁、山东、山西、云南、内蒙古、宁夏、贵州、天津、西藏、黑龙江、青海、江西、安徽、河南、重庆。

《住建部征求意见稿》:工程总承包项目按照法律法规规定应当进行施工图

设计文件审查的,可以根据项目实施情况,分阶段审查施工图设计文件。

工程总承包项目开工前,建设单位可分阶段向工程所在地的县级以上地方人民政府住房城乡建设主管部门申请领取施工许可证。如图 9 所示:

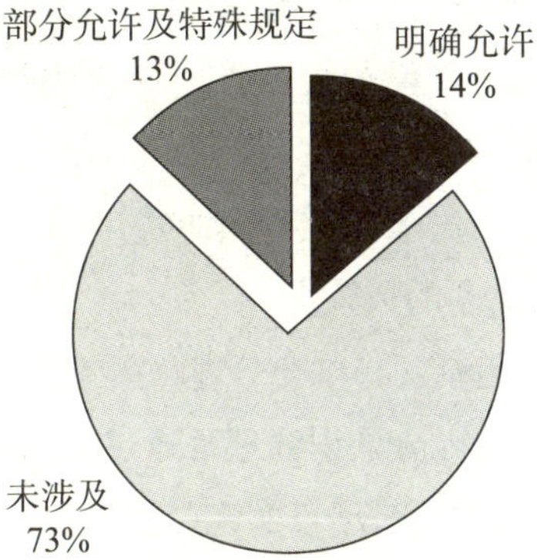

图 9 不同省(市、区)规定比例

(八)发承包双方的风险分担

工程总承包模式下,虽然承包商承担着较大的管理责任和相应风险,但还应当根据项目的发包阶段和特定情况进行风险分担,如果风险分配存在较大不合理性,则并不利于工程建设及工程总承包模式的市场推广。在各地发布的工程总承包政策文件中,部分省(市、区)针对发包方和工程总承包单位之间的风险分配作出一定的规定,要求双方加强风险管理,在工程总承包合同中约定公平、合理的风险分担条款。需要说明的是,具体的风险分担可由发承包双方在合同中约定,该项规定仅是参照性规定。

这些省(市、区)包括:江苏、福建(征求意见稿)、广西、江西、广东、湖南、上海。基于公平、合理的风险分担原则,上述省(市、区)出台的政策文件列举了一些通常应由发包人承担的风险:(1)发包人提出的建设范围、建设规模、建设标准、功能需求、工期或者质量要求的调整;(2)主要工程材料价格和招标时基价相比,波动幅度超过合同约定幅度的部分;(3)因国家法律法规政策变化引起的合同价格的变化;(4)不可预见的地质条件造成的工程费用和工期的变化;(5)不可抗力所造成的工程费用的增加。除上述发包人承担的风险外,其他风险可以在合同中约定由工程总承包单位承担。

其中湖南还对应由承包人承担的风险作了部分列举。湖南:招标文件合同条款应当按照权利义务对等的原则,约定招标人和承包人双方承担的风险以及风险费用的计算方法。

招标人承担的风险至少包括:(1)招标人提供的文件,包括环境保护、气象水文、地质条件,初步设计、方案设计等前期工作的相关文件不准确、不及时,造成费用增加和工期延误的风险;(2)在经批复的初步设计或方案设计之外,提出增加建设内容;在初步设计或方案设计之内提出调整或改变工程功能,以及提高建设标准等要求,造成设备材料和人工费用增加的风险;(3)招标人提出的工期调整要求,或其前期工作进度而影响的工程实施进度的风险;(4)主要设备、材料市场价格波动超过合同约定幅度的风险。

承包人承担的风险至少包括:(1)未充分理解招标文件要求而产生的人员、设备、费用和工期变化的风险;(2)未充分认识和理解通过查勘现场及周边环境(除招标人提供文件和资料之外)取得的可能对项目实施产生不利影响或作用的风险;(3)投标文件的遗漏和错误,以及含混不清等,引起的成本及工期增加的风险。如图 10 所示:

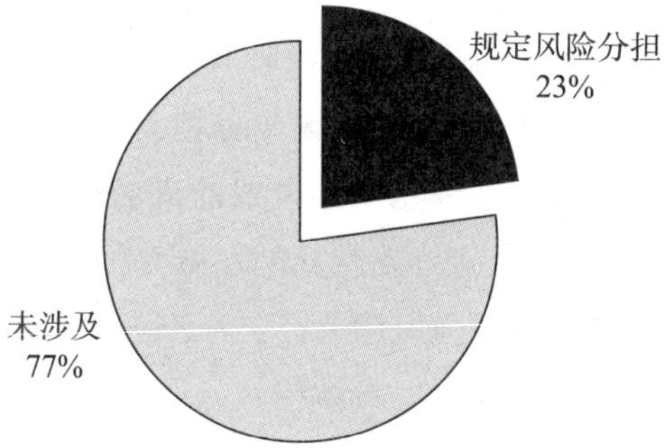

图 10　不同省(市、区)规定比例

(九)工程总承包单位是否可以分包

关于工程总承包单位是否可以进行分包,各地工程总承包政策文件涉及该问题的规定大同小异,且与《住建部征求意见稿》的精神相统一,即工程总承包单位可根据合同约定或者经建设单位同意,将工程总承包合同中的设计或者施工业务分包给具有相应资质的单位。

工程总承包单位同时具有相应的设计和施工资质的,可以将工程的设计或者施工业务分包给具备相应资质的单位,但不得将工程总承包项目中设计和施工全部业务一并或者分别分包给其他单位。工程总承包单位自行实施施工的,不得将工程主体结构的施工分包给其他单位；自行实施设计的，不得将工程主体部分的设计分包给其他单位。

工程总承包单位仅具有相应设计资质的，应当将工程总承包项目中的全部施工业务分包给具有相应施工资质的单位，不得将主体部分的设计分包给其他单位。工程总承包单位仅具有相应施工资质的，应当将工程总承包项目中的全部设计业务分包给具有相应设计资质的单位，不得将工程主体结构的施工分包给其他单位。

这些省（市、区）包括：浙江、上海、吉林、广西、福建（征求意见稿）、湖北、湖南、江西、广东、安徽（征求意见稿）、陕西。

还有一些省（市、区）虽然规定了允许分包的内容，但其规定的具体详细程度仍然与上述省（市、区）有一定差距，如河北、天津。

未涉及的省（市、区）包括：江苏、北京、山东、四川、重庆、云南、贵州、海南、宁夏、甘肃、西藏、黑龙江、辽宁、河南、山西、青海、内蒙古。

另外，湖北还有区别与其他省（市、区）的规定：工程总承包单位可以在其资质证书许可的工程项目范围内自行实施设计和施工，在工程总承包单位自有资质证书许可范围内的工程内容，原则上不得进行分包。如因特殊情况确需实施分包的内容，必须在投标文件中予以明确，并在工程总承包合同中明确约定。工程总承包单位仅自行实施设计的，应将施工作业分包给具有相应资质的施工企业承担，不得肢解发包。工程总承包单位仅自行实施施工的，应将工程设计业务分包给具有相应资质的设计单位，不得肢解发包。

浙江省住房和城乡建设厅《关于工程总承包试点工作情况的通报》提到："工程总承包企业不得肢解发包设计或施工业务。"如图 11 所示：

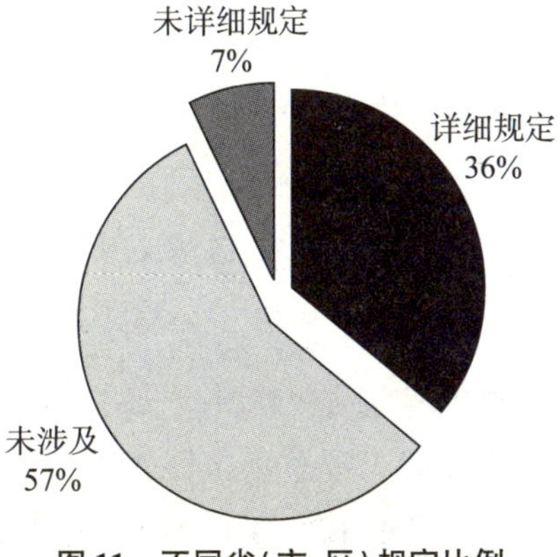

图 11　不同省（市、区）规定比例

(十)工程总承包的结算和审计

工程总承包的结算与审计与工程总承包合同所采用的价格形式有关,各省出台的工程总承包政策文件涉及工程总承包的结算与审计的,通常规定采用固定总价合同的工程总承包项目在结算和审计时,仅对符合合同约定的变更调整部分进行审核,对工程总承包合同中的固定总价包干部分不再另行审核或者对固定总价包干部分仅审核、审计其建设的规模、标准及所用的主要材料、设备等是否符合原设计方案和总承包合同条款要求。

这些省(市、区)包括:上海、陕西、吉林、浙江、江西、福建。

此外,还存在部分省(市、区)有较为特殊的规定:

江苏:采用固定总价合同的工程总承包项目,在计价结算和审计时,重点对约定的变更调整部分和暂估价部分进行审核。

广西:在合同约定的范围内,工程结算价未超过财政部门审定的实际合同总价 10%(不含)的建设项目,不再进行工程竣工结算评审,建设单位按实际结算费用予以工程结算。工程结算价格最高不超过施工图预算评审价的 10%(含),超过部分的费用由总承包单位自行承担(除招标文件或工程总承包合同中约定的调价原则外)。如图 12 所示:

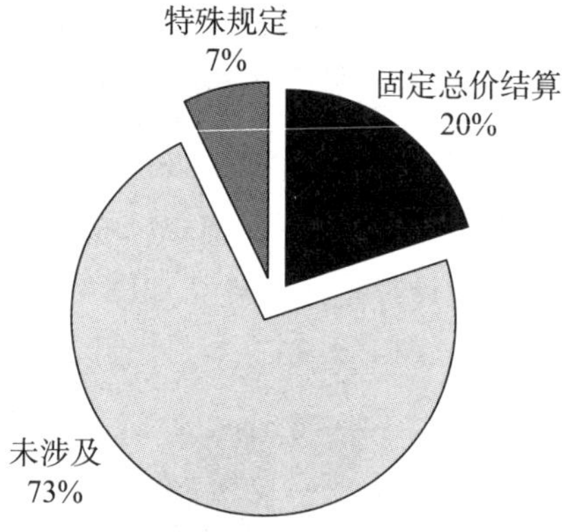

图 12　不同省(市、区)规定比例

四、小结

建筑业进一步深化体制改革,适应"新时代"高质量发展的顶层设计之要求,从传统单维度施工承包向集成式工程总承包模式进行转变,已是新形势下建筑业发展的必然趋势。与国外成熟的 EPC、DB 等工程总承包实践相比,我们的工程总承包模式才刚刚起步。市场本身的成熟度、各方参与主体的理念等,都还存在一定的欠缺。但是,随着中国大陆工程总承包市场本身的不断孕育,以及国家“一带一路”战略之下所带来的发展机遇,工程总承包未来在中国也一定是大有可为。2017 年,对于中国的工程总承包事业来讲,是特别重要和关键的一年,在此基础上,2018 年工程总承包市场进一步发展、壮大,我们在此进行有关的年度法律政策观察梳理,是为了能够对工程总承包模式有更好的认知,也是为了期待未来大家对工程总承包模式的更好实践与发展达成更多的共识。我们相信,2019 年的中国工程总承包市场将会在各方合力之下,更为健康有序地不断向前发展!

2019年工程总承包地方政策年度观察

自住建部《关于进一步推进工程总承包发展的若干意见》(建市〔2016〕93号)以及国务院《关于促进建筑业持续健康发展的意见》(国办发〔2017〕19号)确立大力发展工程总承包(以EPC为主)的基本路线之后,我国工程总承包事业进入高速发展期,国家和地方政府也出台众多政策文件来规范和指导工程总承包的发展。

在国家政策层面,2017年12月26日,住建部发布《关于征求〈房屋建筑和市政基础设施项目工程总承包管理办法(征求意见稿)〉意见的函》(建市设函〔2017〕65号);2019年5月10日,住建部联合国家发改委再次发布《关于征求〈房屋建筑和市政基础设施项目工程总承包管理办法(征求意见稿)〉意见的函》(建办市函〔2019〕308号);2019年12月23日,住建部、国家发改委正式发文《关于印发房屋建筑和市政基础设施项目工程总承包管理办法的通知》(建市规〔2019〕12号),至此,国家层面的工程总承包管理办法正式出台,标志着工程总承包规范化发展时代的来临。

在地方政策层面,2017年共有28个省份总计出台了41份有关的工程总承包的地方政策文件;2018年度新增省级工程总承包政策文件共计22件;2019年新增省级工程总承包政策文件共计13件,截止2019年11月底,全国31个省、市、自治区中(不含港澳台),除了新疆,其他地区均有有关工程总承包或涉及工程总承包的地方性规范文件、指导文件出台。见图1。

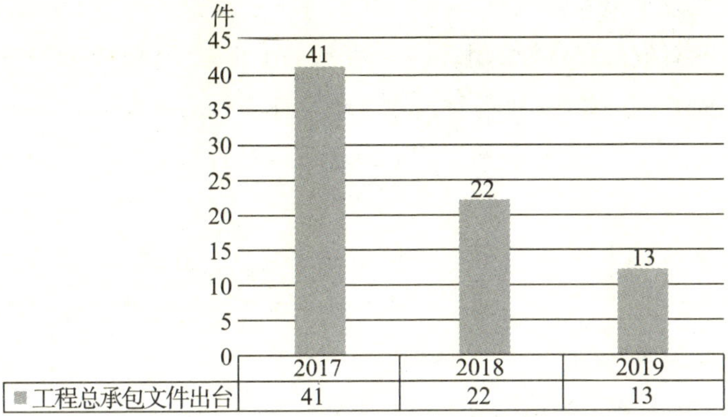

图1　2017～2019年工程总承包省级政策文件出台数量

注:关于文件统计口径的说明:本文旨在观察我国省级地方出台的政策文件,未收录中央部委文件,此外地方上也存在大量仅为各地工程总承包企业的试点名录、工作计划与安排等实际并不深入涉及"工程总承包法律政策"的文件,故而均未加以统计在内。

《工程总承包管理办法的通知》(建市规〔2019〕12号)在2019年年末的正式出台意味着工程总承包即将走入统一的规范化发展的时代,但纵观2019年全年,全国各地工程总承包的发展并没有国家层面政策尚未正式出台而停下脚步,仍然有部分省市出台了涉及工程总承包的相关地方政策,这些政策各有针对性的特点,值得借鉴、学习。有鉴于此,本文在2017年、2018年连续两年的基础上,针对2019年度全国31个省、市、自治区(不含港澳台)颁布和制订或正对外征求意见的工程总承包法律政策要点进行简要梳理,以供大家共同学习、讨论与交流。

一、2019年度各地工程总承包法律政策出台情况概述

2019年共有6个省级地方出台了工程总承包专项或相关文件。其中,浙江、山东、四川、福建四省均是发布针对工程总承包的专项规范性文件;山东和四川在此基础上还发布了涉及工程总承包的指导性意见;河南则是以《2019年全省建筑业工作要点》中专项条款的形式指导全省建筑业推行工程总承包模式;湖南发布的《房屋建筑和市政基础设施工程招标投标管理办法》虽然不是针对工程总承包的专项文件,但文件中仍然包括规范工程总承包的专项条款。另外,浙江和山东出台的工程总承包专项文件均是针对水利工程项目,这是继2018年广西、江西两地之后又有省份出台针对水利工程领域的工程总承包专项文件。

下文将简要阐述2019年各省及地方政策性文件的主要规定供读者参考,同时我们制作了2019年度的各地工程总承包政策文件目录以供读者查阅(见文后附件)。

特别提示:由于对各地方规定的归纳总结均建立在我们的有限认识和实践基础之上,因此相关的侧重点和覆盖范围难免存在理解偏差,敬请读者们在阅读时给予关注与谅解。

二、2019年各地工程总承包法律政策要点概述

(一)浙江

浙江在工程总承包领域一向是走在全国前列,在2016年、2017年、2018年均有涉及工程总承包的政策出台,我们在此前2017年、2018年工程总承包地方政策年度观察中均有总结。浙江2019年出台的工程总承包政策,是由浙江省水利厅发布的《浙江省水利建设工程总承包管理办法(征求意见稿)》,是水利建设工程领域对以工程总承包模式建设的项目经验的总结和前景的探索。以下是对该政策重要条款要点的概述:

1.发包阶段。建设单位可在可行性研究报告或初步设计报告获批后,按照确定的建设规模、建设标准、投资限额、工程质量和进度要求,进行工程总承包项目发包。

2.工程总承包单位资质。工程总承包单位应当具有与工程规模相适应的工程设计资质或施工总承包资质或同时具备工程设计、施工总承包(允许联合体)资质,具有与发包工程相类似的工程业绩。

工程总承包单位不得是工程总承包项目的代建单位、项目管理单位、监理单位、造价咨询单位、招标代理单位,也不得是与上述单位有利害关系的关联单位。招标人按规定公开发包前完成的可行性研究、初步设计等前期工作成果及相关资料的,前期咨询单位、勘察设计单位可以参与工程总承包项目的投标。

3.价格形式。工程总承包项目一般采用固定总价合同,也可以采用单价合同。采用固定总价合同的,除合同约定的变更调整外,合同价格不予调整。采用单价合同的,宜同时设置总价控制条款;对除合同约定的变更调整外超支、结余资金的分配,可按照风险与利益共担的原则在合同中约定。

4. 工程总承包分包。工程总承包单位仅具有相应设计资质的,应当将工程总承包项目中的全部施工业务分包给具有相应施工资质的单位,工程总承包单位仅具有相应施工资质的,应当将工程总承包项目中的全部设计业务分包给具有相应设计资质的单位。

设计总包单位或者施工总承包单位根据与工程总承包单位的合同约定,经工程总承包单位同意,可以将其承包范围内的非主体部分分包给具有相应资质的单位。

(二)山东

山东省在2019年除了省政府出台的为了促进建筑业发展的纲领性文件,山东省水利厅还颁布了规范水利建设项目工程总承包的指导意见。

山东省人民政府办公厅《关于进一步促进建筑业改革发展的十六条意见》(鲁政办字〔2019〕53号):

1. 政府和国有资金投资的房屋、市政、水利、园林项目原则上实行工程总承包和全过程工程咨询服务。

2. 工程总承包项目推固定总价合同,在计价结算和审核时,仅对合同约定的变更调整部分和暂估价部分进行审核,对固定总价包干部分不再另行审核。

山东省水利厅《山东省水利工程建设项目设计施工总承包指导意见(试行)》(鲁水规字〔2019〕1号):

1. 发包阶段。水利工程建设项目实行总承包从项目可行性研究报告或初步设计报告批准后开始。

2. 工程总承包单位资质。工程总承包单位应同时具备与工程规模相适应的水利水电行业勘测设计、施工资质。工程总承包单位可以是满足所有资质要求的独立法人单位、隶属于同一经营实体的设计、施工单位,或具备单独资质单位组成的联合体。

3. 招标人公开发包前已完成可行性研究报告、勘察设计文件编制的,其可行性研究报告编制单位、勘察设计文件编制单位可以参与工程总承包项目的投标。

4. 合同价格形式。工程总承包发包价格应以初步设计批准的概算或批准概算的单价为控制标准,初步设计概算未明确概算单项总价或概算单价的,可以按照相应水利定额或合同约定价格确定。

(三)四川

四川省在2019年密集颁布涉及工程总承包的重要政策文件,包括四川省政府为推动建筑业高质量发展颁布的纲领性文件;四川省住房和城乡建设厅为规范装配式建筑领域工程总承包招投标颁布的指导意见,以及在房屋建筑和市政基础设施建设领域颁布的工程总承包管理政策的征求意见稿。

四川省住房和城乡建设厅《关于在装配式建筑推行工程总承包招标投标的意见》(川建行规〔2019〕2号):

1.依法必须招标的装配式建筑项目,原则上应采用工程总承包模式招标发包。装配式建筑工程项目的建设规模、建设标准、功能需求、技术标准、工艺路线、投资限额及主要设备规格等,即发包人对工程项目要求能确定的,应采用工程总承包招标发包。

2.工程总承包企业应当具有与工程规模相适应的工程设计资质或者施工总承包资质,也可以采用联合体方式投标。工程监理企业、招标代理企业以及没有取得工程设计或施工总承包资质的全过程咨询企业、项目管理企业、造价咨询企业不能参与工程总承包投标。

3.工程总承包项目宜采用全过程工程咨询服务。

四川省人民政府办公厅《关于推动四川建筑业高质量发展的实施意见》(川办发〔2019〕54号):

1.政府和国有资金投资项目带头推行工程总承包、全过程工程咨询等新型建设组织实施方式。

2.完善工程总承包管理制度,工程总承包项目实行固定总价合同的,在工程结算和审核时,仅需对合同约定的变更调整部分和暂估价部分进行审核。

四川省住房和城乡建设厅关于公开征求《四川省房屋建筑和市政基础设施项目工程总承包管理办法(征求意见稿)》意见建议的公告:

1.建设范围、建设规模、建设标准、功能要求等前期条件明确的情况下,政府投资项目、国有资金占控股或者主导地位的项目;抢险救灾项目;装配式建筑项目应当优先采用工程总承包方式。

2.发包阶段和条件。在可行性研究、方案设计或者初步设计已完成,项目范围、建设规模、建设标准、功能需求、投资限额、工程质量和进度要求确定以及建设资金来源落实后,以工程估算(或工程概算)为经济控制指标,扣留建设单位需要发生的相关管理活动必要费用后,进行工程总承包项目发包。

3. 工程总承包单位资质。工程总承包单位应当具有与工程规模相适应的工程设计资质(建筑工程设计事务所资质除外)或者施工总承包资质。

允许采用联合体方式承揽。以联合体方式承揽的,联合体成员原则上不应超过3家。

招标人向投标人公开可行性研究报告、勘察设计等文件的,编制可行性研究报告、工程设计方案、初步设计的、且具备工程总承包条件的工程设计单位允许参与工程总承包项目的投标,招标人应当在招标文件中予以明确。

4. 合同价格形式。工程总承包项目应根据项目特征确定合同价格形式,宜采用总价合同。

5. 工程总承包单位分包。工程总承包的分包可以采用直接发包方式。工程总承包单位根据招标文件约定与合同约定或者经建设单位同意,可以将工程总承包合同中的设计或者施工业务分包给具有相应资质的单位,但不得将工程总承包项目中设计和施工全部业务一并或者分别分包给其他单位。

工程总承包单位仅具有相应施工资质中标的,应当将工程总承包项目招标文件中约定的全部设计业务分包给具有相应工程设计资质的单位。工程总承包单位仅具有相应工程设计资质中标的,应当将工程总承包项目招标文件中约定的全部施工业务分包给具有相应施工资质的单位。

(四)河南

河南省住房和城乡建设厅《关于印发〈2019 年全省建筑业工作要点〉的通知》(豫建建〔2019〕44 号):

推行工程总承包和全过程工程咨询。深入调研,出台工程总承包的配套政策。跟踪总结试点项目和试点企业好的做法,组织开展经验交流。

(五)福建

福建省住建厅在 2019 年共发布 4 项涉及工程总承包的重要政策文件,包括规范工程总承包领域的专项文件,以及保障工程总承包项目农民工工资支付的专项文件,另外还有再次征求意见的《福建省房屋建筑和市政基础设施项目工程总承包招标投标管理办法(试行)(征求意见稿)》(闽建筑函〔2019〕34 号)。可见福建省对工程总承包不可谓不重视。

福建省住房和城乡建设厅《关于工程总承包项目投标人资格条件有关事项

的意见》(闽建筑函〔2019〕25 号):

1. 在国家和我省未出台工程总承包政策文件对该事项进行明确之前,招标人可允许可行性研究报告编制单位、勘察设计文件编制单位参加后续工程总承包项目投标。

2. 工程总承包单位同时具有相应设计资质和施工总承包资质的,可以依法将工程总承包项目的设计业务分包给具有相应资质的设计单位,但不得同时将主体工程施工业务另行分包。

福建省住房和城乡建设厅《关于房屋建筑和市政基础设施项目工程总承包招标投标活动有关事项的通知》(闽建办筑函〔2019〕42 号):

1. 发包范围。财政投融资工程项目符合下列情形之一的,方可采用工程总承包模式发包:(1)装配式建筑工程;(2)概(估)算的工程费用部分 2 亿元以上,且具有一定技术难度、工期要求紧、系统性强的工程。已经完成施工图设计的工程,不得实施工程总承包。

2. 计价模式。工程总承包项目推行模拟清单计价模式。模拟清单列出项目实施过程中实际要发生的和可能要发生的各类项目清单,包括项目名称、项目特征与工程内容、计量单位及综合单价等,招标人不提供工程量,投标人根据招标要求填报工程量与综合单价。

3. 招标文件编制。招标文件不得设置不合理条款排斥或限制潜在投标人,不得将企业所有制形式、注册地、注册资本金、成立年限、特定行政区域或特定行业业绩作为投标人资格要求或加分条件,不得提出与招标项目不相适应的资质和业绩要求。招标文件和合同应当约定公平、合理的风险分担条款。

4. 工程总承包单位资质。投标人应当具有与工程规模相适应的工程设计或者施工资质,原则上每个工程总承包项目由一家工程总承包单位承包。

(六)湖南

湖南省人民政府办公厅《关于印发〈湖南省房屋建筑和市政基础设施工程招标投标管理办法〉的通知》(湘政办发〔2019〕31 号):

1. 装配式建筑应当采用工程总承包方式招标;政府投资工程、使用国有企业事业单位资金且该资金占控股或者主导地位的工程应当优先采用工程总承包方式招标;其他国有资金投资工程应当积极采用工程总承包方式招标。

2. 工程总承包单位可根据合同约定或者经建设单位同意,将工程总承包合同中的勘察、设计或者施工业务分包给具有相应资质的企业,但不得转包和违法分包。

三、地方政策与《工程总承包管理办法》的简要对比

1. 发包范围。山东、四川、福建、湖南等省份2019年发布的工程总承包政策均对工程总承包的发包范围有一定的规定。如山东省规定"政府和国有资金投资的房屋、市政、水利、园林项目原则上实行工程总承包",四川、湖南两省规定政府投资项目、国有资金占控股或者主导地位的项目、抢险救灾项目、装配式建筑项目应当优先采用工程总承包方式,福建省对工程总承包的发包范围限制较多,规定财政投融资工程项目只有装配式建筑工程或者概(估)算的工程费用部分2亿元以上的项目方可采用工程总承包模式发包。而《工程总承包管理办法》则放松了对工程总承包的发包范围的限定,只规定建设内容明确、技术方案成熟的项目,适宜采用工程总承包方式。

2. 发包阶段。四川省对工程总承包项目发包阶段的前置条件规定较多,只有在可行性研究、方案设计或者初步设计已完成,项目范围、建设规模、建设标准、功能需求、投资限额、工程质量和进度要求确定以及建设资金来源落实后,以工程估算(或工程概算)为经济控制指标,扣留建设单位需要发生的相关管理活动必要费用后,进行工程总承包项目发包;浙江省和山东省均规定水利工程总承包项目的建设单位可在可行性研究报告或初步设计报告获批后进行发包。《工程总承包管理办法》则区分是否是政府投资项目发包阶段有所不同,采用工程总承包方式的企业投资项目,应当在核准或者备案后进行工程总承包项目发包;采用工程总承包方式的政府投资项目,原则上应当在初步设计审批完成后进行工程总承包项目发包。

3. 工程总承包单位资质。浙江对水利项目的工程总承包单位资质要求是具有与工程规模相适应的工程设计资质或施工总承包资质或同时具备工程设计、施工总承包(允许联合体)资质;山东水利厅则要求工程总承包单位应同时具备双资质,即与工程规模相适应的水利水电行业勘测设计、施工资质,但仍然允许组成联合体承揽工程。四川和福建均规定工程总承包单位应当具有与工程规模相适应的工程设计或者施工资质,但福建另外还强调原则上每个工程总承包项目由一家工程总承包单位承包。《工程总承包管理办法》规定,工程总承包单位应当同时具有与工程规模相适应的工程设计资质和施工资质,或者由具有相应资质的设计单位和施工单位组成联合体。这一规定与此前大多数省份对工程总承包单位资质要求均不相同,对各省工程总承包市场带来的影响有待进一步观察。

4. 计价模式。浙江省对水利工程总承包项目的价格模式并没有强制性规定,只强调工程总承包项目一般采用固定总价合同,但也可以采用单价合同;山东省水利厅的文件则对计价模式规定较为详细,强调工程总承包发包价格应以初步设计批准的概算或批准概算的单价为控制标准,初步设计概算未明确概算单项总价或概算单价的,可以按照相应水利定额或合同约定价格确定;四川省简要规定工程总承包项目应根据项目特征确定合同价格形式,宜采用总价合同;福建省则规定工程总承包项目推行模拟清单计价模式。《工程总承包管理办法》规定,企业投资项目的工程总承包宜采用总价合同,政府投资项目的工程总承包应当合理确定合同价格形式。可见《工程总承包管理办法》没有过多对工程总承包项目的计价模式作强制性规定。

5. 前期服务单位能否参与投标。浙江和山东两省均规定水利工程总承包项目的招标人按规定公开发包前完成的可行性研究报告、初步设计等前期工作成果及相关资料的,前期咨询单位、勘察设计单位可以参与工程总承包项目的投标。四川省也规定招标人向投标人公开可行性研究报告、勘察设计等文件的,编制可行性研究报告、工程设计方案、初步设计的、且具备工程总承包条件的工程设计单位允许参与工程总承包项目的投标。《工程总承包管理办法》则对政府投资项目单独作出规定:政府投资项目的项目建议书、可行性研究报告、初步设计文件编制单位及其评估单位,一般不得成为该项目的工程总承包单位。政府投资项目招标人公开已经完成的项目建议书、可行性研究报告、初步设计文件的,上述单位可以参与该工程总承包项目的投标,经依法评标、定标,成为工程总承包单位。这一点各省政策与《工程总承包管理办法》规定较为相似。

除了以上几点的简要对比外,《工程总承包管理办法》还有很多条款在各省2019年的工程总承包政策文件中没有体现,但本文的主要侧重点是对地方工程总承包政策文件的观察,相信随着《工程总承包管理办法》的出台以及逐步适用,各地住建部门也会针对本省工程总承包的特点作出进一步的适用性规定。

四、小结

建筑业进一步深化体制改革,适应"新时代"高质量发展的顶层设计之要求,从传统单维度施工承包向集成式工程总承包模式进行转变,已是新形势下建筑业发展的必然趋势。与国外成熟的EPC、DB等工程总承包实践相比,我们的工程总承包模式才刚刚起步。市场本身的成熟度、各方参与主体的理念等,都还存在一定的欠缺。但是,随着中国大陆工程总承包市场本身的不断孕育,以及国家"一带一路"战略之下所带来的发展机遇,工程总承包未来在中国也一定是大有可为。本文也正是在此背景下产生,通过对近年来各地省级工程总承包政策的观察和分析,我们期待大家通过本文对工程总承包模式的实践与发展形成更多的共识。我们相信,中国工程总承包市场将会在各方合力之下,更为健康有序地不断向前发展!

2016—2019 年度工程总承包地方政策文件表

表 1　2016 年工程总承包省级政策文件一览

省（市、区）	文件	文号	时间
浙江	浙江省住房和城乡建设厅关于深化建设工程实施方式改革积极推进工程总承包发展的指导意见	浙建〔2016〕5 号	2016. 3. 23
	浙江省人民政府办公厅关于加快推进住宅全装修工作的指导意见	浙政办发〔2016〕141 号	2016. 11. 18
吉林	吉林省住房和城乡建设厅关于做好木结构建筑建设管理有关工作的通知	吉建管〔2016〕35 号	2016. 8. 15
	吉林省住房和城乡建设厅关于加快推进工程总承包发展的实施意见	吉建管〔2016〕50 号	2016. 12. 13
湖北	关于推进房屋建筑和市政公用工程总承包发展的实施意见（试行）	鄂建〔2016〕9 号	2016. 11. 30
上海	上海市工程总承包试点项目管理办法	沪建建管〔2016〕1151 号	2016. 12. 19
广西	自治区住房城乡建设厅财政厅关于印发推进广西房屋建筑和市政基础设施工程总承包试点发展指导意见的通知	桂建管〔2016〕117 号	2016. 12. 26
福建	关于印发《福建省政府投资的房屋建筑和市政基础设施工程开展工程总承包试点工作方案》的通知	建筑〔2016〕41 号	2016. 12. 28

表 2　2017 年工程总承包省级政策文件一览

省（市、区）	文件	文号	时间
北京	北京市人民政府办公厅关于加快发展装配式建筑的实施意见	京政办发〔2017〕8 号	2017.3.3
	北京市住房和城乡建设委员会北京市规划和国土资源管理委员会印发《关于在本市装配式建筑工程中实行工程总承包招投标的若干规定（试行）》的通知	京建法〔2017〕29 号	2017.12.29
湖北	省人民政府办公厅关于大力发展装配式建筑的实施意见	鄂政办发〔2017〕17 号	2017.3.16
广东	广东省人民政府办公厅关于大力发展装配式建筑的实施意见	粤府办〔2017〕28 号	2017.4.12
	广东省住房和城乡建设厅关于《广东省住房和城乡建设厅关于房屋建筑和市政基础设施工程总承包实施试行办法（征求意见稿）》公开征求意见的公告	粤建公告〔2017〕42 号	2017.12.25
山东	山东省住房和城乡建设厅关于印发 2017 年全省建筑市场监管工作要点的通知	鲁建建管函〔2017〕6 号	2017.4.14
	山东省人民政府办公厅关于贯彻国办发〔2017〕19 号文件促进建筑业改革发展的实施意见	鲁政办发〔2017〕57 号	2017.7.21
湖南	关于印发《湖南省房屋建筑和市政基础设施工程总承包招标投标活动管理暂行规定》的通知	湘建监督〔2017〕76 号	2017.5.3
	湖南省人民政府办公厅关于推进工程总承包发展的指导意见	湘政办发〔2017〕58 号	2017.10.31
上海	上海市工程总承包试点项目管理办法实施要点	沪建建管〔2017〕433 号	2017.5.17
	上海市人民政府办公厅印发《关于促进本市建筑业持续健康发展的实施意见》的通知	沪府办〔2017〕57 号	2017.9.30

续表

省(市、区)	文件	文号	时间
吉林	吉林省住房和城乡建设厅关于加强海绵城市建设勘察设计管理工作的指导意见(试行)	吉建设〔2017〕6号	2017.6.7
	吉林省住房和城乡建设厅关于征求《关于促进建筑业持续健康发展的实施意见(征求意见稿)》意见的函		2017.7.31
	吉林省住房和城乡建设厅关于进一步明确工程总承包管理有关事项的通知	吉建办〔2017〕50号	2017.8.25
陕西	陕西省人民政府办公厅关于促进建筑业持续健康发展的实施意见	陕政办发〔2017〕52号	2017.6.21
云南	云南省人民政府办公厅关于促进建筑业持续健康发展的实施意见	云政办发〔2017〕85号	2017.7.25
辽宁	辽宁省人民政府办公厅关于促进建筑业持续健康发展的实施意见	辽政办发〔2017〕89号	2017.8.16
	辽宁省人民政府办公厅关于大力发展装配式建筑的实施意见	辽政办发〔2017〕93号	2017.8.26
浙江	浙江省人民政府办公厅关于加快建筑业改革与发展的实施意见	浙政办发〔2017〕89号	2017.8.16
	关于印发《浙江省工程总承包计价规则(试行)》的通知	建建发〔2017〕430号	2017.12.8
山西	关于印发山西省住房和城乡建设厅《装配式建筑行动方案》	晋建科字〔2017〕187号	2017.8.17
	山西省人民政府办公厅关于促进建筑业持续健康发展的实施意见	晋政办发〔2017〕135号	2017.10.25
河北	关于征求EPC总承包招标文件等示范文本意见的通知		2017.8.29
	河北省人民政府办公厅关于促进建筑业持续健康发展的实施意见	冀政办字〔2017〕143号	2017.11.13
广西	自治区住房城乡建设厅关于印发广西壮族自治区房屋建筑和市政基础设施工程总承包标准招标文件(2017年版)的通知	桂建发〔2017〕14号	2017.9.26
	自治区住房城乡建设厅关于征求进一步完善房屋建筑和市政基础设施工程总承包管理的通知(第二次征求意见稿)意见的函	桂建便函〔2017〕747号	2017.11.17

续表

省(市、区)	文件	文号	时间
甘肃	甘肃省人民政府办公厅关于推进建筑业持续健康发展的实施意见(征求意见稿)		2017. 10. 25
宁夏	宁夏回族自治区人民政府办公厅《关于促进建筑业持续健康发展的实施意见(送审稿)》		2017. 10. 27
江西	江西省人民政府办公厅关于促进建筑业持续健康发展的实施意见	赣府厅发〔2017〕93 号	2017. 11. 3
福建	关于工程总承包建设项目分包方式的意见	闽建筑〔2017〕47 号	2017. 11. 14
	福建省人民政府办公厅关于促进建筑业持续健康发展的实施意见	闽政办〔2017〕136 号	2017. 11. 16
江苏	省政府关于促进建筑业改革发展的意见	苏政发〔2017〕151 号	2017. 11. 24
内蒙古	内蒙古自治区人民政府办公厅关于促进建筑业持续健康发展的实施意见	内政办发〔2017〕173 号	2017. 11. 28
河南	河南省人民政府办公厅关于印发河南省建筑业转型发展行动计划(2017—2020年)的通知	豫政办〔2017〕152 号	2017. 12. 7
	河南省人民政府办公厅关于大力发展装配式建筑的实施意见	豫政办〔2017〕153 号	
贵州	省人民政府办公厅关于促进建筑业持续健康发展的实施意见	黔府办发〔2017〕73 号	2017. 12. 15
天津	市建委关于天津市建设项目推行工程总承包试点工作有关事项的通知	津建筑〔2017〕477 号	2017. 12. 4
海南	海南省人民政府关于大力发展装配式建筑的实施意见	琼府〔2017〕100 号	2017. 12. 22
安徽	安徽省人民政府办公厅关于推进工程建设管理改革促进建筑业持续健康发展的实施意见	皖政办〔2017〕97 号	2017. 12. 29

表3　2017年工程总承包市、县级政策文件一览

市、县	文件	文号	时间
广东中山	中山市住房和城乡建设局关于公开征求《中山市房屋建筑和市政基础设施工程EPC工程总承包招标投标工作管理办法(试行)》(征求意见稿)意见的通知		2017.7.6
广西贵港	贵港市人民政府办公室关于印发《贵港市房屋建筑和市政基础设施工程总承包(EPC)项目操作流程》的通知	贵政办发〔2017〕24号	2017.8.25
河北唐山	唐山市住房和城乡建设局关于印发《关于政府及国有投资房屋建筑和市政基础设施工程实行工程总承包的意见(试行)》的通知		2017.9.30
深圳福田	福田区人民政府办公室关于印发《福田区政府投资项目设计—采购—施工(EPC)工程总承包管理办法(试行)》的通知	福府办规〔2017〕10号	2017.11.6
山东济南	济南市人民政府办公厅关于推进建筑业改革发展的实施意见	济政办发〔2017〕58号	2017.12.10

表4　2018年工程总承包省级政策文件一览

省(市、区)	文件	文号	时间
四川	四川省人民政府办公厅关于促进建筑业持续健康发展的实施意见	川办发〔2018〕9号	2018.1.25
青海	青海省人民政府办公厅关于促进建筑业持续健康发展的实施意见	青政办〔2018〕10号	2018.2.28
北京	北京市住房和城乡建设委员会、北京市规划和国土资源管理委员会、北京市质量技术监督局《关于加强装配式混凝土建筑工程设计施工质量全过程管控的通知》	京建法〔2018〕6号	2018.3.27
山东	山东省住房和城乡建设厅关于对《关于在装配式建筑中实行工程总承包招标投标的指导意见(试行)》公开征求意见的通知		2018.3.1
	山东省住房和城乡建设厅关于开展装配式建筑工程总承包招标投标试点工作的意见	鲁建建管字〔2018〕5号	2018.4.9

续表

省（市、区）	文件	文号	时间
广西	广西壮族自治区人民政府办公厅关于促进建筑业持续健康发展的实施意见	桂政办发〔2018〕29号	2018.5.29
	广西壮族自治区住房城乡建设厅《关于进一步加强房屋建筑和市政基础设施工程总承包管理的通知》	桂建发〔2018〕9号	2018.7.27
	广西壮族自治区水利厅关于印发《广西壮族自治区水利建设项目工程总承包指导意见（试行）》的通知	桂水规范〔2018〕4号	2018.8.24
湖南	湖南省人民政府办公厅关于促进建筑业持续健康发展的实施意见	湘政办发〔2018〕21号	2018.3.30
湖北	湖北省人民政府关于促进全省建筑业改革发展二十条意见	鄂政发〔2018〕14号	2018.4.10
吉林	吉林省人民政府办公厅关于促进建筑业改革发展的若干意见	吉政办发〔2018〕12号	2018.4.13
海南	海南省人民政府办公厅关于促进建筑业持续健康发展的实施意见	琼府办〔2018〕32号	2018.4.28
宁夏	宁夏回族自治区人民政府办公厅关于促进建筑业持续健康发展的实施意见	宁政办规发〔2018〕5号	2018.4.28
重庆	重庆市人民政府办公厅关于进一步促进建筑业改革与持续健康发展的实施意见	渝府办发〔2018〕95号	2018.7.5
甘肃	甘肃省人民政府办公厅关于推进建筑业持续健康发展的实施意见	甘政办发〔2018〕142号	2018.7.31
江西	江西省水利厅关于印发《江西省水利建设项目推行工程总承包办法（试行）》的通知	赣水建管字〔2018〕35号	2018.6.1
浙江	浙江省住房和城乡建设关于工程总承包试点工作情况的通报	浙建发〔2018〕195号	2018.7.6
安徽	安徽省住房和城乡建设厅关于征求《关于推进工程总承包发展的实施意见（征求意见稿）》意见的公告		2018.8.2
陕西	关于印发《陕西省政府投资的房屋建筑和市政基础设施工程开展工程总承包试点实施方案》的通知	陕建发〔2018〕332号	2018.10.19

续表

省(市、区)	文件	文号	时间
福建	关于征求《福建省房屋建筑和市政基础设施项目工程总承包招标投标管理办法(试行)(征求意见稿)》意见的通知	闽建办筑函〔2018〕58号	2018.11.28
上海	上海市住房和城乡建设管理委员会关于印发《上海市工程总承包招标评标办法》的通知	沪建建管〔2018〕808号	2018.12.17

表5　2018年工程总承包市、县级政策文件一览

市、县	文件	文号	时间
辽宁沈阳	沈阳市人民政府办公厅关于印发沈阳市促进建筑业持续健康发展工作方案的通知	沈政办发〔2018〕27号	2018.1.20
	沈阳市人民政府办公厅关于印发沈阳市大力发展装配式建筑工作方案的通知	沈政办发〔2018〕28号	2018.1.21
河南洛阳	洛阳市人民政府办公室关于促进建筑业持续健康发展的实施意见	洛政办〔2018〕18号	2018.2.12
	洛阳市人民政府办公室关于大力发展装配式建筑的实施意见	洛政办〔2018〕50号	2018.6.25
广东东莞	东莞市住房和城乡建设局房屋建筑和市政基础设施工程采用工程总承包模式建设的工作指引(试行)	东建市〔2018〕62号	2018.4.26
四川成都	成都市人民政府办公厅关于促进成都市建筑产业提质增效健康发展的实施意见	成办发〔2018〕27号	2018.8.16
河北石家庄	石家庄市人民政府办公厅关于促进建筑业持续健康发展的实施意见	石政办函〔2018〕148号	2018.8.7
辽宁大连	大连市人民政府办公厅关于进一步推进装配式建筑发展的实施意见	大政办发〔2018〕72号	2018.6.8
安徽池州	池州市人民政府办公室关于促进建筑业持续健康发展的实施意见	池政办〔2018〕33号	2018.8.27
杭州余杭	杭州市余杭区关于印发《关于工程总承包项目招标投标的实施意见(试行)》的通知	余建〔2018〕128号	2018.5.1

续表

市、县	文件	文号	时间
杭州临安	关于印发《临安区政府投资项目工程总承包招投标实施办法(试行)》的通知	临招管办〔2018〕4号	2018.7.20
浙江瑞安	瑞安市关于加强政府投资项目工程总承包管理的实施意见	瑞政办〔2018〕124号	2018.8.27
广东深圳	深圳市住房和建设局关于开展工程总承包企业编制施工图设计文件试点等改革工作的通知	深建市场〔2018〕23号	2018.8.8
广西南宁	南宁市人民政府关于印发《南宁市房屋建筑和市政基础设施工程总承包管理实施细则(试行)》的通知	南府规〔2018〕6号	2018.3.29

表6 2019年工程总承包省级政策文件一览

省(市、区)	文件	文号	时间
山东	山东省水利厅关于印发《山东省水利工程建设项目设计施工总承包指导意见(试行)》的通知	鲁水规字〔2019〕1号	2019.1.17
	山东省人民政府办公厅《关于进一步促进建筑业改革发展的十六条意见》	鲁政办字〔2019〕53号	2019.3.23
	山东省人民政府关于印发《山东省重点水利工程建设实施方案》的通知	鲁政字〔2019〕189号	2019.10.10
浙江	关于公开征求《浙江省水利建设工程总承包管理办法(征求意见稿)》意见的函		2019.6.28
四川	四川省住房和城乡建设厅《关于在装配式建筑推行工程总承包招标投标的意见》	川建行规〔2019〕2号	2019.3.26
	四川省人民政府办公厅《关于推动四川建筑业高质量发展的实施意见》	(川办发〔2019〕54号)	2019.8.20
	四川省住房和城乡建设厅关于公开征求《四川省房屋建筑和市政基础设施项目工程总承包管理办法(征求意见稿)》意见建议的公告		2019.10.23
河南	河南省住房和城乡建设厅关于印发《2019年全省建筑业工作要点》的通知	豫建建〔2019〕44号	2019.3.6

续表

省(市、区)	文件	文号	时间
福建	关于工程总承包项目投标人资格条件有关事项的意见	闽建筑函〔2019〕25号	2019.3.19
	关于再次征求《福建省房屋建筑和市政基础设施项目工程总承包招标投标管理办法(试行)(征求意见稿)》意见的函	闽建筑函〔2019〕34号	2019.4.9
	关于EPC项目中农民工工资专用账户有关事项的意见	闽建筑函〔2019〕40号	2019.4.23
	关于房屋建筑和市政基础设施项目工程总承包招标投标活动有关事项的通知	闽建办筑函〔2019〕42号	2019.11.11
湖南	湖南省人民政府办公厅关于印发《湖南省房屋建筑和市政基础设施工程招标投标管理办法》的通知	湘政办发〔2019〕31号	2019.6.24

表7　2019年工程总承包市、县级政策文件一览

市、县	文件	文号	时间
河北雄安	河北雄安新区管理委员会关于印发《雄安新区工程建设项目招标投标管理办法(试行)》的通知		2019.1.11
山东淄博	淄博市住房和城乡建设局淄博市发展和改革委员会淄博市财政局关于印发《淄博市房屋建筑和市政基础设施工程总承包、全过程咨询试点工作实施方案》的通知		2019.9.27
江苏南京	南京市建委招投标建管处《关于明确工程总承包招投标等有关问题的通知》		2019.10.30

后　　记

本书的编写，最初缘起于建纬律师在事务所微信公众号上发表的与工程总承包相关的案例解析。随着建纬所参与工程总承包立法课题工作的开展和深入，我们意识到有必要就工程总承包的专门性争议问题进行集中梳理、汇编。为此，建纬所工程总承包业务部担起了这份义不容辞的写作任务。

就目前已经呈现在读者们面前的这27篇案例解析来讲，共涉及建纬所的专业律师及助理12人，分别为：朱树英、韩如波、徐寅哲、郑冠红、汪铭、胡丹、蒋峰、孟庆阳、池红美、索好丽、张志国、耿超。感谢每一位写作者在过去将近两年的时间里，于繁忙的本职工作之外，仍能抽出宝贵的空余时间，进行工作量不可谓小的案例搜集、问题梳理、是非提炼、争点讨论、初稿撰写、交叉审核修订等一系列的写作事务。另外，在成书的过程中，工程总承包业务部的朱国庆律师、张倩钰律师也有参与过部分观点的讨论与文章的修订工作。

本书在编写过程中，法律出版社法商分社的薛晗主任还专门携同赵明霞编辑、肖越编辑、慕雪丹编辑，前来就本书的有关出版编辑细节问题进行交流。特别是肖越编辑在前后数个月的时间内，与我们一道进行了耐心细致的修改讨论。在此一并致以最诚挚的谢意。

需说明的是，本书虽然在写作时试图尽量周全地讨论到当前工程总承包模式在发展过程中所遇到的各个相关争议法律问题，但是，受自身能力所限，在有限的案例查找范围之内，仍无法全部予以囊括。可以预见，随着工程总承包模式的不断深入发展，一定还会有越来越多的新问题、新情况不断涌现，这些都将等待着我们工程总承包法律人去不断的探索与研究。

各位读者如在阅读后有任何指教的，都欢迎随时与我们进行联系。

联系方式为：EPC@jianwei.com

上海市建纬律师事务所编写组

2019年11月6日

图书在版编目(CIP)数据

工程总承包(EPC/DB)诉讼实务：基于裁判文书网之大数据检索研析/上海市建纬律师事务所编著；朱树英主编. -- 北京：法律出版社，2020(2020.5 重印)
ISBN 978-7-5197-4046-7

Ⅰ.①工… Ⅱ.①上… ②朱… Ⅲ.①基本建设项目-承包工程-民事诉讼-研究-中国 Ⅳ.①D922.297.4 ②D925.104

中国版本图书馆 CIP 数据核字(2019)第 256007 号

工程总承包(EPC/DB)诉讼实务:基于裁判文书网之大数据检索研析
GONGCHENG ZONGCHENGBAO(EPC/DB) SUSONG SHIWU: JIYU CAIPAN WENSHUWANG ZHI DASHUJU JIANSUO YANXI

上海市建纬律师事务所 编著
朱树英 主编

策划编辑 薛晗 肖越
责任编辑 肖越
装帧设计 汪奇峰

出版 法律出版社
总发行 中国法律图书有限公司
经销 新华书店
印刷 固安华明印业有限公司
责任校对 杨锦华
责任印制 胡晓雅

编辑统筹 法商出版分社
开本 710 毫米×1000 毫米 1/16
印张 26.25
字数 414 千
版本 2020 年 1 月第 1 版
印次 2020 年 5 月第 3 次印刷

法律出版社/北京市丰台区莲花池西里 7 号(100073)
网址/www.lawpress.com.cn
投稿邮箱/info@lawpress.com.cn
举报维权邮箱/jbwq@lawpress.com.cn
销售热线/400-660-8393
咨询电话/010-63939796

中国法律图书有限公司/北京市丰台区莲花池西里 7 号(100073)
全国各地中法图分、子公司销售电话：
统一销售客服/400-660-8393/6393
第一法律书店/010-83938432/8433　西安分公司/029-85330678　重庆分公司/023-67453036
上海分公司/021-62071639/1636　深圳分公司/0755-83072995

书号:ISBN 978-7-5197-4046-7　**定价**:99.00 元

"法律＋建设工程技术"交叉领域的实务指引

中国建设工程施工合同法律全书：词条释义与实务指引

常设中国建设工程法律论坛第八工作组 著

定价:288 元 出版时间:2019 年 10 月

本书按照相关主体,合同效力,工程价款,建设工程价款优先受偿权,工期延误、索赔、违约与赔偿,工程质量及保修等六个主题归类列章。多数词条同时收录相关司法解释、裁判指导以及司法裁判观点,所选用的案例主要来自最高人民法院及各地高级人民法院;对于疑难复杂或实践中尚未形成定论、共识的问题,则尽量客观介绍不同观点,以呈现司法裁判和实务解读的多样性和丰富性,以期为读者带来更多的启发和思考。

实务性 系统性 前瞻性

建设工程施工合同纠纷证据指引理解与适用

常设中国建设工程法律论坛第五工作组 著

定价:78 元 出版时间:2018 年 10 月

本书选取建设工程施工合同中最为常见的举证问题,从诉讼和仲裁当事人的角度,将建设工程施工合同常见的争议问题归类成为六大部分;针对常见的争议问题,在总结法律实体规则构成要件的基础上,结合建设工程施工合同的具体实践,对收集哪些证据、如何举证等提出引导性建议。

聚焦建设工程领域实务难点、热点,关注争议解决方案、对策

中国建设工程法律评论(第九辑)

于建龙等 主编

定价:68 元 出版时间:2019 年 1 月

本书将中国建设工程领域的法律与工程相结合、学术和实务相结合、中国内地建设工程与国际建设工程相结合,为中国建设工程法律界创造一个交流的平台;整合国际先进的经验与理论,为中国建设工程企业、房地产开发企业、海事建造企业、勘查企业、设计企业、监理企业、物业管理企业、造价及评估咨询企业、律师事务所提供参考与指导。

实务要点 典型案例 重点提示

建设工程疑难问题与法律实务

谭敬慧 著

定价:70 元 出版时间:2016 年 3 月

本书深入分析了建设工程实践中面临的法律疑难问题,包括招标投标法律问题、工程总承包法律问题、PPP 模式法律问题、土地使用权取得法律问题、安全管理法律问题和劳务分包法律问题等,理论和实践高度结合,对于建设单位、施工单位、建设工程从业人员以及法律界人士等均具有较高的参考价值。